RECLAMS KUNSTFÜHRER
FRANKREICH · ELSASS
LAGEPLAN NORDTEIL
Landesgrenze
Départementsgrenze
Départementshauptstadt
Thann Arrondissementshauptort
Gemeinde, Commune
Ortsteil, historische Stätte
0 10 20 km
E F G H
1 2 3 4 5 6 7
Wasigenstein
Fleckenstein
Wissembourg
Altenstadt
Obersteinbach
Windstein
Lembach
Lauterbourg
Hunspach
Wasenbourg
Niederbronn-les-Bains
Soultz-sous-Forêts
Hoffen
Leiterswiller
Reichshoffen
Seltz
Surbourg
Walbourg
Haguenau
Marienthal
Dalhunden
Bischwiller
Brumath
Hohatzenheim
Kuttolsheim
STRASBOURG
Dachstein
Altorf
Illkirch-Graffenstaden
Eschau
Hipsheim
Niedernai
Valff
Osthouse
Holzbad
Benfeld
Huttenheim
Ebersmunster
Rhin
Marne
Bruche
Ill
Canal du Rhône au Rhin

RECLAMS KUNSTFÜHRER FRANKREICH II

RECLAMS KUNSTFÜHRER

FRANKREICH

BAND II

PHILIPP RECLAM JUN. STUTTGART

Elsaß

Kunstdenkmäler und Museen

VON
FLORENS DEUCHLER
UND
JEAN WIRTH

MIT 107 ABBILDUNGEN UND PLÄNEN
SOWIE 2 ÜBERSICHTSKARTEN

PHILIPP RECLAM JUN. STUTTGART

Universal-Bibliothek Nr. 10297

Herstellung: Reclam Stuttgart. Printed in Germany 1980
ISBN 3-15-010297-9

Strasbourg / Straßburg. Musée des Beaux-Arts
Nicolas de Largillière: La belle Strasbourgeoise

ZUR ANLAGE DES BANDES

Der Kunstführer ist in *Ortsartikel* gegliedert, die den Gemeinden – Communes – entsprechen. Die *Reihenfolge* der Ortsartikel ist alphabetisch entsprechend den französischen Gemeindenamen. Besonders differierende französische und deutsche Namensformen verzeichnet die Gegenüberstellung S. 7f. Im einzelnen sind deutsche Ortsnamen sowie die Zugehörigkeit unselbständiger Orte, Ortsteile und bedeutenderer Einzelbauten (Burgen, Schlösser, Klöster) über Verweise im *Orts- und Objektverzeichnis* festzustellen. Auf Verweise im Haupttext wurde verzichtet, so daß sich in vielen Fällen für das Auffinden eines Artikels der Weg über das Register empfiehlt.

Die *Ortsüberschriften* geben die Département-Zugehörigkeit an und nennen ferner die Plankoordinaten für die Lage des Ortes oder Ortsteiles auf den *Übersichtskarten* (nördlicher Teil: vordere Vorsatzseiten; südlicher Teil: hintere Vorsatzseiten). Dadurch lassen sich auch geographische Zusammenhänge unschwer ermitteln.

Ein ● neben dem Text soll auf künstlerisch-kunsthistorisch herausragende Bauten oder Details aufmerksam machen. Zusätzlich wurde – auf S. 9 – eine Liste von *Hauptsehenswürdigkeiten* im Elsaß zusammengestellt.

ELSÄSSISCHE ORTSNAMEN

Konkordanz französischer und deutscher Namen

Verzeichnet werden nur solche in diesem Kunstführer vorkommende Orte, deren anderssprachige Bezeichnungen wesentlich differieren. Verzichtet wurde u. a. auf die Nennung von Orten mit dem Vorsatz Haut- (Hoch- oder Hoh-) bzw. mit Endungen wie -bourg (-burg), -gue (-gen), -house (-hausen), -hoffen (-hofen), -wihr (-weier), -willer (-weiler).

Altorf: Altdorf
Alt-Thann: Vieux-Thann
Bernardvillé: Bernhardsweiler
Bouxwiller: Buchsweiler
Châtenois: Kestenholz
Dieffenthal: Tiefenthal
Échery: Eckerich
Ferrette: Pfirt
Gereuth: Neubois
Griffon, Château du: Greifenstein, Burg
Häusern: Husseren-les-Châteaux
Heiligkreuz: Ste-Croix-en-Plaine
Husseren-les-Châteaux: Häusern
Kestenholz: Châtenois
Labaroche: Zell
Lièpvre: Leberau
Ligsdorf: Lüxdorf
Lützelstein: La Petite-Pierre
Lüxdorf: Ligsdorf
Markirch: Ste-Marie-aux-Mines
Marmoutier: Maursmünster
Masevaux: Masmünster
Maursmünster: Marmoutier
Morimont: Mörsberg
Neubois: Gereuth
Neuf-Brisach: Neubreisach
Niedernai: Niederehnheim
Obernai: Oberehnheim
Odilienberg: Mont Ste-Odile
La Petite-Pierre: Lützelstein
Pfirt: Ferrette
Rappoltstein: Ribeaupierre
Rappoltsweiler: Ribeauvillé
Reichenweier: Riquewihr
Ribeaupierre: Rappoltstein
Ribeauvillé: Rappoltsweiler
Riquewihr: Reichenweier
Rouffach: Rufach
Saarunion: Sarre-Union
Saarwerden: Sarrewerden
Ste-Croix-en-Plaine: Heiligkreuz
St-Hippolyte: St. Pilt
St-Jean-Saverne: St. Johann bei Zabern
Ste-Marie-aux-Mines: Markirch
Ste-Odile, Mont: Odilienberg
St-Pierre-sur-l'Hâte: Zillhart
St. Pilt: St-Hippolyte
Sarre-Union: Saarunion
Sarrewerden: Saarwerden
Saverne: Zabern

Sélestat: Schlettstadt
Soultz-sous-Forêts: Sulz unterm Wald
Soultzbach-les-Bains: Sulzbach
Sulz unterm Wald: Soultz-sous-Forêts
Sulzbach: Soultzbach-les-Bains
Tiefenthal: Dieffenthal
Valff: Walf
Vieux-Thann: Alt-Thann
Walf: Valff
Wasselonne: Wasselnheim
Wissembourg: Weißenburg
Zabern: Saverne
Zell: Labaroche
Zillhart: St-Pierre-sur-l'Hâte

HAUPTSEHENSWÜRDIGKEITEN

Andlau: Ehem. Abteikirche (S. 147)
Colmar: St-Martin (S. 35); Dominikanerkirche mit Schongauers »Maria im Rosenhag« (S. 38); Haus Pfister (S. 40); Unterlinden-Museum mit dem Isenheimer Altar (S. 46)
Dambach: Burg Bernstein (S. 50)
Gebweiler: St-Léger /St. Leodegar (S. 64); Notre-Dame (S. 67)
Hagenau: St-Nicolas, Heiliggrab (S. 74); Museum (S. 75)
Kaysersberg: Ortsbild (S. 90)
Lautenbach: Pfarrkirche (S. 94)
Maursmünster: Ehem. Abteikirche (S. 102)
Molsheim: Jesuitenkirche (S. 108)
Murbach: Ehem. Abteikirche (S. 121)
Neubreisach: Festung (S. 123)
Neuweiler: Ehem. Abteikirche (S. 125)
Niederbronn: Wasenburg (S. 129)
Niederhaslach: Ehem. Stiftskirche (S. 129)
Oberehnheim: Sechseimerbrunnen (S. 139)
Orschweiler: Hohkönigsburg (S. 140)
Ottmarsheim: Ehem. Stiftskirche (S. 142)
Ottrott: Schlösser (S. 143)
Pfaffenheim: St-Martin, Chor (S. 150)
Rappoltsweiler: Ulrichsburg (S. 155)
Reichenweier: Stadtbild (S. 156)
Rosheim: St-Pierre-et-St-Paul (S. 163); Romanisches Haus (S. 165)
Rufach: St-Arbogast (S. 167)
Scherweiler: Burg Ortenberg (S. 185)
Schlettstadt: Ste-Foy / St. Fides (S. 188); St-Georges (S. 190); Bibliothek (S. 197)
Straßburg: Münster (S. 211); St-Thomas, Grabmal Moritz' von Sachsen (S. 236); Neuer Bau (S. 244); Rohan-Schloß (S. 246); Haus Kammerzell (S. 251); Vauban-Schleuse (S. 257); Frauenhaus-Museum (S. 264); Musée de Beaux-Arts (S. 270); Musée historique (S. 271); Musée alsacien (S. 271); Musée d'Art moderne (S. 272)
Thann: Münster (S. 274)
Weißenburg: Ehem. Abteikirche (S. 291)
Zabern: Neues Schloß (S. 181)

ERKLÄRUNG DER WICHTIGSTEN ABKÜRZUNGEN

Es ist das Prinzip des Kunstführers, einen ohne weiteres lesbaren Text zu bieten. Einige immer wiederkehrende Wörter und Begriffe wurden zum Teil abgekürzt. Obwohl diese Abkürzungen auch sonst gebräuchlich und wohl jedermann verständlich sind, werden sie im folgenden erklärt:

Anf. = Anfang
beg. = begonnen
bez. = bezeichnet
bzw. = beziehungsweise
d. Ä. = der Ältere
d. J. = der Jüngere; des Jahres (u. ä.)
dat. = datiert
ehem. = ehemals, ehemalig
ev. = evangelisch
geb., * = geboren
gegr. = gegründet
gen. = genannt
gest., † = gestorben
got. = gotisch
hl. = heilig, Heilige(r)
hll. = heilige, Heilige (Mz.)
i. J. = im Jahre
i. ü. = im übrigen
Jh. = Jahrhundert
karoling. = karolingisch
kath. = katholisch
klassizist. = klassizistisch
lt. = laut
luth. = lutherisch
mittelalterl. = mittelalterlich
N = Norden, Nord-
nördl. = nördlich
O = Osten, Ost-
östl. = östlich
prot. = protestantisch
rd. = rund
ref. = reformiert
roman. = romanisch
S = Süden, Süd-
s., → = siehe
s. a. = siehe auch
s. d. = siehe dort
sel. = selig, Selige(r)
sign. = signiert
sog. = sogenannt
St(s) = Saint, Saints (m.) = Sankt
St. = Sankt
Ste(s) = Sainte, Saintes (w.) = Sankt
südl. = südlich
u. a. = unter anderem; und andere
u. ä. = und ähnliche(s)
urspr. = ursprünglich
v. a. = vor allem
vgl. = vergleiche
W = Westen, West-
westl. = westlich
z. Z. = zur Zeit

ALLENWILLER / ALLENWEILER (Bas-Rhin D4)

Kirche von 1740, mit urspr. befestigtem roman. *Turm* unter Satteldach. Im obersten Geschoß erkennt man noch die Kragsteine, die den Wehrgang trugen (2. Hälfte 12. Jh.).

ALTKIRCH (Haut-Rhin CD13)

Die Stadt wurde im Anschluß an eine Burg der Grafen v. Pfirt gegründet als einfache, dem Höhenrücken folgende Anlage mit der Hauptgasse gegen das Schloß (an der Stelle der heutigen Kirche), mit Nebengasse und Querverbindungen. A. kam 1648 an Frankreich. Im 17. Jh. wurde das Schloß niedergelegt.

Die **Kirche**, eine 3schiffige Basilika in neuroman. Formen von 1845 (Grundsteinlegung), bewahrt im nördl. Querhaus 4 Statuen von einem Ölberg: einen überlebensgroßen betenden Christus und 3 schlafende Jünger, u. a. Petrus, naturalistische Arbeiten nicht allerfeinster Qualität, um 1510–20. Darüber eine Kopie von Henner (→ Mulhouse, Museum) nach dem Christus von Prud'hon, 1855. Ferner: Dornenkrönung nach Tizians Bild im Louvre, von Gueverin, 1852; unbekannter Maler: Unterricht Marias, um 1850. Eindrucksvoll im südl. Querhaus eine Pietà des frühen 17. Jh. (?) mit restaurierter Fassung. Die übrige Ausstattung ist 19. Jh. – In der Sakristei die *Reliquienbüste* des 1115 gestorbenen *hl. Morand*, ein Geschenk des Herzogs Friedrich d. Ä. von Österreich, 1428. Die Büste ist jedoch älter, um 1370. Der aus dem Wormsgau stammende Wanderprediger Morand wird als »Apostel des Sundgaues« verehrt.

Das **Hôtel de Ville**, ein 5achsiger, 3stöckiger Bau mit leicht hervorgehobenem Mittelrisalit unter einem Giebel, entstand nach einem Plan von Jean-Baptiste Kléber um 1780. – Auf dem Platz vor dem Rathaus ein 8seitiger **Brunnen** von 1857 mit got. Fiale und Marienstatue, um 1500, aus der alten, 1345 geweihten Stadtkapelle.

Rechts neben dem Rathaus das Museum (**Musée Sundgauvien**; 1, Rue de l'Hôtel-de-Ville) in einem Haus des 17. Jh. mit seitlichem polygonalem Treppenturm. Es enthält eine kleine vor- und frühgeschichtliche Sammlung, einen Raum mit Dokumenten zum »Sundgau littéraire« und Kriegserinnerungen. Ein Stadtmodell hält den Zustand von 1680 fest. Im Hof Fragmente eines Portals von 1591.

An der Straße zur Kirche, rechts etwas zurückgesetzt, steht ein 5achsiges, 2stöckiges **Haus** von 1702, mit einfachem Eingangsportal unter gesprengtem Rundgiebel. – Gegenüber eine **Häuserzeile** des 16.–17. Jh.

ALTORF / ALTDORF (Bas-Rhin E5)

Ehem. Benediktinerabtei

Die 974 von Graf Hugo II. v. Egisheim gegründete Abtei wurde in der Französischen Revolution aufgehoben. Es stehen noch die Kirche und das Abtshaus.

Die **Kirche St. Cyriakus** ist eine spätstaufische 3schiffige, gewölbte Pfeilerbasilika. 1724 ließ man Querhaus, Chor und Stephanskapelle abtragen. Peter Thumb wurde 1725 mit einem barocken O-Bau betraut, der sich auch außen von dem spätroman. Baukörper abhebt. – Die elegante W-Fassade, im unteren Teil durch Blendbogen zwischen Lisenen betont, ist ein gutes Beispiel für die vorzügliche Quadertechnik der Zeit. Auf die hochrechteckige Mittelwand ist als Risalit das – weit gehend erneuerte – fast zierlich wirkende Portal aufgelegt, das schräg in die Mauerdicke einschneidet und oben von einem abgedachten Gesims begrenzt wird. Der Oberbau ist in das frühe 13. Jh. zu datieren; Giebelverzierungen 18. Jh.

Der Neubau von Peter Thumb zeichnet sich durch die 1727 von dem Italiener J. B. Clerici ausgeführten Stukkaturen aus. 1730 folgten der Hochaltar des Meisters Silvester Weber aus Tannheim in Tirol und die *Orgel* (14 Register) von Andreas Silbermann aus Sachsen. – Ausstattung. *Reliquienbüste des hl. Cyriakus* mit Exorzismen-Buch als Hinweis auf seine erfolgreichen Teufelsaustreibungen, Märtyrerpalme und -krone, um 1200. Taufstein im nördl. Seitenschiff neben Eingang, um 1490–1500. Grabsteine, u. a. des Mönchs Cunradus von Gugenheim, 1360. Kreuzigung mit Stifter, um 1680. Muttergottes mit Stifter im südl. Seitenschiff, 1719. Schnitzkanzel, nach 1692, mit Evangelistenbildern und Putten auf Schalldeckel.

Langgestrecktes **Abtshaus**, 17. Jh., mit geschweiften Giebeln.

ALTWILLER / ALTWEILER (Bas-Rhin A2)

Schloß Bonnefontaine (Gutenbrunnen) wurde 1817–22 von Jean-Jacques Schuler für den Basler Christoph Merian-Hoffmann in der Nähe einer Heilquelle erbaut. Es diente v. a. als Stelldichein für die Jagd und den Schmuggel. Die Fassade ist im Geiste Palladios konzipiert, am Peristyl mit Sphingen dekoriert. Im Inneren ein großer Saal mit Galerien in Empire-Formen.

AMMERSCHWIHR / AMMERSCHWEIER
(Haut-Rhin CD9)

Die Vita des hl. Deodatus (St Dié), des Gründers der Abtei Ebersmünster i. J. 667, nennt zum ersten Mal Amalrici villare. Der Eremit soll sich hierher zurückgezogen haben; die Einwohner hätten ihn jedoch schwer ertragen und verjagt, weshalb der Heilige sie mit dem göttlichen Fluch bedachte, so daß die hier geborenen Kinder mißgestaltet auf die Welt kamen. Doch wie Richer von Sennonnes berichtet, seien die Frauen auf das andere Ufer des Flüßchens gegangen und alle Kinder seither gesund und kräftig. Diese Legende, die zweifellos nicht kirchlichen Ursprungs ist, würde eine ethnologische Untersuchung verdienen.
879 besitzen das Fraumünster in Zürich und 977 das Kloster Murbach Güter in A. Die Siedlung gedeiht, wird im 14. Jh. ummauert und zur Stadt, doch ohne den Titel zu tragen: Sie hing von 3 Herren ab, den Rappoltstein, den Hohlandsberg und vom Reich (vertreten durch die Reichsvogtei Kaysersberg), von denen jeder ein Stadttor besaß. – A. war bis zum 2. Weltkrieg einer der schönsten Orte des Elsaß. Im Dezember 1944 wurde der Ort von amerikanischen Truppen in Schutt gelegt, obgleich die noch wenigen dort befindlichen Deutschen nicht mehr kampffähig waren. Der Wiederaufbau durch G. Stoskopf berücksichtigte die alte Lage, konnte aber nur noch geringe Reste der Vorgängerstadt retten. Die touristische Bresche nützte Riquewihr, das vor dem Krieg so gut wie nicht besucht war.

Die **Kirche St. Martin** wurde 1564 als Neubau von Claus Wigand begonnen und 1585 vollendet. Eine Kirche ist schon 1149 erwähnt; der heutige Turm stammt noch aus dem 14. Jh. Am Chorbogen großes Kruzifix, dat. 1606. *Maria* und *Johannes* an den Seitenwänden sind von beachtlicher Qualität, um 1510. Die übrigen plastischen Bildwerke stammen aus der gleichen Zeit, u. a. Statuen der hll. Rochus und Nikolaus, um 1500, eine Maria mit Kind, um 1520, und ein Auferstandener Christus, um 1525.

Vom 1552 erbauten **Rathaus**, das zu der ersten Rathausgeneration der Renaissance im Elsaß gehörte, blieb nur das Portal erhalten. Architekt war vermutlich Anton Fromm, der Erbauer des Rathauses in Mülhausen.

Brunnen, 14. Jh., mit Wildem Mann.

Von der Befestigung sind 3 Türme erhalten: der **Schelmenturm** an der Hauptstraße, ein Rundturm von 1535 mit spitzem Dach und Schießscharten (in den 2 unteren Stockwerken barock vergrößert für Artillerie), der **Bürgerturm** an der S-Seite der Stadtmauer und das stark veränderte und restaurierte **Alte Tor** mit Fachwerk im oberen Teil.

ANDLAU (Bas-Rhin D6)

Die Gründung der Abtei um 880 geht auf die Kaiserin Richardis, Gemahlin Karls d. Dicken, zurück. Von ihrem Gatten verstoßen, soll sie in der Gegend herumgeirrt sein auf der Suche nach einer Zufluchtsstätte, die sich zur Gründung eines Klosters eignete. Eine Bärin soll ihr die Stelle gezeigt haben. Richardis wurde 1049 von dem Elsässer Papst Leo IX. seliggesprochen. Ihr Grab wurde zur Wallfahrtsstätte. A. gehörte mit Murbach und Weißenburg zu den ersten elsässischen Klöstern, die sich der cluniazensischen Reform anschlossen. Die seit 1287 reichsunmittelbare Abtei (die Äbtissin durfte den Titel einer Prinzessin des Hl. Römischen Reiches führen) ist 1499 in ein adeliges Damenstift umgewandelt worden, das bis zur Revolution bestand. – Unter Heinrich II. bildete sich eine Siedlung um das Kloster, dem das Marktrecht eingeräumt wurde. Die Einwohner erhielten als Lehen die Wahl des Schultheißen. Mauern wurden aber erst 1432 errichtet.

Eigenhändige Werke des bedeutenden Glasmalers Peter Hemmel von Andlau *(1420/25–1506), dessen überliefertes Œuvre bei weitem das größte ist, das man überhaupt einem Glasmaler zuschreiben kann, haben sich in seinem Geburtsort nicht erhalten. Er war Straßburger Bürger geworden und Inhaber eines außerordentlich leistungsfähigen Betriebes für künstlerisch und technisch gleichermaßen vollendete Farbfenster, erwarb Hausbesitz und amtete 1475–76 als Ratsherr. Bedeutende Aufträge gingen u. a. nach Stift Nonnberg bei Salzburg (1480), nach Obernai (1474–85), 21 Scheiben an den Dom von Frankfurt am Main, 1486 eine Sendung nach Nancy (im Auftrag Renés v. Anjou), 1501 nach Thaur im Tirol für Kaiser Maximilian sowie nach Freiburg im Breisgau, ferner nach Tübingen, Ulm, München, Nürnberg.*

Ehem. Abteikirche

Ältester erhaltener Teil der um 880 von Richardis gegründeten Kirche ist die aus 2 Räumen bestehende Krypta: Der westliche datiert um 1049, der östliche um 1080. (In der Mitte die rundliche Vertiefung, in der nach der Überlieferung die Bärin den Boden aufkratzte. Darauf spielt auch die *Bärenplastik* an, ein höchst überraschendes, wohl roman. Bildwerk.) Um 1130 wurde die Kirche zu einer kreuzförmigen Basilika mit Querhaus und rechteckigem Chor umgestaltet. Das Langhaus war flach gedeckt; von dieser Kirche ist der W-Bau mit dem Portal erhalten. Das eingebrochene got. Fenster stammt wie der Turm vom Anfang des 15. Jh., die Turmbekrönung vom Ende des 17. Jh.

Die roman. W-Fassade von 1130–40 wird von Lisenen gegliedert. Ein *Skulpturenfries* schildert Kämpfe, Turniere, Jagden und phantastische Tiere, dazu volkstümliche Szenen, die im einzelnen alle schwer zu deuten sind. – Am *Portal* in der Vorhalle setzt sich das Tympanon aus mehreren Teilen zusammen; es ist angeschnitten, war daher

Andlau. Ehem. Abteikirche. Vorhalle
Tympanon und Sturz des Portals

vermutlich für ein weniger breites Seitenportal geplant worden. Dargestellt ist die Übergabe der Schlüssel an Petrus und der Schrift an Paulus durch Christus in der Mitte. In den Zwickeln Bäumchen mit Vögeln und links ein Kletterer (Vogelsteller?). Die beiden äußeren Stücke sind nachträglich für das heutige Portal geschaffen worden. Sie zeigen links einen Bogenschützen und rechts eine Figur mit Schleuder – ausgesprochene Füllsel, die thematisch auf die beiden vorhandenen Bäumchen mit den Vögeln hin konzipiert zu sein scheinen. Das Portalprogramm wird durch den schönen Türsturz ergänzt, dessen Thematik nur schwer mit der des Tympanons in Einklang gebracht werden kann. Von links nach rechts: Erschaffung Evas aus der Seite Adams, Einführung ins Paradies mit Hinweis auf den verbotenen Baum, Sündenfall, Vertreibung, Adam und Eva, sich schamvoll bedeckend unter Bäumen. Am Gewände paarweise geordnete Figuren, in denen man Stifterpaare vermuten wollte, teilweise mit Inschriften.

In einem weiteren Bauabschnitt, um 1160/61, wurden namentlich die bei einem Brand zerstörten O-Teile neu gebaut. Diese Kirche des 12. Jh. war mit 68 m Länge die größte des Elsaß nach dem Straßburger Münster. Vom roman. Innenbau sind nur Chor und Fassadenseite erhalten. Ein Neubau des Langhauses im basilikalen System und mit Emporen fand 1698–1704 mit den Stilmitteln einer barocken Neuromanik statt – ein höchst bemerkenswertes Phänomen für den Historismus der Zeit um 1700 (vgl. Molsheim für eine Wiederaufnahme got. Formen im 17. Jh.).

Hauptaltar von 1782. *Chorgestühl*, 15. Jh., mit Äbtissinnenwappen des 16. Jh.; reich geschnitzte Wangen. Hinter dem Hochaltar *Reliquienschrein* mit den Gebeinen der Stifterin, Anf. 15. Jh. (moderne Bemalung). Vesperbild, frühes 15. Jh. Die sitzende Maria auf Mittelaltar um 1460. In der rechten Seitenkapelle Sebastiansaltar; die Figur des Heiligen um 1700. Die von Samson getragene Kanzel ebenfalls um 1700. – Unter den *Glasfenstern* ist die Scheibe mit einem gekrönten Christus am Kreuz mit u. a. 12 Prophetenköpfen im Rahmen zu nennen (um 1210).

In der Innenstadt mehrere alte Häuser. – **15, Rue du Maréchal-Foch**: Renaissance-Haus mit 2 Erkern an den Ecken und Balkon, dat. 1623. – Die Bauten der 1312 gegründeten **ehem. Deutschordenskomturei** stammen von F. A. Bagnato (1777). – **Brunnen der hl. Richardis**, um 1500, mit Standbild der Heiligen und der Bärenmutter.

Auf dem südl. des Ortes gelegenen, leicht erhöhten Friedhof steht die **Andreaskapelle**. Der ins Oktogon übergehende Chorturm stammt aus dem 14. Jh., das Langhaus mit niedrigerem Chor aus dem späten 18. Jh. (Treppenaufgang dat. 1783). Freskenreste im O-Chor.

Burg Haut-Andlau (Hohandlau). Zugang über eine Waldstraße, die von der Straße Barr – Mont Ste-Odile abzweigt; dann 15 Minuten zu Fuß.

1344 schenkte Rudolph v. Andlau dem Bischof von Straßburg eine »Feste in dem Thall zue Andlawe« – zweifellos das heutige Schloß, das damals nicht sehr alt sein konnte. Es war noch 1806 bewohnt, daher sein vorzüglicher Erhaltungszustand.

Die Anlage besteht aus einem geräumigen Wohntrakt, dessen Erdgeschoß nischenartig sich weitende Schießscharten aufweist. Darüber lagen 2 bewohnbare Stockwerke, deren Spitzbogenfenster mit ihrem Maßwerk, 2 Lanzetten und einem Okulus aus rotem Sandstein sich reizvoll gegen die Granitmauern absetzen. Konsolen und Mauerlöcher für Balken trugen urspr. einen vorkragenden Wehrgang. An den beiden Schmalseiten im N und S stehen 2 Rundtürme symmetrisch angeordnet. Im N-Turm befindet sich eine Zisterne. Eine Ansicht von Silbermann aus dem 18. Jh. zeigt das Schloß mit geknickten Dächern und Stegen, die vom Dachstock zu den Türmen führen. – Im N des Hügels eine kleine Bastion mit Kamin. Im W ein Hof des 14. Jh. mit 2 Ecktürmchen und 1538 datierter Tür.

Spesbourg (Spesburg). Zugang: Straße zum Hungerplatz, die von der Straße Barr – Ste-Odile abzweigt; dann 10 Minuten zu Fuß.

Die Burg entspricht wohl der »turris in valle Andelahe«, die 1321 Heinrich v. Dicke einem Verwandten vermachte. Die Familie erlosch 1386, und die Anlage ging an die Andlau über.

Die gut erhaltene Ruine besteht aus einem rechteckigen **Bergfried** und einer massiven Schutzmauer, die den Graben beherrscht. An diese Mauer lehnt sich der **Palas** mit 2 Reihen großer, spitzbogiger Fenster zu

2 Lanzetten mit Okulus aus rotem Sandstein, der sich schön von dem Mauerwerk aus Granit abhebt. Die Mauerbasen sind abgeböscht, um die von oben gegen den Feind abgegebenen Schüsse abprallen zu lassen. Man erreicht die Burg heute über eine kleine Steintreppe, die zur hochgelegten Tür führt. Letztere öffnete sich urspr. in ein am tiefer gelegenen Hof liegendes Gebäude, das durch einen rechteckigen Turm, heute in schlechtem Erhaltungszustand, verteidigt wurde. Man errät das Eingangssystem noch im Außenhof. Das Wesentliche der Bauten scheint aus dem frühen 14. Jh. zu stammen und etwas früher als das benachbarte Haut-Andlau zu sein. Luxus und Wohnlichkeit schienen wichtiger gewesen zu sein als die verteidigungstechnischen Notwendigkeiten.

ANDOLSHEIM (Haut-Rhin D9)

Die im Friedhof gelegene **Kirche** besitzt einen 2stöckigen Chorturm unter Satteldach, 15. Jh. Der Saalbau stammt aus dem 17. Jh.; die nüchterne Fassade mit geschweiftem Giebel und Portal wurde im 18. und 19. Jh. verändert. – An der N-Seite außen Grabstein von 1723.

AVOLSHEIM (Bas-Rhin DE5)

Kapelle St-Ulric (Abb. S. 18). Der kleine Bau der Ulrichskapelle ist in der Art eines Baptisteriums angelegt über einem urspr. vierpaßförmigen Grundriß und mit einer Kuppel über dem inneren Rund. Die Kanonisierung Ulrichs 993 gibt einen Terminus post quem: die Entstehungszeit dürfte um d. J. 1000 liegen. Der 8seitige Turm wurde im 12. Jh. aufgesetzt, die Kapellen hat man 1773 leider gestutzt und rechteckig ummantelt. Giebelchen von 1774.

Reste von *Wandmalereien* aus dem 12. Jh., im 14. Jh. retouchiert mit schwer zu deutendem Programm: Pantokrator, Apostel, Szenen aus einem Heiligenleben.

Neuroman. **Kirche**, 1910–11, von J. Knauth.

Dompeter (= Dominus Petrus; ad dominum Petrum; südl. von Avolsheim auf einem Friedhof gelegen)

Die kleine 3schiffige Basilika mit 6 Arkaden im 3schiffigen Langhaus besitzt im W einen massigen, schweren Turm, im O einen 3teiligen Chor, dessen Hauptapsis beträchtlich über die Nebenchöre hinausstößt. Der heutige Bau steht an der Stelle einer älteren, wohl karoling. Anlage, die durch Grabungen nachgewiesen ist (mit Prothesis und Diakonikon). Seine

Avolsheim. St-Ulric
Grundriß und Querschnitt (nach Kautzsch)
(zu S. 17)

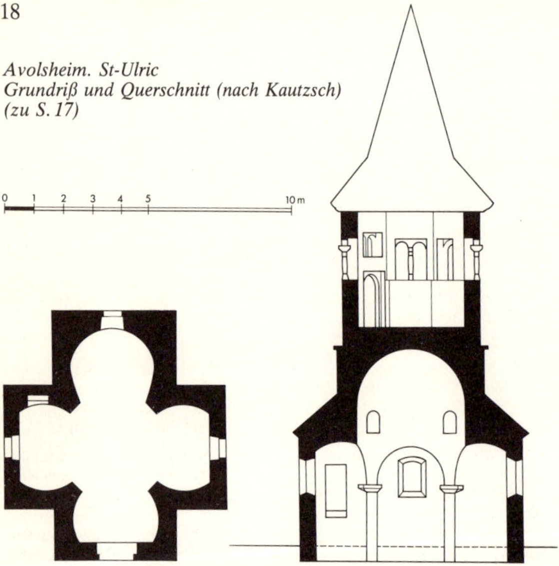

Raumverhältnisse sind altertümlich und weisen in die Zeit um 1000. Der Hochgaden hat kein trennendes Gesims. Die Fensteröffnungen sind alle leicht nach W verschoben, also nicht genau über den Arkadenbogen. Die 6 Fenster in der südl. Seitenschiffwand hat man 1767 erheblich erweitert. Der W-Turm in Mittelschiffbreite wurde 1746 durch Blitzschlag beschädigt und 1750 verändert wiederaufgebaut mit 8eckigem Obergeschoß. Der heutige Chor stammt von 1828. – Bemerkenswert sind die *Portale*: ein größeres Doppelportal im W, je ein kleineres an den Langseiten. Das W-Portal liegt in der Tiefe der Turmvorhalle. Der Sturz ist zusammengestückt, der Rest später verändert; der Mittelpfeiler zeigt spätgot. Formen des 15.–16. Jh. Das Portal war urspr. wohl schmäler und wurde erst später bei einer Verbreiterung mit der Mittelstütze versehen. Darüber ein hierher versetztes Petrus-Relief. – Das S-Portal besteht wie das nördliche aus großen Quadern. Seine Vorderkante hat man durch einen Rundstab ersetzt, den schmale Zierstreifen zwischen 2 Rillen begleiten. Im trapezförmigen Sturz Kreuzscheibe, Sternrosette und Petrusschlüssel, im N neben der Kreuzscheibe Sternrosette und Rundscheiben.

Im Inneren *Holzfiguren* des 16./17. Jh., darunter ein Jakobus im Pilgerkleid, um 1510.

Der **Canal de la Bruche** wurde 1681 von Vauban erbaut, um aus dem Tal der Mossig die für die Befestigung Straßburgs notwendigen Steine zu transportieren.

BALBRONN (Bas-Rhin D5)

Die **Kirche** geht möglicherweise ins 9. Jh. zurück und steht wahrscheinlich auf einem vorchristlichen Bau, zu dem die seltsamen Eckverstärkungen gehören könnten. Im 13. Jh. umgebaut. Glockenturm auf der N-Seite, mit Geschoßunterteilung, Lisenen und Konsolen, um 1130–40.

BARR (Bas-Rhin D6)

Seit dem hohen Mittelalter setzen sich hier die Dinghöfe mehrerer Abteien fest, u. a. Ebersmünster und Andlau. Die Annalen von Colmar berichten, der Teufel habe 1295 das Schloß der Herren v. Wepfermann zerstört, indem er in perfektem Latein vorgab, die kleine Stadt von seiner Großmutter geerbt zu haben. In der Folge teilte B. das Schicksal der meisten elsässischen Kleinstädte: Durchzug der Engländer 1375, Armagnakenplage 1444–45, Revolutionstrubel 1525, an dem sich die Einwohner der Stadt besonders aktiv beteiligten, nachdem sie sich bereits 1517 einmal zum Aufruhr verschworen hatten. Nach einem Brand, der durch die lothringischen Truppen 1592 gelegt worden war, wurde die Stadt 1678 unter Ludwig XIV. von Frankreich nochmals zerstört.

Die **Kirche St-Martin** von 1850 besitzt noch einen roman. Chorturm der Zeit um 1200 mit oberstem Stockwerk aus der Spätgotik.

Mehrere alte **Häuser** bilden den einheitlichen Marktplatz mit dem 1640 auf den Grundmauern des ehem. Schlosses erbauten **Rathaus** (Hof mit Holzgalerien).

Das **Musée de la Folie Marco** (30, Rue du Docteur-Sultzer) entstand 1763 als Wohnhaus für Louis-Felix Marco, Rat des Conseil Souverain. Es enthält u. a. Möbel des 18. und 19. Jh.

BELFORT (Territoire de Belfort A13)

Die heute etwas unansehnlich gewordene Stadt hat eine ruhmreiche kriegerische Vergangenheit. Halbwegs zwischen Jura und Vogesen gelegen, beherrscht sie die Trouée de Belfort, den wichtigen Durchgang vom Rhein- ins Rhone-Tal. Seit den Kelten und der Völkerwanderung haben alle hier vorbeiziehenden Stämme ihre Spuren hinterlassen und die entweder hinderliche oder schützende Feste zerstört oder ausgebaut. 1125 gehörte B. zur Grafschaft Mömpelgard (Montbéliard); damals entstand auf dem Felsen über der Savoureuse eine Burg, die den Namen B. erhielt. An der Stelle befand sich bereits eine gallorömische Anlage. Seit 1307 gab es die freie Stadt B. 1350–1639 war sie habsburgisch. Unter Karl d. Kühnen, am Vorabend der Burgunderkriege, hielt hier der berüchtigte Landvogt Peter v. Hagenbach die Bevölkerung in Atem. Im 30jährigen Krieg hatte B. zwischen 1632 und 1635 5 Belagerungen über sich ergehen zu lassen. Von den Franzosen eingenommen, gelangte der Platz 1648 an Frankreich. 1659 schenkte Ludwig XIV. Stadt und Grafschaft dem Kardinal Mazarin, und gegen das Jahrhundertende versah Vauban die Stadt mit einer Befestigung (»2. System« Vaubans, → Neuf-Brisach). Die Stadtentwicklung im 17. und 18. Jh. läßt sich im Museum anhand von Plänen anschaulich verfolgen.

Die 3 berühmten Belagerungen 1813–14, 1815 und 1870 hat B. unter schweren Schäden überstanden. Seine strategisch wichtige Lage bestätigte sich nochmals in den beiden Weltkriegen des 20. Jh. – Durch geschickte Verhandlungen gelang es 1871, B. zur Hauptstadt eines kleinen Territoriums, des Territoire de Belfort, zu machen, damit aus dem Departement Haut-Rhin auszuklammern und nicht mit dem übrigen Elsaß ans Reich gelangen zu lassen.

Die heutige Stadt gliedert sich in 2 deutlich voneinander geschiedene Teile: die Altstadt auf dem linken Ufer der Savoureuse und die ausgedehnten Vorstädte auf dem rechten Ufer, v. a. der Faubourg de France, der bis zum Bahnhof reicht.

Kirche St-Christophe (Place d'Armes)
Der klassizist. Bau wurde 1727–50/52 errichtet als Ersatz für die Kollegiatkirche St-Denis von 1342, die dem Neubau der Zitadelle weichen mußte. Die Pläne stammen von Maréchal aus Straßburg und Heinrich Schuller aus Westfalen.

Hinter der strengen Fassade öffnet sich ein 4jochiges Langhaus, ebenfalls mit spärlichem Schmuck. Die Skulpturen und die Ausstattung sind weitgehend von Cuppilard aus Belfort. Das schöne Chorgitter erinnert an die Gitter der Place Stanislas in Nancy. Der Altar des 17. Jh. stammt aus der Dominikanerkirche in Gebweiler. Kanzel nach Plänen von Massol. Die große, 45 Register umfassende Orgel ist das Werk von Valtrin aus Mirecourt (Lothringen), 1750; vergrößert 1816. – Bilder aus dem 18.–19. Jh.

Auf der Place d'Armes das **Denkmal »Quand même«** von Mercié, 1884, zur Erinnerung an die Belagerung von 1870–71. – Am Platz stehen, außer der Kirche, auch das **Zeughaus** von 1726 und das **Rathaus** von 1784. Im 1. Stock liegt ein Ehrensaal mit Historienbildern, die bedeutende Etappen der Stadtgeschichte in Erinnerung rufen: Renaud de Bourgogne übergibt der Stadt 1307 den Freiheitsbrief, von Albert Maignan; Marschall de la Ferté bemächtigt sich 1654 Belforts und führt die Stadt Frankreich zu, von Lucien Mélingue; Louvois und

Belfort. St-Christophe. Chorgitter

Belfort. »Der Löwe von Belfort«

Vauban besichtigen die Stadt 1679, von Robert Fleury; Verteidigung Belforts durch den General Lecourbe 1815 und Verteidigung der Feste durch den Hauptmann Denfert-Rochereau 1870–71, von Eugène Médard.

Auf der einheitlichen Place de la République mit dem **Justizpalast** von Pierre Cordier (1901) und **Häusern** aus dem 18. Jh. steht das Denkmal der 3 Belagerungen (**Monument des Trois-Sièges**), das letzte Werk von Fr.-A. Bartholdi († 1904), vollendet von seinen Schülern Louis Noël und Jules Dechin. In der Mitte die Personifikationen der Stadt Belfort und Frankreichs. Seitlich die Figuren der 3 Verteidiger: Kommandant Legrand (1759–1824), General Lecourbe (1760–1815) und Hauptmann Denfert-Rochereau (1823–1878).

● Das **Museum** (Rue Général-Roussel) besitzt neben einer bedeutenden lokalgeschichtlichen Sammlung – »Imagerie populaire« aus Belfort, 1830–40, alte Stadtpläne usw. – einige bemerkenswerte Bilder, u. a. von Signac, Vlaminck, Gromaire, Utrillo, Forner. Zeichnungen des 17.–18. Jh., u. a. von Cochin und Lesueur, und eine Kollektion japanischer Holzschnitte. Die Sammlung Camille Lefèvre umfaßt einige Werke des Bildhauers und seiner Künstlerfreunde (Marquet, Guillaumin, Luce, Carrière), die Graphikabteilung Blätter von Dürer, Goya, Piranesi, Rembrandt, Picasso, Delacroix, Rodin, Manet. Weitere bemerkenswerte Bilder stammen von Fromentin, Courbet, Daubigny, Jongkind und Doré. Ein Saal ist François-Joseph Heim (Belfort 1787–1865) gewidmet. – Im obersten Geschoß befindet sich eine bedeutende archäologische Sammlung. Hervorzuheben sind hier ein Helm aus der La-Tène-Zeit, 1. Jh. v. Chr., gefunden 1958 bei La Collonge, hervorragende burgundische Gürtelschnallen und 2 Gläser von großer Seltenheit, aus der Zeit der Völkerwanderung.

Von der Vauban-**Befestigung** macht man sich eine gute Vorstellung beim heutigen Autobusbahnhof (**Gare routière**) und an der **Porte de Brisach**, einer eindrucksvollen Anlage mit Schikane und Doppeltor, 1687.

Der **Löwe von Belfort**, ein Werk von Bartholdi, ist an den Felsen der Zitadelle gelehnt. 1875–80 entstanden, erinnert er an die Verteidigung der Stadt 1870–71.

BENFELD (Bas-Rhin E6)

Der Ort ist seit merowingischer Zeit bewohnt, was durch den Fund zahlreicher Gräber bestätigt wird. Im 8. Jh. gehörte er der Bischofskirche von Straßburg. Die Bischöfe befestigten später die Siedlung und machten sie im 14. Jh. zur Stadt. Das Schloß dient ihnen als Sommerresidenz. B. erlitt starke Zerstörungen im 30jährigen Krieg.

Die **Kirche** von 1840–44 schließt den Chor der Vorgängeranlage von 1352 ein.

Das im Giebel 1531 datierte **Rathaus** besaß urspr. eine offene Halle im Erdgeschoß. Der 8eckige Treppenturm mit skulptiertem Portal und Stadtwappen wurde 1619 angefügt wie auch die Uhr mit der Figur des »Stubenhansel«, der lt. Tradition die Stadt 1331 für einen goldgefüllten Beutel (den er hier in der Hand hält) an die Bayern und Württemberger verraten haben soll.

Das **Spital** mit 2 Giebeln und einer Eingangshalle unter 6teiligem Gewölbe ist 1625 datiert.

BERG (Bas-Rhin B2)

Ev. Kirche, 1770–75.

Kath. Kirche auf dem Kirchberg mit got. rechteckigem Chor. Daneben Rundturm mit moderner Bedachung. Das alte Schiff wurde 1893 abgetragen, um aus dem Steinmaterial die kath. Kirche in Thal zu erbauen.

BERGHEIM (Haut-Rhin D8)

1848 wurde hier eine bedeutende römische Villa des 3. Jh. gefunden (ein ornamentales Mosaik daraus jetzt in Colmar, Museum Unterlinden). Diese Anlage läßt sich zweifellos mit dem intensiven Weinbau in Verbindung bringen, der hier seit den Römern gepflegt und am Rand der Vogesen heimisch wurde. Seit dem 8. Jh. hatten die großen elsässischen Abteien in B. und Umgebung Besitzungen: Maursmünster (Marmoutier) um 700, Murbach und Münster 728, Hohenburg im 11. Jh. Der Ort wurde 1246 vom Herzog von Lothringen gekauft und Ministerialen anvertraut. Diese neigten zu Unruhen, und 1312 scheinen sie sich Heinrich v. Rappoltstein angeschlossen zu haben, der B. befestigte und so zur Stadt machte. Münzrecht erhielt es 1375. Die Stadt wurde 1525 von den aufständischen Bauern und 1632 von den Schweden unter General Horn eingenommen. 1648 an Frankreich gefallen, blieb es ein Lehen der Rappoltstein.

Kirche Notre-Dame de l'Assomption. Die urspr. 3schiffige Basilika mit gewölbtem Chor, quadratischem W-Turm (1724 verändert) und Turmhalle wurde 1347 geweiht. Das Langhaus erhielt 1718 eine flache Decke auf Säulen toskanischer Ordnung. Auffällig ist, daß die Kirche nicht in der Stadtmitte, sondern unmittelbar neben dem heute nicht mehr vorhandenen Untertor und an der Stadtummauerung angelegt wurde.

An der S-Wand außen in einer Nische stark restaurierte Malerei: Anbetung der Könige mit hl. Katharina, urspr. 2. Hälfte des 15. Jh. – Neben dem Seiteneingang Baufragmente eines Jüngsten Gerichtes (vom Portal?). Oben Christus mit Engeln, die die Passionswerkzeuge tragen; auf den Wimpergen stehen 4 Posaunenengel. – An der Rückwand eine verblaßte Kreuzigung, darüber das Schweißtuch der Veronika und in den Zwickeln Stifterwappen. – Im Tympanon des W-Portals ist die Anbetung der Könige dargestellt; ein Engel weist auf den Stern. Die ganze Gruppe wurde im 19. Jh. erneuert; original, 14. Jh., ist nur der Engel.

● Im Inneren an der S-Wand auf Konsolen die Figuren der *hl. Anna* mit der kleinen Maria und des *hl. Joachim*, Holz, mit neuer Fassung – höchst qualitätvolle Werke, deren Datierung schwierig ist, da anscheinend weitere Werke dieser Stilrichtung am Oberrhein vernichtet sind. Charakteristisch sind die faltenreichen Stoffhüllen, in denen die Gestalten zu verschwinden scheinen. Es ist sogar fraglich, ob beide Werke von der gleichen Hand sind. Für die Entstehungszeit sind die Jahrzehnte zwischen 1460 und 1500 vorgeschlagen worden. Mag eine relativ frühere Ansetzung für die Anna zutreffen, so ist man angesichts des Joachim eher geneigt, an eine Datierung gegen 1500 zu denken. – Im Vorchorjoch 6 Wandmalereien von Franz Schilling, Anf. 20. Jh. Neugot. Schnitzaltar. – Am Chorbogen beachtenswerter *Kruzifixus*, zu dem die seitlich auf Konsolen aufgestellten Johannes und Maria aufblicken, um 1600 oder frühes 17. Jh. Ein in der älteren Literatur genanntes 3teiliges Wandgrab im Chor befindet sich nicht hier. – An der nördl. Seitenschiffwand Freskenfragment eines hl. Georg, 14. Jh. Gegenüber ein 1959 fast bis zur Unkenntlichkeit restauriertes Freskenfragment vom Ende des 15. Jh., das ikonographisch von Interesse ist als Andachtsbild mit Maria, Johannes und Veronika, dazu einem Schergen mit dem Mantel Christi; Christus sitzt auf dem Kreuz, vor ihm liegen der Hammer und die 3 Nägel, ein zweiter Scherge bohrt die Nagellöcher.

Neben der Kirche ein Haus von 1550 mit Renaissance-Gliederung, angeblich das ehem. Beinhaus, heute **Lokalmuseum**.

An dem langgestreckten Marktplatz **Rathaus** von 1762.

Die **Stadtmauer** – mit Türmen – ist namentlich im N gut erhalten, obwohl sich Winzerhäuser auf ihr niedergelassen haben. Das **Obertor** datiert sehr wahrscheinlich aus der Zeit der ersten Mauer, 1312 (Neudatierung 1300 an der Außenseite).

Grand'Rue. **Nr. 33:** Haus von 1747 mit stufenweise vorspringenden Fachwerkgeschossen. – **Nr. 1:** Haus mit seitlichem spätgot. Fenster.

Vom **Tempelhof**, 1 km nordöstl. der Stadt, blieben nur unbedeutende Reste. Nach der Auflösung des Templerordens war er 1312 in den Besitz der Johanniter in Schlettstadt gelangt. Die **Kapelle** wurde 1560 neu gebaut.

BERNARDVILLÉ / BERNHARDSWEILER (Bas-Rhin D6/7)

Bei Bernardvillé liegen die Überbleibsel der 1125 gegründeten **Zisterzienserabtei Baumgarten**, deren vergrößerte Kirche 1153 geweiht wurde. Kapitellreste des im Bauernkrieg 1525 zerstörten Baues legen eine Beziehung zum Atelier der Fideskirche in Schlettstadt nahe, gegen 1160 oder um 1165.

BIRKENWALD (Bas-Rhin D4)

Kirche, 1700–10.

Das **Schloß** wurde 1562 von Nikolaus v. Ingenheim gebaut, mit fortifikatorischen Attributen. Es handelt sich um einen langgestreckten 2stökkigen Bau mit einem Doppelflügel an der NO-Seite. Hübscher Treppenturm. An der Ecke der Anlage Turm mit Blendarkatur.

BISCHOFFSHEIM / BISCHOFSHEIM (Bas-Rhin D5/6)

Urspr. befestigtes römisches Lager, in dem ein Münzschatz aus der 2. Hälfte des 3. Jh. n. Chr. gefunden wurde. Das Dorf hatte seit merowingischer Zeit einen Königshof. Dieser wurde dem Bischof von Straßburg geschenkt, womit B. zu dessen ältesten Besitzungen gehörte.

Die roman. **Kirche** wurde 1761 durch Blitzschlag beschädigt und abgebrochen bis auf das W-Portal. Im Inneren Empire-Kanzel um 1800 aus Marmor. Chorwärts in den unteren Fenstern Scheiben der Gebrüder Ott, Straßburg (1878) mit der Anbetung der Könige und der Anbetung der Hirten, gute Beispiele für den späten nazarenischen Einfluß auf die Glasmalerei.

Vor der Kirche ein steinerner **Kruzifixus**, 1780. Neben dem Chor ein **moderner Brunnen** mit altem Stock, 1550, und Wappenlöwen. Am Fuß der Freitreppe 8eckiger **spätgot. Brunnen** mit modernem Aufbau und Figur des hl. Remigius.

Unterschloß, 16./17. Jh.

Kloster Bischenberg

Über Bischoffsheim liegt auf dem Bischenberg ein Kloster, das 1821 von den Redemptoristen, einem 1732 von Alfonso de Liguori (1696–1787) in Neapel gegründeten Orden, übernommen worden ist. Diese fügten der bestehenden Anlage neue Trakte an. Eine Restaurierung des Klosters fand 1958 statt.

Konventkirche Notre-Dame

Für eine hier gelegene Marienkapelle ist seit dem 16. Jh. eine Wallfahrt bezeugt. Der Chor einer Kirche aus der Zeit um 1520 – unter Bischof Wilhelm v. Honstein erbaut – wurde nach den Zerstörungen des 30jährigen Krieges zugemauert und diente als Kapelle. Erst 1717 konnte ein Kirchenschiff angefügt werden, das 1731 geweiht wurde.

Von der alten Ausstattung ist rechts vom Choreingang die *Beweinungsgruppe* zu nennen, eine bedeutende, neu gefaßte Schnitzerei mit Maria und dem toten Christus zwischen Johannes und Maria Magdalena, um 1500 (vgl. ähnliche Gruppen in Kaysersberg und Rouffach). Auf einer Konsole an der N-Wand des Schiffes stark bewegte barocke Madonna, 18. Jh. – Bei der Restaurierung 1958 wurden die Fenster der Kirche mit Glasfliesen von Tristan Ruhlmann versehen.

Auf der S-Seite der Kirche, über Treppenanlage zugänglich, liegt eine große **Kreuzweganlage** in Kapellenform, nach 1731. – Die Wohn- und Wirtschaftstrakte des **Klosters** ordnen sich heute zusammen mit der Kirche als großes Quadrat um einen Hof.

BISCHWILLER / BISCHWEILER (Bas-Rhin F3)

Kirche, 1721–22; Fassadenturm im 19. Jh. erhöht.

Am **Alten Rathaus** von 1665 war das Erdgeschoß urspr. eine offene Halle. – **Ehem. Hofapotheke**, 1681.

Der Ort bietet geschlossene Straßenbilder mit **Fachwerkhäusern** des 18. und 19. Jh.

BLIENSCHWILLER / BLIENSCHWEILER (Bas-Rhin D7)

Die urspr. roman. **Kirche** wurde 1732 erweitert und 1911 umgebaut. – Am O-Ausgang des Dorfes liegt die got. **Erasmuskapelle** aus dem 15. Jh., 1665 erneuert.

Bœrsch. Place de l'Hôtel de Ville mit »Sechseimerbrunnen«
(zu S. 28)

BŒRSCH / BÖRSCH (Bas-Rhin D6)

Der 1340 unter dem Straßburger Bischof zur Stadt erhobene und ummauerte Ort wurde 1622 weitgehend zerstört.

Die **Kirche** ist eine Halle mit eingezogenem Chor, 1769–71. (Außenbau 1975 restauriert.) – Links neben der Kirche eine **Kapelle** mit einem *Ölberg*, einer vorzüglichen, doch vernachlässigten Arbeit aus der 2. Hälfte des 16. Jh. Die bemalten (überrestaurierten) Rückwände enthalten u. a. einen Blick auf Jerusalem. An der rechten Seite ein kleines Rundfenster mit Maßwerkfüllung. Das Pultdach wird von Säulen abgestützt, oben ruht es auf Maskenkonsolen – »neuroman.« Formen des 16. Jh. – Zwischen Rathaus und Kirche, sichtbar vom Chor her, befinden sich Fragmente eines Karyatidenportals, 17. Jh. Auf der anderen Seite der gleichen Mauer (gegen den Platz hin) ein Grabstein von 1678 mit Kruzifix.

Das **Rathaus** hatte urspr. ein offenes Erdgeschoß im nördl. Teil, der 1565 von Lux Steckel gebaut wurde. Die südl. Erweiterung, mit Treppenturm, stammt von 1572, der Erker kam 1615 hinzu.

● Place de l'Hôtel-de-Ville (Abb. S. 27). Der Brunnen am Platzeingang mit kreisrundem Becken und 3giebeligem Aufbau auf 3 Säulen ist ein Werk Jacob Zumstegs, 1617. Er ist als **»Sechseimerbrunnen«** bekannt und einer der schönsten des Elsaß. – **Haus Nr. 2** hat schönes Fachwerk; dahinter liegt ein zweites Fachwerkhaus von 1626 (1906 restauriert). Zur Rue de l'Eglise hin zeigt es schöne Schnitzereien im Fachwerk, v. a. an dem leicht vorspringenden Drillingsfenster. – Rue de l'Eglise: **Nr. 1**, Haus mit Fachwerkschnitzereien und kleinem dreieckigem Erker in der Mitte des Drillingsfensters. Eingangsportal von 1748. – Rue du Rempart/Ruelle du Dôme: **Fachwerkhaus** auf massivem Steinsockel; im unteren Giebelteil offene Sprossenlaube.

Von der **ehem. Befestigung** sind die Tore zu nennen: das stark restaurierte **Stadttor** Richtung Ottrott, 14. Jh., das an der Außenseite eine modernisierte, in der Struktur wohl auf das späte 17. Jh. zurückgehende Wandmalerei mit dem hl. Medardus trägt, sowie das **Untere Tor** (mit rechts angrenzenden Resten der Stadtmauer), ebenfalls 14. Jh.; die Marienstatue über dem Durchgang 19. Jh.

BOLLWILLER / BOLLWEILER (Haut-Rhin D11)

In der **Kirche** von 1850 ein prachtvoller *Altar* aus Glis im Schweizer Wallis.

Schloß von 1599 mit 2 Treppentürmchen.

BOUXWILLER / BUCHSWEILER (Bas-Rhin D3)

Der Ort, Lehen des Bischofs von Metz und seit 1260 von den Lichtenberg verwaltet, wurde zur Stadt im ausgehenden 13. Jh., erhielt Freiheiten seit 1301 und 1343 eine Mauer dank Ludwig d. Bayern. Neben dem Lichtenbergschloß entwickelte sich die Siedlung. – Nach der Überlieferung fand hier 1462 ein »Weiberkrieg« statt, in dem sich die Frauen der feudalen Macht gegenüber beherzter zeigten als die Männer (→ Rouffach). Jakob v. Lichtenberg (1416–80), 1450 Witwer geworden, stieg einer hübschen Bäuerin nach, der Bärbel aus Ottenheim, einem Nachbardorf. Diese Affäre verleitete ihn zu einer Reihe von Erpressungen, worauf sich die Frauen der betroffenen Bürger zur Gegenwehr entschlossen und dem Bruder, Ludwig v. Lichtenberg, halfen, die Ordnung wiederherzustellen. Bärbel, die zuerst verjagt wurde, endete übrigens 1481 in Hagenau als Hexe auf dem Scheiterhaufen. Das berühmte Liebespaar ist vermutlich an der ehem. Kanzlei von Straßburg verewigt worden (vgl. die Büsten im dortigen Frauenhaus-Museum). – Nach dem Erlöschen der Lichtenberg 1480 gelangte B. an die Grafschaft Hanau-Lichtenberg. Die von den Grafen 1612 gestiftete Schule ist nach der Straßburger die älteste lutherische Schule im Elsaß und genoß einen guten Ruf.

Prot. Stadtkirche, 1614 erbaut unter Verwendung einer basilikalen got. Anlage. Der Turm aus dem 14. Jh. wurde 1728/29 erhöht. Der Innenraum weist auf 3 Seiten 2stöckige Emporen auf, die auf die Kanzel hin orientiert sind.

Der Korb der Steinkanzel von 1615 ist aus spätgot. Teilen zusammengesetzt (Evangelistensymbole unter Kielbogenblenden) und mit Renaissance-Pilastern besetzt. Stuckierter Herrenstuhl von 1787; darüber Silbermann-Orgel in einem Prospekt von 1777–78.

Kath. Kirche von 1779 mit gleichzeitiger Ausstattung. Auf der S-Seite got. Turm.

Das Schloß wurde in der Revolution zerstört. Es ist der nicht sichtbare Kern der wichtigsten städtischen Gebäude am Marktplatz, z. T. zerstört und ersetzt durch das unter den Deutschen 1885 erbaute **Lycée**. Noch steht der ehem. Kanzleibau, jetzt **Rathaus**, in elsässischen Renaissance-Formen, 1659. – Vom ebenfalls zerstörten **Herrengarten** sind einige Baufragmente erhalten, u. a. ein Brunnen mit Toilette der Venus und der Diana im Bad, 17. Jh.

Bemerkenswerte **Häuser** v. a. an der Rue des Seigneurs, am Marché aux grains, an der Rue du Canal, der Rue de l'Eglise und an der Grand'Rue, der von 2 Toren begrenzten Hauptgasse.

BRUMATH (Bas-Rhin F3)

Das antike Brocomagus lag am Schnittpunkt wichtiger römischer Straßen und gehört zu den ältesten Siedlungen des Elsaß. Durch seine leicht erhöhte Lage von den Rhein-Überschwemmungen geschützt, war es schon in neolithischer Zeit besiedelt. Die römische Stadt (unter dem südl. Teil des Ortes) zeigte den Grundriß einer halben Ellipse, die an die Zorn anstieß. Grabungen 1968 haben eine Thermenanlage ans Licht gefördert. Die im W gelegenen Tempel waren keltischen Göttern geweiht. Der Bezirk umfaßte auch ein Mithras-Heiligtum. Ein Steueramt und ein karoling. Palatium sind im 9. Jh. nachzuweisen; sie gelangten 889 an die Abtei Lorsch, die hier um 1000 eine Münzstätte einrichtete. 1332 ging B. in den Besitz der Lichtenberg über und wurde 1336 Stadt.

Die **Nazariuskirche** ist ein Bau von 1836, 1956 verändert. Im Inneren noch ein 1491 datierter Taufstein.

Schloß

2 Schlösser existierten im 14. Jh., das eine von den Lichtenberg, das andere von den Leiningen bewohnt. Sie wurden beide 1389 zerstört, und nur eines erlebte einen Wiederaufbau, der 1720–28 unter den Hanau-Lichtenberg nochmals eine gänzliche Veränderung erfuhr. Es war 1740–82 Residenz der sehr mondänen Äbtissin von Remiremont, Christine von Sachsen. Die Flügel wurden in der Revolution zerstört.

Das Hauptgebäude wurde 1804 zur **prot. Kirche** mit höchst elegantem Innenraum umgebaut.

Klassizist. **Stadttor** und **Rathaus**. Eine Anzahl älterer **Fachwerkhäuser.**

BUHL / BÜHL (Haut-Rhin C10)

Die neuroman. **Kirche** von 1868–70 und 1877, mit dem ehem. W-Turm der Vorgängeranlage (jetzt an der N-Seite), besitzt einen bedeutenden *Flügelaltar*, der in der Revolution aus Colmar hierher gelangte; die genaue Herkunft ist nicht ermittelt, doch ist das Katharinenkloster als Erstbesitzer wahrscheinlich. Urspr. sah man bei geschlossenem Zustand 4 Felder mit der Einhornjagd, der Geburt Christi, der Anbetung und der Himmelfahrt, bei offenem Zustand 5 Passionsszenen; auf der Rückseite Christus als Weltenrichter und Scheidung der Gerechten (links) von den Verdammten (rechts). Als Maler des unter dem Einfluß von Schongauers Graphik entstandenen Werkes wurde Urban Huter vorgeschlagen, der, um 1450 geboren, seit 1475 Colmarer Bürger und 1495 Zunftmeister war; er starb vor 1501.

CHÂTENOIS / KESTENHOLZ (Bas-Rhin D7)

Erwähnt im 12. Jh. als Castinetum, das ein Hof der Abtei Niedermünster war. Später gelangt Kestenholz in den Besitz des Straßburger Bischofs, der hier ein Schloß baute. Beim Durchzug Karls d. Kühnen von Burgund (1473) flüchten sich die Einwohner in den befestigten Friedhof.

Der *Turm* der **Kirche St-Georges** ist noch romanisch, um 1140; seine Bekrönung von 1525 mit Zeltdach und 4 Ecktürmchen wirkt außerordentlich pittoresk. Im Langhaus von 1760 Seitenaltäre aus der Werkstatt von Hans Bongart, Anf. 16. Jh., in barocken Rahmen. Figuren der hll. Georg und Johannes d. T., um 1500. Grabstein mit Kreuzigung und Stiftern, 1617. Taufstein 1762.

Rathaus mit Erker, 1493. – **Gasthaus Adler** mit polygonalem Erker von 1501 und Renaissance-Portal am Treppenturm.

Stadttor mit Bossenquadersockel und Fachwerkaufbau, 15. Jh. – Ein **Turm** der alten **Befestigung** trägt die Jahreszahl 1432.

COLMAR (Haut-Rhin D9)

Erst im frühen 13. Jh. erlangte C. die Bedeutung einer Stadt; es handelte sich jedoch nicht um eine Neugründung. Die Siedlung Colombarium (»Taubenschlag«) hatte bereits in merowingischer Zeit eine ganz bestimmte Aufgabe erfüllt: nicht weit von dem mächtigen Castrum Argentovaria, der späteren Horburg, war ihre Haupteinnahmequelle ein Waisenhaus für Mädchen. Diese Siedlung befand sich vermutlich an der Stelle des heutigen Lycée Bartholdi.
823 kam das Pfalzgut an Ludwig d. Frommen, und in Stadtnähe, auf dem sog. Lügenfeld, fand der Verrat statt, durch den er für kurze Zeit seiner Krone verlustig ging. Der Herrscher wurde 836 hier von seinen aufständischen Söhnen Lothar und Ludwig gefangengenommen. 884 tagte in C. unter dem Vorsitz von Ludwig d. Dicken eine Reichsversammlung. Der Zerfall des karoling. Reiches zog auch hier die Zerstükkelung des Pfalzgutes nach sich. Anfang des 10. Jh. kam das Domkapitel von Konstanz in den Besitz des Niederhofes, der beim Chor des heutigen Münsters lag, die Abtei Payerne erhielt den Oberhof, der sich an der Stelle des heutigen Lycée befand, und an die Abtei Münster fielen weitere Besitzungen.
Die Erlangung des Stadtrechtes 1214 beweist, daß sich trotz der kirchlichen Oberherrschaft eine Bürgerschaft hatte bilden können. Den politischen und wirtschaftlichen Aufschwung der Stadt begünstigte die Lage am Ausgang des Münstertales (= O-W-Verkehr) und an der N-S-Achse (= wichtige Land- und Wasserwege). Friedrich II. unterstützte die Stadt in ihren Bestrebungen, sich von der Vormundschaft der Kirche zu befreien: 1226 konnten die Rechte von Payerne und Konstanz zurückgekauft werden, C. wurde reichsunmittelbar. Der Landvogt Friedrichs II., Wölflin, umgab die Stadt mit Mauern. Bereits 1250 wurde eine 2. Ummauerung notwendig, da die schnell wachsenden Vorstädte des Schutzes bedurften. Ein Annalenschreiber war sich schon gegen das Ende des 13. Jh. der demographischen Entwicklung und der sich daraus ergebenden politischen Umwälzungen bewußt: 1000 Häuser seien innerhalb von 11 Jahren gebaut worden. 1254 trat C. dem Rheinischen Städtebund bei, der im Erbfolgestreit für Rudolf v. Habsburg gegen die Bischöfe und den Adel Partei nahm. Dem Schultheißen J. Rösselmann gelang es 1260, die vom Bischof von Straßburg belagerte Stadt mit List

einzunehmen. 1278 erhielt C. von Rudolf v. Habsburg ein Stadtrecht. Nach dem Tode des Kaisers stand die Stadt jedoch nicht mehr geschlossen hinter ihrem Schultheißen Rösselmann; die Parteien spalteten sich in Anhänger der Habsburger und solche des Hauses Nassau. Hinter dem Allianzwechsel verbargen sich soziale Konflikte: Adel, Bürgertum und die untersten Schichten bekämpften sich gegenseitig. Trotz dieser Unruhen entwickelte sich C. stetig weiter. 1310 wurde eine Ausdehnung erreicht, die bis ins 19. Jh. konstant blieb.

Ihren Reichtum verdankte die Stadt – damals hatte sie 6000 Einwohner – v. a. dem Weinhandel. 1354 bildeten C. und weitere 9 elsässische Reichsstädte (Weißenburg, Hagenau, Rosheim, Oberehnheim, Schlettstadt, Kaysersberg, Türkheim, Münster und Mülhausen) einen Bund, die Dekapolis, um ihren Milizen die Hegemonie v. a. gegenüber den feodalen Mächten zu sichern. 6 Jahre später gab sich C. ein Verfassungsrecht, das die Machtverhältnisse zwischen den einzelnen gesellschaftlichen Schichten widerspiegelt: Auf je 2 Vertreter der Zünfte entfiel ein Vertreter des Adels im Rat der Dreißig, der die oligarchische Gewalt in sich vereinte. Die Stadtmeister, welche die Zivilmacht vertraten, lösten sich alle 4 Monate ab; der Zunftmeister betreute das Kriegswesen. Diese Verfassung blieb mit nur geringen Veränderungen bis zum Ende des Ancien Régime bestehen. 1425 kaufte die Stadt von Kaiser Sigismund das Amt des Schultheißen zurück; damit wurde sie völlig unabhängig.

Der wirtschaftlichen Blüte C.s, das seine Weine bis ans Baltische Meer exportierte, entsprach ein ebenso reges kulturelles Leben. Die Klöster, Zentren der Mystik, spielten dabei eine wichtige Rolle. Noch in der Mitte des 15. Jh. wurde der Hochaltar des Münsters von einem wenig strahlungskräftigen Maler, Isenmann, ausgeführt (heute im Museum Unterlinden). Dann ließ sich aber der vielleicht größte deutsche Maler und Kupferstecher seiner Zeit, Martin Schongauer, in C. nieder. Dürer besuchte 1492 die Stadt, um Schongauer zu sehen – ein Jahr zu spät: Schongauer war 1491 gestorben. Die Episode wirft ein bezeichnendes Licht auf die künstlerische Bedeutung der Stadt. Ebenso ist die Zunft der Meistersinger zu nennen; erwähnt sei namentlich Jörg Wickram (ca. 1500–62), der v. a. für das Theater schrieb. Nach dem Ende der Bauernkriege, die im Gegensatz zu Straßburg hier die Gemüter kaum erregten, ließ sich der Arzt Paracelsus in C. nieder. Die gemäßigtere Reform Luthers fand manche Anhänger: 1575 wurde sie offiziell vom Rat eingeführt. Die Franziskanerkirche diente fortan dem neuen Kult, den Ferdinand II. 1627 untersagte, die Schweden 1634 jedoch wieder einführten, nachdem ihnen die Bürger C.s die Tore geöffnet hatten. Seit dem Ende des 30jährigen Krieges sind in C. beide Glaubensrichtungen vertreten; die französische Verwaltung garantierte seit 1648 den religiösen Frieden.

Das Obergericht des Elsaß, der Conseil Souverain, vorher mit Sitz in Ensisheim, ließ sich jedoch erst 1698 in C. nieder, nachdem 1673 die Stadtmauern niedergerissen waren und Turennes Sieg über die Kaiserlichen bei Türkheim den Franzosen die endgültige Hegemonie gesichert hatte. Die Handelsstadt C. wurde Verwaltungszentrum. Erst sehr viel später, seit 1775, begann sich langsam auch die Textilindustrie zu entwik-

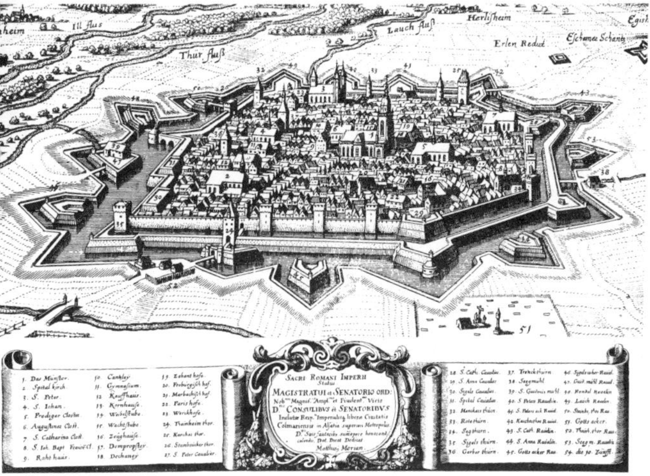

Colmar. Nach Merians »Topographia Alsatiae«, 1663 (Ausschnitt)

keln. Voltaire, der sich in C. aufhielt, bezeichnete die Bevölkerung als halb aus Jesuiten und halb aus Irokesen bestehend, womit er den damaligen Charakter dieser kleinen Beamtenstadt gut traf. 1791 wurde C. Sitz der Präfektur Haut-Rhin (Oberelsaß). Unter der Republik und dem Empire machte sich die Stadt einen Namen als militärische Ausbildungsstätte. Erwähnung verdienen der General Rapp und der ungewöhnliche Kavallerieleutnant Marie-Antoinette Lix (1839–1909); die kriegerische Dame diente u. a. 1863 in einer Ulaneneinheit.

Als das Elsaß wieder an Deutschland kam (1871–1918), bewirkten seine republikanische Vergangenheit und die Ungeschicklichkeiten der kaiserlichen Verwaltung das Aufkommen eines französischen Patriotismus; die heute etwas albern anmutenden satirischen Zeichnungen von J.-J. Walz (»Hansi«) spiegeln diese Geisteslage gut wider. Ein anderer Colmarer Bürger, der Bildhauer Frédéric-Auguste Bartholdi (1834 in Colmar, † 1904 in Paris), verherrlichte den französischen Patriotismus in monumentalen Werken, deren Akademismus von verschiedenen antiken Vorbildern bestimmt war. Bartholdi verdankt man u. a. den Löwen von Belfort (1880) und die Freiheitsstatue in New York (1886).*

Da die Front 1918 nicht in die Nähe der Stadt zu liegen kam, blieb C. praktisch verschont. Auch im 2. Weltkrieg entging es den Bombardierungen: Die Amerikaner hielten sich an die Bedingung von General de Gaulle, C. unversehrt einzunehmen; ein Dutzend der umliegenden Dörfer ist jedoch der Zerstörung nicht entgangen. Der Aufschwung des Baugewerbes nach dem 2. Weltkrieg wirkte sich für C. ebenfalls weniger verheerend aus als in anderen elsässischen Städten. Das Zentrum der

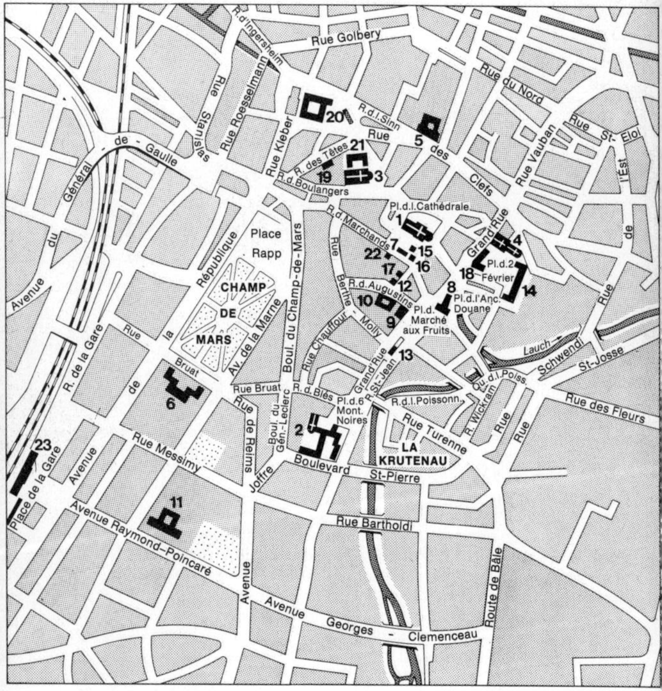

1 St-Martin, Cathédrale
2 St-Pierre, Lycée Bartholdi
3 Dominikanerkirche
4 Prot. Kirche, ehem. Franziskanerkirche
5 Rathaus
6 Präfektur
7 Ehem. Wachstube
8 Ancienne Douane, Altes Kaufhaus
9 Ehem. Palais du Conseil Souverain d'Alsace, Justizgebäude
10 Amtsgericht
11 Cour d'Appel, Oberlandesgericht
12 Hôtel Ribeaupierre
13 Johanniterhaus
14 Ehem. Spital
15 Haus Adolph
16 Haus Pfister
17 Haus zur Geige, Schongauer-Haus
18 Maison des Arcades
19 Maison des Têtes, Kopfhaus
20 Unterlinden-Museum, ehem. Dominikanerinnenkloster
21 Stadtbibliothek, ehem. Dominikanerkloster
22 Museum Bartholdi
23 Bahnhof

Colmar. Innenstadt-Lageplan

Colmar. St-Martin. Chornordwand und Gestühl

Stadt steht unter Denkmalschutz. Die Restaurierung, insbesondere des Gerberviertels, hat modellhaften Zuschnitt und kann als Musterbeispiel für heutige Denkmalpflege gelten.

Kirche St-Martin ●

Die Pfarrkirche – doch noch stets »Münster« und »Cathédrale« genannt, eine Bezeichnung, die wahrscheinlich dem Umstand entspricht, daß während der Revolution ein vereidigter Bischof in St-Martin eingesetzt wurde – ist als Umbau einer älteren Anlage um 1170 begonnen worden. Hauptbauzeit zwischen 1237 und 1366. Der heutige 6jochige Bau steht über Vorgängeranlagen: Eine ottonische Kirche – kreuzförmig, basilikal, mit 3 Schiffen und Westwerk – wurde 1972 entdeckt; ein Neubau nach Brand 1106 war eine Basilika mit 3 Apsiden. – Die turmartige W-Fassade ist älter als die Querhausfassaden, v. a. die eindrucksvolle S-Seite zwischen schräggestellten Eckstreben, die mit dem Langhaus um 1250 begonnen wurde. Die Hauptbauzeit, unter Meister Humbrecht, lag um 1263. Kurz vor 1300 sind die westl. Seitenportale und die Wandarkaden im Querhaus anzusetzen. Um 1300–10 folgte das 2. Geschoß des N-Turmes. Um 1310 schloß Meister Wilhelm von Marburg die W-Seite mit dem Maßwerkgiebel und wölbte das Langhaus. Erst nach 1350 wurde der ältere Chor durch einen langgestreckten Chor mit Kapellenkranz ersetzt. Der malerische Renaissance-Abschluß des Turmes stammt von 1575. – 1792 war die Kirche ein »Tempel der Vernunft«. 1801 wurde sie dem Kult zurückgegeben.

Colmar. St-Martin. Glasmalerei: Himmelfahrt des Elias

Für die Herleitung und kunstgeschichtliche Einordnung des Chores von St-Martin sind in verschiedenen Richtungen Vergleiche unternommen worden. Während man lange an eine Abhängigkeit von Notre-Dame in Hal (Belgien) dachte und auch Manresa (Spanien) in die Diskussion brachte, scheint heute darin Einstimmigkeit zu herrschen, daß sich hier Bettelordensarchitektur mit parlerischen Elementen durchdringt. Was die Beziehung zu den Parlern anbetrifft, sei v. a. auf die Chöre von Freiburg i. Br. und in Schwäbisch Gmünd hingewiesen. Es ist dabei aber auch nicht zu übersehen, daß gewisse Elemente wie die Pfeilersockel spätestens 1344 in Niederhaslach in durchaus verwandter Art zur Anwendung gelangten.

Unter dem plastischen Schmuck sind namentlich das *Tympanon der W-Fassade* (Anbetung der Könige und Jüngstes Gericht) aus dem 13. Jh. sowie das *Nikolausportal* an der S-Seite zu nennen. Hier erscheint im Tympanon unten die Nikolaus-Legende (um 1230 wohl für ein anderes Portal gearbeitet und hier wiederverwendet) und oben das Jüngste Gericht (nach 1250); am äußeren Bogen 14 Figuren, u. a. Darstellung des Baumeisters mit Winkelmaß (4. Figur von links), bez. als Maistres Hvmbret (Meister Humbrecht); die Gewände zwischen den Säulen mit Masken besetzt, nach 1250.

Das meiste der Ausstattung wurde in der Revolution entfernt oder zerstört. Die Rosenhag-Maria von Schongauer befindet sich heute in der Dominikanerkirche. – Bilder aus der Schongauer-Werkstatt, um 1500 (Abendmahl und Ecce homo). – Chorgestühl, Hochaltar und Seitenaltäre aus dem 19. Jh. – Reste von Wandmalereien sind nach dem 2. Vatikanischen Konzil unter dem Vorwand einer Restaurierung zerstört worden. – Von der *Glasmalerei* sind vornehmlich im N-Seitenschiff und im Chor alte Teile erhalten, zusammengewürfelte Scheiben der 1. Hälfte des 14. Jh. und unterschiedlicher Herkunft; vieles 1903–10 in geschickter Imitation ergänzt durch die Werkstatt der Brüder Ott in Straßburg. Schon das Formschema der Scheiben im 1. Joch des nördl. Seitenschiffes gibt die urspr. Zugehörigkeit zu den Speculum-Fenstern der Dominikanerkirche zu erkennen. Anderes stammt aus der Franziskanerkirche.

St-Pierre, ehem. Chapelle des Jésuites, 1742–50. Kreuzförmige harmonische Anlage mit Seitenschiffemporen und halbrund geschlossenem Chor. Louis-XV-Stukkaturen. Der Bau ist ein Werk des Colmarer Stadtarchitekten Johann Jacob Sarger aus Straßburg, der in der Kapelle begraben liegt (»Hic quiesco ubi numquam quievi . . .« [»Hier ruhe ich, wo ich mich nie ausgeruht habe . . .«]). – Die einzelnen Flügel des Kollegiums (heute **Lycée Bartholdi**, urspr. Oberhof) bauten der Jesuitenpater Robinet 1720, der Ingenieur-Architekt Chassin 1760 und der bischöfliche Architekt Paulmier 1777. Von Michel d'Ixnard 1787 Bibliothek und Festsaal.

● **Dominikanerkirche**

Grundsteinlegung 1283 in Anwesenheit von Rudolf v. Habsburg. Chor 1283–91; Langhaus 2. Viertel 14. Jh.

Das Langhaus ist nur einseitig von S beleuchtet. In dem weiten, saalartigen Raum sind die alten Wandgrenzen lediglich als symbolische Gitter beibehalten; die Kirche diente wirklich als »Predigtscheune« den Intentionen des Ordens. In weiten Abständen stehen die Stützen, die nur ein kleines Stück Restwand hochschieben.

Glasfenster aus dem 13. und 14. Jh. In allen 10 Fenstern des Chores figürlich-architektonische Kompositionen mit Aposteln und anderen Heiligen, aus der Erbauungszeit 1283–91. Auf der einzigen beleuchteten Hauptseite des Langhauses, im S, u. a. der – stark ergänzte – Thron Salomonis (vgl. Straßburg, Münster, W-Fassadenskulpturen), um 1320 (4. Fenster von W), die etwa gleichzeitige, leider unvollständige Bilderfolge eines Speculum humanae salvationis, eines »Spiegels«, der die Heilstatsachen des Neuen Bundes in typologischer Entsprechung Szenen des AT gegenüberstellt (die zugehörigen Scheiben in St. Martin), und Fenster mit Architekturen, die wohl nach der Rückkehr (1346) der 1330 vertriebenen Dominikaner geschaffen worden sind. Im W Ornamentfenster mit geringen Originalteilen, die aus St. Martin stammen.

Altäre und Chorgestühl in Louis-XV- und Louis-XVI-Formen aus dem 18. Jh.; sie stammen aus den Abteien Pairis und Marbach. – Die Trumeau-Madonna ist modern.

Zu den Hauptwerken der Malerei des 15. Jh. gehört Martin Schongauers ● *Maria im Rosenhag*, die urspr. auf einem Seitenaltar der Martinskirche stand. Es ist des Meisters gewaltigstes und auch würdevollstes Bild, das man bisweilen als die »deutsche Sixtina« zu bezeichnen wagte. Maria sitzt in offenem, über die Schultern fallendem Mantel vor einer Rosenhecke, in der Vögel singen. Mit schmalen Händen hält sie das Kind, das nackt, steil aufgerichtet, auf ihrem linken Arm sitzt und mit beiden Armen ihren Hals umfaßt. Über ihnen tragen 2 schwebende Engel eine Krone. Aus dem goldenen Schein, der das Gesicht der Jungfrau umgibt, blinken die Hymnusworte »me carpes genito tu qu(oque) o s(an)ctissi(m)a v(irgo)«. Die Malerei ist allgemein gut erhalten. Die Tafel trägt auf ihrer Rückseite die Jahreszahl 1473. – Die zwischen Blumen thronende oder sitzende Maria ist seit 1400 in der rheinischen wie auch in der italienischen Malerei nachweisbar. Für die deutsche Tradition seien lediglich das Frankfurter Paradiesgärtlein, die Solothurner Madonna und die Marien Stefan Lochners in Erinnerung gerufen.

Ehem. Franziskanerkirche, heute ev. Stadtpfarrkirche St-Mathieu und alte Spitalkirche. Erbaut 1292–1340; als Vorbild diente die Dominikanerkirche. Erneuerungen 1491 und im 18. Jh. – Glasfenster, u. a. Kreuzigung mit Maria und Johannes, um 1470, aus dem Umkreis des Peter Hemmel von Andlau (an der O-Wand über der Tribüne). Lettnerbrüstung mit biblischen Bildern, 1708. Silbermann-Orgel 1732, die

Colmar. Dominikanerkirche. Trumeau-Madonna

Orgeltribüne 1603 und 1700. Innere Tür zum Glockenturm dat. 1582. – An der Stelle des 1735 abgebrannten Klosters entstand das barocke Spitalgebäude (s. d.).

Ehem. Dominikanerinnenkloster Unterlinden, seit 1849 Museum (s. d.). Neubau der **Kirche** seit 1252, 1269 durch Albertus Magnus geweiht. Das südl. Seitenschiff abgebrochen (Rundpfeiler auf der Straßenseite offen vermauert). Empore im W 18. Jh. – Die schönen **Kreuzgangflügel** mit vorzüglich geschnittenem Maßwerk 1252, 1259 und 1289 (Vollendung).

Der Verlauf der heute verschwundenen **Befestigungen** um die gut erhaltene Altstadt läßt sich leicht von St. Peter aus nachvollziehen. An der Place des Six-Montagnes-Noires Überreste der Bastionen. Die Mauer des frühen 13. Jh. verlief wie folgt: bis zum Alten Spital der Lauch entlang (Henkerturm), dann als Schutz des Franziskanerklosters, anschließend folgte sie der heutigen Rue des Clefs, schloß die Dominikaner mit ein und verlief danach in gerader Linie bis zum Marsfeld, wo heute noch einige Mauerreste zu sehen sind.

In der 2. Hälfte des 13. Jh. dehnte sich die Stadt nach NW hin aus. Das Katharinen- und Dominikanerinnenkloster bildeten den Anfang einer Vorstadt, die im N von den Straßen Stanislas, Roesselmann, Golbéry und im O von der Rue St-Eloi begrenzt war. – Östl. der Lauch eine weitere, ebenfalls befestigte Vorstadt: die Krutenau.

Place St-Martin (Münsterplatz). Die **ehem. Wachstube** gegenüber dem S-Querhaus von St-Martin wurde an der Stelle eines Beinhauses 1575 erbaut (die Rue des Marchands [Krämergasse] hieß früher Schädelgasse). Im Erdgeschoß Durchgangshalle mit weiten Spitzbogen. Das Renaissance-Portal der Hauptfassade ist mit einer antikisierenden, von Steinvoluten umgebenen Büste bekrönt. Rechts davon führt eine 2. Tür zu einer im Gebäude liegenden Wendeltreppe. Die Brüstung der *Loggia* über dem Hauptportal ist mit Masken und Wappen geschmückt. 5 Bogenöffnungen, denen kannelierte Säulen vorgelagert sind, tragen ein baldachinartiges Netzgewölbe. Die Loggia stammt vom Stadtarchitekten Michael Berck aus Schlettstadt, 1577–82.

Linker Hand das **Haus Adolph**, das älteste Gebäude Colmars aus d. J. 1350; später allerdings stark verändert. Das Erdgeschoß wurde in der Renaissance, das 3. Obergeschoß im 17. Jh. restauriert. Dazwischen schöne got. Fenster. Renaissance-Ziehbrunnen an der rechten Ecke.

Links davon **Eckhaus**, 1600, mit Steinsäulen im Erdgeschoß, die das vorspringende Obergeschoß abstützen; 1704 ausgebessert.

An der Rue des Marchands (Krämergasse) einige ● Häuser mit malerischen Innenhöfen. – **Haus Pfister:** eines der reizvollsten Häuser des Oberrheins. Eine Inschrift weist darauf hin, daß das Haus von Ludwig Scherer, einem Hutmacher aus Besançon und Colmarer Bürger, 1537 erbaut wurde. Ein der

Fassade vorgelagerter Treppenturm ist mit dem hölzernen Erker durch eine Holzgalerie, die sich auf der 2. Fassade fortsetzt, verbunden. Das 1. Geschoß mit allegorischen Grisaillen, die aus der Erbauungszeit stammen, von Maler Christian Bockstorffer; stark restauriert. Am Erker Medaillons, welche die Kaiser Maximilian I., Karl V. und Ferdinand I. darstellen.

Die Galerie des anschließenden Fachwerkhauses von 1609 ist im Gegensatz zu derjenigen des Hauses Pfister nicht vorspringend; das Geländer liegt in einer Ebene mit der Mauer. An der Ecke Pfeilerstatue. – Gegenüber: **Haus zur Rose**, 16. Jh. – Das **Haus zur Geige** gehörte höchstwahrscheinlich der Familie Schongauer. – Weiter unten das Geburtshaus der von Beethoven und Haydn bewunderten Musikerin Marie Bigot de Morogues (1786–1820) mit Renaissance-Arkaden. – Anschließend eine einheitliche Gruppe von Fachwerkhäusern. – Ihnen gegenüber steht die

Ancienne Douane, das **Alte Kaufhaus** (Koifhus), kein, wie häufig irrtümlich geglaubt, einheitlicher Bau, sondern ein aus Bestandteilen verschiedener Epochen zusammengesetzter Gebäudekomplex. Das Datum 1480 gilt nur für das große got. Lagerhaus mit Hauptfassade gegen den Marché-aux-Fruits (Obstmarkt). Mächtige Tore bilden den Zugang zum Saal im Erdgeschoß; eines ist mit dem Reichsadler geschmückt. Kreuzstockfenster im Erdgeschoß, 2teilige rechteckige Fenster im Obergeschoß. Ein Maßwerkgesims, das sich an den Ecken zu kleinen Plattformen ausweitet, läuft ringsherum dem Dachansatz entlang. Das mit emaillierten Ziegeln bedeckte Walmdach ist von einem im 20. Jh. wieder hergestellten Glockentürmchen bekrönt. – Im 16. Jh. wurde ein 2. Gebäude im rechten Winkel angefügt. In seinem Erdgeschoß diente eine von offenen Bogenstellungen begrenzte Halle als Markt. Das Obergeschoß wird von 3teiligen Fenstern mit schön profilierten Pfosten erhellt. Davor befindet sich eine Galerie, die in einem polygonalen Treppenturm endet (Seite zur Place de l'Ancienne-Douane). Auf der andern Seite des Gebäudes führt eine monumentale, mit einem Baldachin überdeckte Treppe aus dem späten 17. Jh. zum 1. Geschoß, das lange als Rathaus diente. In einer Ecke erinnert eine Triumphsäule an einen Sieg Karls V. (1543). – Das Geburtshaus des Generals Jean Rapp (1772–1821), der als einer der treuesten Soldaten Napoleons über ein Jahr die Festung Danzig hielt, lehnt sich an diesen Trakt und datiert aus dem späten 16. Jh. Es diente als Butter- und Fettmarkt. – Auch das **Haus des Pilgers** von 1571 gehört zu diesem Gebäudekomplex, der von Anfang an von den benachbarten Wohnhäusern abgetrennt worden war. – Das Ganze wurde Ende 19. Jh. geschmackvoll restauriert.

Auf der Place de l'Ancienne-Douane ein Lazarus v. Schwendi gewidmeter **Brunnen**: Bartholdi stellte 1898 den Offizier Karls V. mit dem Tokaysetzling dar, den er aus Ungarn in seine Heimat gebracht hatte.

● Auf der anderen Seite des Platzes erstreckt sich das Gerberviertel längs der Lauch. Die schönen **Fachwerkhäuser** wurden in den 1960er Jahren als abbruchreif erklärt, schließlich aber vollständig instand gesetzt und bewohnbar gemacht. Die einzige tiefgreifende Veränderung: die Gitterwerke unter den Dächern, auf denen die Gerber ihre Häute trockneten, mußten Glasfenstern weichen, um die obersten Geschosse ebenfalls in Wohnungen umzugestalten.

Place du Marché-aux-Fruits (Obstmarkt). **Ehem. Palais du Conseil Souverain d'Alsace.** Der Gebäudekomplex im W des Platzes enthält heute das Gefängnis und dient als Gerichtsgebäude. Er wurde 1765–71 von Chassin erbaut, der die klassische Syntax geschickt mit der lokalen Bautradition zu verbinden verstand: dank der Verwendung des rötlichen Sandsteins, dem großen Dach und der Leichtigkeit der Dekorationselemente fügt sich die Fassade harmonisch in die Reihen der Bürgerhäuser ein. – **Haus Kern**, mit hohem Volutengiebel, gegen 1600.

Rue des Augustins (Augustinergasse). **Amtsgericht** im Empirestil, 1842. – **Hôtel Ribeaupierre** (Rappoltsteiner Hof): Stadtresidenz mit schönem Erker, 17. Jh.

Rue Berthe-Molly (Judengasse). **Nr. 10:** Haus von 1604, in dem 1753 Voltaire wohnte. Fassade auf den Hof; Spätrenaissance-Portal. Im Hof Holzgalerien von 1598, im 19. Jh. erneuert. – Zahlreiche Höfe des 17. und 18. Jh., besonders erwähnenswert Haus **Nr. 15** mit Portal, 1566. – Residenzen des 17. Jh.

Rue des Blés (Korngasse). **Arlesheimer Hof** (benannt nach dem Exil des Basler Domkapitels, das den Hof erbauen ließ), 18. Jh.

Rue St-Jean (Johannitergasse). Sog. **Johanniterhaus**, vom Stadtarchitekten Albert Schmidt 1608 im Stil eines venezianischen Palazzos erbaut. Auf 3 Seiten des Hofes Galerien; Loggia mit Hermen als straßenseitige Hauptfront.

Krutenau. Hübsche **Fachwerkhäuser** am Quai de la Poissonnerie (Fischergasse) und in der Rue Wickram. Häuser des 17. Jh. mit Erkern; Innenhöfe und Wendeltreppen v. a. an der Rue Turenne, die außergewöhnlich breit angelegt ist, da sie als Platz für den Gemüsemarkt (Krautenau) diente. Blick auf die Lauch. **Zollhaus** im Empirestil. Kleine Straßen führen zum Boulevard St-Pierre. Seiner am Fluß gelegenen Häuser wegen wird

Colmar. Johanniterhaus (Rue St-Jean)

Colmar. Fachwerkhäuser hinter dem Kaufhaus

dieses einheitliche und höchst malerische Quartier »Petite Venise«, Klein-Venedig, genannt.

Grand'Rue (Lange Straße). **Nr. 15: Maison des Arcades**, von Albert Schmidt 1609 erbaut. Renaissance-Fassade mit Lauben und Erkern an den Ecken; über den Seitenfassaden Volutengiebel.

Place du 2 Février. **Ehem. Spital**, 1543 im Franziskanerkloster eingerichtet, nach einem Brand 1735 wiederhergestellt. Das streng wirkende Zweckgebäude ist von 2 Flügeln flankiert und mit einem steilen, reich durchfensterten Dach bedeckt.

Rue Vauban. **Zunfthaus der Bauern**, 1626, eines der schönsten Gebäude Colmars. Verziertes Portal und bemalte Fassade.

R u e d e s C l e f s (Schlüsselstraße). **Rathaus**, Ende 18. Jh. Das Gebäude diente als Gerichtshof der Abtei Pairis, nach der Revolution als Präfektur bis 1866 und heute als Rathaus.

R u e d e s T ê t e s (Kopfhausgasse). **Kopfhaus** (Abb. S. 46), heute Gasthaus. Vermutlich 1609 von Albert Schmidt gebaut. Reich dekorierter Volutengiebel, Zwillingsfenster auf beiden Seiten des Erkers. Die Fensterpfosten sind mit zahlreichen Masken verziert, die dem Haus den Namen gaben. Am mittleren Pfosten des großen Erdgeschoßfensters Darstellung eines Irren mit geilem Blick und Bocksfüßen: er ist gefesselt und trägt Zwangsjacke und Schellenkappe.

S ü d l. V i e r t e l. **Präfektur** (Rue Bruat) im Louis-XIII-Stil, 1865–69. – **Oberlandesgericht** (Avenue Raymond-Poincaré) von Müller und Kuder, 1906. – Der **Bahnhof**, ein ergötzliches Ungeheuer der Jahrhundertwende, ahmt die Form einer Lokomotive nach, 1906. – Zahlreiche historisierende **Villen** jenseits der R u e G e o r g e s - C l e m e n c e a u. Am Ende dieser Straße, an der Kreuzung, **Freimaurerhäuser** mit symbolischem Dekor.

Friedhof (Rue du Ladhof): Kruzifix von 1507, vom alten Friedhof stammend.

Unterlinden-Museum (1, Place d'Unterlinden)

1849 im leerstehenden Dominikanerinnenkloster eingerichtet. Wichtige archäologische und lokalgeschichtliche Sammlung (Trachten, Möbel, Hausrat, Geschirr). Die Bedeutung des Museums liegt aber v. a. in seiner reichhaltigen Kollektion elsässischer Gemälde und Skulpturen des 15.–17. Jh., die in den Sälen des Erdgeschosses untergebracht sind.

Im 1. S a a l links als bedeutendstes Werk eine *Kreuzigung* aus der Zeit um 1380, dem ältesten mit Sicherheit oberrheinischen Tafelbild. Vor dem Goldgrund überragt das Kreuz Christi die schräggestellten Kreuze der beiden Schächer. Die Figurengruppen mehr über- als hintereinander geordnet, jeweils zum Bildrand hin zusammengefaßt. Isoliert der klagende Johannes. Am Kreuzfuß kniet der Stifter. Reiche modische Gewänder. Feinst abgestufte Farbskala, vermutlich auf burgundischen Anregungen fußend.

Zwischen dieser Kreuzigung und der Mitte des 15. Jh. fehlen Werke, die mit Sicherheit ins Elsaß lokalisiert werden können. Es folgt der *Altar von Kaspar Isenmann* (Lebensdaten unbekannt), der 1462–65 für die Stiftskirche St-Martin gemalt wurde. Der Colmarer Meister beschreibt die Leidensszenen Christi in einem ausgeprägten Lokalstil. Man weiß, daß er auch Theaterkulissen anfertigte. Der Bildaufbau seiner Tafeln erlaubt Rückschlüsse auf die Kulissenanordnungen der Mysterienspiele.

Bei *Martin Schongauer* (* wohl um 1453 in Colmar, † 1491 in Breisach) verstärken sich die niederländischen Einflüsse, die schon bei Isenmann bemerkbar werden. Schongauers wichtigste Werke werden in Colmar

Colmar. Kopfhaus (Rue des Têtes; zu S. 45)

aufbewahrt: der Altar der Dominikaner, 1471–78, der Altar der Antoniter von Isenheim, 1475, und die Rosenhag-Madonna aus St-Martin, jetzt in der Dominikanerkirche, um 1473. Eine Reihe von Reproduktionen im 3. S a a l rufen sein graphisches Werk in Erinnerung, das von demjenigen des Meisters E. S. beeinflußt war. Schongauer verfeinerte die Technik dieses Vorgängers, indem er durch Schraffierung der Schatten die Zeichentechnik nachahmt, die in ihrer minuziösen und präzisen Art figurenreiche Kompositionen erlaubt, wie z. B. die Kreuztragung, der Tod Marias, der seinerseits einen großen Einfluß auf Dürer und dessen Zeitgenossen ausübte.

Die Ankunft des Malers *Grünewald* in Isenheim blieb ohne Konsequenzen für die lokale Malerei. Sein Name ist im 17. Jh. bezeugt und bezeichnet eine Gruppe von Werken. Alle bisherigen Versuche, den Maler mit anderen Künstlern des frühen 16. Jh. zu identifizieren, waren willkürlich und blieben erfolglos. Durch seinen Stil findet Grünewald seinen Platz in der Generation Dürers: er steht der Donauschule nahe und hat offensichtlich die italienische Kunst gekannt. Die phantastischen Beleuchtungseffekte bewirken hauptsächlich die Ausdrucksstärke seiner Bilder. In der Zeit Grünewalds findet man sie in abgeschwächter Form nur noch bei Altdorfer. Die intuitiv gefühlten Proportionen der Körper und der perspektivisch undefinierte Raum bewirken die unverwechselbare Subjektivität seiner Werke. Grünewald übte nur einen punktuellen Einfluß auf Baldung und Dürer aus. Es entwickelte sich keine Grünewald-Tradition oder -Schule. – Auf alle Fälle kam der Meister nach Isenheim im Oberelsaß, um den von Nikolaus von Hagenau (Hagnower) am Ende des 15. Jh. geschnitzten Altar im Kloster der Antoniter mit einer Reihe von Bildern zu vervollständigen. Dieser *Isenheimer Altar*, ein mehrteiliger Flügelaltar, der 1793 nach Colmar gelangte, ist das Meisterwerk Grünewalds. (Zur Verdeutlichung konsultiere man das an der Seitenwand angebrachte Altarmodell.)

Die geschnitzten Teile von Niclas Hagnower stellen ein bedeutendes plastisches Werk dar, das von den Flügeln Grünewalds überstrahlt wird. Seine polychromen, überlebensgroßen Skulpturen zeugen von der Suche nach realistischer Darstellung. In dem bis auf geringe Reste verlorenen Schrein sind die 3 Kirchenväter dargestellt, thronend in der Mitte der hl. Antonius, stehend links der hl. Augustin, rechts der hl. Hieronymus. Zu beiden Seiten des hl. Antonius knieten einst die Figuren zweier Bauern, von denen der eine einen Hahn, der andere ein Schwein in den Händen hält (jetzt im Landesmuseum Karlsruhe). Zu Füßen des hl. Augustin kniet der Stifter des Altars, der als Jean d'Orliac identifiziert wird. Hervorzuheben ist der hl. Antonius, der zu den eindrucksvollsten Gestalten der deutschen Spätgotik gehört. (Die Apostel vielleicht von einem Gesellen?) Lindenholz mit alter Fassung; Gehäuse modern.

Die Schreinfiguren werden von 2 Flügeln mit dem Leben des Patrons der Antoniter ergänzt. Links unterhalten sich in der Wüste die hll. Eremiten Antonius und Paulus. Rechts ist der Angriff der Dämonen geschildert. Grünewald hat, indem er italienischen Vorbildern folgte,

den Angriff auf der Erde dargestellt. Er unterscheidet sich dadurch von der Schongauer-Tradition, die den Angriff in der Luft darstellt. In der linken unteren Ecke zeigt ein Dämon dem hl. Antonius seine Genitalpartien. Die Anspielung auf die Hautkranken, welche die Antoniter pflegten, ist offensichtlich; es handelt sich jedoch nicht, wie oft behauptet wird, um die Darstellung eines Kranken. Im Hintergrund erscheint Gott in einer Schar von Engeln, um die grausige Dämonenvision des Heiligen zu verscheuchen.
Bei geschlossenem Zustand wird ein Heilszyklus sichtbar: Mariae Verkündigung, Maria in der Herrlichkeit von Engeln verehrt, Geburt Christi, Erscheinung Christi (sog. Auferstehung). Die Verkündigung findet in einem Heiligtum, das auf den Tempel Jerusalems anspielt, statt. Die Truhe in der Mitte ist vielleicht als Anspielung auf die Bundeslade zu deuten, und die Symbolik der Objekte erinnert an niederländische Vorbilder, an die ersten zaghaften Versuche, Stilleben-Elemente in die erzählerischen Zusammenhänge zu integrieren. Das Motiv der schwangeren Jungfrau, die von Engeln verehrt wird, konnte bisher noch nicht gedeutet werden. Die Geburt Christi folgt dem Typ der Maria im Rosengarten. Grünewald unterstreicht jedoch den Unterschied zwischen der Himmelskönigin und Christus, der durch seine Menschwerdung das Elend der Menschheit auf sich nimmt: zerrissene Windeln, Nachttopf, Waschzuber.
In der Mitte zeigt der Altar die Kreuzigung Christi als nichthistorisches Andachtsbild. Christus ist vom hl. Johannes Ev., der die Jungfrau stützt, der hl. Magdalena und Johannes d. T., der mit der Inschrift »Illum oportet crescere, me autem minui« (»Er muß wachsen, ich aber muß abnehmen«, nach Joh. 3,30) auf Christus hinweist, umgeben. Johannes d. T. ist hier, wie auch der Centurio in der Basler Kreuzigung Grünewalds, als Zeuge für die Erlösung dargestellt. – Das Mittelbild flankieren die beiden Pestheiligen Antonius und Sebastian. Auf der Predella ist die Grablegung dargestellt.
Dieses komplexe Programm wurde von Guido Guersi, dem Präzeptor der die Epidemien bekämpfenden Antoniter, bestellt. Das theologische Programm konnte noch nicht mit Sicherheit entziffert werden: Weist es auf die Tätigkeit des italienischen Präzeptors oder auf vielleicht häretische Spekulationen der deutschen Mystik, wie sie etwa in dem sehr ähnlichen Flügelaltar von Jörg Ratgeb (1519, in Stuttgart) erscheinen?

Auf der gegenüberliegenden Seite des Kreuzganges befinden sich Raum 5 für Wechselausstellungen und der Weinkeller (Raum 6).

Die Räume 8–10 beherbergen die *Skulpturensammlung* mit Fragmenten aus der 1149 geweihten Abtei Alspach und dem ehem. Priorat St. Marx in Geberschweier. – Grabmal des elsässischen Landvogts Konrad Werner v. Hattstatt († um 1300). – Hl. Martin zu Pferd aus St-Martin in Colmar, um 1300. – Fragmente aus der Antoniter-Präzeptorei Isenheim: Klosterportal mit Wappen des Präzeptors Guido Guersi (1490–1516). – In Saal 10 u. a. Grabmal des Rudolf vom Rust aus Colmar, mit Inschrift: »Frog nicht nach mir / wer ich bin gewesen gedench wer / du bist und auch wirst werden . . . M D C V I« (1606). – In Raum 11 eine Auswahl von *Holzskulpturen* aus dem 15. und 16. Jh. Das wichtigste Werk ist das Triptychon von 1517 aus Bergheim, das Veit Wagner zugeschrieben wird und insofern von Interesse ist, als es Dürersche Stiche in die Plastik umsetzt. – Unter den *Glasfenstern* seien erwähnt ein Sebastian und ein Rochus aus dem 15. und eine Maria mit Kind aus dem 16. Jh. – Auf der Empore (Saal 13) befinden sich ebenfalls Skulpturen, die z. T. aus Isenheim kommen. In Schrank Marientod mit urspr. Fassung, 15. Jh.

In den anschließenden Räumen 14 und 15 wurde eine *Galerie moderner Kunst* installiert: Wandteppich von Jean Lurçat, 1962; ein Jugendwerk von Georges Rouault (Christus unter den Schriftgelehrten), 1894, daneben das Miserere von 1939. – Werke von Picasso, Fernand Léger, Bernard Buffet, Serge Poliakoff u. a.

Anschließend die *Volkskundliche Sammlung*. – Im ehem. Klosterkeller (Raum 36) ist die *Archäologische Sammlung* zu sehen.

Museum Bartholdi (30, Rue des Marchands). Das Wohnhaus des Colmarer Bildhauers Frédéric-Auguste Bartholdi enthält Andenken und Modelle des gefeierten Künstlers (1834–1904).

DACHSTEIN (Bas-Rhin E5)

Besitz des Bischofs von Straßburg, der hier 1214 eine Burg anlegen läßt, um den Zugang nach Straßburg zu überwachen. Der Bischof weilte öfter in D., das eine sehr bedeutende Anlage gewesen sein muß; im 14. Jh. besaß es eine Besatzung von 20 Burgmännern. Von den Straßburger Bürgern 1262 erobert, war die Feste lange Zeit Zankapfel der Parteien im sog. Bischofskrieg 1592 und 1610. Die im 17. Jh. errichteten Verteidigungsanlagen sowie der sicher aus dem 16. Jh. datierende Plan des Schlosses sind dank Aufnahmen Merians bekannt. 1675 läßt Turenne die Burg schleifen. Das zerstörte Schloß war in rechtwinkliger Gestalt um einen quadratischen Hof angeordnet und von Rundtürmen in gleichmäßigen Abständen flankiert.

Kirche des 15. Jh.; am südl. Seitenportal 1521 bezeichneter Taufstein 1612.

Porte de la Bruche, 15.–16. Jh.; ein Datum nennt d. J. 1574, der Unterbau ist jedoch älter. – Der Ort besitzt einige Renaissance- und Barock-**Häuser**.

DALHUNDEN (Bas-Rhin G3)

In der Sakristei der **ev. Kirche** wird ein silbervergoldeter *Kelch* mit Straßburger Beschauzeichen am Fuß aufbewahrt. Das hervorragende Stück vom Anfang des 16. Jh. gehört zu den ganz wenigen erhaltenen und für Straßburg gesicherten Goldschmiedearbeiten.

DAMBACH-la-Ville / DAMBACH (Bas-Rhin D7)

Der Ort, alter Besitz der Grafen von Egisheim, fiel 1227 nach längerem Streit mit den Leiningen, welche die Erbteilung der Egisheim in Frage stellten, an den Bischof von Straßburg. Im 14. Jh. wurde er Bestandteil des bischöflichen Fortifikationssystems und erhielt 1340 Mauer und Stadtrecht.

Die neuroman. **Kirche** von 1865 steht an der Stelle eines durch Blitz 1862 zerstörten Vorgängers von 1757. Im Inneren hat sie Emporen über den Seitenschiffen nach dem System von Andlau. Im Chor 3 stark byzantinisierende Wandgemälde eines unbekannten Malers des 19. Jh.

Haus Kienz, behäbiger Fachwerkbau, auf dem Treppenvorbau 1685 dat. Gegenüber ein schmalbrüstiges, 2achsiges Haus von 1686, daneben, an der Ecke zur Rue Général-de-Gaulle, eines auf Bogen, 1571 bez. – Rue Clémenceau: Fachwerkhaus mit Erkertürmchen. – Rue du Maréchal-Foch: **Nr. 55**, ein Fachwerkbau mit Erker, 1599. **Nr. 84**, gegenüber, von 1687, mit 1701 bezeichnetem Durchfahrtstor.

Über dem Städtchen in den Weinbergen steht die 1285 erbaute **Sebastianskapelle** mit einem nicht mehr vollständigen Ölberg des 16. Jh. und einem Beinhaus. Sie diente bis 1489 als Pfarrkirche. Das Innere ist ein flachgedeckter einfacher Saal mit Butzenscheiben, dazu ein eingezogener Chor. – Für den *Sebastiansaltar* (1690–92) sind 2 Meisternamen überliefert, Clemens und Philipp Winterhalder, sowie der Schreinermeister Johann Beier. Im Hauptschrein des bedeutenden Werkes die Hl. Familie, darüber Gottvater mit Hl. Geist zwischen Engelchen. Im Gespreng zuoberst der hl. Sebastian. Das Antependium zeigt das Agnus Dei zwischen 2 Engelchen. – Im Chorscheitelfenster die Kreuzigungsgruppe, eine stilistisch in gewisser Weise vom Mutziger Fenster gleichen Themas (→ Straßburg, Musée de l'Œuvre Notre-Dame) abhängige Glasmalerei, 2. Viertel 14. Jh. – Am rechten Seitenaltar eine geschnitzte Mondsichelmadonna, um 1500, deren Fassung abgelaugt ist. Die Wandleuchter sind Arme, die aus der Wand herauszukommen scheinen.

An der nördl. Ausfahrtsstraße die **Liebfrauenkapelle** mit alter Ziegelbedachung. Im neugot. Tabernakelschrein eine Pietà-Gruppe, vor den beiden Seitenaltären Reste des alten Ziegelbodens mit gepreßten Ziermotiven.

Von der **ehem. Befestigung** stehen noch 3 Tore (**Obertor**, **Oberneutor** und **Untertor**), alle zur Anlage von 1340 gehörend.

Burg Bernstein. Zugang von der über Dambach gelegenen Kapelle St. Sebastian (50 Minuten zu Fuß) oder von der Hauptstraße her (5 Minuten).

Die heutige Gestalt der Burg, einst Sitz der Grafen v. Egisheim, geht auf einen vollständigen Neubau um 1200 zurück. 1227 wurde sie vom

Dambach-la-Ville. Sebastianskapelle. Sebastiansaltar

Straßburger Bischof erobert, diente dann als bischöflicher Verwaltungssitz bis 1580. Im 30jährigen Krieg, 1632, zerstört.

Auf dem Felsvorsprung gegenüber den Anhöhen, von denen her gewöhnlich die Angriffe erfolgten, steht der 5eckige Bergfried, dessen vorspringender Bug sich dem spitz zulaufenden

Felsen anpaßt. In Höhe des 1. Obergeschosses, dem aus gleichem Bossenmauerwerk wie der Bergfried erbauten Wohnhaus gegenüber, befindet sich eine Türöffnung. Elegante rundbogige Doppelfenster erhellen die Aufenthaltsräume des Wohntraktes. Die Kapelle lag in dem quadratischen Turm, der sich an das Wohngebäude anschließt und dessen Eingang schützt. Die rundbogigen Fenster der tiefer gelegenen Vorburg sind von außen her sichtbar. Der Wohnbau wird im S von einem Torbau mit Doppeltür aus dem späten Mittelalter bewacht. Am Fuß des Bergfrieds liegen eine Zisterne und anschließend ein 2. Vorhof. Trotz einiger späterer Zufügungen ist Bernstein eine der einheitlichsten spätroman. Burgen des Elsaß.

DIEFFENTHAL / TIEFENTHAL (Bas-Rhin D7)

Malerisch hoch gelegenes Weinbauerndorf. – **Kirche** aus dem frühen 18. Jh. Hinter dem Altar ein Gemälde, um 1720, den hl. Michael darstellend. Glasfenster der Brüder Ott aus Straßburg, 1901. Einfaches Volutenportal.

DOMFESSEL (Bas-Rhin B2)

Kirche

Die Anlage entstand wohl gegen 1330–35 unter Heinrich v. Saarwerden, der 1324–47 erwähnt wird.

Die urspr. befestigte, freistehende Kirche besteht aus einem quadratischen W-Turm und dem basilikalen Schiff, das beidseitig von Strebepfeilern abgestützt wird. Der elegante, steil wirkende Chor zeigt ⅝-Schluß und wird von 2 dreieckigen Apsiden begleitet (die Apsis an der S-Seite verstellt der Sakristeibau). Im 4jochigen Langhaus ruhen die Hochgadenwände auf kapitellosen Säulen mit polygonalen Basen. Die hier vorliegende Lösung der Durchdringung der Seitenschiffarkaden mit den Gewölbediensten weist auf Niederhaslach als mögliche Quelle, ebenso die in den Seitenschiffwänden im Aufriß spitzbogigen, im Grundriß rechteckigen Sitznischen (mit an der N-Wand z. T. erhaltener gemalter Rosettendekoration). An der S-Seite des Chores eine Tür mit verziertem Sturz: 3 »Modelle« von Maßwerkfenstern und einer Rose (vgl. beispielsweise Reinacker). Die Fenster weisen einfaches Maßwerk auf, das an die Marienkapelle in Niederhaslach erinnert.

Der **Torturm** der Friedhofsbefestigung geht in der heutigen Gestalt ins 15. Jh. zurück. 2 Grabsteine von 1609 und 1621. An der nördl. Außenwand der Kirche Grabsteine des 18. und 19. Jh.

DORLISHEIM (Bas-Rhin D5)

737 im Besitz der Abtei Murbach. Im 11. Jh. waren hier auch andere Abteien begütert, u. a. Altdorf, im 13. Jh. die Zisterzienserabtei Haute-Seille, die 1554 ihre Rechte an die Stadt Straßburg verkaufte. Die Stadt wurde im Mittelalter befestigt, brannte aber 1725 vollständig nieder.

Kirche St-Laurent, um 1160. Schiff und Seitenschiffe zu je 4 Jochen, quadratischer got. Chor. Die Tribünen wurden nach der Reformation eingefügt, eine der Chorkapellen zur Sakristei umgestaltet. Einwölbung wohl erst nach 1165. Das *W-Portal* im massiven Eingangsturm ist reich geschmückt im Rahmen; Sturz und Tympanon fehlen. An dem Wandzwickel über dem Portal unter dem Tonnengewölbe der Vorhalle 2 Drachen, die ihre Rachen gegen eine Maske in ihrer Mitte aufreißen. *Plastischer Schmuck* tritt auch im Inneren der Kirche in regelloser Verteilung auf: einzelne Quadern sind mit angearbeiteten Figuren (liegende Tiere, Drache, Löwe, Widder, Beil, Fuß, Hund und Hase) verziert. Stilistisch weist die Plastik nach Rosheim.

Brunnen von 1605.

EBERSMUNSTER / EBERSMÜNSTER (Bas-Rhin E7)

Der Ort ist das antike Novientum.

Ehem. Benediktinerabtei ●

Die Abtei soll 667 durch den hl. Deodat für Eticho, Herzog des Elsaß und Vater der hl. Odilia, nach einem glücklich abgelaufenen Jagdunfall mit einem Eber gegründet worden sein. – Der erste Bau der Kirche scheint unter Benutzung von Mauern eines römischen Tempels entstanden zu sein. Ein Neubau wurde 1155 geweiht und in der Gotik im Chor erneuert. Ein weiterer Neubau entstand unter Abt Bernhard Röthlin (1675–1715); er wurde um 1710 durch Peter Thumb begonnen und 1715 vollendet. Nach einem Blitzschlag und teilweiser Zerstörung 1717 errichtete Thumb die Kirche 1719–27 neu. Der Innenausbau zog sich bis 1759 hin. In der Revolution in Mitleidenschaft gezogen, wurde der Bau im 19. Jh. wiederhergestellt.

Kirche. Die 3teilige W-Fassade mit Vorhalle wird von 2 Türmen flankiert, die geschweifte Helme und Laternen oben abschließen. Hinter dem Chor ein 3. Turm mit geschweifter Zwiebelhaube. Das I n n e r e ist von Thumb nach dem Vorarlberger Schema konzipiert, d. h. mit Wandpfeilern, die in Längsrichtung durchbrochen sind, ohne daß es dabei zu

Ebersmunster/Ebersmünster. Ehem. Abteikirche. Kanzelträger Samson

Ebersmunster / Ebersmünster. Ehem. Abteikirche. Engel am Chorgestühl

einer eigentlichen Seitenschiffsgestaltung kommt. Die Anlage nimmt aber in der Gesamtdisposition auf den Grundriß der roman. Vorgängerkirche Rücksicht.
Die Deckengewölbe sind von Jacques Machoff in Louis-XIV-Formen stuckiert und von Mattle, dem Straßburger Josef Sibert und dem Tiroler Josef Mages ausgemalt: Martyrium des Kirchenpatrons Mauritius; der hl. Benedikt in Montecassino; Apotheose des hl. Benedikt. Die Kuppel mit Himmelfahrt von Josef Mages, dem auch die Chorfresken zu verdanken sind, schildert ferner den Dritten Himmel und Johannes auf Patmos. Der Hochaltar stammt von Leonhard Meyer aus Schlettstadt und Johann Schneider; er wurde wie die übrige Ausstattung um 1750–60 ausgeführt. Orgel von Andreas Silbermann, um 1732. Aus der Zeit der Wiederherstellung im 19. Jh. datiert die Kanzel mit der eindrucksvollen Tragfigur des Samson aus dem 17. Jh. Die Statuen des Chorgestühles von Matthäus Wurtzer wurden um 1900 ergänzt.

Die **ehem. Klostergebäude** sind schlichte Bauten aus dem 17. und 18. Jh. Ihre Pforte zum Hof – mit Wappen – ist 1732 bezeichnet.

ÉGUISHEIM / EGISHEIM (Haut-Rhin D9)

Die Gegend der heutigen Stadt war schon in vorgeschichtlicher Zeit bewohnt. Grabungen brachten 1865 spätsteinzeitliche Funde zu Tage. Auch wenn die Römerstraße ganz in der Nähe des heutigen Ortes vorbeiführte, scheint die mittelalterl. konzentrische Anlage doch nicht auf ein Castrum zurückzugehen. Erst im Hochmittelalter lösten mehrere klösterliche Höfe die Ortsbildung aus, die anfänglich von der Burg Hoh-Egisheim (→ Husseren-les-Châteaux) den notwendigen Schutz empfing. Die Diskussionen um den gräflichen Sitz der Egisheim auf der Dagsburg oder im Dorf selbst werden ohne ernsthafte Argumente geführt und dienen lediglich dazu, einen Geburtsort für den berühmten Papst Leo IX. (Bruno, Graf v. Egisheim-Dagsburg; Pontifikat 1049–54) zu finden, der aus dieser Familie hervorgegangen war. Das 8eckige Schloß in der Ortsmitte scheint, wenigstens in seiner heutigen Gestalt, nicht über das 13. Jh. zurückzugehen. Zu jener Zeit wurde der Schlußstrich unter die langen Zwistigkeiten zwischen den Erben der Egisheim und dem Straßburger Bischof gezogen – übrigens zu des letzteren Nutzen; das Dorf wurde Stadt und vom Bischof befestigt als einer der Verwaltungssitze des Mundats. Die Unruhen des 15. Jh. und der 30jährige Krieg erklären den Umstand, daß man in E. kaum Häuser findet, die vor dem 17. Jh. entstanden sind. Doch seit dieser Epoche hat die Stadt weitgehend ihren urspr. Charakter bewahrt.

● **Kirche.** Von der 1807 abgebrochenen roman. Kirche ist in der heutigen (19. Jh.) das *Portal* in der Turmhalle rechts erhalten. Sein Tympanon zeigt Christus als Weltenrichter zwischen Petrus und Paulus, der Türsturz die zu dieser Zeit seltene, am Basler Münster aber rd. 30 Jahre früher schon einmal geschaffene Darstellung der Klugen und Törichten

Éguisheim / Egisheim. Kirche
Portal-Tympanon und -Sturz der alten Kirche

Jungfrauen, ein Thema, das später u. a. am Straßburger und am Freiburger Münster wieder aufgegriffen wird, am Oberrhein also eine Tradition hat. Es ist hier immer dem Jüngsten Gericht zugeordnet. Der Stil weist in das frühe 13. Jh. – Das Innere der Kirche zeigt einen klassizist. Saal.

Schloß. Die 8eckige Anlage mit Wehrmauer in Bossenquaderwerk und Steinmetzzeichen sowie Graben stellt den Mittelpunkt der Stadt dar und dürfte die älteste Fortifikation sein. Die einzelnen Mauerschenkel haben eine Länge von 12 m. Der Ausbau im Inneren wurde vielfach verändert und in der Revolution zerstört. 1887–1914 fand eine gründliche und verantwortungslose Restaurierung in neugot. Formen statt, der jegliche Inspiration fehlt. Ziel war die Errichtung einer Gedächtnisstätte für Papst Leo IX., von dem man annimmt, daß er hier das Licht der Welt erblickte. Jedenfalls spiegeln die heutigen Bauten in keiner Weise den urspr. Zustand wider. Reste der 8eckigen Mauer sind indessen erhalten: sie erinnert an den früheren Burgstall von Guebwiller und die heute ganz zerstörte Schloßmauer von Wangen (Bas-Rhin). Es wird vermutet, daß sich hinter der Anlage möglicherweise eine Anspielung auf das Hohenstaufenschloß Castel del Monte in Apulien versteckt, das in den 30er Jahren des 13. Jh. errichtet worden ist. Am wahrscheinlichsten ist für Egisheim ein Entstehungsdatum um die Mitte des 13. Jh.

Die **Befestigungswerke** dürften dann in der 2. Hälfte des 13. Jh. entstanden sein, denn Egisheim überlebte 1293 die Belagerung durch Adolf v. Nassau. Sie folgen in mehr oder weniger konzentrischer Form dem Stadtkern. Trotz Überbauung mit Häusern aus dem 17. Jh. läßt sich in der heutigen Stadttopographie der Perimeter noch leicht feststellen. An den beiden Enden der Hauptstraße sind die Tore 1810 verschwunden.

Brunnen auf dem Schloßplatz von 1557 mit hl. Petrus.

Unter den zahlreichen alten **Häusern** ist der **Marbacher Hof** von 1590 an der Grand' Rue das älteste; der heutige Keller stammt von 1603. – Im **ehem. Gasthaus »Zum wissen Ross«** an der gleichen Straße war Turenne am Vorabend der Schlacht von Türkheim (1675) abgestiegen; der Steinlöwe an der Ecke ist 1613 datiert. – Mehrere z. T. höchst malerische Häuser des 17. Jh. liegen längs der ehem. Mauern.

ENSISHEIM (Haut-Rhin D11)

Hauptstadt der habsburgischen Besitzungen im Oberelsaß, seit 1431 Verwaltungssitz der habsburgischen Vorlande und 1523 Hauptort der Landgrafschaft Oberelsaß. Von der Burg Rudolfs v. Habsburg, deren Verteidigungsanlagen Daniel Specklin 1580 wiederherstellte, hat sich nichts erhalten. – E. wurde 1444 von den Armagnaken besetzt, deren alles verwüstende Stoßkraft vom Dauphin, dem zukünftigen Ludwig XI., über die Grenzen Frankreichs hinaus abgeleitet wurde. 1492 ging in der Nähe der Stadt ein Meteor nieder, der – heute im Museum des Hôtel de Ville aufbewahrt – seinerzeit in unzähligen Flugblättern die Zeitgenossen beschäftigte. 1525 übernahm E. die Führung im Kampf gegen die aufständischen Bauern. Die habsburgische Herrschaft fand im 30jährigen Krieg ihr Ende, sie ging 1638 an die Schweden über. Auch nachdem die Stadt im Westfälischen Friedensvertrag 1648 an Frankreich gelangt war, behielt sie ihre Bedeutung als Verwaltungszentrum: 1657 ließ sich hier der neu gebildete Conseil Souverain, das elsässische Obergericht, nieder, der für die Einverleibung des Elsaß in Frankreich eine entscheidende Rolle spielen sollte. Er wurde später nach Colmar verlegt, das für die Beherrschung des gesamten Elsaß auch geographisch günstiger lag.

● **Ehem. Rathaus.** Von der ehem. Rolle als Verwaltungshauptstadt zeugt nur noch das 1834 im Inneren restaurierte Rathaus (heute Gefängnis). Das damalige **»Regimentshaus«** wurde zwischen 1532 und 1547 vom Architekten Stefan Gadiner und dem Maurermeister Heinrich Hermann aus Thann über einem rechtwinkligen Grundriß erbaut, mit Walmdach und Gaupen. Die Steinmetzzeichen sind mit denjenigen am südl. Querhaus von St. Theobald in Thann identisch. Die Fassade ist von kannelierten Pilastern, Pilastern mit Halbsäulchen und Bandgesimsen rhythmisiert. Im Erdgeschoß eine gewölbte offene Säulenhalle. Die Wendeltreppe des Eckturmes führt zum Sitzungssaal, dessen Renaissance-Dekorationen z. T. erhalten sind. Trotz seiner noch gotisch anmutenden 3teiligen Fensteröffnungen kommt dem Bauwerk für den Einzug der Renaissance im Elsaß eine erstrangige Stellung zu.

Das **Haus »Zur Krone«**, an der Tür 1610 bez., ist ein Doppelbau mit Volutengiebeln und reich verziertem 2stöckigem Erker, der einen Maßwerkbalkon trägt. Auffällig die stilistische Ähnlichkeit mit der gleichzeitig entstandenen »Maison des Têtes« von Colmar. – Mit Medaillons verziert ist der Balkon des **Hauses Schmidt** am östl. Stadtrand, Ende des 16. Jh. – **4, Rue de l'Eglise:** ein von Türmchen flankiertes Haus, 1608 dat.

EPFIG (Bas-Rhin D7)

Margaretenkapelle. Der einfache Bau des 11. Jh., von kreuzförmigem Grundriß, mit Vorhalle und Arkaden an W- und S-Seite, liegt östl. des Ortes in einem Friedhof. Um die Vierung ordnen sich die Querhausarme und der gleichfalls platt geschlossene Chorarm sowie das Schiff, ein tonnengewölbter Saal. Chorfenster mit Flamboyant-Maßwerk. Die Kapelle im Winkel zwischen Chor und S-Querhaus wurde 1516 angefügt.

In der Chortonne *Freskenreste*: Christus mit Evangelistensymbolen, 16. Jh. Darunter auf N-Wand Bildfragmente eines stehenden Christus mit Kreuz (?) in baldachinartiger Architektur. Die Deutung der darunter knienden Figur ist ungewiß; links und rechts stehende Heilige.

Ein **Karner** an der N-Seite bildet die Verlängerung der Vorhalle. Im Frontgiebel über Okulus dat. 1601.

ESCHAU (Bas-Rhin F5)

Ehem. Benediktinerinnenkloster St. Trophimus und St. Sophia

Um 770 vom Straßburger Bischof Remigius gestiftet. Nach der Zerstörung durch die Ungarn 926 restaurierte Bischof Widerold das Kloster um d. J. 1000. 1525, während des Bauernkrieges, wurde es aufgehoben. Die meisten Gebäude hat man 1822 abgebrochen. (Vom Kreuzgang um 1130 befinden sich bedeutende Bruchstücke im Musée de l'Œuvre Notre-Dame in Straßburg.)

Die noch vorhandene **Kirche** ist eine Pfeilerbasilika zu 6 Jochen, flachgedeckt, mit breit ausladendem, niedrigem Querhaus und einer gestelzten, halbrunden Apsis, deren Schmuck mit flachen Blendarkaden und Lisenen den reizvollsten Teil des Äußeren bildet. Der Bau wirkt durch seine charakteristischen ottonischen Proportionen. Für die Maßverhältnisse des Inneren muß man sich vergegenwärtigen, daß der Boden urspr. um 1,25 m tiefer lag.

Von der Ausstattung erwähnenswert der *Sarkophag der hl. Sophia* im nördl. Querhaus, um 1300 (Bischof Remigius hatte aus Rom Reliquien der Heiligen gebracht und in Eschau hinterlegt). Ferner *Holzskulpturen* des 16. Jh., u. a. reizende Gruppe mit Sophia (= Weisheit) und ihren Kindern Fides (Glaube), Spes (Hoffnung), Caritas (Liebe), Ende 15. Jh., sowie eine Christophorus-Figur der gleichen Zeit.

Im Dorf mehrere ländliche **Fachwerkhäuser**, stark restauriert, doch als Ensemble von malerischem Reiz.

FELDBACH (Haut-Rhin D13/14)

Ehem. Benediktinerinnenpriorat

Das Priorat wurde 1144/45 von Friedrich I. v. Pfirt, seiner Gemahlin und seinem Sohn als Grablege für das Grafenhaus gestiftet.

Die **ehem. Prioratskirche** weist ein Langhaus von 6 Jochen auf und besitzt eine ausgeschiedene Vierung, doch kein eigentliches Querhaus. Urspr. hatte sie 3 Apsiden (die linke wurde abgebrochen); die Hauptapsis ist stark erneuert, wie denn auch die Gesamtanlage mehrfach gereinigt und 1976/77 ein letztes Mal stark restauriert worden ist. Das Äußere wie das Innere wirken überraschend altertümlich, fast »karolingisch«. Die großen Fenster stammen nicht aus der Entstehungszeit. Die Mittelschiffwände werden von je 3 Pfeilern getragen und je 2 aus einzelnen Trommeln aufgerichteten Säulen mit verschiedenen Blattkapitellen von altertümlicher Derbheit.

Das **ehem. Prioratshaus** datiert von 1542.

FERRETTE / PFIRT (Haut-Rhin D14)

Die Grafen v. Pfirt waren eine Nebenlinie der Grafen v. Mömpelgard (Montbéliard), die sich durch eine außerordentlich bewegte Geschichte auszeichnen. Das Schloß bestand i. J. 1103, als Friedrich I. sich mit der Erbin von Egisheim verehelichte; so gelangte 1144 Besitz der Egisheim auf dem Erbwege an die Grafen v. Pfirt. Die Stadt wird 1271 erstmals erwähnt. Sie scheint am Fuß des Schlosses aus einem Guß entstanden zu sein. Das Erlöschen der Pfirt i. J. 1324 brachte die Grafschaft an die Habsburger, nachdem die Erbin sich mit Albrecht von Österreich verheiratet hatte. Unter den neuen Herren erlangte die Stadt neue Privilegien: 1393 das Salzrecht, vor 1442 das Marktrecht. 1648 kam Pfirt unter französische Verwaltung.

Kirche. Zum neugot. Schiff von 1914 gehört ein Chor der Zeit um 1300 mit 5/8-Schluß. Neugot. Altäre mit reichem Gespreng von beachtlicher Qualität. Unter der Empore links vom Eingang kleine Maria mit Kind, 18. Jh.

Rathaus (38, Rue du Château) mit Dachreiter, Wappen der Pfirt und 1572 datierter Tür. Der Bau wurde 1957 restauriert. – Mehrere alte Häuser stehen noch an der Straße, die zu den die Ortschaft dominierenden Burgen führt, so **Haus 32** von 1631 (1973 restauriert).

Burgen. Der obere Teil des Felsspornes trägt den Wohnturm, der den ältesten Teil der Anlage darzustellen scheint. Die Nebengebäude folgten dem Bergrücken, wie aus Ansichten des 18. Jh. deutlich wird. Die weiter unten liegende Mauer, mit Artillerieschießscharten und von 2 Rundtürmen flankiert, stammt aus der Renaissance, vielleicht aus der Zeit der Fuggerschen Besetzung 1560. Der schlechte Erhaltungszustand und die vielen Stützbauten erlauben keine befriedigende Datierung. Die Anlage von Ober- und Unterschloß vermittelt jedenfalls keinen Begriff mehr von der einstigen Stärke der Dynastie.

GRANDFONTAINE (Bas-Rhin C5/6)

Donon (BC5)

Der 1000 m hohe Berg beherrscht die Wasserscheide zwischen Elsaß und Lothringen. Auf seinem Gipfel befand sich ein ausgedehntes **keltisches Heiligtum**, in dem u. a. Jupiter-Taranis, Merkur-Taranis, Esus und der Lokalgott Vogesus verehrt wurden. Die Grabungsfunde werden im Museum von Épinal und im Archäologischen Museum von Straßburg aufbewahrt. An Ort und Stelle nur ein 1869 errichteter **Tempel** mit kleineren Fundstücken.

Gueberschwihr / Geberschweier. Pfarrkirche. Turm

GUEBERSCHWIHR / GEBERSCHWEIER
(Haut-Rhin D10)

Das Dorf gehörte zum bischöflichen Mundat und war durch 3 Burgen geschützt, die heute alle zerstört sind: die Mittelburg, der Hertenberg und das 1445 von den Armagnaken niedergebrannte befestigte Haus in der Nordgasse. Der Ort wurde im Spätmittelalter wiederaufgebaut.

Pfarrkirche St-Pantaléon, 1875–82 in neuroman. Formen erbaut unter Berücksichtigung des Vierungsturmes der Vorgängeranlage. Für die Datierung dieses plastisch stark gegliederten roman. *Turmes* sind die Baufragmente heranzuziehen, die an der Mauer links der Kirche eingesetzt wurden. V. a. die Säulenbasen, die aus dem abgebrochenen Bau stammen, legen eine Datierung in das späte 12. Jh. nahe, eine zeitliche Ansetzung, die auch gut mit der formalen Erscheinung des Turmes zusammengeht (andere Datierung: um 1120).

Im I n n e r e n der Kirche 2 Wandbilder von Martin Feuerstein mit Krankenheilung des hl. Pantaleon und seiner Verweigerung des Götzendienstes vor dem römischen Kaiser (um 1900). Im rechten Seitenaltar eine Mondsichelmadonna vom Ende des 17. Jh. In beiden Seitenkapellen je 8 gemalte Medaillons von Feuerstein mit Szenen aus Geburts- und Passionsgeschichte Christi. Im rechten Seitenschiff Wachsmumie der hl. Charitina.

Im Ort eine Reihe schöner alter **Winzerhäuser**.

GUEBWILLER / GEBWEILER (Haut-Rhin C10)

Seit 774 ist G. eine Domäne der nahen und mächtigen Abtei Murbach. Um 1200 bildet sich eine bedeutende Siedlung, die um ihre Emanzipation zu kämpfen beginnt. Abt Hugo v. Rothenburg erhielt 1228 das Recht, den Ort zu befestigen, und errichtete in nächster Nähe eine Burg, den Hugstein. In seiner und seiner Nachfolger Regierungszeit kamen weitere Festungen hinzu: im NW das Schloß Angreth, im W der Hungerstein (beide sind zerstört) und der um 1250 in der Ortsmitte erbaute Burgstall, letzterer mit 8eckigem Grundriß, der an Castel del Monte erinnerte (→ Éguisheim). Die ferne Beziehung zur Stauferburg in Apulien könnte durch Abt Hugo hergestellt worden sein, der als Vertrauter Friedrichs II. in Sizilien weilte und auf der Durchreise das kaiserliche Jagdschloß hätte im Bau sehen können. (Die letzten Reste des Burgstalles sind in den 1970er Jahren einem Kaufhaus gewichen.)

Andauernde Fehden zwischen der Ritterschaft, der Bevölkerung, dem Abt und den umliegenden Nachbarn kennzeichnen die mittelalterl. Geschichte G.s. Um 1270 beschloß Abt Berthold v. Steinbronn, das gesamte zur Abtei gehörende Gebiet zu befestigen und sich so der zweifelhaften Hilfe von Rittern zu entledigen. Er läßt auch G. fortifikatorisch sichern. 1288 triumphiert die Stadt in einer heftigen Fehde über den

Adel. Von diesem Zeitpunkt an mußte der Abt mit der Stadt rechnen; die Privilegien vervielfachten sich namentlich im 14. Jh. 1388 errichtete sich der Abt ein Schloß in der Stadt, die Neuenburg. Sie wurde im 18. Jh. wieder instand gesetzt, und der Abt residierte hier von 1759 bis zur Revolution.

1445 hielten die Mauern die Armagnaken ab, die, wie es scheint, die Stadt in einem Überraschungsangriff mit Leitern überrumpeln wollten. Als Trophäen werden einige Strickleitern in der Kirche St. Leodegar aufbewahrt. 1525 fand eine Plünderung durch die aufständischen Bauern statt, die auf dem Gebiet der Abtei allen Grund hatten zu revoltieren. Während des 30jährigen Krieges wurde die Stadt mehrfach eingenommen und verwüstet. Im ausgehenden 18. Jh. erlebte sie einen gewissen industriellen Aufschwung, der sich bis in die heutige Zeit halten konnte.

● **Kirche St-Léger** (Place St-Léger)

Die Leodegarkirche im oberen Stadtteil wurde lt. Überlieferung 1182 begonnen und muß um 1200 vollendet gewesen sein, nur wenige Jahre vor dem Basler Münster, mit dem der Bau manche Züge und wohl auch eine Quelle gemeinsam hat: Die Verwandtschaft mit burgundischen Bauten aus der Cluny-Nachfolge wie z. B. Paray-le-Monial ist offensichtlich. Andererseits müssen aber auch regionale Anregungen in Rechnung gestellt werden, die mit der Tradition von Ste-Foy in Schlettstadt zusammenhängen.

Die Kirche ist eine urspr. 3schiffige Basilika mit Querhaus, Doppelturmanlage über einer Eingangshalle und 8eckigem Vierungsturm. Die charakteristische und überaus reizvolle *W-Fassade* umfaßt die Vorhalle, darüber einen dreieckigen Giebel und die flankierenden Türme. Sie wird optisch bestimmt durch die reichen, auf Licht- und Schattenwirkung eingestellten Dekorationselemente, welche die Spätromanik am Vorabend des Gotik-Einbruches kennzeichnen. Während Basel bereits mit einem Figurenportal ausgestattet ist, liegt hier in dem Portal das letzte und auch üppigste Beispiel für den rein ornamental geschmückten Typ vor. In die Rücksprünge des abgetreppten und betont ornamentierten Gewändes sind – auf eigenen Sockeln, aber mit Kämpfern, die mit dem Gewände binden – freistehende Säulen gesetzt. – Der 3seitig geschlossene Chor ist gotisch; die äußeren Seitenschiffe wurden in got. Formen erst 1580 angefügt. – Das I n n e r e , obgleich kreuzrippengewölbt und mit spitzbogigen Arkaden und Gurtbögen, beherrschen noch rein roman. Formen, auch wenn diese – besonders in den Pfeilern deutlich – aufs äußerste durchstrukturiert und vertikal gegliedert sind. Auffallend ist der Stützenwechsel: auf ein Hauptschiffjoch entfallen 2 Seitenschiffjoche.

Guebwiller / Gebweiler. St-Léger von Nordwesten

Chorgestühl 18. Jh. – Im rechten Seitenschiff Strickleitern als Erinnerungsstücke an den Armagnaken-Überfall von 1445.

Ehem. Dominikanerkirche (Rue des Dominicains)
Um 1306 begonnen und spätestens 1339 vollendet. Der Chorbeginn ist für 1312 inschriftlich gesichert. Im 19. Jh. profaniert.
Der Bau stellt ein Muster südwestdeutscher Bettelordensarchitektur des frühen 14. Jh. dar. Schiff und Chor sind unter einer

Guebwiller/Gebweiler. Notre-Dame. Inneres gegen den Chor

Firstlinie vereinigt; das basilikale Langhaus ist flach gedeckt, der Chor gewölbt. Von der Seitenmauer ragen dünne Wandlamellen ins Schiff hinein, bevor die 5 Arkaden mit schlanken, kämpferlosen Rundpfeilern einsetzen. Die Dienste im 4jochigen Langchor beginnen auf hochsitzenden Konsolen; im Chor-

Guebwiller / Gebweiler. Notre-Dame. Chorgestühl

schluß nehmen sie ihren Anfang am Boden und gehen absatzlos in Rippen über; dazwischen sitzen schlanke Fenster mit 3teiligem Maßwerk.

Der Lettner stammt aus der Erbauungszeit. Reste der Ausmalung des 14. Jh. Der Chor beherbergt das Musée du Florival (s. u.).

Kirche Notre-Dame (Place Jeanne-d'Arc) ●

Die Liebfrauenkirche im unteren Stadtteil wurde 1766 nach Plänen von Beuque aus Besançon begonnen und unter Leitung von Gabriel Ignaz Ritter 1785 vollendet. Turm erst 1845 von J. Grün ausgeführt.

Die Fassade ist von überraschendem, großstädtischem Zuschnitt und ebenso klar disponiert wie der Grundriß und das Innere. Es handelt sich um eine 3schiffige Säulenbasilika mit abgerundeten Querhäusern, großem Chor mit Apside, hinter der die seitlich leicht vorspringenden Nebenräume der Sakristei liegen. Den Raumeindruck bestimmen das gerade Gebälk, die schwere Attika und das Tonnengewölbe, in das seitlich die Stichkappen für die Oberfenster einschneiden. Die Seitenschiffe weisen Kassettendecken auf. Die Vierungskuppel ruht auf Pendentifs.

Die A u s s t a t t u n g ist einheitlich. Besonders eindrucksvoll wirkt der *Hochaltar*, dessen Plastikprogramm – eine Himmelfahrt Marias von Fidelis Sporer aus Weingarten – sich mit der Architektur des Chores vereinigt. Kanzel aus Marmor mit Medaillons: Moses und Christus als Gesetzgeber. – Das *Chorgestühl* verdient seiner Qualität wegen Beachtung. Es ist das Werk von Fidelis Sporer und seiner Tochter Helena, um 1780–85. Links in geschnitzten Reliefs Szenen aus dem Alten Testament: Durchzug durch das Rote Meer, Opfer des Elias; rechts: Geburt Christi und Pfingstwunder. Dazwischen Reliefs mit Kultgegenständen, Musikinstrumenten; die Gestalten von Johannes d. T. und dem Guten Hirten. Reich geschnitzte Kreuzwegstationen von unerwarteter Qualität, Ende 18. Jh. – Am rechten Chorpfeiler befindet sich die Grabplatte von Kasimir v. Rathsamhausen (1698–1786), »huius templi conditor« (»Gründer dieser Kirche«).

Vor der Liebfrauenkirche die **Neuenburg**, Sitz der Äbte von Murbach, im 18. Jh. umgebaut (heute Mädchenschule). – **Kanonikerhäuser**, ebenfalls aus dem 18. Jh.

Das **Rathaus** (Rue de l'Hôtel de Ville) ist eine Steinkonstruktion der ausgehenden Gotik mit Kreuzstockfenstern. Am schönen, von einer Säule getragenen Erker das Wappen von Murbach und das Datum 1514. An der Hausecke eine Figur der Maria mit dem Kind, unter einem Baldachin, Anf. 16. Jh.

Südl. der Kirche St-Léger ein **Marktbrunnen** von 1735: eine aus 3 Pfeilern bestehende Ädikula, die als Basis für eine Statue des hl. Leodegar dient.

Befestigungen aus vorgeschichtlicher Zeit (?) auf dem **Oberlinger**, einem Hügel, der die Stadt im NO dominiert.

● **Musée du Florival** (Rue des Dominicains; mit Florival wird oft das blühende Tal von Murbach bezeichnet). Unter den Skulpturen der lokalgeschichtlichen und volkskundlichen Sammlung sind v. a. zu nennen die Maria mit Kind aus der Dominikanerkirche, um 1300, ein vorzügliches Werk, das stilistisch im Zusammenhang mit den Klugen Jungfrauen des Straßburger Münsters zu verstehen ist, dann die Reliefs mit Geburt Christi, Darstellung im Tempel, Flucht nach Ägypten, die vielleicht zum ehem. Hochaltarretabel der Kirche St-Léger gehörten. In einzelnen Motiven dieser oberrheinischen Arbeiten aus dem späten 15. Jh. äußert sich der Einfluß von Schongauers Graphik.

GUÉMAR / GEMAR (Haut-Rhin D8)

Der an der Straße Colmar–Straßburg gelegene, aus einer römischen Siedlung (Herbarium) hervorgegangene Ort war im Mittelalter ein Punkt von strategischer Bedeutung, der des öfteren zum Zankapfel wurde. Rudolf v. Habsburg ließ hier 1287 ein Schloß aus Holz bauen, das schon 1293 vernichtet, in der Folge aber wiederaufgebaut wurde. Nach langen Zwistigkeiten im 14. Jh. blieb der Platz in den Händen der Herrschaft der Rappoltsteiner.

Kirche mit got. Turm und gewölbtem Erdgeschoß; die Halle von 1741. – Got. **Steinhaus** und **Fachwerkhaus** mit Erker.

Die **Befestigungen** (Türme) sind z. T. erhalten. Die **Porte de Bergheim** im NW der Stadt, mit bossiertem Quadersockel und Pechnase, entstand vielleicht im 14. Jh., wurde aber später öfter umgebaut.

GUNDOLSHEIM (Haut-Rhin D10)

Kirche. Neubau 1834, unter Beibehaltung des alten Turmes, als 3schiffige basilikale Anlage, flachgedeckt, mit eingestelltem Triumphbogen auf freistehenden Säulen vor dem Chor. Der alte *Turm* aus dem frühen 12. Jh. (?) steht im Winkel zwischen dem südl. Seitenschiff und dem Chor. Nach den Öffnungen des Erdgeschosses zu schließen, hat er vermutlich auch an der einstigen roman. Kirche dieselbe Stelle eingenommen. Das Erdgeschoß ist mit Quadern verkleidet. Es folgt ein hoher Sockel, auf dem der 8eckige Abschluß mit 2 Registern von doppelten Schallöffnungen steht. Portal mit ornamentierten Kämpfern.

Die Stuckreliefs der 4 Evangelisten an der Kanzel sind gute, skizzenhaft hingeworfene, aber beherrschte Arbeiten des 19. Jh. – Links vom Choreingang unsigniertes Allerheiligenbild von 1877 »ex donis totius Parochiae«, d. h. als Stiftung der ganzen Pfarrgemeinde, gegenüber Exvoto-Bild von 1733, im 19. Jh. restauriert. – *Holzmadonna* auf dem linken Seitenaltar, um 1520, mit moderner Fassung. – Neben dem S-Eingang gute Kreuzigungsgruppe von 1771.

HABSHEIM (Haut-Rhin D12)

Kirche von 1744 unter Verwendung der 3 Untergeschosse eines spätgot. Turms. Das Innere bietet einen breiten Saal mit schlichter Ausstattung.

Die **Friedhofskapelle** am Dorfrand, in Richtung St-Louis und Basel, ist ein 1493 erweiterter Saalbau mit polygonalem Chor und Dachreiter. Im Inneren einige gute *Skulpturen*: Im Hochaltar Maria auf der Mondsichel, vorzügliche Arbeit um 1470. An der rechten Wand unter modernem neugot. Baldachin eine Sitzmadonna, um 1370. Gegenüber volkstümliche Pietà, wohl schon gegen Mitte des 16. Jh. Links vom Eingang hl. Urban als Papst (Tiara), um 1560–70. An der Emporenbrüstung Johannesschüssel mit Kopf des Heiligen, wohl 17. Jh.

HAEGEN (Bas-Rhin CD4)

Geroldseck. Zugang: Die beiden Burgen Groß- und Klein-Geroldseck, in der Nähe von Haut-Barr gelegen, sind zu Fuß von der Straße her erreichbar.

Die Herren v. Geroldseck waren eine wichtige, im 12. Jh. vom Bischof von Metz mit der Mark Maursmünster belehnte Adelsfamilie. Groß-

Geroldseck wird erstmals 1269 erwähnt. Klein-Geroldseck erbaute 1361 der Bischof von Metz; beide Anlagen wurden 1471 zerstört.

Groß-Geroldseck ist eines der besten Beispiele für die von den bedeutenden Adelsfamilien im 12. Jh. bevorzugten großzügigen polygonalen Ringmauern aus Bossenquadern. Auch die Wahl eines ausgedehnten Felsplateaus kann als typisch bezeichnet werden. Die Mauer wurde an mehreren Stellen verändert und ausgebessert. Im S stürzte sie ein, weil der darunterliegende Felsen unterhöhlt worden war. Für die Wiederherstellung benützte man die Bossenquadern der alten Mauer. Der quadratische Bergfried in der Nähe des Einganges stammt aus der Zeit der ersten Ringmauer. Im 1. Obergeschoß Tür und Reste einer Latrine, deren Ablauf schräg nach unten zu einem Misthaufen führte. Vom Palas des 12. Jh. ist nichts erhalten, von dem des 13. Jh. sind noch die Keller zu sehen: quadratische Pfeiler und Gewölbeansätze mit schönen Steinmetzzeichen. Zahlreiche Nebenbauten neueren Datums füllen den Raum innerhalb der Ringmauer. – Ausgrabungen des Centre d'Archéologie Médiévale förderten einen Töpferofen zutage.

Klein-Geroldseck weist nur noch geringe Reste eines quadratischen Bergfrieds und eines Wohngebäudes auf.

HAGUENAU / HAGENAU (Bas-Rhin F3)

Im Wald von H. fanden sich bedeutende prähistorische Siedlungen, von denen die Funde im Museum beredtes Zeugnis ablegen. Die Landnahme erfolgte in der mittleren Bronzezeit, aus der an die 600 Tumuli eine elegante, präzis geritzte Keramik zu Tage förderten. Bedeutende Funde stammen auch aus der späten Bronzezeit und der Zeit der Urnenfelderkultur (1200–750 v. Chr.) sowie aus der Hallstatt-Periode. Gegen die Mitte des 1. vorchristlichen Jahrtausends gelangten nochmals neue Völkerstämme in die Gegend, deren Kultur die La-Tène-Charakteristiken aufweist.

Die Stadt H. selbst ist wesentlich jüngeren Datums. Es scheint, daß die Grafen v. Egisheim hier eine Residenz besaßen. Der Ort wurde von Friedrich d. Einäugigen, Herzog von Schwaben, gewählt, um gegen 1130 eine Wehranlage zu errichten. Sein Sohn, Friedrich Barbarossa, baute anschließend, nach 1170, eine der schönsten Residenzen der Zeit. Die Ortswahl ist aus der hervorragenden Schutzlage zu verstehen, welche die Moder bietet: Der Lauf des Flüßchens bildet hier ein Knie und außerdem eine Insel, die groß genug war, um eine kaiserliche Pfalz aufzunehmen. Eine kleine Siedlung diente als notwendige Infrastruktur; sie wurde 1164 schon zur Stadt erhoben. Heinrich VII. befestigte sie sowie eine Vorstadt,

die Königsau, um 1230. Die häufigen Aufenthalte Barbarossas, Heinrichs VII. und Friedrichs II. sicherten die Kontinuität der Hofhaltung und somit eine sich entwickelnde Hofkultur. Reimar von Hagenau, einer der großen Minnesänger seiner Zeit, beteiligte sich am Kreuzzug Barbarossas. Er gehörte der Ritterschaft der kaiserlichen Stadt an, deren Vogt bald zum eigentlichen Verwalter des gesamten Elsaß wurde. Die bekannteste Persönlichkeit ist hier der Reichsvogt Wölflin, der die Interessen Friedrichs II. vertrat und die umliegenden Städte befestigte (u. a. → Kaysersberg). Er wurde jedoch von seinem Herrn in den Kerker geworfen und, lt. Legende, von seiner eigenen Frau erwürgt, um zu verhindern, daß er das Versteck seiner durch Veruntreuung angehäuften Schätze preisgab.
1255 besaß H. wie Straßburg einen Rat von 12 Schöffen, die einen Bürgermeister bestimmten. Seine Rolle verstärkte sich unter Rudolf v. Habsburg, der die große Landvogtei H. schuf, indem er die kaiserlichen Ländereien im Elsaß zusammenfaßte. Anfang des 14. Jh. umgab sich die Stadt mit einer 2. Mauer; mittlerweile hatte sie 6000 Einwohner.
Nach dem Beitritt zur Dekapolis 1354, einer militärischen Vereinigung von 10 elsässischen Städten, teilte H. die Geschicke der umliegenden Gebiete: Invasion der Armagnaken, Vorbeizug der burgundischen Truppen. Trotzdem entfaltete sich in der Stadt ein reiches kulturelles Leben, besonders in der Buchproduktion deutlich, die hier zu einer eigentlichen Spezialität wurde. Unter den vielen Buchmalerei-Ateliers hebt sich zwischen 1449 und 1470 v. a. dasjenige des Diebold Lauber ab, das außerordentlich fruchtbar war: Dank eines stark stereotypisierten Stils, der den Kopisten die Vervielfältigung erleichterte, entstanden unzählige Werke. Um 1489 zieht die Buchdruckerkunst mit H. Gran, T. Anselm, J. Setzer u. a. ein. Seit 1524 bereitet sich ebenfalls die Reformation vor mit M. Hilspach und H. Gebwiler. Die Hagenauer Verleger werfen sich auf die religiöse Polemik und veröffentlichen Melanchthon und Capito. Setzer zögerte sogar nicht, die gefährliche Schrift »De Trinitatis erroribus« von Servet zu drucken, die ihrem Verfasser den Tod auf einem kalvinistischen Scheiterhaufen in Genf eintragen sollte. Gegen das Jahrhundertende spitzte sich der Glaubenskonflikt noch zu, als die Jesuiten aus Molsheim Einzug hielten. Unter den Künstlern jener Zeit sind namentlich Veit Wagner und Niclas Hagnower, seit 1493 Bürger von Straßburg, als Bildhauer und Schnitzer zu nennen. Mit dem Vertrag von Münster 1648 setzte der Niedergang der Stadt ein. 1673 wurden die Festungswerke beseitigt, 1677 die Pfalz zerstört (sie diente noch seit 1687 als Steinbruch für den Bau von Fort-Louis [ca. 25 km östl. von H., am Rhein]). – Seit 1724 ist H. eine Zweigstelle der Straßburger Fayence-Manufaktur.
Die Stadt wurde 1677 durch einen Brand und 1944–45 durch amerikanische Bombardierungen stark in Mitleidenschaft gezogen.

Die **Pfalz**, das bedeutendste Bauwerk Hagenaus, besteht nicht mehr. Grabungen i. J. 1954 brachten wichtige Hinweise zur Geschichte und Chronologie der Anlage, von der ein Modell im Museum einen ungefähren Begriff bietet. Funde bei der Brücke über die Moder erlaubten dendrologische Untersuchungen.

Haguenau/Hagenau. St-Georges. Treppenwange der Kanzel

Das hier entdeckte Festungswerk muß um 1130 entstanden sein und belegt demnach die Bautätigkeit unter Friedrich d. Einäugigen. Barbarossas Pfalz wurde von seinem Gefolge schon 1179 bewohnt und war zweifellos 1184 vollendet. 3 nach den Gewohnheiten des 13. Jh. leicht zurückgesetzte Türme verteidigten die Mauer. Die Kapelle lag unmittelbar hinter dem Haupttor, das somit unter dem direkten Schutz der Heiligen stand. Die Kapelle war 3stöckig und von einem polygonalen Turm beherrscht sowie im Inneren mit Mosaiken geschmückt. Im 3. Geschoß wurden der Schatz und eine Zeitlang auch die Reichskleinodien aufbewahrt. Das Mittelgeschoß war eine Salvatorkapelle; das Erdgeschoß enthielt eine dem Johannes Ev. geweihte Kapelle. Die Weihinschrift von 1172 ist erhalten und wird im Museum aufbewahrt. Die Anlage der Pfalz wurde mehrfach umgebaut, die Residenz des Vogtes zum letzten Mal 1574.

Kirche St-Georges (Rue St-Georges)

Die Anfänge der Kirche gehen vielleicht auf Friedrich d. Einäugigen zurück. Die Georgspfarrei wurde 1143 von König Konrad III. gegründet. Weihe wohl 1184 durch den Straßburger Bischof. Um 1250 fügte Reichsvogt Wölflin eine Nikolauskapelle hinzu. Seit 1250 wurden die Seitenschiffe eingewölbt. Die alte Apsis und Krypta verschwanden, um einem Querhaus Platz zu machen. Anschließend neuer Chor mit Apsis, die 1283 geweiht wurden. 1496 kamen an der S-Seite die Jakobskapelle, gestiftet von Jakob von Fleckenstein, und 1517–19 an der N-Seite die Johanneskapelle hinzu, letztere von den Johannitern erbaut, denen 1354–1535 die Pfarre gehörte. 1609–11 bauten die Jesuiten das Netzgewölbe im Hauptschiff ein.

Der Innenraum überrascht durch sein massives roman. Schiff und sein got. Gewölbe.

Ausstattung. 8eckige, stark restaurierte *Steinkanzel* von Veit Wagner, der i. J. 1500 dafür verpflichtet wurde. Treppenwange mit Darstellung der Georgslegende. Der Kanzel gegenüber *Kruzifix* von Clemens von Badenweiler, 1477–78. Im südl. Querhaus *Flügelaltar*, die Flügel von Diebold Martin, 1497. – Nördl. Querhaus: Flügelaltar nichtelsässischer Provenienz,15. Jh. – Das *Sakramentshäuschen* auf höchst kompliziertem Fuß von Fritz Hammer, 1523 (der figürliche Schmuck datiert aus dem 19. Jh.). – *Glasfenster* von Jacques Le Chevallier im Chor, 1969; die restliche Verglasung von dem gleichen Künstler, seit 1956. – *Marie* vor S-Portal (Chörle), um 1350. Am Strebepfeiler des südl. Querhausarmes die Längenmaße der Freien Reichsstadt Hagenau.

Kirche St-Nicolas (Grand'Rue)

Die Kirche nahe der Porte de Wissembourg wurde als Spitalkirche von Friedrich Barbarossa gegründet und 1189 den Prämonstratensern übergeben. Seit 1208 ist sie Pfarrkirche. Der heutige Bau entstand um 1300; die 3 westl. Joche datieren wohl von 1424/25.

Die Nikolauskirche ist eine 3schiffige Säulenbasilika ohne Querhaus mit Anklängen an die Bettelordensarchitektur.

Von der Ausstattung beachtenswert: *Christus in der Kelter,*

15. Jh. Ein neu gefaßtes *Vesperbild* in der rechten Kapelle, um 1500. – *Heiliggrab*, um 1360. Hinter dem 3teiligen Maßwerkgitter erkennt man die 3 Marien, stehend vor dem toten Christus; aus der Straßburger Kirche St-Etienne hierher versetzt. Die urspr. Anordnung der Grabwächter zeigt an der Vorderseite den schlafenden Armbrustschützen links, in der Mitte den sitzenden, dem Beschauer zugewendeten Schläfer und rechts den Soldaten mit der Streitaxt; der vom Rücken gesehene gehört an die rechte Schmalseite. Die Figuren sind weniger phantasievoll und schwächer in der Ausführung als die Wächterfiguren am Hl. Grab aus dem Straßburger Münster (im Musée de l'Œuvre, s. d.). – Das barocke *Mobiliar* stammt aus der 1792 zerstörten Zisterzienserabtei Neuburg, darunter das aufwendige Chorgestühl und die 4 Kirchenväter im Vorchorjoch, um 1758.

An der Place d'Armes liegt das lt. Inschrift über dem Portal 1484 begonnene Kaufhaus (**Douane**). Das Gebäude wurde 1494 von der Stadt gekauft und 1681 neu erbaut. Die Sonnenuhr ist eine geschickte Nachahmung des 19. Jh. In der Eingangshalle ein hierher versetztes Portal mit Schweißtuch der Veronika auf dem Türsturz. An der linken Ecke des Baues zeigt außen eine Konsole eine lachende Frau mit Kette und Stangenglas, um 1500. – Das Alte Spital (**Hôpital civil**) erbaute 1757 G. J. Barth als Hufeisenanlage mit Seitenflügel. Die Balkone haben gute Eisengitter.

Grand'Rue: Unter den Häusern des 18. Jh. ist **Nr. 59** besonders stattlich, ein 5achsiger Bau mit hervorgehobener Mittelachse und Balkon mit Eisengitter. Über den Fenstern der beiden Untergeschosse sitzen Figurenbüsten, z. T. mit karikaturhaften Zügen. **Nr. 61**, mit Hof, war das Haus des Krapphändlers Hoffmann (1730–92). An **Nr. 104**, von 1565, ein Erker und eine Georgsstatue. – Rue du Château: **Nr. 1** ist das **ehem. Jesuitenkolleg**, 1730–42 erbaut an Stelle des Schlosses und 1767 zur Kaserne umgebaut, seit 1961 Altersheim. – **Ehem. Bibliothek**, von 1486, mit got. Portal. Astronomische Uhr an der Fassade. – Rue de la Filature: **Kornspeicher** des Spitals, Anf. 16. Jh. – Rue du Grenier: Korn- und Speicherhaus (**Grange dimière de St-Georges**), ein Zweckbau von 1527 (Inschrift) mit dem Johanniterwappen von F. Hammer. Die Backsteinkonstruktion umfaßt 3 Stockwerke, 3 Einfahrten und 2 relativ gut erhaltene Giebelseiten (1955 restauriert).

Impasse Fleckenstein: **Nr. 6, Fleckensteiner Hof**, ein Renaissancebau mit Treppenturm und Portal. – Rue des Juifs: **Synagoge** mit neoklassischer Fassade, 1820.

Von den **ehem. Befestigungen** sind noch Reste vorhanden. Die Stadt war einst berühmt für ihre 40 Türme, die ihr Schutz boten; es sind noch deren 3 zu sehen. Die **Porte des Pêcheurs** (stark restauriert) an der Moder und die **Tour des Chevaliers** hinter dem Rathaus gehören zur Ummauerung aus der Zeit Heinrichs VII. – Hinter St. Nikolaus die **Porte de Wissembourg**, ein Zeuge für die Stadterweiterung zu Beginn des 14. Jh. Der Oberbau ist jüngeren Datums.

Stadtgeschichtliches Museum (Rue du Maréchal-Foch). Historisierender Bau von 1899–1905. Der Architekt Joseph Müller imitierte lokale Rathausformen der Renaissance. Die bedeutenden vor- und frühgeschichtlichen Funde verdankt man den Grabungen von Xavier Nessel (1835–1918).

Die **Sammlung** umfaßt Keramik der mittleren und späten Bronzezeit, Gürtelschnallen der Hallstatt-Periode, einen Reiter (*Jupiter*?), der eine schlangenschwänzige Figur besiegt, gefunden 1842 in Seltz, 3./4. Jh., römische Plastik und Baufragmente. – Ein Stadtmodell von Hagenau gibt den Zustand um 1180 zwar nur hypothetisch wieder, vermittelt aber eine Vorstellung von der Lage der Pfalz. Ein weiteres, durch Grabungen z. T. überholtes Modell zeigt die 3stöckige Pfalzkapelle. – Ferner: Statue des hl. Jakobus, Hagenauer Arbeit in rotem Sandstein, um 1530. Stehende Madonna in rotem Sandstein mit lothringischen Anklängen, um 1320–30. – Im Treppenhaus einige *Glasfensterfragmente* des späten 13. bis frühen 16. Jh., u. a. Judaskuß, um 1480, von guter Qualität, Christus als Gärtner (zu dem die weiter unten leider spiegelverkehrt montierte Maria Magdalena gehört), ein Christus aus der Noli-me-tangere-Szene (beide wohl aus der Magdalenenkirche), um 1370. – In der römischen Abteilung bemerkenswert eine *Weinkanne* mit Henkelschmuck: Bacchus, Maske mit Flöte, Kanne und Becher, unten Frau Hund fütternd. Im letzten Saal u. a. eine spätkaiserzeitliche *Beinschiene* von einer Paradeuniform, ein höchst bedeutendes Stück mit Darstellung des Aeneas, der Anchises aus dem brennenden Troja rettet, gefunden in Fort-Louis/Unterwoerth 1968. – In der sog. Münzkammer: Monstranz, um 1480, auf barockem Fuß von Jakob Weiss, 1629; silbergetriebenes Vortragekreuz, 1515, aus St. Georg, mit Evangelistensymbolen in Vierpässen an den Kreuzenden. Vitrine mit den Ratsbechern der im Rat vertretenen 24 Zünfte, Hagenauer Arbeiten von 1686–1714. Auf dem Kamingesims zwischen Abgüssen nach Nikolaus Gerhaerts sog. Bärbel von Ottenheim und Jakob von Lichtenberg (vgl. Straßburg, Frauenhaus-Museum) das Fragment einer *Predella* mit Christus zwischen den 12 Aposteln, 15. Jh. Alte Ansichten des turmreichen Hagenau, dessen *Statutenbuch*, eine kurz nach 1450 begonnene Pergamenthandschrift, in einer Mittelvitrine aufbewahrt wird. Sie enthält Verfügungen und Urteile des Rates seit 1352 bis zur Mitte des 17. Jh. Der Einband ist eine Hagenauer Arbeit von 1528.

Marienthal (F3)

Pilgerkirche

Die Kirche geht auf eine Einsiedelei aus dem 13. Jh. zurück, die von Albert v. Wangen gegründet wurde. 1225–57 Erhebung zum Frauenkloster, das bis 1789 bestand. Die Marienwallfahrt war v. a. im frühen 13. Jh. und nach 1650 besonders stark.

Die heutige, weitgehend umgebaute Kirche stammt von 1863–66, mit spätgot. Sakristei von 1513–19. – Im Inneren zahlreiche Exvoto-Bilder. Stehende Muttergottes, 1420–30. Glasfenster von Le Chevallier, 1952.

HARSKIRCHEN (Bas-Rhin B2)

Der Ort wurde nach einer Gebietsteilung der Besitztümer Nassau-Saarbrücken (1745) zum Verwaltungssitz erhoben.

Die **ev. Kirche**, die v. a. der Größe ihres Daches wegen auffällt, wurde 1767 vom nassauisch-saarbrückischen Baumeister Friedrich Joachim Stengel errichtet. Schlichter Bau in Louis-XV-Formen mit verziertem Portal zwischen 2 Ovalfenstern. Reich geschmücktes S-Portal in Rokokoformen.

Kath. Kirche, 1858 erbaut unter Verwendung des got. Turmes mit 4 jeweils leicht zurückspringenden Geschossen, 15. Jh.

Die Rue de Fénétrange zeigt noch ein einheitliches Straßenbild mit **Häusern** aus dem 18. Jh. unter einheitlicher Firsthöhe.

HARTMANNSWILLER / HARTMANNSWEILER (Haut-Rhin C11)

Kirche (1475, Turm 1880) und Friedhof waren einst befestigt, um der Bevölkerung Zuflucht zu bieten.

Auf dem **Hartmannsweilerkopf** Erinnerungsstätte an die Schlachten von 1915/16; u. a. 2 Statuen von Antoine Bourdelle.

HATTSTATT (Haut-Rhin D10)

Urspr. Besitz der Herren v. Egisheim und später der Bischöfe von Straßburg, die es nach 1225 als Lehen den Grafen v. Pfirt übergaben. Als die Pfirt ausstarben, gelangte die Domaine an Habsburg, 1324. Die Familie derer v. Hattstatt, v. a. im 14. Jh. mächtig, ging aus dem lokalen Rittertum hervor und baute sich eine Burg über Vœgtlinshofen, von der kaum noch Reste zu sehen sind.

Die **Dorfkirche St. Columba** ist eine Basilika vom Ende des 11. Jh. mit spätgot. 5/8-Chor. Der W-Turm trägt einen barocken Aufsatz (1772) und einen Helm von 1882. Die 3 Schiffe liegen unter einem gemeinsamen Satteldach. Den roman. Kern des Baues läßt das Langhaus zu 4 Jochen und der Vierungsturm (um 1130) noch erkennen; seine Decke trägt Stukkatur von 1721. Im Chor eine Sakramentsnische, im nördl. Seitenschiff eine Kreuzigungsgruppe, 16. Jh.

Rathaus mit doppelläufiger Treppe vor der Fassade, 16. Jh. – Daneben der **ehem. Hattstatter Hof** (Wappen über der Tür); der spätgot. Bau war Sitz der 1585 erloschenen Familie v. Hattstatt.

Heiligenstein. Burg Landsberg

HEILIGENSTEIN (Bas-Rhin D6)

Burg Landsberg. Zugang über eine Waldstraße, die von der Straße St-Nabor–Ste-Odile abzweigt. ●

Der erste Herr von Landsberg war ein Ministeriale Ottos von Burgund, der kurz vor 1200 ein Landstück von St. Odilien an sich riß, um hier eine Burg zu bauen. Im Jahre 1200 legalisierte er die Situation im Anschluß an die heftigen dynastischen Auseinandersetzungen zwischen den Hohenstaufen und dem Haus Braunschweig. (Die Äbtissin Herrad v. Landsberg, Autorin des »Hortus Deliciarum« [→ Ottrott, Mont Ste-Odile], das muß mit aller Deutlichkeit vermerkt werden, hat mit diesen Landsberg, die erst nach ihrem Tod [1198] in Erscheinung traten, nichts zu tun.) 1322 gelangte die Anlage an die Bischöfe von Straßburg; die Landsberg verblieben aber hier; später verlegten sie ihren Sitz nach Niederehnheim, und 1837 starb der Stamm aus. – Die Burg ist 1632 von den Schweden zerstört worden. Konservierungsarbeiten im 19. Jh.

Die Feste ist von Interesse als Verbindung einheitlicher Teilstücke aus verschiedenen Zeiten. Der Kern, ein quadratischer Bergfried und ein Wohnhaus, stammt von dem Bau um 1200. Die eine Ecke des Donjons ist auf die Angriffsseite hin orientiert. Ein kleiner Erker, der als Oratorium diente, beherrscht die Zugangsseite. Die schönen roman. Rundbogenfenster im Mauerwerk aus Buckelquadern hat man aus militärischen Gründen wesentlich kleiner als noch im 12. Jh. gehalten. Darüber Konsolen, die einen Wehrgang trugen. Die Anlage konnte von einer kleinen Garnison verteidigt werden. – Im W, bergwärts, fügte man in der 2. Hälfte des 13. Jh. eine rechteckige Mauer mit schönen Schießscharten in Reihung an; in ihrem Inneren birgt sie einen Wohnbau mit 2 Rundtürmen. Diese Futtermauer scheint im 14. Jh. auf seltsame Weise umgebaut worden zu sein: Jetzt lehnten sich Wohnbauten an, die mit ihren zahlreichen Fenstern die Mauer nach außen durchbrachen. Die Öffnungen sind meist rund-, spitz- oder korbbogig und auf zufällig wirkenden Höhen angebracht. Sie wurden wieder zugemauert, als man in der Renaissance die Anlage für Artilleriebestückung herrichtete; damals wurde auch der Hof – etwas tiefer – angelegt.

HERRLISHEIM-près-Colmar / HERLISHEIM
(Haut-Rhin D9/10)

Die neuklassizist. **Kirche** mit eingezogenem Chor stammt aus den 80er Jahren des 18. Jh. und verwendet den Turm des Vorgängerbaus aus dem 14. Jh. Der alte got. Chor dient heute als Seitenkapelle. Im neuen Chor Altarblatt mit hl. Michael. Hochaltar in Kartusche, dat. 1785. Von der Ausstattung sind v. a. zu nennen: im alten Chor reizvolle Holzfigur der Anna selbdritt, um 1480–90; im Schiff moderne Fenster von A. Gerrer, 1961.

Im Dorf einige **Häuser** aus dem 17. Jh. sowie ein **Turm** der ehem. Ortsbefestigung.

HIPSHEIM (Bas-Rhin EF6)

An der Straße Straßburg–Schlettstadt liegt die **Wallfahrtskirche St. Ludan** mit Chorturm aus dem 13. Jh., barockem Saal und eingezogenem Chor von 1723 (Datum am Portal). – Vor dem nördl. Seitenaltar steht das *Grab des hl. Ludan*, eines 1202 bei Nordheim verstorbenen Schotten, der offenbar nur hier verehrt wird. Er liegt in die Pilgertracht gekleidet und hält einen Rosenkranz. Die Tumba von 1492 ist eine derbe Arbeit. Daneben an der N-Wand Epitaph des Lorenz v. Rücksleben mit Gekreuzigtem zwischen kniendem Stifterpaar mit 2 Kindern. Die darüber angebrachte Tafel nennt als letztes Sterbedatum 1549. – Die Altäre sind beachtliche Leistungen gegen 1800. Über dem Triumphbogen ein Kruzifix, dem auf seitlichen Konsolen Maria und Johannes zugeordnet sind, 17. Jh. Aus der gleichen Zeit an der N-Wand eine bildliche Darstellung der Translation des Heiligen nach Hipsheim. – An der S-Wand Kanzel mit elegantem, aus Voluten gebildetem Schalldeckel; am Korb die Evangelisten. Orgel von Andreas Silbermann, Anf. 18. Jh.

Auf dem **Friedhof** südl. der Kirche Kruzifix auf tambourartigem Sockel mit den Arma Christi in Form von Trophäenarrangements, 1847. – Am Friedhofseingang volkstümlich-herber Kruzifixus von 1725.

HIRSINGUE / HIRSINGEN (Haut-Rhin D13)

Die **Kirche St-Jean** wurde 1771–72 von Ignaz Ritter erbaut. Schmucklose Fassade unter 3fach geschwungenem Giebel. Das I n n e r e überrascht durch seine breite Lagerung, die den Saalbau wesentlich größer erscheinen läßt, als er wirklich ist. Vorschwingende Orgelempore auf 4 ionischen Säulen. Der Schmuck ist vornehm zurückhaltend. Die Altäre (im Chor: Taufe Christi) stammen aus der Erbauungszeit. Chorfenster von 1899 mit Namensgebung des hl. Johannes d. T. und seiner Enthauptung.

In der links neben der Kirche liegenden **Friedhofskapelle** kleine volkstümliche *Pietà* in neugot. Altar.

HOFFEN / HOFEN (Bas-Rhin G2)

Das an der »Route des villages pittoresques« gelegene Dorf bietet ein unverdorbenes, geschlossenes O r t s b i l d mit guten **Fachwerkhäusern** (Abb. S. 80). – **Kirche** von 1742 mit Turm aus d. J. 1841. – Das **Rathaus** mit offener Laube entstand Anfang des 19. Jh. als Postkutschenstation.

Hoffen / Hofen. Dorfstraße (zu S. 79)

Leiterswiller / Leitersweiler (G2)

Das gleichfalls an der »Route des villages pittoresques« gelegene Dorf besitzt eine malerische **prot. Kirche**, einen rechteckigen Bau mit barokkem Dachreiter. Seine Fenster haben in Holzrahmen noch die typischen Butzenscheiben. Im Schiff (Holztonne) kleine Tribüne, daran Balustradenwandung mit ländlicher Rokoko-Bemalung. Chor mit einfacher Stuckdekoration: Vierpaß und 4 Engelsköpfchen. Gestühl von 1804. Am Portal die Jahreszahl 1736. – Neben der Kirche ein **Kruzifix** von 1784.

HOHATZENHEIM (Bas-Rhin E3/4)

Kirche St-Pierre

Die Kirche war ehemals die Mutterkirche der umliegenden Dörfer Mittelhausen, Waltenheim und Wingersheim. Die Pfarrei ist seit 1160 erwähnt. 1178 war sie im Besitz der Abtei Neuweiler.

Die heutige, stark restaurierte Kirche, am S-Rand der Siedlung, weist basilikales Schema mit Pfeilern und Flachdecke auf. Ein massiver Turm befindet sich über dem östlichsten Schiffsjoch. Die Seitenschiffe enden in Apsiden, das Schiff in einem Vorchor unter Tonnengewölbe und

Hunawihr / Hunaweier. St-Jacques

Apside. Die Außenwände gliedern Lisenen und Bogenfriese. Der Typus erinnert an Altenstadt und Feldbach, doch der Chorturm stellt ein neues Element dar. Die Anlage dürfte in der 1. Hälfte des 12. Jh. konzipiert und errichtet worden sein.

HUNAWIHR / HUNAWEIER (Haut-Rhin D8)

Seit dem 13. Jh. Besitz der Herren v. Horburg, dann (1324) in württembergischen Händen. Der Name des Dorfes wird von der legendären hl. Huna hergeleitet, deren Verehrung erst Papst Leo X. 1519 anerkannte. Die Gebeine der Lokalheiligen, die in einem Dürrejahr sogar das Wunder der Hochzeit von Kana zustande brachte, wurden von den Protestanten zerstreut.

Die über dem malerischen Weinbauerndorf gelegene **Kirche St-Jacques** aus spätgot. Zeit besitzt den besterhaltenen befestigten **Friedhof** des Elsaß. Die Mauer mit Rundbogenpforte und 6 halbkreisförmigen Bastionen an den Ecken entstand wahrscheinlich um 1500 oder im frühen 16. Jh. Ältester Teil der Kirche ist der ehem. Chorturm, der ebenfalls fortifikatorischen Ursprungs sein könnte. Der sterngewölbte Chor ist 1524 bezeichnet. Im Seitenchor Wandmalereien mit Nikolaus-Vita, 1492. ●

Rathaus, got. Bau mit Giebel und Portal (Wappen von Württemberg und Datum 1517). – **Brunnen der hl. Huna** und weitere **Häuser** aus dem 16.–17. Jh.

HUNSPACH (Bas-Rhin G1)

Das Dorf besitzt ausnehmend schöne **Fachwerkhäuser**, die für die oberrheinische Tiefebene charakteristisch sind, z. T. mit den typischen Storchennestern.

HUSSEREN-les-Châteaux / HÄUSERN (Haut-Rhin D9)

In der **Kirche** ein *Taufstein* des 12. Jh. aus der ehem. Abtei Marbach.

Über die Straße, die westl. von Éguisheim an den Burgen Hoh-Egisheim, Hohlandsberg und Pflixburg vorbei nach Wintzenheim führt, oder auch zu Fuß von Éguisheim über Husseren erreicht man

Les Trois Tours d'Éguisheim (Burg Hoh-Egisheim).

Die »3 Türme von Egisheim« (Wahlenburg, Dagsburg und Weckmund), auch die »3 Exen« (nach Egisheim) genannt, und die sie umgebenden Bauten sind nicht genau datierbar. Es fehlen schriftliche Quellen, und die Konsolidierungsarbeiten seit 1966 erlauben keine Grabungen mehr.

Es ist anzunehmen, daß die mittlere der Burgen, die **Wahlenburg**, den ältesten Bergfried besitzt (Mitte 12. Jh.). Um diesen Mittelpunkt herum verlief die weite Ringmauer aus Bossenquadern; sie umfaßte die gesamte Plattform. Von den Wohnbauten ist kaum etwas übriggeblieben (Kapelle in der Nähe des Bergfrieds).

Es handelte sich jedenfalls um eine bedeutende Anlage der mächtigen Grafen v. Egisheim, nachdem diese ihre Machtposition im Kampf gegen den Kaiser gefestigt hatten. Sie waren während des Investiturstreites treue Anhänger des Papstes. 1198 ließ Philipp v. Schwaben die Burg in Flammen aufgehen: Grabungen, die vor den Konsolidierungsarbeiten durchgeführt worden waren, förderten Brandspuren zutage. Der nördl. Teil der Burg ging 1226 nach dem Tode Gertruds, der Erbin von Egisheim-Dagsburg, an den Bischof von Straßburg über. Die Grafen v. Pfirt erhielten den südl. Teil.

Vermutlich stammt die **Dagsburg** aus dem frühen 13. Jh. und wurde nach dem Brand errichtet. Eine mächtige Mauer sondert sie von der Wahlenburg ab, was einiges über die Bewohner der beiden Burgen aussagt.

In gleicher Weise wurde zu einer nicht genau bestimmbaren Zeit – Ende des 12. oder Anfang des 13. Jh. – im S ein Graben angelegt, um die 3. Burg, den **Weckmund**, von der Wahlenburg abzusondern.

Als Baumaterial diente für den gesamten Gebäudekomplex ein schöner rötlicher Sandstein. Der zentral gelegene Bergfried und die gleichzeitige Ringmauer bestehen aus großen Bossenquadern. Außer einigen wenigen roman. Überresten – Kapelle St. Pankraz – stammen alle umliegenden Gebäude aus dem späten Mittelalter. Vermutlich entstanden sie ungefähr z. Z. des »Sechs-Plappert-Krieges«, einer Strafexpedition der Bürger von Mülhausen gegen den das Geld eintreibenden Adel, 1466. Im N beschreibt die Dagsburg ein unregelmäßiges, hufeisenförmiges

Vieleck mit quadratischem Bergfried in der Mitte, dessen südl. Öffnung wahrscheinlich zu einem Erker führte. An der N-Seite noch Reste eines roman. Kamins und ein Zwillingsfenster mit Okulus aus der gleichen Zeit. Im Schutt gefundene Reste deuten darauf hin, daß eine ganze Reihe solcher Fenster mit Fensterbänken bestanden haben muß. Das angrenzende Gebäude wurde z. T. über einem Kreisbogen der römischen Befestigungen, von denen sonst nichts erhalten ist, errichtet; der Ort war in der Tat seit der Bronzezeit besiedelt. Die südl. Burg ist wesentlich bescheidener. Das Mauerwerk des Turmes zeigt Brandspuren. Zwei amüsante Einzelheiten verraten, daß die Aufteilung der Plattform nicht reibungslos verlief: Im südl. Bergfried ist eine Schießscharte so angebracht, daß der Nachbar bequem überwacht werden konnte; dieser baute sich seinerseits zu demselben Zweck den kleinen runden Turm, der den Graben beherrschte.

HUTTENHEIM (Bas-Rhin E7)

Die **Pfarrkirche** ist ein basilikaler Bau des 12. Jh. ohne Querhaus mit Chorturm.

Die **Marienkapelle** am Dorfeingang aus dem 16. Jh. ist ein reizender kleiner, flachgedeckter Saalbau mit eingezogenem Rechteckchor. Auf dem Hochaltar eine *»Schöne Madonna«* im vergleichsweise selteneren sitzenden Typus, um 1410. An der rechten Saalwand Freskenreste eines *Marien-Zyklus* aus der Mitte des 15. Jh., unten links Geburt Mariae, rechts Vermählung mit Joseph, darüber Flucht nach Ägypten und Christus unter den Schriftgelehrten; über der Tribüne Marientod; das Ganze stark restauriert und nachgezeichnet.

ILLFURTH (Haut-Rhin D12)

● In der Dorfmitte das höchst beachtliche moderne **kath. Pfarrzentrum** von Pierre Genton (Lyon), 1970/71 vollendet. Ein überzeugender, unprätentiöser Bau mit bewußter, aber auch künstlerisch eingesetzter Ökonomie und Vereinfachung der verwendeten Baumaterialien. Das Äußere umschließt unter verschieden geneigten Dachflächen die **Kirche**, einen seitlichen Innenhof, das **Pfarrhaus** und das **Gemeindezentrum**. Das Innere der Kirche imponiert durch den gewaltigen, leicht zum Altarraum abfallenden Saal, der nur indirektes Seitenlicht erhält, während sich über dem Altar dank des hier steil hochgezogenen Giebeldaches eine Lichtschleuse öffnen kann.

Links vom Eingang lebensgroße *Mondsichelmadonna* mit Kind, um 1490 entstanden, die unter der erneuerten Fassung eine erstklassige und charakteristische Leistung für die Zeit bietet.

Die **Burnkirche**, südl. von Illfurth auf einem Friedhof gelegen, ist ein Bau des 15. Jh. mit einer Ausstattung aus der gleichen Epoche und aus dem 16. Jh.

Auf dem **Britzgyberg** fanden sich **keltische Fortifikationen**, die mit dem uralten Ill-Übergang (daher Illfurth), der auch Teil der Römerstraße Altkirch–Cernay war, zusammen gesehen werden müssen.

ILLKIRCH-GRAFFENSTADEN (Bas-Rhin F5)

Die beiden Gemeinden in der Straßburger Bannmeile haben v. a. im 19. Jh. einen großen Aufschwung genommen. Die Eisenverarbeitung und eine Lokomotivenfabrik ließen allein in diesen beiden Orten die Bevölkerung sprunghaft von 1600 auf 4600 Seelen ansteigen.

Graffenstaden / Grafenstaden

Von den Ambitionen der Zeit zeugt die **ev. Kirche**, eine neuroman. Basilika mit Doppelturmfassade, »nach Katalog« von Heinrich Hübsch 1834–36 erbaut. – Daneben das **Rathaus**, wohl aus der gleichen Zeit, mit Mittelrisalit und Glockentürmchen.

In dieser Gegend befand sich das Lager von Louvois, als er Ende September 1681 den Straßburgern die Kapitulationsbedingungen übersandte, auf die sie schließlich mit der Übergabe an Ludwig XIV. antworteten.

INGERSHEIM (Haut-Rhin D9)

Die kleine Weinbauernstadt hing einst von Hohlandsberg ab. Sie wurde 1945 stark durch die amerikanischen Bombardierungen in Mitleidenschaft gezogen.

Rathaus, über dem Portal 1534 dat. Auf dem Giebel sitzt ein hübsches got. Glockentürmchen auf einer Konsole in Gestalt eines Monstrums. Der Treppenturm trägt das Wappen der Schwendi, der Herren von Hohlandsberg. – Das schlichte Gebäude des **Schlosses** wurde 1757 von dem Magistraten Salomon aus Colmar erbaut.

Die **Kirche** des 18. Jh. mit roman. Turmuntergeschoß enthält barocke Seitenaltäre aus der Kartause Molsheim.

INGWILLER / INGWEILER (Bas-Rhin D2)

Siedlung römischen Ursprungs, mit Resten einer mittelalterl. Befestigung, die um 1340 unter Ludwig d. Bayern errichtet wurde.

Die **Kirche** ist ein heterokliter Bau mit Teilen aus dem 12. (untere 2 Turmgeschosse), dem 15. (Saal, 1488) und dem 19. Jh. (Turmoberbau 1846, Saaldecke). Kanzel von 1617.

Issenheim / Isenheim. Ehem. Antoniterkirche
Ehem. Schlußstein: Veronika mit Schweißtuch

Kath. Kirche, 1893/94, mit spätgot. Taufstein.

Rathaus mit Erdgeschoßhalle von 3×3 Jochen, 1824. Inschrifttafel über dem Eingang in der Halle sowie darüber Grabstein von 1472. Offensichtlich radikaler Umbau und Restaurierung von G. Chalumeau, 1974–77.

ISSENHEIM / ISENHEIM (Haut-Rhin C10)

Ehem. Antoniter-Niederlassung

1313 verkaufte die Abtei Murbach ihren Isenheimer Dinghof an die Antoniter. Das Antoniterhaus war schon 1277 gegründet, 1298 bereits ein Spital von den Antonitern aus Vienne eingerichtet worden. Für die künstlerische Ausstattung der Niederlassung waren v. a. 2 Präzeptoren wichtig: der Savoyarde Johann de Orliaco (1460 – etwa 1490) und der

Sizilianer Guido Guersi (um 1490–1516), der bei Grünewald den berühmt gewordenen, heute im Colmarer Unterlinden-Museum aufbewahrten Altar mit dem Schnitzwerk von Niclas Hagnower in Auftrag gab. Hans Holbein d. Ä. erhielt 1516 ebenfalls einen großen Auftrag und verlegte sein Atelier von Basel nach Isenheim. – Der Bauernkrieg von 1525 setzte der Niederlassung arg zu. 1657 wurde sie aufgehoben und den Augustinerchorherren übergeben. 1777–93 war sie im Besitz der Malteser. In der Revolution wurde sie weitgehend zerstört; Altäre und Mobiliar konnten z. T. nach Colmar gerettet werden.

Von der urspr. Anlage sind noch der **Klostergang** und ein Teil des **Spitals** zu sehen. An den Seitenwänden der **Kirche** von 1854 sind 2 *Schlußsteine* eingemauert: Antonius mit Stiftern und ein qualitätvolles Medaillon mit Veronika, das Schweißtuch haltend, 1490.

JUNGHOLTZ / JUNGHOLZ (Haut-Rhin C11)

Wallfahrtskirche Thierenbach
Die noch heute bedeutende Marienwallfahrt mit ihrer Kirche geht auf eine fromme private Stiftung des frühen 12. Jh. zurück, derer sich in der Folge das burgundische Kloster Cluny annahm (Klostergründung 1130, größere Schenkungsurkunde von 1135). Neubau im 18. Jh.; die Klostergebäude waren 1711, die Kirche 1723 fertiggestellt. Nach einem Brand von 1884 sowie nach Zerstörungen im 1. Weltkrieg mußte zu einem teilweisen Neubau geschritten werden, der 1892 bzw. 1919 abgeschlossen wurde. Beichtkapelle von 1940–46.
Die heutige Kirche ist eine rechteckige, 3schiffige Pfeilerhalle mit eingezogenem Chor. – Von der Ausstattung ist (am 3. Pfeiler rechts) v. a. die *Pietà-Gruppe* zu nennen, ein Werk von hoher Qualität, um 1500. Darüber frühbarockes Kruzifix, 17. Jh. An der linken Schiffswand die hll. Barbara und Margarete, an der rechten die hll. Katharina und Dominikus, 4 Bildwerke ebenfalls aus der Zeit um 1500. Die bekleidete Pietà, schlecht gefaßt, auf dem rechten Seitenaltar, um 1600. – Die übrige Ausstattung (Kanzel, Altäre) aus dem 18. Jh. – Im Chor links Gemälde mit Christus unter den Schriftgelehrten, rechts mit der Hochzeit zu Kana, beide von Martin Feuerstein, 1901. Glasfenster von 1922 mit Szenen aus der Geschichte der Abtei. – Von besonderem volkskundlichen Interesse ist die im rechten Seitenschiff und an der W-Wand aufgehängte *Sammlung von Exvoto-Bildchen*, 18.–20. Jh., darunter eine Pietà ex voto von Martin Feuerstein, 1915.

KAYSERSBERG (Haut-Rhin C8)

Wölflin, Reichsvogt unter Friedrich II., ließ das Schloß 1227 erbauen, indem er die Befestigungsrechte der Herren v. Rappoltstein usurpierte. Bald darauf entwickelte sich eine kleine Stadt zu Füßen des Schlosses, das die Straße nach Lothringen beherrschte und eine feste Garnison von 40

Mann besaß. Es handelte sich um einen Ort von größter Bedeutung im kaiserlichen Dispositionsplan, der sich einerseits um die Schaffung neuer Städte bemühte, sich andererseits auf deren günstiges Weitergedeihen stützte. K. widerstand zwar den päpstlichen Anhängern nach des Kaisers Exkommunikation 1245, doch fiel es 1248 dem Herzog von Lothringen in die Hände, von dem es 1261 durch Rudolf v. Habsburg wieder befreit wurde. Wölflin mußte seinerzeit versprechen, aus K. keine freie Stadt zu machen: erst Adolf v. Nassau gewährte 1293 der Stadt die Freiheit. 1354 trat K. der Dekapolis bei. Weitere Freiheiten folgten im 15. Jh.
Der Aufstieg der Stadt spiegelt sich in ihrem geistigen Leben wider: Von hier kam Straßburgs größter Prediger, Hans Geiler (1445–1510), der, in Schaffhausen (Elsaß) geboren, in K. seine entscheidenden Entwicklungsjahre verbrachte. Matthäus Zell (1477–1548), von hier gebürtig, führte die Reformation in Straßburg ein. Hieronymus Gebwiler (um 1473–1545) unterrichtete in Schlettstadt, Straßburg und Hagenau. Die neuen Ideen der Renaissance zogen die Stadt in den Strudel des Bauernkrieges. Die Bevölkerung schlug sich auf die Seite der Aufständischen, um die Klöster zu plündern. Der Protestantismus, der 1523 noch nicht Fuß fassen konnte, gewann später breiten Boden, wurde aber seit 1558, unter dem Einfluß Ferdinands II. von Österreich, unterdrückt.
Nach einer Plünderung durch die Schweden 1633 gelangte K. 1648 an Frankreich und wurde in der Revolution zu »Montlibre« umgetauft. – K. ist der Geburtsort Albert Schweitzers (1875–1965).

Kirche Ste-Croix

Die Hl.-Kreuz-Kirche, ein 3schiffiger, gewölbter basilikaler Bau, wurde in mehreren Etappen errichtet. Die ältesten Teile reichen in das 12. Jh. zurück, die jüngsten ins 19. Jh. (Vierungsturm 1830). Das südl. Seitenschiff entstand 1448, das nördliche 1522, der polygonale Chor mit 2 Vorchorjochen im 15. Jh. Unter dem Chor ein kapellenartiger Raum, 6eckig mit Mittelsäule, 15. Jh.

Trotz dieser komplizierten Bauvorgänge, die durchaus zum malerischen Reiz der Gesamtanlage beigetragen haben, erkennt man, daß das Grundschema eine 3schiffige gewölbte Basilika darstellt, die urspr. ein gebundenes System aufgewiesen haben dürfte. – Von besonderem Interesse ist das *W-Portal* mit Säulen und Kapitellen in den Rücksprüngen und einem skulptierten Tympanon.

Tiere, Figuren und Blattmasken zeichnen die Kapitellzone aus; auf den abgefasten Gewändekanten ein Kugelmotiv, das, mit Rosetten angereichert, auch den Rahmen des Bogens bestimmt, dessen Läufe abwechselnd aus glatten und gekehlten Zirkelschlägen besteht. Das Tympanon ruht auf 2 Figurenkonsolen. Im Bogenfeld eine Marienkrönung zwischen Engeln. In der linken Ecke eine kleine Figur, einen CVNRADVS darstellend, vielleicht den Baumeister. Die starke plastische Gliederung des Portals sowie Einzelheiten in der Gewandbildung der Krönungsszene legen ein spätes Datum gegen 1225 nahe. Dieser

Kaysersberg. Ste-Croix. Westportal

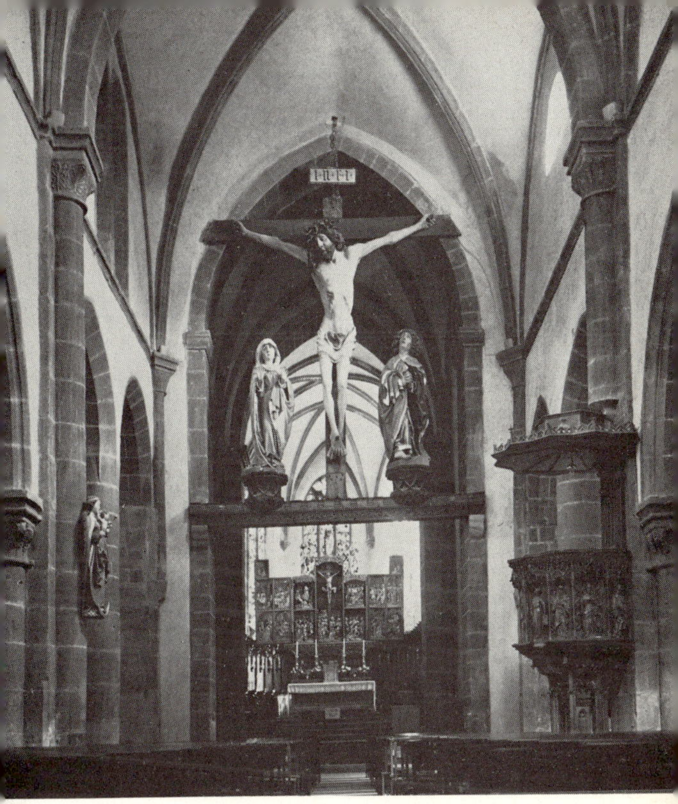

Kaysersberg. Ste-Croix. Inneres

Umstand ist in ikonographischer wie stilistischer Hinsicht beachtlich. Einerseits darf eine Abhängigkeit von der Straßburger Marienkrönung angenommen werden, andererseits zeigt diese Übernahme die Anverwandlung eines »höfischen« Themas an den Volkston.
Die Ausstattung zeichnet sich v. a. durch eine Reihe bedeutender spätgot. Werke aus. Im nördl. Seitenschiff befindet sich ein *Heiliggrab*, lt. Inschrift »ernuwert und erwitert 1514«. In der Brust Christi eine Vertiefung zur Aufnahme der Hostie von Karfreitag bis zur Auferstehungsfeier. Um den Toten sind die 3 Marien und Engel geordnet. – Im Chor steht ein qualitätvoller großer *Flügelaltar* mit geschnitz-

ten Reliefs, welche die Passion Christi zum Inhalt haben. In der Predella Christus und die Apostel, oben die hl. Helena mit dem wiedergefundenen Kreuz (die Kirche feiert ihre Weihe am Fest der Kreuzauffindung), seitlich die hll. Christophorus und Margarete. Das Ganze ist das Werk des 1511–49 in Colmar bezeugten Schnitzers Hans Bongart von 1518. Die Außenseiten bemalte 1621 Mathis Wuest. – Die *Beweinung Christi* im linken Seitenschiff, ein bemaltes Holzrelief von beachtlicher Qualität, um 1510, stammt wohl ebenfalls aus einem Altar. Der Vergleich mit der Beweinung im Hochaltar läßt 2 zeitgenössische, doch in der Auffassung sehr verschiedene Strömungen erkennen. – *Sitzfigur des hl. Jakobus d. Ä.*, oberrheinisch um 1480. Zu den berühmtesten Wallfahrtsstätten des Mittelalters gehörte Santiago de Compostela in Spanien, wo das Haupt des hl. Jakobus verehrt wurde. So pflegte zur Zeit der Spätgotik der Heilige selbst in Pilgertracht dargestellt zu werden. Sein Kennzeichen ist der Pilgerhut mit der Muschel an der aufgeschlagenen Krempe. Zu seinen Füßen sind auf beiden Seiten kleine kniende Gestalten von Pilgern zu ergänzen. – *Johannes d. T.* über dem Taufstein, Holz, um 1515. – *Hl. Blasius*, um 1500. – Bedeutend das *Triumphbogenkruzifix* mit Maria und Johannes, um 1490–1500. – Gegenüber der Kanzel, um 1600, am Mittelschiffpfeiler eine stehende *Maria mit Kind*, um 1500. – Unter den *Glasfenstern* sind der Kalvarienberg von Peter Hemmel im nördl. W-Fenster zu nennen, eine eigenhändige Arbeit um 1470/71, sowie das Sebastiansfenster von 1505.

Ölbergkapelle, dat. 1510.

Die **Michaelskapelle** (1510) hinter der Kirche enthält im unteren Geschoß das ehem. Beinhaus. Die Ausmalung ist 1464 datiert, die Tür zum Beinhaus 1463.

Das **Rathaus** bei der Kirche ist ein guter Renaissance-Bau; eine Tür im Hofinneren trägt das Datum 1521. Der Hof selbst wurde 1604 mit den Holzgalerien versehen, gleichzeitig mit dem datierten Erker. Daneben ein ausgeschiedener Treppenturm. Die Fassade mit den Drillingsfenstern im Hauptgeschoß wurde 1848 restauriert.

Am Platz vor der Kirche das **Haus Loewert** mit Fachwerkerker und ein **Brunnen** von Hans Bongart aus Colmar, in dem für den städtebaulichen Aufschwung Kaysersbergs offenbar wichtigen Jahr 1521 in Auftrag gegeben. – In der Sackgasse vor der Kirche ein 1604 datiertes **Fachwerkhaus**.

● Rue du Général-de-Gaulle (ehem. Lange Straße). **Nr. 65:** Fachwerkhaus mit Eck-Erker, 1739. – **Nr. 56** mit Renaissance-Brunnen von 1618 im Hof. – **Nr. 66**, das → Historische Museum, ein Steinhaus mit Kreuzstockfenstern, dat. 1521. Im Hof 2 symmetrisch angeordnete Treppentürme. Das Datum 1713 auf dem rechten ist offensichtlich eine spätere Zufügung. – **Nr. 78**, das Steinhaus mit Volu-

Kaysersberg. Partie der Rue de l'Oberhof an der Weiß

tengiebel, dat. 1516 und bez. »Johan Volrhat der Zeit Bawmeister«. Es ist wie die folgenden hinten über die Weiß hinweggebaut. – **Nr. 101:** ein Fachwerkhaus mit Galerie unter dem Giebel; zuoberst in der Lukarne ein Aufzug mit dem Kopf eines Ungeheuers. Auf den Kapitellen der Galerie dat. 1592. – **Nr. 103:** ein 2stöckiges Haus mit Kreuzstock- und Drillingsfenstern sowie Fachwerk im Giebel. – Die befestigte **Brücke** über die Weiß ist eine malerische Konstruktion mit Zinnen und Schießscharten für kleinere Kanonen, 1511. Auf der Brückenmitte eine kleine Kapelle. – **Nr. 124:** ehem. prot. Pfarrhaus, Geburtsstätte von Albert Schweitzer (1875–1965), jetzt ein kleines Museum. – **Nr. 126:** kleiner Empire-Pavillon als Poststation (Pendant auf der anderen Straßenseite). Daneben quadratischer **Festungsturm**, 16. Jh.

An der Rue de l'Oberhof zahlreiche alte Häuser, ebenso an der Rue des Potiers (16.–17. Jh.) und der Rue des Bains (**Nr. 11:** ein 1617 bezeichnetes Fachwerkhaus).

Burg. Aus der Zeit des Reichsvogtes Wölflin stammt der runde Bergfried mit Spitzbogentür im 1. Geschoß, der einen um 1220 »modischen« Typus vertritt. Von hier gehen mehrere Mauernverlängerungen zur Verbindung mit der Stadtmauer aus, die selbst bis ins 16. Jh. mehrfach modernisiert wurde, u. a. von Daniel Specklin.

Dominierend gelegen über der Hauptstraße das ehem. Spital für Aussätzige (**Léproserie**). **St.-Wolfgangs-Kapelle** von 1519. – **Pestkreuz** 1511 im Friedhof.

Historisches Museum (66, Rue du Général-de-Gaulle). In 2 kleinen Räumen ist eine lokalgeschichtliche Sammlung vom Neolithikum bis zur Renaissance ausgestellt. Der Hauptraum vereint einige gute Skulpturen, darunter eine *Schreinmadonna* (Vierge ouvrante), um 1380, mit gut erhaltener Fassung. Im Inneren jetzt Heiligenfiguren statt der urspr. Figur (entweder ein Christuskind oder wahrscheinlicher eine Trinitätsdarstellung). – *Christuskopf* aus Kientzheim, um 1430. – *Palmesel* auf Rädchen, Ende 15. Jh. Eines der schönsten Beispiele für diesen Typus, mit beweglichen Beinen, was einer gewissen Komik in den Prozessionen nicht entbehrt haben mag. – *Weintraubenmadonna*, 16. Jh. – Schöne Plastiken bis ins 18. Jh., namentlich Werke von Ursus Joseph Rothbletz aus Soultz, der sich 1683 in Kaysersberg niederließ.

Ehem. Benediktinerkloster Alspach

Oberhalb von Kaysersberg an der N 415 liegt im Gelände der Papier- und Kartonfabrik die Ruine eines von den Grafen v. Egisheim vor 1049 gegründeten Benediktinerklosters. Die Niederlassung, ein Priorat des Klosters Hirsau, wurde um 1130–50 erbaut und erhielt von Kaiser Karl IV. die Reichsunmittelbarkeit. Im Bauernkrieg zerstört, dienten die erhaltenen Reste als Steinbruch und seit 1879 zu Fabrikzwecken.

Von der **Kirche** sind namentlich das südl. Seitenschiff und die W-Fassade mit stark verwittertem Stufenportal erhalten. Sie hatte urspr. ein 3schiffiges Langhaus von 3 Doppeljochen, ein unentwickeltes Querhaus und einen 3schiffigen Chor; die Zahl der Apsiden ist nicht mehr bestimmbar. – Wichtige Bauplastik aus Alspach befindet sich heute im Unterlinden-Museum in Colmar.

KIENTZHEIM / KIENZHEIM (Haut-Rhin CD8/9)

Die kleine befestigte Stadt gehörte zur Herrschaft Hohlandsberg. 1944/45 durch die Kriegsereignisse stark in Mitleidenschaft gezogen, bietet sie dennoch einige Reste von Interesse.

Die **Oberkirche** mit got. Chorturm ist ein Bau vom Anfang des 15. Jh. Im Inneren die Grabsteine des kaiserlichen Hauptmanns Lazarus v. Schwendi († 1584), der aus Ungarn die Tokayer-Rebe ins Elsaß gebracht haben soll, und seines Sohnes Wilhelm v. Schwendi († 1609).

Die **Unterkirche St. Felix und Regula** wurde 1470 als Wallfahrtskirche geweiht. Darin u. a. eine Kreuzigung mit qualitätvollen Assistenzfiguren, 1466, aus Sigolsheim.

Im N der Stadt, an die Befestigungen angelehnt, das 1415 erbaute **Schloß**, die Residenz der Herren v. Lupfen und dann Sitz der v. Schwendi.

Ein kleines Schloß (**»Petit château«**) gehörte bis ins 20. Jh. den v. Türkheim. Es wurde im 2. Weltkrieg zerstört, danach wieder aufgebaut und renoviert. Der Bau setzt sich aus Teilen des 16.–18. Jh. zusammen.

Schöne **Fachwerkhäuser** und in der Dorfmitte runder **Brunnen** mit steinernem Kegeldach auf Pfeilern.

Von den **Befestigungen** ist die Ringmauer im O mit Rundtürmen gut erhalten. Die **Porte de Sigolsheim** mit bossiertem Unterbau verdient wegen einer großen Artillerieschießscharte in Gestalt einer Maske Beachtung, um 1600.

KINTZHEIM / KINZHEIM (Bas-Rhin D7)

Burg

Der Ort, bereits 774 erwähnt, liegt ohne Zweifel an der Stelle eines karoling. Königsgutes. Ein Ritter v. Kinzheim muß um 1220 eine Burg auf einem nahe gelegenen Hügel errichtet haben. 1267 gehört die Anlage den Rathsamhausen, geht dann an die Herren v. Hattstatt und wird 1492 von der Stadt Colmar käuflich erworben, die sie auch in ihrer Gestalt verändert. Das Schloß scheint bis zum Ende des 18. Jh. bewohnt gewesen und im 19. Jh. nochmals restauriert worden zu sein: damals setzte man Fenster ein, die von anderen Schlössern stammen. Bei der Instandsetzung Mitte der 1970er Jahre nötigte der Zoo, der hier aus touristischen Gründen angesiedelt wurde, zu zweifelhaften Umbauten.

Der runde, kurz nach 1192 erbaute Bergfried wurde in der Folge von einer rechteckigen Schildmauer umgeben, an die er tangential anliegt. Auf der gegenüberliegenden Seite befindet sich ein vielfach umgebauter Wohntrakt. Über eine Rampe gelangt man in sein Inneres. Die gewölbten Keller (Gewölbe 15. Jh.) sind besonders gut erhalten. Die Gesamtanlage umziehen auf 3 Seiten niedere Mauern. Im W wird ein 2. Hof mit Nebengebäuden von einer Mauer geschützt, in deren Inneren ein Durchgang zu einem quadratischen Artillerieturm des ausgehenden

15. Jh. führt. Der Wehrgang wurde im 16. Jh. verändert und mit Ecktürmchen und Artillerieschießscharten auf dem Bergfried versehen. – Die kleine Kapelle aus dem 15. Jh. war dem hl. Jakobus geweiht.

KUTTOLSHEIM / KÜTTOLSHEIM (Bas-Rhin E4)

Kirche mit roman. Chorturm, um 1125–30; barock aufgestockt, mit Satteldach (vgl. für den Typus Willgottheim).

LABAROCHE / ZELL (Haut-Rhin C9)

Burg Hohnack. Zugang von der Straße Labaroche–Linge, dann über einen Fußweg.

Die 1162 erwähnte Burg bestand offensichtlich aus dem in Resten erhaltenen Turm und Wohnbauten darum herum, geschützt von einer Palisade. Hohnack gelangte aus dem Besitz der Egisheim in die Hände der Rappoltstein, die hier den Sitz einer Herrschaft einrichteten, die auch das Dorf Orbey mit einschloß. Die Burg wurde 1279 von den Rappoltstein und ihren Colmarer Verbündeten als Stützpunkt gegen die kaiserliche Macht benutzt. Nach mehreren Konflikten im Laufe des 15. Jh. bauten die Rappoltstein die Anlage, sicherlich vor 1480, völlig um. 1655 forderten die Franzosen die Zerstörung von Hohnack.

Der quadratische Bergfried in der Hofmitte scheint bis auf die Höhe der jüngeren Befestigungswerke abgetragen worden zu sein, um nicht leichte Beute eines mit Artillerie ausgestatteten Belagerers zu werden. Um die Plattform errichtete man eine dicke Mauer in Bossenquadern mit runden und quadratischen Türmen. Das Mauerwerk imitiert hier ganz offensichtlich die Technik des 12. Jh. An der Außenseite zahlreiche Steinmetzzeichen. Der Gesamtanblick gibt eine gute Vorstellung von den fortifikatorischen Tendenzen im ausgehenden Mittelalter, geprägt v. a. durch die Verwendung von Artillerie. – Im Inneren Reste eines Türsturzes mit Wappen der Rappoltstein.

LAUTENBACH (Haut-Rhin C10)

● **Pfarrkirche**, ehem. Stiftskirche

Eine klösterliche Niederlassung am lauten Bach ist schon für die Zeit vor 750 bezeugt. 811 kamen Schottenmönche aus dem Kloster Honau bei Straßburg hierher und bauten, wohl kurz vor 1000, eine Michaelskirche. Nach einer Zerstörung 1080 während des Investiturstreits – Lautenbach ergriff die Partei Papst Gregors VII. – wurde das Benediktinerkloster in ein Augustiner-Chorherrenstift umgewandelt, das bis zur Französischen Revolution bestand. Eine neue Bautätigkeit ist v. a. unter Werner v. Habsburg um 1134 festzustellen, der die wichtigsten Teile der heutigen Kirche angehören.

Lautenbach. Pfarrkirche. Bauplastik in der Vorhalle

Der Bau zeigt eine basilikale Anlage mit Doppelturmfassade, Eingangshalle, Querhaus mit ausgeschiedener Vierung und rechteckigem Chor. – Das *Westwerk*, 1145–55, fällt nicht nur durch seine Proportionen, sondern auch durch die hervorragende Quadertechnik auf. Die Fassade erhielt erst 1862 ihre heutige Gestalt, indem der linke Turm hochgeführt wurde. Die Vorhalle, das Paradies, 3jochig, von 2 Mittelsäulen unterteilt, überwölben kräftige Kreuzrippen. Auffallend sind die längsgestellten rechteckigen Pfeiler, welche die Fassadenarkaden tragen und sich in diesen, trotz der Kapitelle, optisch fortsetzen. Das Tympanon ist zerstört (urspr. zeigte es in der Mitte den thronenden Christus, flankiert von Michael als Drachentöter und dem hl. Gangolf). Die Deutung des üppig skulptierten Frieses bleibt im einzelnen unklar. Die Fassadenwand und die Türme sind stockwerkweise mit Blendarkaden rhythmisiert, wobei jede zweite eine Lisene auffängt.

Das Schiff weist Stützenwechsel auf. Die ältesten erhaltenen Bauteile sind die Seitenschiffwände um 1080–1100. Das Querhaus entstand um 1130–40 unter Murbacher Einfluß und besaß urspr. Apsiden (die südliche ist in den Grundmauern freigelegt). Der Chorabschluß ist in den unteren Teilen romanisch, oben gotisch, um 1235, z. T. nach einem Brand von 1457 wiederaufgebaut. – Über der spätgot. Sakristei an der O-Seite befindet sich die Archivkapelle.

● Die Ausstattung ist reich und von überdurchschnittlicher Qualität. Zu erwähnen sind v. a. folgende Stücke: An der W-Wand neben dem Eingang eine gemalte Tafel mit *Maria zwischen Michael und Gangolf* sowie einem Stifter aus dem Geschlecht der Andlau, um 1460–70. Monumentaler *Triumphbogenkruzifixus*, 1491. *Strahlenkranzmadonna* im nördl. Querhaus, um 1475–80. Seitenaltar von 1719 im südl. Querhaus mit Holzrelief des hl. Wendelin als Beschützer der Hirten, um 1500. Der *Hochaltar* besticht mit seinem eleganten, luftigen Baldachin; in der Mitte Maria, seitlich Michael und Gangolf, 1706. – Das *Chorgestühl* ist in den unteren Teilen von 1466, in den oberen um 1750. – Bedeutende *Kanzel* mit den Evangelisten und Maria in Blätterkelchen am Korb, 1717; an der Rückwand der Gute Hirte. Den Schalldeckel krönt ein hl. Michael als Seelenwäger. – Orgel von Toussaint aus Westhofen, 1768, auf vorschwingender Tribüne, getragen von kannelierten Pfeilern (Prospekt 1929 erweitert).

Das Chorfenster bewahrt Reste von *Glasmalereien* aus d. J. 1467: Kreuzigung in reicher Landschaft, aus dem Umkreis des Peter Hemmel von Andlau, darunter Maria und Kirchenpatrone; die oberen Register sind modern. Im südl. Seitenschiff 2 Glasfragmente um 1320: Christus am Kreuz und ein Architekturstück.

In der Kammer über der Sakristei *Anna selbdritt*, 1480, mit den sitzenden Müttern in einer »Innenarchitektur«. Gute, für die Zeit charakteristische Schnitzerei mit z. T. alter Polychromie. Die Maria einer *Pietà* von 1694 mit dramatischem, ausfahrenden Trauergestus. Prozessionsfahne, 19. Jh.

Der östl. anschließende, in Fragmenten erhaltene **Kreuzgang** geht auf d. J. 1517 zurück (Netzgewölbe, über dem Fenster zur ehem. Totenkammer Darstellung des hl. Michael mit dem Teufel).

Die **Friedhofskapelle** ist der Chor der ehem. Pfarrkirche St. Johann, 14. Jh. Ihr Barockaltar mit Pietà wurde 1930 restauriert. – **Kirchhofskreuz** von 1691.

Kreuzbachkapelle am Dorfausgang von 1614; 1947 und 1957 stark restauriert.

Schweighouse / Schweighausen (C10)

Wallfahrtskapelle St-Gangolphe von 1446 mit Außenkanzel und Fresken aus dem 15. Jh., welche die Lebensstationen des hl. Gangolf nachzeichnen.

LAUTERBOURG / LAUTERBURG (Bas-Rhin H1)

Als alter Besitz der Bischöfe von Speyer wird L. in der 1. Hälfte des 13. Jh. zur Stadt. Ihre strategisch wichtige Lage wurde ihr im 30jährigen Krieg zum Verhängnis, sie wurde mehrmals angegriffen und schließlich zerstört. 1678 steckten die Franzosen die Stadt in Brand; die Réunionskammern beanspruchten sie für Frankreich. Der Bischof von Speyer verzichtete aber erst 1771 auf seine Rechte. Schwere Schäden 1939–45.

Kirche von 1716 (unter Beibehaltung des spätgot. ⅜-Chores aus dem 15. Jh.) und **Rathaus** von 1731 sind stark restauriert. Als Rest der Befestigungen aus der Mitte des 13. Jh. steht noch ein quadratischer **Turm** mit Bogenfries. **Stadttor** aus der französischen Zeit, 1706.

LEMBACH (Bas-Rhin F1)

Burg Fleckenstein. Zugang auf der Straße von Lembach her.
1129 wird die Familie v. Fleckenstein erstmals erwähnt: Gutta v. Fleckenstein und ihr Sohn Gottfried beschenkten die Abtei Walburg, die ihrerseits eng mit den Grafen von Schwaben, den Hohenstaufen, verbunden war. Es ist zu vermuten, daß die Fleckenstein Ministerialen oder Vasallen der Hohenstaufen waren und daß der Aufstieg ihrer Familie von diesem Herrscherhaus gefördert wurde, zumal seit der Zeit, als die Hohenstaufen die Königskrone erlangten (1152). In der Folge übten die Fleckenstein am Hof und in der Verwaltung von Hagenau wichtige Ämter aus. Am Ende des Investiturstreites waren sie mächtig genug, um den Bischof von Speyer gefangenzusetzen. Rudolf v. Habsburg, um den Frieden besorgt,

Lembach. Burg Fleckenstein
Nach Merians »Topographia Alsatiae«, 1663

belagerte auf einer Durchreise die Burg und nahm sie 1276 ein. 1315 belagerten die Bürger von Straßburg die Feste, konnten sie jedoch nicht einnehmen, was damals eine Ausnahme bildete und von der ungewöhnlichen Widerstandskraft der Anlage zeugt. Unter der Hoheit der Pfalzgrafen wurden die Fleckenstein Reichsfreiherren. Dieser Aufstieg spiegelt sich in der Modernisierung der Burg wider. 1540 wurden die äußeren Verteidigungswerke für Artilleriebestückung eingerichtet sowie einige Veränderungen innerhalb der Wohnbauten in Renaissance-Formen vorgenommen. Fleckenstein entging den Zerstörungen des 30jährigen Krieges, wurde jedoch 1680 von den französischen Truppen unter dem Marquis de Vaubrun zerstört. 1960 konnte die Burg dank einer Lokalinitiative restauriert werden, allerdings ohne die notwendige Zurückhaltung.

Die Anlage ist in ihrem heutigen Zustand aus heterogenen Bestandteilen verschiedener Zeiten zusammengesetzt. Der überall verwendete rötliche Sandstein gewährleistet jedoch eine gewisse optische Einheitlichkeit. Ein dreieckiges Mauerstück mit Fenstern und weiteren kleineren Öffnungen scheint aus dem 12. Jh. zu stammen (ältester Teil). In den Felsen gehauene Keller sowie zahlreiche Gemächer und Galerien sind unbestimmbaren Datums. Eine Galerie führt zu den 2 Flankierungstürmen, welche die Burg im O verteidigen. 2 parallel verlaufende Treppen, die zu einer Plattform führten, wurden in der Renaissance durch einen quadratischen Turm mit Wendeltreppe (Wappen derer v. Fleckenstein und Kronstein über dem Eingang) und einen rechteckigen Turm mit Flaschenzug ersetzt. – Im Hof, ebenfalls aus dem Fels gehauen, führen zahlreiche Rinnsteine den Zisternen und Tränken Wasser zu. Ein kleinerer Felsen im S, vom Hauptfelssporn durch einen Geländeeinschnitt getrennt, diente als Spähposten (Wendeltreppe als Zugang). Ein Turm mit Doppeltür und nach innen gerichteten Kanonenschießscharten, die ihn zu einem Hinterhalt gestalten, öffnet sich zum Vorhof.

Die Burg beherbergt ein kleines **Museum** mit örtlichen Fundgegenständen (Waffen, Werkzeug, Möbelfragmenten, Keramik) und einer Fotodokumentation.

LEYMEN / LEIMEN (Haut-Rhin E14)

Burg Landskron

Die Burg war im 13. Jh. Lehen der Familie Münch v. Landskron, die es für die Grafen v. Röteln verwalteten. Sie gelangte 1444 an die Ramstein, 1462 an die Reich v. Reichenstein. Letztere modernisierten die Anlage 1516 auf Befehl Kaiser Maximilians I. Die Franzosen fügten im frühen 18. Jh. Bastionen an und setzten eine Garnison nach Landskron. 1813 eingenommen, wird die Feste ein Jahr später geschleift. Grabungen und Konsolidierungsarbeiten haben Mitte des 20. Jh. stattgefunden, doch glaubte man sich dem Tourismus gegenüber verpflichtet, hier eine Affenzucht einzurichten.

Nur der rechteckige Bergfried und ein halbrunder Turm scheinen älter als das 16. Jh. zu sein. Daneben eine oblonge Plattform für Artilleriebestückung, die ihrerseits von einem etwas kleineren Rundturm geschützt wird. Hof mit Verteidigungsmauer und 3 Rundtürmen. Über dem Eingangsportal die Jahreszahl 1516.

LICHTENBERG (Bas-Rhin D2)

Burg

Ein Herr v. Lichtenberg wird 1209 erwähnt, aus dieser Zeit muß die Burg stammen. Sie gab einer der bedeutendsten elsässischen Herrschaften den Namen. 1285, als Konrad v. Lichtenberg Bischof von Straßburg war,

Lichtenberg. Burg

scheint die Anlage neubegründet worden zu sein. Beim Aussterben der Lichtenberg 1480 gelangten Burg und Herrschaft an Hanau und Zweibrücken bis 1570, als sich eine Herrschaft Hanau-Lichtenberg bildete. 1570–80 wurde die Burg durch den Straßburger Architekten Daniel Specklin modernisiert, der sie mit Bastionen umgab und mit einer Abbildung in seine »Architectura von Festungen« aufnahm. 1677 von den Franzosen besetzt und nochmals von Vauban befestigt mit Fortifikationen, die 1870 einen letzten Dienst erwiesen.

Der dicke, bewohnbare Bergfried datiert z. T. aus dem 13. Jh., die Hofbauten stammen aus dem 16. Jh. Schönes Renaissance-Portal mit Pilastern, begleitet von 2 Oculi, 1586 dat. – Die Kapelle des 15. Jh., von der der Chor noch steht, enthält Familiengrabsteine der Renaissance. – Kasematten und ausgemauerte Gräben gehen z. T. auf Specklin, z. T. auf Vauban zurück.

LIÈPVRE / LEBERAU (Haut-Rhin C7)

Das Monasterium Leprabe, seit 772 erwähnt, gedieh dank kaiserlicher Gunst unter Karl d. Gr. und Otto II., so daß sich um das Kloster ein Ort entwickelte, der 1445 von den Straßburgern zerstört wurde: Er hatte den Armagnaken Schutz gewährt und verlor somit Bestand und Rechte. Das Kloster ging erst 1751 unter.

Die heutige **Kirche** wurde z. T. aus klösterlichem Baumaterial 1752 neu errichtet. Flachgedeckter, überraschend breiter Saalbau, der an den teilweise roman. Eingangsturm (urspr. Chorturm) angelehnt ist. – An der Eingangswand ein *Sakramentshäuschen*, mit kleiner Rose verziert, und *Piscina*, 12. Jh. Im Chor links ländlich-schlichte Kreuzigungsgruppe, 16. Jh. oder später, doch nach älterer Vorlage (?). Altarblatt von L. Sorg, 1699 (?). Das nur in schematischer Zeichnung überkommene *Glasfenster* im Chor (frühes 14. Jh.) ist ein seltenes ikonographisches Dokument: Es zeigt Karl d. Gr. mit Roland und Oliver, den Helden des Rolandsliedes (ein Fenster der gleichen Darstellung, um 1180, befand sich im Straßburger Münster, jetzt im Musée de l'Œuvre Notre-Dame). Auf dem Seitenaltar links eine *Maria* (ohne Kind) im Strahlenkranz, vorzügliche Plastik von eleganten Proportionen. Der auferstandene Christus auf dem rechten Altar ist eine vergleichsweise schwächere Arbeit. *Kreuzweg* mit unkonventionellen Kompositionen. Die ganze Ausstattung 18. Jh.

Die **Friedhofskapelle** ist ein Bau neueren Datums unter Verwendung roman. Zwillingsfenster (vom alten Turm) und 2 spätgot. Türen.

LIGSDORF / LÜXDORF (Haut-Rhin D14)

Kirche. Schlichte Saalkirche von 1765 mit eingezogenem Chor und Chorturm. – Das bedeutendste Ausstattungsstück ist der *Hochaltar* von 1724 aus Masmünster. In der Mitte der hl. Leodegar, seitlich Peter und Paul in Rundnischen. Im gleichen Stil die figurenreichen Seitenaltäre. Schlichte Holzkanzel aus der Erbauungszeit. Glasfenster aus der Werkstatt der Brüder Ott, Straßburg, 1927.

LUEMSCHWILLER / LÜMSCHWEILER (Haut-Rhin D12/13)

Die **Kirche**, 1870–71 unter Verwendung älterer Teile neu erbaut und an sich bedeutungslos, enthält als Kleinod der altdeutschen Malerei einen kleinen gemalten und geschnitzten *Altar* des frühen 16. Jh. aus dem Umkreis des Hans Baldung Grien. In geschlossenem Zustand zeigt er im oberen Register von links nach rechts: Verkündigung an Maria, Heimsuchung, Geburt Christi, Beschneidung; im unteren Register die Anbetung der Könige, die Darbringung im Tempel, Flucht nach Ägypten und den Tod Marias. Auf dem Sockel das Schweißtuch der hl. Veronika als »vera ikon«, das getreue Bild Christi, zwischen Engeln, welche die Passionswerkzeuge tragen. In geöffnetem Zustand zeigt der Altar in Flachrelief auf den Flügeln die hl. Barbara (links) und die hl. Katharina (rechts), in der Mitte im Schrein die stehende Maria mit Kind als vollplastische Gruppe, über der 2 Engel die Krone auf das Haupt der Muttergottes senken; darüber reich geschnitztes Ornamentfeld. – Als Bekrönung des *Taufsteindeckels* beachte man die reizvolle Holzgruppe von Johannes d. T. und Christus beim Taufakt, eine gute Arbeit aus dem frühen 18. Jh.

MACKWILLER / MACKWEILER (Bas-Rhin B2)

Grabungen haben eine **römische Villa** festgestellt, die daran erinnert, daß der Ort seit der Antike als Heilquelle benutzt worden ist (ähnlich Niederbronn). Ferner kam ein Mithras-Heiligtum zutage (ein anderes in Straßburg-Königshofen). In der heutigen, 1842 erneuerten **Kirche** finden sich im Sockelgeschoß großformatige römische Quaderblöcke, die zweifellos von antiken Gebäuden stammen.

MARLENHEIM (Bas-Rhin D4)

Die Siedlung wird 590 genannt als »oratorium domus Mariligensis«. Es ist dies die früheste bezeugte Nennung eines Gotteshauses im Elsaß. Eine merowingische Pfalz wird 833 und 866 erwähnt.

Die heutige **Kirche** von 1716 zeigt vom roman. Vorgängerbau noch das *S-Portal* aus dem 12. Jh.; im Tympanon Christus zwischen Petrus und Paulus.

Auf dem Berg **Vierzehn-Nothelfer-Kapelle** von 1683, 1772 verändert.

MARMOUTIER / MAURSMÜNSTER (Bas-Rhin D4)

Ehem. Benediktinerabtei

Die Gründung der Benediktinerabtei scheint ins 6. Jh. zurückzugehen und gehört somit zu den frühesten im Elsaß überhaupt. Der Abt Maurus, der das Kloster reformierte und ihm den Namen gab, ist für 724 überliefert. 740 wird Pirmin, ebenfalls in einem Reformakt, genannt. Seit der Gründung vermachten die fränkischen Könige Maursmünster große Ländereien, die schließlich eine Fläche von mehr als 150 km² und 16 Dörfer umfaßten. Es ist dies das Kerngebiet der zukünftigen Marche Maursmünster, einer mächtigen Feudaldomaine im 12. Jh., die den aufwendigen Bau der gewaltigen Kirche z. T. erklärt. Trotz des Bauernkrieges und des 30jährigen Krieges erlosch das mönchische Leben in Maursmünster nie und entfaltete sich nochmals im 18. Jh., bevor das Kloster in der Revolution aufgehoben wurde.

● **Ehem. Abteikirche St-Etienne.** Die Stephanskirche präsentiert sich dem Besucher mit der bedeutenden, meisterhaft proportionierten und architektonisch durchorganisierten *W-Seite*. Sie vermittelt ein vorzügliches Bild davon, wie man sich die Fassade des alten Straßburger Münsters von 1015 vorzustellen hat. Der W-Bau enthält zwischen 2 Treppentürmen, die ins Oktogon übergehen, eine Eingangshalle von geringer Tiefe, die sich in 3 Arkaden öffnet. Hier werden karoling. Erinnerungen wach, wenn man beispielsweise an die Westwerke von Corvey (Höxter) oder Werden an der Ruhr (Essen)

Marmoutier / Maursmünster. Ehem. Abteikirche. Westbau

denkt. Doch ist für die Innendisposition, v. a. für die Räume im 1. Stock, von denen sich der mittlere urspr. zum Schiff hin öffnete, auch an ottonische Lösungen zu denken (St. Pantaleon, Köln).

Die Vorhalle muß um 1140–55 entstanden sein. Hinter ihr

Marmoutier / Maursmünster. Ehem. Abteikirche. Kapitell in der Vorhalle

liegen der Narthex (ebenfalls 12. Jh.) und die 3schiffige Kirche mit Emporen. Das 4jochige Langhaus stammt aus dem 13. Jh. und weist ausgezeichnete *Bauplastik* auf: Konsolen und Kapitelle mit u. a. Blattmaskendekor um 1240. Das Innere bietet außerdem einen guten Überblick über die got. Wandstrukturen vom Übergangsstil um 1200 (Querhaus) zum Rayonnant im Schiff und zum Flamboyant in den Seitenschiffen – ja bis zur Neugotik im Chor. Das Schiff steht mit seinen gewaltigen Fenstern in der Nachfolge von Straßburg, das auch als Quellgebiet für den plastischen Schmuck anzusehen ist. Die beiden östl. Hochschiffenster sind wohl um 1300 erneuert worden, als man die Vierung und das südl. Querhaus unter Abt Bernhard (1301–23) in Angriff nahm. Die Wand des nördl. Querhauses entstand um 1365 (vgl. für die Fensterformen das 3. Stockwerk des Straßburger S-Turmes). Die Seitenschiffenster wurden unter Abt François de Lezurat (1519–24) vergrößert und mit neuem Maßwerk versehen. Der Chor in gotisierenden Formen ist eine Zutat aus der Zeit der letzten Blüte der Abtei unter Abt Anselme Chenin (1763–88): ein bemerkenswertes Beispiel für Gotik im 18. Jh., vollendet 1769.

Marmoutier / Maursmünster. Ehem. Abteikirche
Rippenkonsole im nördlichen Seitenschiff

A u s s t a t t u n g. Im vorderen Chor Reste von Wandmalereien des 16. Jh.: Kreuzigung, Gnadenstuhl und die Figur des hl. Benedikt. – Ausgezeichnetes Rokoko-*Chorgestühl* mit Louis-XV-Ornamentik und vielen reizvollen Einzelheiten, 1769. – Im Querhaus 4 Renaissance-*Grabmäler*: 1. Erhard v. Wangen und Adelheid v. Geroldseck (1390); 2. Hartung v. Wangen und Attala v. Rathsamhausen (1470), mit Anbe-

Marmoutier / Maursmünster. Ehem. Abteikirche. Chorgestühl-Detail

tungsszene; 3. Johann v. Wangen; 4. Anastasia v. Breitenlandenberg († 1618). – Kanzel von 1561. Die Rosette im Chorabschluß bietet das seltene Beispiel einer Dixhuitième-Glasmalerei (1767). Berühmte Silbermann-*Orgel* von 1710 (1955 restauriert).

Die **Kanonikerhäuser** bei der Kirche wurden im 18. Jh. errichtet.

Friedhofskapelle des 12. Jh. mit 6teiligem Gewölbe, um 1225, angeblich dem ältesten erhaltenen im Elsaß. Altaraufsatz um 1500. – Am Friedhofseingang ein **Kruzifix**, um 1490.

MASEVAUX / MASMÜNSTER (Haut-Rhin B12)

Nach der Überlieferung ist die Benediktinerabtei von einem Maso um 720 gegründet worden (»Masonis monasterium«). Das Frauenkloster wird im 13. Jh. Adelsstift, dessen Äbtissin der Bischof von Basel ernennt. Dem Stift war eine Schule angeschlossen. Die Stadt selbst scheint sich seit dem 13. Jh. um das Kloster herum entwickelt zu haben.

Der got. 5/8-Chor der **ehem. Abteikirche** mit seinen 4 Vorjochen könnte zu einem von Papst Johannes XXI. geförderten Neubau unter der Äbtissin Marguerite de Beaufremont (1331–53) gehören. Die südl., 2stöckige Seitenkapelle mit Sterngewölbe (unten) hat ein Tympanon mit der Anbetung der Könige, 15. Jh. Schiff und Turm brannten 1859 nieder.

Die **Pfarrkirche** wurde 1787 anstelle der 1786 abgebrochenen roman. Martinskirche begonnen und erst 1842 vollendet, nachdem die Revolution die Arbeiten unterbrochen hatte.

Das **Rathaus** erbaute Jean-Baptiste Kléber (1753–1800), der spätere General. Von ihm stammen auch die Pläne für die **Kanonikerhäuser**. – **Marktbrunnen** von 1768.

MEYENHEIM / MEIENHEIM (Haut-Rhin D10)

Von der **Kirche** aus der Mitte des 11. Jh. ist lediglich der *Turm* der Beachtung wert. Er steht im Winkel zwischen Langhaus und Chor an dessen N-Seite. Das Verhältnis des Turmes zu der Kirche, zu der er urspr. gehörte, muß ein anderes gewesen sein; möglicherweise war er ein Chorturm (im Erdgeschoß und im Inneren stark verbaut). Das oberste Geschoß mag im späten 18. Jh. dazugekommen sein, als man das neue Schiff errichtete.

MOLLKIRCH (Bas-Rhin D5)

Schloß Guirbaden (Girbaden). Zugang von der D 204 zwischen Grendelbruch und Laubenheim.

Bereits 1049 genannt, im 12. Jh. einer der wichtigsten Sitze der Grafen v. Egisheim. Die heute stark veränderte Kapelle wurde 1137 gebaut. Um einem verhängnisvollen Privatkrieg ein Ende zu setzen, zerstörte Friedrich Barbarossa Girbaden nach seiner Rückkehr aus Italien 1162. Das Aussterben der gräflichen Familie Egisheim-Dagsburg i. J. 1225 brachte die Festung in die Hände der Bischöfe von Straßburg, die hier einfache Ritter ansiedelten. Doch wurde um 1214 von Friedrich II. eine neue Burg gegenüber errichtet, um die ältere unter Kontrolle zu halten, die damals im Besitz des Herzogs von Lothringen war, des Gatten der Gertrud v. Egisheim. Beide Anlagen wurden 1633 zerstört.

Girbaden ist das umfangmäßig größte Schloß des Elsaß. Die ältesten Teile liegen auf der östl. Hälfte der Plattform, im W durch einen tiefen Graben und im O durch einen steil abfallenden Felsen geschützt. Auf einem Felskopf erhebt sich eine kleine innere Festung mit quadratischem Bergfried, der in seiner heutigen Gestalt aus dem 13. Jh. zu stammen scheint. Die Bauten des 12. Jh., die man Albrecht v. Dagsburg zuschreiben kann, liegen in einer polygonalen Mauerumfriedung, die sich durch sorgfältiges Bossenquaderwerk auszeichnet. Der rechteckige Palas befindet sich in der W-Ecke und lehnt sich an die Mauer an, die hier ebenfalls einen rechten Winkel bildet. Er kommt dank der Größe des Geviertes zu guter Wirkung (roman. Doppelfenster mit skulptierten Kapitellen, an der

Hofseite ehem. Galerie auf Kolonnade). Gegen Ende des Mittelalters legte man die äußeren kleineren Mauerzüge (Zwingermauern) an.
Die neue Burg Girbaden erstreckt sich im W jenseits des Grabens. Sie zeigt ebenfalls einen großen ummauerten Hof; das Mauerwerk ist bossiert, doch in kleineren Blöcken als in der alten Anlage. Im N eine Ausfallpforte, die von einem halbkreisförmigen Turm geschützt wird. Die Kapelle St. Valentin liegt innerhalb des befestigten Perimeters. Im W wurde ein Reduit angelegt, um den militärischen Nachteilen einer allfälligen Verteidigung der großen Fläche auszuweichen. Der Bergfried innerhalb dieser Burg in der Burg ist nach dem traditionellen Schema angelegt. Er weist einen quadratischen Grundriß auf und steht mit einer Ecke zum Angreifer; die Tür liegt im 1. Stock. Von Wohnbauten sind kaum noch Reste vorhanden; vermutlich waren die Garnisonunterkünfte aus Holz.

MOLSHEIM (Bas-Rhin DE5)

Als Besitz der Bischöfe von Straßburg wurde Molsheim 1198 von Philipp von Schwaben eingenommen und eingeäschert. Die Bischöfe bauten die Stadt jedoch wieder auf, befestigten sie 1263 und vergrößerten sie 1318 mit einer Mauer. M. wurde so zu einem der wichtigsten Plätze im Fortifikationssystem des 14. Jh. Wie die anderen von der Kirche verwalteten Orte war auch M. ein Schauplatz der Bauernrevolten 1525: der von hier aufbrechende Erasmus Gerber führte die Scharen an, die in Zabern unter hinterhältigen Umständen den Tod finden sollten. 1580 wurde in M. ein bedeutendes Jesuitenkolleg eingerichtet, das zum Mittelpunkt der Gegenreformation im Elsaß wurde. Papst Paul V. erhob die Schule 1618 zur Universität, die dann 1702 nach Straßburg verlegt wurde.

● **Jesuitenkirche Ste-Trinité**
Die Dreifaltigkeitskirche wurde 1614–19 auf Kosten des Bischofs Erzherzog Leopold von Österreich für die nach Molsheim berufenen Jesuiten im – für die Zeit überraschend und ein Unikum – got. Stil erbaut. Architekt war Christoph Wamser aus Aschaffenburg.
Der stattliche Bau steht frei auf einem Platz außerhalb des mittelalterl. Stadtkernes. Er hat keine eigentliche Fassade und bietet dem Besucher die Längsseite als Schauwand dar. Die Kirche wird im W vom Michaelsturm flankiert. Erst im Innern wird man gewahr, daß man es hier mit dem bedeutendsten elsässischen Kirchenbau der Zeit zu tun hat. Es ist eine 3schiffige Basilika mit gestrecktem, hohem Chor, säulenartigen Rundpfeilern als Mittelstützen, Netzgewölbe von scharf-

Molsheim. Jesuitenkirche. Inneres. Nordseite

Molsheim. Jesuitenkirche. Beichtszene am Taufbecken

kantiger Profilierung und reich variiertem Fenstermaßwerk. Das einzige Nichtgotische bringen die beiden Kapellen, die, am östl. Ende der Seitenschiffe eingebaut, den Choreingang flankieren, mit frühbarocker Innenstukkatur (von Johannes Kuhn, 1630) und den geschweiften Giebeln ihrer wie Querschiffe hoch aufsteigenden Außenfronten. Ungotisch ist freilich auch die breite Lagerung des Mittelschiffes. Die Netzgewölbe werden schirmartig bereits knapp unter der Fensterzone in schmale Dienste zusammengefaßt und auf die Kämpferplatten der Rundpfeiler abgeleitet, von denen auch die spitzbogigen Tribünenarkaden ausgehen. Die Seitenschiffarkaden laufen ohne Kapitelle direkt in die Säulenschäfte über.

Ausstattung. Die Gemälde datieren z. T. von 1748. – Taufbekken von 1624. – Im südl. Querhaus Epitaph (mit Resten der Polychromie) des Bischofs Johann v. Dürbheim († 1328), Gründer des Spitals. Im Chor vorzügliche *Mondsichelmadonna*, frühes 16. Jh. – Kanzel 1631. – Im W-Teil des Schiffes Reste des Chorgestühles von 1618; aus dem gleichen Jahr die geschnitzten Türflügel. – Orgelprospekt um die Mitte des 18. Jh. – Im südl. Seitenschiff großer spätgot. Kruzifixus, Anf. 16. Jh.; Johannes und Maria nicht zugehörig. – In der N-Kapelle *Steinkruzifix* von Conrad Seyfer, ehemals auf dem Friedhof, um 1480. – Neben dem Chor der Kirche beschädigter *Ölberg*, um 1700, eine imposante Anlage in der Tradition der einheimischen Brunnenplastik.

Die alte **Metzig** (Schlacht- und Fleischerhaus) im Zentrum ist heute **Museum** mit kleiner lokalgeschichtlicher Sammlung (nur im Sommer zugänglich), urgeschichtlichen und römischen Funden. Der prächtige Bau entstand 1554 und erinnert an das Rathaus von Mülhausen. Die Traufseite ist die Schauseite und steht dem Platz zugewendet. Eine 2läufige Treppe führt dort zu einem loggiaartigen Vorbau mit Glockentürmchen. Über den ehemals offenen Arkaden an den Schmalseiten läuft ein Balkon, der mit seinem Maßwerkgeländer dem Bau eine höchst malerische Wirkung verleiht. Die Volutengiebel sind durch Pilaster und horizontale Lisenen unterteilt. Das Türmchen von 1607. Reste von Wandmalereien wurden noch im 19. Jh. beobachtet.

Gegenüber das **Hôtel de Ville** in unauffälligen klassischen Formen, 1832. – **Ehem. Münze** (Rue de la Monnaie), auf der Tür dat. 1532; Treppenturm im Hof. Die bischöfliche Münzstätte wurde 1573 von Johannes v. Manderscheid gegründet. – **Grafenkast** (gräflicher Speicher) am Marktplatz. Einfacher Bau mit hohem Dach aus dem 17. Jh. – **Ehem. Hof der Abtei Altdorf** (Rue de l'Hôpital); Tür mit kannelierten Pilastern, 1580.

Von den Befestigungen sind namentlich Reste der **Stadtmauer** erhalten. Im S das **Schmiedtor** aus dem 14. Jh., das besonders gut konserviert ist.

MULHOUSE / MÜLHAUSEN (Haut-Rhin D12)

M. ist seit karoling. Zeit erwähnt: sowohl St. Stephan (St-Etienne) in Straßburg wie auch Masmünster (Masevaux) hatten hier Güter. Im 11. Jh. gingen die Rechte von St. Stephan an den Bischof von Straßburg über, der allerdings sehr bald von den hier Fuß fassenden Hohenstaufen Konkurrenz erhielt. Im 13. Jh. scheint M. von der städtischen Emanzipation zu profitieren, die sich unter den aufstrebenden Hohenstaufen allerorten anbahnte. Ein Jahr nach Colmar besitzt es 1217 einen Schultheißen und Räte. Die Rivalitäten zwischen Bischof und kaiserlicher Gewalt führten 1236 zu einer Teilung der Stadt. Gegen das Ende der Herrschaft Friedrichs II. erbaute der Bischof in der Stadt ein Schloß (1254), um sich die Kontrolle über seinen Stadtteil zu sichern, doch die Einwohner stellten sich, um ihre Selbständigkeit zu behaupten, hinter Rudolf v. Habsburg, um gemeinsam die geistliche Macht zu Fall zu bringen; das Schloß wurde schon 1261 zerstört.

Unter kaiserlichem Schutz ging die Stadt nun in konstitutioneller Hinsicht den Weg vieler oberrheinischer Städte der Zeit, indem sich die Bürger langsam mehr und mehr Einfluß und Ämter verschafften. Der Rat der 12, der noch 1265 besteht, war aber noch ganz vom Adel beherrscht. 1293 verlieh Adolf v. Nassau M. das Stadtrecht. 1333 Bündnis mit den elsässischen Reichsstädten und 1354 Mitgliedschaft in der Dekapolis, dem 10-Städte-Bund. Doch seit 1340 begannen sich die Bürger gegen den

Stadtadel aufzulehnen, was 1350 und 1354 zu Unruhen führte. Die Adeligen wurden vertrieben, kehrten aber 1444 mit Hilfe der Armagnaken zurück, denen sie sich vorher angeschlossen hatten. Ein belangloser Vorwand, eine geringe Schuld eines Adeligen bei einem Müller, löste 1466 den »Sechs-Plappert-Krieg« aus: M.s Bürger belagerten und stürmten die Schlösser in der Nachbarschaft; der blutige Zwist griff auch auf die Stadt selbst über. Bei dieser Gelegenheit paktierte M. erstmals mit den Eidgenossen, mit Bern und Solothurn. Das Bündnis wurde durch die Ereignisse der Burgunderkriege gefestigt. 1506 schloß man einen 20jährigen Schutzvertrag mit Basel. Die politischen Interessen M.s sowie seine geographische Lage veranlaßten aber die Stadt, 1515 aus der Dekapolis auszutreten und sich der 13örtigen Eidgenossenschaft anzuschließen.
Die Wirren der Reformation setzen 1523 ein. Der Protestantismus wurde angenommen und die »Confessio Muelhusiana« 5 Jahre später allgemein verbreitet. Von diesem Augenblick an kennt M. die gleichen konfessionellen Probleme wie die Eidgenossenschaft. Erst 1590 wurde die Stadt einheitlich protestantisch, was aber auch eine Entfremdung mit dem katholischen Teil der Eidgenossen nach sich zog und den Bund 1586 auflöste. Erst 1777 trat M. wieder auf Schweizer Seite.
Die politische Isolierung der Stadt erklärt vielleicht, warum sie im 30jährigen Krieg wenig in Mitleidenschaft gezogen worden ist. 1746 kam es zur Gründung der ersten Indienne-Manufaktur. Der Erfolg dieser bedruckten Baumwollstoffe sicherte M. ein rasches industrielles Wachstum: z. Z. der Revolution zählte man 24 Fabriken. Enge, für die Stadt lebenswichtige wirtschaftliche Beziehungen knüpfte man mit Frankreich, um so mehr als die Revolutionskriege den Export nach Deutschland und in die Schweiz unterbanden. Es waren dann auch namentlich wirtschaftliche Interessen, die die Stadt 1798 Frankreich zuführten – eine für M. höchst bekömmliche Situation, da die Kontinentalsperre die gesamte ausländische Konkurrenz beseitigte. 1825 wurde die Société Industrielle gegründet, 1839 die Eisenbahnlinie Mülhausen–Thann gebaut. M. wurde somit zur ersten Industriestadt des Elsaß, blieb freilich ganz auf den französischen Markt ausgerichtet. Aus diesem Grund fand man sich nur schwer mit der Zugehörigkeit zum Deutschen Reich nach 1871 ab; viele Industrielle zogen in die Emigration. Im 1. Weltkrieg hatte M. nur wenig zu leiden. Die großen Schäden, die den Charme vieler oberrheinischer Städte beeinträchtigten oder gar zerstörten, gehen hier zu Lasten der wirtschaftlichen und demographischen Entwicklung, von der die Stadtplaner überrollt worden sind; die Bevölkerungszahl M.s stieg von 6000 (z. Z. der Revolution) auf ca. 150 000.

Kirche St-Etienne (Place de la Réunion)
Die ev. Stadtkirche St. Stephan ist ein neugot. Bau von 1866. Aus der 1858 abgerissenen roman. und got. Vorgängerkirche ist die – leider stark restaurierte – Verglasung übernommen worden.

● Die Glasfenster entstanden um 1350 und umfassen 3 verschiedene Zyklen. Im typologischen Bezugssystem werden die neutestamentlichen Szenen (Antitypen) von alttestamentlichen Begebenheiten

Mulhouse / Mülhausen. St-Etienne. Glasmalerei: Traum des Astyages

(Typen) erläutert, z. T. unter dem Einfluß des »Speculum Humanae Salvationis«, einer Darstellung der Heilsgeschichte, die 1324 von einem Dominikaner in Straßburg geschrieben wurde. Die Folge beginnt rechts der Orgel (Aufgang über die Treppe zur Empore):
I. 1: Erschaffung Evas. – 2: Einsetzung der Ehe. – 3: Vertreibung aus dem Paradies. – 4: Versuchung. – 5: Verurteilung Adams und Evas zur Arbeit. – 6: Verkündigung der Geburt Marias. – 7: Balaam und die Eselin (Typus der Verkündigung Marias). – 8: Traum des Astyages, eines Mederkönigs, der aus dem Leib seiner Tochter einen ganz Asien überschattenden Weinstock wachsen sieht (Typus der Geburt Marias). – 9: Geburt Marias. – 10: Die verschlossene Tür des Heiligtums (Ezechiel 44, 1–3). – 11: Wurzel Jesse.
II. 1: Maria wird dem Tempeldienst geweiht. – 2: Jephta opfert seine Tochter. – 3: Der aus dem Meer geholte goldene Fisch als Opfergabe im Sonnentempel (Sinnbild der Jungfräulichkeit Marias). – 4: Vermählung Josephs mit Maria. – 5: Heirat von Tobias und Sarah. – 6: Der Turm Davids (Sinnbild der Tugendhaftigkeit Marias). – 7: Verkündigung an Maria. – 8: Moses vor dem brennenden Dornbusch (Sinnbild der Jungfräulichkeit Marias). – 9: Gideon und das Vlies (Sinnbild der unbefleckten Empfängnis Marias und der Geburt Christi). – 10: Traum von Pharaos Mundschenken. – 11: Anbetung der Könige. – 12: Die Könige erblicken den Stern.
III. 1: Geburt Christi. – 2: Darstellung im Tempel. – 3: Der 7armige Leuchter. – 4: Weihe Samuels im Tempel. – 5: Flucht nach Ägypten. – 6: Ägyptisches Frauenbild, die jungfräuliche Mutter darstellend. – 7: Moses stürzt als Kind die Pharaonenkrone um, Prüfung auf glühenden Kohlen. – 8: Heilung des Naaman vom Aussatz.
IV. 1: 3fache Versuchung Christi. – 2: Daniel tötet den Drachen. – 3: David tötet Goliath. – 4: Maria Magdalena salbt Christi Füße. – 5: Heimkehr des Verlorenen Sohnes. – 6: Nathan verurteilt die Haltung Davids. – 7: Einzug Christi in Jerusalem. – 8: Jeremias weint über Jerusalem. – 9: David wird als Sieger im Triumph empfangen.
V. 1: Gefangennahme Christi. – 2: Sangar tötet 600 Feinde. – 3: David tötet 800 Feinde. – 4: Saul will David töten. – 5: Verspottung Christi. – 6: Hur wird von den Israeliten verspottet. – 7: Geißelung Christi. – 8: Lemek wird von seinen Frauen mißhandelt. – 9: Job wird von seiner Frau und dem Teufel verfolgt. – 10: Dornenkrönung Christi. – 11: Die Abgesandten Davids werden von König Ammon beschimpft. – 12: Die Kundschafter bringen die Traube aus Kanaan. – 13: Kreuzigung Christi. – 14: Der Traum Nabuchodonosors. – 15: Jakob nimmt Josephs Rock in Empfang.
VI. 1: Grablegung Christi. – 2: David am Leichenzug Abners. – 3: Jonas vom Walfisch ausgespien. – 4: Hölle, Vorhölle, Fegefeuer, Himmel (nach Thomas von Aquin). – 5: Daniel in der Löwengrube, von Habakuk gespeist. – 6: Die 3 Jünglinge im Feuerofen. – 7: Christus überwältigt den Teufel. – 8: Samson erschlägt den Löwen. – 9: Ehud tötet Eglon. – 10: Christus in der Vorhölle. – 11: Loth flieht aus Sodom, seine Frau erstarrt zur Salzsäule. – 12: Moses führt die Juden aus Ägypten. –

13: Auferstehung Christi. – 14: Himmelfahrt Christi. – 15: Himmelfahrt des Elias.
VII. 1: Pfingsten. – 2: Moses nimmt die Gesetzestafeln entgegen. – 3: Der Turm Babels. – 4: Die Mutter der Barmherzigkeit. – 5: Davids Flucht mit Micals Hilfe. – 6: Moses belagert die Stadt Saba. – 7: Christus als Weltenrichter. – 8: Kluge und Törichte Jungfrauen. – 9: Parabel von den Talenten. – 10: Verdammte in der Hölle. – 11: Gideon bestraft seine Feinde. – 12: Pharao geht mit seiner Armee im Roten Meer unter. – 13: Maria neben Christus im Himmel. – 14: Der Himmel. – 15: Festmahl des Assuerus (Typus des Paradieses).
VIII. und IX.: Werke der Barmherzigkeit; Tugenden und Laster.
VIII. 1: Kranke besuchen. – 2: Reisende aufnehmen. – 3: Tote bestatten. – 4: Nächstenliebe überwindet den Neid. – 5: Geduld überwindet den Zorn. – 6: Mäßigkeit überwindet die Maßlosigkeit.
IX. 1: Durstige erquicken. – 2: Gefangene besuchen. – 3: Nackte bekleiden. – 4: Mut überwindet die Feigheit. – 5: Reinheit überwindet die Wollust. – 6: Großzügigkeit überwindet den Geiz.
X. 1: Wappen der Grafen v. Pfirt, die als Stifter der Fenster auftreten und eine Datierung vor 1350 erlauben. – 2: Hl. Jost. – 3: Johannes d. Täufer. – 4: Hl. Bischof.
Die Glasfenster sind das Werk einer in der Mitte des 14. Jh. in Mülhausen arbeitenden Werkstatt, die über hohes technisches Können verfügte. Die verwendeten Vorbilder sind in der »hohen« wie auch in der mehr volkstümlichen Kunst zu suchen und gehen hier eine für die Zeit charakteristische Verschmelzung ein. Um sich eine Vorstellung der Entwicklung der elsässischen Glasmalerei zu machen und den Mülhausener Zyklus einzuordnen, ist an die Verglasung der Katharinenkapelle des Straßburger Münsters von 1348 zu erinnern. Unter Beibehaltung hochgot. Gesichts-, Frisur- und Gewandtypen wird in Mülhausen eine neue, klare Komposition mit wenigen Figuren geschaffen, die dem lehrhaften Element des Zyklus trefflich entgegenkommen. Zeitgenössische Kostüme und Rüstungen drängen sich vor. Von hier führt die Entwicklung weiter nach Rosenweiler (um 1360) und nach Niederhaslach (um 1370).

Ehem. Rathaus (Place de la Réunion) ●

Das frühere Rathaus befand sich bis 1431 an der Rue Mercière und wurde dann an der heutigen Stelle neu gebaut, brannte aber 1551 ab und erlebte im folgenden Jahr – durch Anton Fromm – nochmals einen Neubau. – Das Rathaus beherbergt heute das → Historische Museum (s. u.)

Das 2geschossige Gebäude vertritt einen bis dahin unbekannten Typ, den mit einer Doppeltreppe und Podium vor der Hauptfassade, hier der Traufseite zum Platz hin. Auf seiner Durchreise vermerkt Montaigne, es handele sich um »un palais magnifique et tout doré«. Diese Bemerkung bezieht sich auf die *Fassadenmalereien*, die das Gebäude schmücken, Fresken von Christian Bockstorffer, 1552 (mehrfach restauriert, u. a. 1698 und 1966).

Mulhouse / Mülhausen. Ehem. Rathaus

An der linken Schmalseite oben sind Moses und Salomon dargestellt (dazwischen eine Sonnenuhr), darunter Clementia und Veritas zwischen perspektivischen Scheinarchitekturen. – An der Schauseite oben Fortitudo, Prudentia, Justitia und Temperantia, darunter Provisio außen links und Vigilantia rechts. Seitlich der Tür Allegorien der Integritas (bärtiger Mann, links) und des Praemium (Frau mit Lorbeerkranz und Rute). Das Programm illustriert die absolute Gewalt des Stadtregiments. – Die rechte Schmalseite ist stark restauriert: oben Moses (?) nach Michelangelo zwischen den Allegorien der Landwirtschaft und der Industrie. Darunter der Klapperstein (Kopie; Original im Museum) mit Inschrift: »Zum Klapperstein bin ich genannt, den bösen Mäulern wohl bekannt, wer Lust zu Zank und Hader hat, der muß mich tragen durch die Stadt.«

An der Rückseite ein gedeckter Gang über die Straße zum dahinterliegenden **Haus**, dat. 1637, mit schöner Maßwerkbalustrade.

An der Place de la Réunion das **»Husslin zur Sunnen«**, 1418 neu dat. – Rue Guillaume-Tell: **Haus Wilhelm Tell**, in der Struktur wohl 17. Jh. – Rue des Franciscains: **Hôtel de Lœwenfels** mit ornamentierten Pilastern an der Fassade, 1764.

Square de la Bourse. Der Platz wurde 1826–29 von den Straßburgern Jean Geoffroy Stotz und Felix Fries angelegt und stellt einen städtebaulich höchst bemerkenswerten Versuch dar, die Stadt nach O zu erweitern. Die **»Société Industrielle«** bildet den Mittelpunkt der dreieckigen Anlage, ein breit angelegtes 9achsiges, 2stöckiges Gebäude mit durchlaufenden Balkonen. Die Mitte ist als 5achsiger Risalit mit Balkon und Loggia unter Attikagiebel hervorgehoben. Dorische Halbsäulen unten, oben ionische Halbsäulen mit Dockenbalustrade. Die beiden stadtwärts liegenden, die Dreiecksschenkel bildenden Flügel haben Arkaden und durchlaufende Balkone.

Im gleichen Quartier mehrere Bauten des 20. Jh., darunter der **Bahnhof** von 1936 und ihm gegenüber ein kreisförmiges Wohnhaus (**Immeuble annulaire**) von P. J. Guth, 1950. – An der Place de l'Europe ein **Einkaufszentrum** mit hohem Turm auf dreieckigem Grundriß und mit konkaven Fassaden, 1966.

Ein Rest der Befestigung ist der als **Bollwerk** bezeichnete Renaissance-Turm an der Place Salvator. – Die **Tour Nessel** an der Grand'Rue und die **Tour du Diable** an der Rue du Bourg gehörten zum Bischöflichen Schloß, das 1261 zerstört wurde. Alle sind stark restauriert.

Museen

Musée des Beaux-Arts (4, Place Guillaume-Tell). Zum Bestand gehören neben einer Sammlung von Feuerwehruniformen Werke des Elsässers Jean-Jacques Henner (1829–1905) und eine Reihe anderer Gemälde namhafter Maler des 17.–20. Jh. (Solimena, Salvator Rosa, Teniers, Jan Steen, J. Ruysdael, Boucher, Géricault, Boudin, van Dongen).

Musée historique (ehem. Hôtel de Ville, Place de la Réunion). Das ● Museum enthält eine vorzüglich präsentierte vor- und frühgeschichtliche Sammlung, ferner römische Kleinbronzen, Gläser und ein Freskenfragment des 3. Jh. n. Chr. aus Illzach (springendes Pferd). – Frühmittelalterl. und völkerwanderungszeitliche Keramik ist in ausgezeichnetem Erhaltungszustand. – An mittelalterl. Plastik des 15. und 16. Jh. u. a. ein hl. Georg im Schrein, elsässisch, Ende 15. Jh. und eine hl. Katharina, ebenfalls elsässisch, um 1480–90. Bedeutend das Fragment von einem Chorgestühl oder aus einer Altarpredella: *hll. Egidian und Benediktus*, von Veit Wagner Anfang des 16. Jh. geschaffen; lt. der in got. Minuskeln auf die Mitren gemalten Namensinschrift stellen die Büsten die 2 heiliggesprochenen Äbte des ehem. Schottenklosters

Honau dar. 3 Fensterfragmente des 14. Jh. aus der Stephanskirche zeigen den *Guten Hirten*, der das verlorene Schaf ins Paradies bringt, eine höchst seltene Darstellung. – Die Möbel des 16.–17. Jh. gehörten teilweise zum Rathausmobiliar.
Im 1. S t o c k *Ratsaal* mit Schweizer Wappen und Rütlischwur, Wappen- und Standesscheiben. – Im 2. G e s c h o ß Porzellan, Kostüme, Dixhuitième-Möbel, Kachelöfen, die Schweizer Chronik von Andreas Ryff, redigiert 1597, Dokumente zur Stadtgeschichte und das Original des Klappersteines vom ehem. Rathaus. – Im D a c h g e s c h o ß eine archäologische Studiensammlung, zu der griechische Vasen aus Unteritalien gehören.
Im A n n e x b a u Volkskunst, Spielzeug, Puppenstuben und Puppen, Papiersoldaten (Straßburg 1830–40), Wirtshausschilder des 18.–19. Jh., eine Wetterfahne von 1695 mit dem Mülhauser Wappen, Vitrinen mit Kirchensilber und Zinn, Münzen und Medaillen.

Musée de l'Impression sur Etoffes (3, Rue des Bonnes-Gens). Das in seiner Art einzigartige Stoffmustermuseum umfaßt eine Sammlung von über 6 Millionen Mustern, Drucken, Zeichnungen, Druckmodeln und Modellbüchern seit dem Mittelalter sowie Trachten und eine Fachbibliothek.

Lapidarium in der **Chapelle St-Jean** (Grand'Rue). Skulpturenfragmente aus Mülhausen und dem Oberelsaß sowie Wandmalereireste des 16. Jh. (nur im Sommer zugänglich).

MUNSTER / MÜNSTER (Haut-Rhin C9)

Der Ursprung M.s geht auf eine um 660 gegründete Benediktinerabtei zurück, die seit merowingischer Zeit v. a. im Gregoriental (Val St-Grégoire) große Ländereien erwarb. Das Kloster genoß Immunität seit dem 8. Jh. und besaß im 12. Jh. alle Rechte über das Tal. Die kleine Siedlung wurde zur Stadt und schützte sich im 13. Jh. mit Mauern. 1354 Beitritt zur Dekapolis. Die Kämpfe der Bürgerschaft um die Befreiung von der Abtei setzten hier vergleichsweise spät ein und waren äußerst hart; sie endeten im Bauernkrieg und mit der Einführung der Reformation. Dank der politischen Abgeschiedenheit entwickelten sich hier ethnische Sonderformen, die durch den Zuzug der Geusen aus Schwaben und der Schweiz nach dem 30jährigen Krieg gefördert wurden, z. B. ausgeprägter Elsässer Dialekt und Verwendung des Alphorns.

Die **ehem. Abtei** fiel mehreren Bränden zum Opfer, namentlich 1348, was zu einem 1351 vollendeten Neubau führte. 1790 wurde sie aufgehoben. Reste der 1802 abgetragenen **Kirche** sowie des Neubaus der **Abtwohnung** aus dem 18. Jh. sind im **Haus Hartmann** erhalten (S-Seite der Place du Marché).

An der W-Seite des Platzes liegt die **ev. Kirche** in neuroman. Formen, 1867–74. – **Kath. Kirche**, 1892 in Neugotik errichtet.

Das **Rathaus** mit Giebel zur Straße und dem kaiserlichen Adler im Giebel datiert von 1550. (Um- und z. T. Neubau der Hofseite 1652.) – **Ehem. Markthalle** von 1503. – **Marktbrunnen** 1576.

MURBACH (Haut-Rhin C10)

Ehem. Abtei ●

Die Gründung der Abtei in der Merowingerzeit geht vermutlich auf schottische Mitbrüder des hl. Kolumban zurück. 727 führte der hl. Pirmin die Benediktinerregel ein. Eberhard, Graf des Elsaß, der Bischof von Straßburg und die anderen Großen des Landes nahmen an den Feierlichkeiten teil. Karl Martell bestätigte die benediktinische Gründung, und dank reicher Schenkungen erstreckten sich die Ländereien der Abtei bald bis in den Norden des Elsaß. Murbach genoß königliche Immunität und war der bischöflichen Jurisdiktion nur teilweise unterstellt. Der Abt wurde nicht ernannt, sondern von den Mönchen gewählt. Die reiche Abtei entwickelte sich zu einem der wichtigsten Zentren der karoling. Renaissance. Ein Handschriftenkatalog erwähnt für das 9. Jh. mehr als 300 Werke der Kirchenväter. Auch die heidnischen Autoren fehlten nicht, sogar Lukrez ist aufgeführt. Die Annalen und Hymnen aus Murbach zeugen vom hohen geistigen Stand der Mönche.

Die Abtei rodete Neuland und gründete Pfarreien und Klöster (Goldbach, St. Amarin, Luzern). Während des Investiturstreites geriet Murbach in Verfall, erfuhr jedoch im Laufe des 12. Jh. unter Abt Egilolf wieder einen großen Aufschwung.

Die Dienstmannen und Ministerialen des Abtes verteidigten die Abtei und ihre Interessen mit solchem Erfolg, daß Murbach bisweilen eine sehr weltliche Politik zu führen in der Lage war. Abt Hugo v. Rothenburg begleitete 1228 den damals exkommunizierten Friedrich II. auf seinem Kreuzzug. Der treue Anhänger des Kaisers erhielt das Recht, Burgen zu errichten. 2 Jahre später gab der Abt der ersten zur Verteidigung der Abtei am Taleingang erbauten Burg den Namen »Hugstein«. Hugos Nachfolger führten häufig Lokalkriege, v. a. gegen die Grafen v. Pfirt, um das Tal von St. Amarin zu kontrollieren. Diese Kriege sowie der Bau von Stadtbefestigungen und Burgen – Friedburg oberhalb von St. Amarin, 3 Burgen in Gebweiler u. a. – erschöpften die Kassen der Abtei. Gleichzeitig stiegen die oft mehreren Herren dienenden Ministerialen zu Rittern und Burgherren auf: Im ausgehenden Mittelalter waren 22 kleine Burgen über das Territorium von Murbach verstreut.

Bis ins 14. Jh. konnten nur Söhne adeliger Familien in Murbach Mönche werden. Später begannen auch die frei gewordenen Ritter ihren männlichen Nachwuchs ins Kloster zu schicken; damit setzte der langsame Untergang der Abtei ein. In der Spätzeit gab es selbst unter den Äbten Analphabeten, die nur mit einem Kreuz zu signieren vermochten. Auf dem Territorium der Abtei bildete sich eine Republik kleiner unbedeutender Adeliger, an deren Spitze das Kloster stand. Im 15. Jh. wurde der Niedergang noch durch den Ankauf von Ländereien durch Bürger

Murbach. Ehem. Abteikirche von Südosten

beschleunigt. Seit 1447 erlebte die Abtei am Vorabend der Reformation unter einem humanistisch gesinnten Abt, Bartholomäus v. Andlau, eine letzte Blüte; wie früher wurden nur noch Adelige als Mönche zugelassen. 1525 verwüsteten die Bauern das Kloster, das sie ehedem unterdrückt hatte: der Hund, den Murbach in seinem Wappen führte, blieb für die Landbevölkerung lange das Symbol feudaler Zwangsherrschaft. Die

Säkularisierung 1764 zog die Bildung eines Adeligenkapitels in Gebweiler nach sich. Die Revolution zerstreute die Mönchsgemeinde endgültig. Während unter dem Ancien Régime die Abteigebäude zerstört wurden, rettete die Revolution das, was von der Bibliothek und dem Archiv noch vorhanden war, sorgfältig.

Die Reste der **ehem. Abtei** gehören zu den qualitätvollsten Zeugen roman. Architektur im Elsaß. Von der malerisch gelegenen **ehem. Abteikirche St-Léger** (St. Leodegar), einer 3schiffigen und 6jochigen Basilika, ist nur der imposante O-Bau erhalten, der in seinem eindrucksvollen Volumen an die Kaiserdome gemahnt.

Eine Weihe ist für 1134 überliefert. Die Datierung des heutigen Bestandes kann jedoch nicht genau festgelegt werden. Für die Bauzeit werden die Jahre 1122–34 (Kautzsch) und 1155–75 (Fels) in Vorschlag gebracht. Eine späte Ansetzung läßt sich v. a. durch die plastische Oberflächengliederung stützen, welche die Stilstufe um 1200 vorbereitet.

Mit einer beachtlichen Feinfühligkeit für die Harmonisierung der Massen, als Einzelteile deutlich lesbar, sind die verschiedenen Baukörper zur Architekturlandschaft, zur monumentalen Himmelsburg zusammengerückt, die im Ganzen wie auch in den Details von der Regie des jeweils einfallenden Lichtes entscheidend mitbestimmt wird. Hand in Hand mit der Architektur geht der *plastische Schmuck*, der mit nicht geringerer Phantasie vor dem Beschauer das gesamte Vokabular spätroman. Dekorationsmöglichkeiten ausbreitet und einzelne Bauteile, wie z. B. die Säulenarkade über den Fenstern, strukturell von der Wand löst und buchstäblich in der Luft hängen läßt, indem sie das darunterliegende Gesims nur tangential berücksichtigen.

Plastische Akzente konzentrieren sich namentlich auf das *S-Portal.* Im Tympanon begegnen sich 2 Löwen. Der Rahmen wie der Türsturz sind mit Drei- und Vierblattranken geschmückt, Motive, die in den seitlichen Kapitellen sich abwandelnd wiederholen. Skulptierte Platten mit figürlichen Darstellungen finden sich im *O-Giebel* und am *S-Querhaus* (u. a. das Thema der verkehrten Welt: Hasen, die Jäger töten und aufhängen).

Die Kirchenruine wird durch das N-Portal betreten. Das Querhaus ist in 5 ungleich hohe, aber korrespondierende Räume geteilt, die steil der Mitte zuwachsen. Die Kapellen öffnen sich ostwärts mit Arkaden, sind aber auch vom Chor her zugänglich.

2 *Grabmäler* beziehen sich direkt auf die Geschichte des Klosters: im S-Querhaus das des Gründers, Graf Eberhard (Ende 13. Jh., im 15. Jh. restauriert), auf der gegenüberliegenden Querhausseite das Gemein-

schaftsgrab von 7 Mönchen, die 925 bei einem Ungarnüberfall ums Leben kamen. Die in Versform verfaßte Inschrift datiert von 1706.

Murbach läßt sich nicht ausschließlich aus elsässischen Bautraditionen erklären. Ein eigentliches »Modell« fehlt, auch wenn indirekt Bezüge zu Hirsau und St. Blasien im Schwarzwald, folglich zu Cluny, auf der Hand liegen. Vergleiche mit Sant'Ambrogio in Mailand und der Kathedrale von Novara sind für Details in die Diskussion gebracht worden. Das Problem stellt sich auch anderswo, v. a. für die Skulptur, wie in Rosheim, das seinerseits ohne das Murbacher Vorbild kaum denkbar wäre.

MUTZIG (Bas-Rhin D5)

Die kleine, ehem. befestigte Stadt gehörte im 14. Jh. zum Verteidigungssystem der Bischöfe von Straßburg. Sie besaß ein Schloß, das nochmals 1674 von Franz Egon v. Fürstenberg neu gebaut wurde.

Das 3flügelige **bischöfliche Schloß** von 1674, mit Ecktürmen, diente von der Revolution bis 1870 als Waffenfabrik. – Die **Porte de Molsheim**, ein Bau aus dem 14. Jh., wurde 1559 völlig umgebaut für Artilleriebestükkung. – Das **Rathaus** in barocken Formen von 1746 wurde 1856 restauriert.

NEUBOIS / GEREUTH (Bas-Rhin D7)

Frankenbourg (Frankenburg). Zugang über befahrbaren Waldweg (D 167), nordöstl. von La Vancelle.

1153 tritt Sigebert, Graf v. Frankenburg, als Zeuge in einer kaiserlichen Urkunde auf. Es ist unklar, ob der Grafentitel vom Besitzer der Burg usurpiert wurde oder ob der Titel den Bau der Burg nach sich zog. 1232 wurden die Grafen v. Werd vom Bischof von Straßburg mit der Burg belehnt. Die Anlage erlebte im 15. Jh. eine Vergrößerung; Brand 1582, doch danach noch bewohnbar. Das Datum der Zerstörung ist unbekannt.

Die Burg liegt auf einer weiten, aber wenig ausladenden Felsplattform; die Wahl des Ortes ist charakteristisch für das 12. Jh. Die Bezeichnung »Frankenburg« scheint sich jedoch auf einen Zufluchtsort für die Bevölkerung zu beziehen, der schon vor dem Bau des 12. Jh. bestanden hatte. Die wenigen Reste der Ringmauer aus dem 12. Jh. zeichnen sich durch die regelmäßige Steinbearbeitung und durch ihre kleinen 2teiligen Fenster aus (1. Hälfte 12. Jh.). Im SO wurde zu Beginn des 13. Jh. ein rechteckiger Bergfried mit gewölbtem Innenraum und Tür im 1. Geschoß erbaut (Bossenmauerwerk mit Steinmetzzeichen). Die N- und die O-Seite der Ringmauer wurden im Laufe der Zeit verändert: quadratischer Turm mit Schießscharten, 13. Jh.; 3eckiges Bollwerk, das in der Renaissance den Eingang schützte. Die Ringmauer wurde im gesamten Perimeter von einer Außenmauer abgesichert.

Auf der Felskuppe, auf der sich die Burg befindet, lassen sich noch Spuren einer **prähistorischen Befestigung** erkennen, die an die Fortifikationen des Odilienberges erinnern, nur in wesentlich bescheideneren Ausmaßen.

NEUF-BRISACH / NEUBREISACH (Haut-Rhin E9)

Nach dem Vertrag von Rijswijk 1697 verloren die Franzosen die Feste Breisach, das heutige Breisach, eine strategisch höchst bedeutsame Anhöhe auf der rechten Rheinseite, die Frankreich 1648 erhalten hatte (Vertrag von Münster). 1664–66 hatte dort Vauban eine Festung gebaut. Die umfangreichen Bauarbeiten erforderten eine künstliche Stadt, um die Arbeiter und Handwerker unterzubringen, in der vorübergehend 1681 auch der Conseil Souverain installiert wurde, als er Ensisheim verließ. Zum Zeitpunkt des Vertrages von Rijswijk besaß diese »Strohstadt« eine 1500 Köpfe zählende Einwohnerschaft. Der Verlust von Breisach hatte 2 Konsequenzen: einerseits zog sich der Conseil Souverain nach Colmar zurück, andererseits war es notwendig, durch eine noch gewaltigere Festung den Verlust auszugleichen. Vauban wählte zu diesem Zweck 1698 einen Ort, der 2500 m von Fort Mortier entfernt war, einer Festung, die er um 1668 errichtet hatte. Die beiden Plätze sollten sich gegenseitig ergänzen und stützen und außer Schußweite von Breisach liegen. Die topographische Einheitlichkeit des Geländes erlaubte dem Festungsbaumeister eine Anlage von fast geometrischer Abstraktion: sie wurde sein Meisterwerk. Die Bauarbeiten, für die man deutsche Kräfte rekrutierte, dauerten bis 1708. Sie wurden nur 1703 durch die Belagerung von Breisach unterbrochen. Vauban hatte seine eigene Festung zu belagern, während seine deutschen Arbeiter in Neubreisach die Arbeit liegenließen. Die neue Festung war v. a. 1814 höchst dienlich, als sie der Belagerung durch die Österreicher standzuhalten hatte. 1870 wurde sie von den Deutschen bombardiert und mußte sich ergeben. Die Stadt selbst erlitt 1945 nochmals eine Bombardierung, die beträchtliche Schäden anrichtete.

Festung

Die Befestigungen von Neubreisach gehören zu dem sog. »3. System« Vaubans. Während das »1. System« sich durch die Größe der Bastionen auszeichnet (so in Lille, Arras und Straßburg, wo die Mauerseiten 110 m Länge haben) und die Weite der Binnenflächen, die Raum für große Truppeneinheiten bieten, versucht das »2. System« einen Nachteil des 1. zu beseitigen: die zu starke Exponierung der Bastion und die damit zusammenhängende Verletzbarkeit des Binnenplatzes. Vauban ging von dem Prinzip aus, daß eine Festung Meter für Meter verteidigt werden kann und muß: daher wurde die Bastion in 2 Elemente gegliedert, 1. eine Kontergarde, leicht vorgeschoben, die genügte, um 2. die jetzt wesentlich kleiner gestaltete Bastion zu verteidigen, die ihrerseits genügend Schutz den anschließenden Kurtinen bieten konnte. Die Befestigung von Belfort entspricht ungefähr dem »2. System«, das dort

des bewegten Geländes wegen aber nicht mit aller Deutlichkeit zutage tritt. Die Veränderungen des »3. Systems« gehen von dem gleichen Prinzip aus. Die kleinen Bollwerke werden durch Kontergarden und Zangenwerke weiter voneinander entfernt. Der Halbmond wird seinerseits in seiner Mitte durch ein Reduit unterteilt; die dazwischenliegenden Mauern werden mit Schikanen versehen, was den Flankenschutz durch die Bollwerke verdoppelt.
Vauban, der auch als politischer Denker ein Neuerer war, erdachte sich seine Festungen auch unter einem seltenen Gesichtspunkt: Menschenleben zu schonen. Paradoxerweise trug diese hohe Forderung dazu bei, das Wesentliche seines Genies für die Kriegskunst einzusetzen.

Das »3. System« Vaubans, wie es Neubreisach bietet, zeigt folgendes Bild: Die Feste ist 8eckig; die Mauerstücke sind 105 m lang zwischen den Bollwerken, deren Flanken 9 m messen. Die Vorwerke sind aufs äußerste unterteilt. Die Böschungen steigen immer steiler an, je mehr man sich der Hauptmauer nähert; sie waren urspr. mit Steinblöcken verkleidet. Der außerordentlich gute Erhaltungszustand macht die Anlage, die heute unter Denkmalschutz steht, zu einem unersetzlichen Dokument der Festungsarchitektur, als diese im Zenit ihrer Perfektion stand.

D i e S t a d t. Im Inneren des Oktogons ist die Stadt schachbrettartig angeordnet. Die **Häuser** sind bemerkenswert niedrig und durften die Mauern nicht überragen. Die Stadtmitte bildet ein rechteckiger Waffenplatz mit je einem Brunnen in jeder Ecke. Der Platz hatte Manöverübungen zu dienen. Die **Kirche** wurde 1731–77 erbaut und dem hl. Ludwig geweiht. Von den 4 Toren bestehen nur noch die beiden in Richtung Colmar und Belfort. Die **Porte de Colmar**, 1707, ist noch immer Stadtzugang; die **Porte de Belfort**, 1709, heute zugemauert, enthält ein kleines **Vauban-Museum**.

NEUWILLER-lès-Saverne / NEUWEILER (Bas-Rhin D3)

Einst befestigter Ort und Sitz einer 725 unter Pirmin gegründeten Benediktinerabtei. 826 oder 836 wurden die Gebeine des hl. Bischofs Adelphus aus Metz hierher übertragen, ein Ereignis, das bald Wallfahrten auslöste und Pilger anlockte. Die Gebeine wurden erst in der Klosterkirche St. Peter und Paul, im 12. Jh. in der eigens für sie erbauten Adelphikirche deponiert, um die Mönche von den Unannehmlichkeiten des lästig gewordenen Pilgerrummels zu befreien. Die Abtei wurde 1496 zum weltlichen Kollegiatstift umgewandelt. In der Revolution aufgehoben.

Neuwiller-lès-Saverne / Neuweiler
Ehem. Abteikirche von Südwesten

Ehem. Abteikirche St-Pierre-et-St-Paul ●

Das Querhaus und das folgende Schiffsjoch gehen in die Zeit um 1190–1200 zurück; das übrige Schiff stammt aus dem 13. Jh. Die Fassade errichtete 1768 François Pinot (1731–1801). Um 1850 wurde der Bau von E. Boeswillwald stark restauriert und z. T. ergänzt (u. a. Giebel und Rhombenhelme des Vierungsturmes).

Neuwiller-lès-Saverne / Neuweiler. Ehem. Abteikirche. Heiliges Grab

Der Grundriß zeigt zisterziensische Anordnung, obgleich er für Benediktiner konzipiert wurde: Apsis und Kapellen sind rechteckig geschlossen. Unter dem Chor liegt eine Krypta. Das Querhaus ist breit; das Schiff zeigt im ältesten Joch ein 4teiliges, in den beiden jüngeren 6teilige Gewölbe. Man beachte den altertümlichen »rheinischen« Stützenwechsel, d. h. den regelmäßigen Wechsel von Pfeiler–Säule–Pfeiler. – Die Fassade ist klassizistisch, wie der Glockenturm ein Werk Fr. Pinots.

Neuwiller-lès-Saverne/Neuweiler. Ehem. Abteikirche
Oben: Sebastianskapelle. Wandteppich: Szene aus der Adelphus-Legende
Unten: Katharinenkapelle (unterer Raum der Doppelkapelle)

Das *Portal am nördl. Querhaus* stammt aus dem späten 12. Jh. Es zeigt im Tympanon den segnenden Christus zwischen 2 Mönchen, die von Engeln empfohlen werden; an den seitlichen Pfeilern unter Baldachinen die Statuen von Petrus und Paulus (um 1270, stark restauriert): die einzigen erhaltenen Werke, die sich zeitlich zwischen Querhaus und W-Fassade des Straßburger Münsters einordnen lassen.

● Ausstattung. Im südl. Seitenschiff das *Adelphi-Grab* aus der Adelphikirche, um 1300, in Gestalt eines großen Schreines mit zarter Bekrönung. Links vom Chor ein *Hl. Grab* von 1478, ebenfalls aus der Adelphikirche hierher versetzt. – Im Chor Gestühl des 18. Jh., aus Stürzelbronn stammend. – Im südl. Querhaus schöne *Sitzmadonna*, um 1440. In der südl. Apsidiole eine Maria, um 1480. – Steinkanzel von 1683. *Taufstein*, um 1200, auf 3 Fabelwesen ruhend mit Löwen-, Frauen- und Mönchskopf. – Orgeltribüne und Orgel von 1772.

Im Scheitel der Kirche **Doppelkapelle** aus dem 11. Jh. (Eingang vom Chor aus). In der Sebastian geweihten Oberkapelle 4 bedeutende Basler *Teppiche*, 1480–1500, mit Szenen aus dem Leben des hl. Adelphus. Die untere Kapelle ist der hl. Katharina geweiht. – Südl. der Kirche sind Teile des **Kapitelsaales**, um 1220, erhalten. – Aus der gleichen Zeit datiert der Kamin mit Schuppenmuster.

Ehem. Kollegiatkirche St-Adelphe

Erstmals 1147 genannt, gehört die Adelphikirche seit 1563 – in verstümmeltem Zustand – der prot. Gemeinde. Der Chor aus dem 14. Jh. wurde 1823/24 abgebrochen.

Die Fassade wird von 2 runden Treppentürmchen flankiert (Abschlüsse 19. Jh.). Ein quadratischer Turm unter geknicktem polygonalem Pyramidendach krönt die Vierung. Erst das Innere gibt nähere Anhaltspunkte für eine Datierung der Kirche. Es bietet eine gute Vorstellung für einen Bau der Übergangszeit zwischen Romanik und Gotik, für die Spannungen im Bemühen, die roman. Schwere noch mit unzureichenden Anstrengungen aufzuheben. Die Seitenschiffe sind altertümlich mit Kreuzgratgewölben versehen, das Schiff mit wuchtigen Rippengewölben. Das Ganze legt einen zeitlichen Ansatz um 1200 nahe.

Im nördl. Querhaus befindet sich eine Nische mit Maßwerkresten, die zum Hl. Grab (jetzt in St-Pierre-et-St-Paul) gehören. Die Figuren einer Kreuzigung, Maria, Johannes und eines Stifters sind jetzt hier aufgestellt; sie werden mit der Werkstatt von Conrad Seyfer in Verbindung gebracht und dürften um 1490 entstanden sein.

An der S-Seite von St-Adelphe die Reste der profanierten **Kapuzinerkirche**, 18. Jh.

Stiftsplatz mit **Stiftsherrenhäusern** und **Propstei**, letztere von J. Gallay, 1749–52. – Malerische Häusergruppen und -reihen aus dem 16. und 17. Jh.

NIEDERBRONN-les-Bains (Bas-Rhin E1/2)

Wasenbourg (Wasenburg). Zugang von Niederbronn über die D 28 Richtung Oberbronn, dann über eine Waldstraße.

Das Schloß wurde 1355 bei seiner Aufteilung unter Glieder der Besitzerfamilie v. Lichtenberg zum erstenmal erwähnt. Es gehörte dieser Familie und deren Erben bis ins 18. Jh., obgleich es mehrfach als Lehen vergeben worden ist, u. a. an die Niedheimer, die hier von 1590 bis ins 17. Jh. residierten.

Eine große **Schildmauer** beherrscht den Bau und verteidigte ihn nach SO. Sie diente gleichzeitig als Donjon, den man über eine hochgelegene Tür vom Palas aus erreichen konnte. Von dieser Tür aus führt eine in der Mauerdicke angelegte Treppe bis zur Plattform. Der **Palas** ist im Inneren mit Blendarkaden und Konsolen (eine davon enthält eine hübsche skulptierte Maske) geschmückt; als besondere Motive enthält ein 4,5 m breites *Fenster* 9 Lanzetten mit 7 Rosen darüber, die zur Mitte hin im Durchmesser zunehmen. Im NO diente eine Pechnase gleichzeitig als Chörlein für ein Oratorium. Erhalten sind auch Reste der Zwingmauern. Eine solche Anlage hatte nicht mehr ausschließlich defensive Aufgaben, trotz der – einseitigen – Schildmauer. Sie ist ein gutes Beispiel für Adelssitze im 14. Jh., die formal noch nach den Idealen einer wehrhaften Burg aus dem vergangenen Jahrhundert ausgerichtet sind.

Im Ruinengebiet wurden auch ein kleiner **römischer Wachtposten** sowie die Reste eines **Merkur-Tempels** gefunden.

NIEDERHASLACH (Bas-Rhin D5)

Die Geschichte des Ortes geht auf die Legende des hl. Florentius zurück, der um 660 aus Irland ins Elsaß gekommen und in der Nähe des heutigen Oberhaslach in der Wildnis gelebt haben soll. Für einzelne Szenen aus seinem Leben vgl. die Darstellungen im Tympanon und im Florentius-Fenster der Stiftskirche.

Kirche St-Jean, ehem. Stiftskirche

Die einstige Florentiuskirche, heute Johannes d. T. geweiht, wurde ihres schlechten Zustandes wegen 1275 neu erbaut, fiel aber bereits 1287 teilweise einem Brand zum Opfer. 1316 muß der Chorbau abgeschlossen, die Arbeit am Schiff aufgenommen worden sein. 1385 war die Kirche weitgehend vollendet. Die Anlage litt 1633 unter den Schwedeneinfällen. Der heutige Bau verdankt seine Existenz weitgehend den Restaurierungsarbeiten unter E. Boeswillwald 1853 (Konsolidierung und Bau des Turmobergeschosses und des Treppenturmes, die frei erfunden sind); der Dachreiter über dem Chor datiert ebenfalls aus dem 19. Jh.

Für die historische Einordnung des mittelalterl. Baubestandes ist es von Interesse, daß als Magister operis ein Sohn Erwins von Steinbach in Niederhaslach tätig war; die Beziehungen zum Straßburger Münster sind dadurch belegt, wenn auch keineswegs geklärt. Festzuhalten gilt hier lediglich, daß der Chor und die Vorchorjoche keine straßburgischen Anregungen verarbeiten, die erst im Schiff und in der Marienkapelle – um 1344 – deutlich und greifbar werden. Der Chor scheint zu einer Gruppe von Denkmälern zu gehören, der auch die Chöre von St-Thomas und St-Pierre-le-Jeune in Straßburg, St-Georges in Hagenau und St-Pierre-et-St-Paul in Weißenburg zuzurechnen sind.

Von der urspr. Bauplastik ist v. a. das gestelzte *Hauptportal* zu erwähnen mit einer Marienkrönung und Szenen aus der Florentius-Legende (für die Ikonographie vgl. das Florentius-Fenster). Im Gewände Maria und Johannes. Stilistisch gehört der Skulpturenzyklus in d. J. 1325–30.

Das Innere des Schiffes überrascht durch den straffen 2geschossigen Aufriß und die längsgestellten Pfeiler mit ihren völlig glatten Flächen. In seltsamem Gegensatz dazu steht das etwas spannungslos wirkende Gewölbe.

Für die Geschichte der elsässischen Glasmalerei von großer Bedeutung sind der Chor wie auch Teile der Langhausverglasung. Die ältesten Scheiben befinden sich im *Chor* und müssen bald nach dem Brand von 1287, wohl um 1290, ausgeführt worden sein (man beachte die Inschrift im Chor, die sich auf den Brand bezieht: ANNO DMI MCC LXXXVII IIII NOVAS I V N II CONB[usta est ecclesia]). – Von links nach rechts: hl. Magdalena mit Stifter, Maria mit Kind und Stifter; hl. Agnes und hl. Barbara; hl. Bischof mit Stifter und hl. Michael; oben Maria mit Kind und Johannes Ev., unten die hll. Arbogast und Florentius; eine hl. Märtyrerin und die hl. Katharina mit Stiftern; Maria und die hl. Margarete auf einem Ungeheuer; die hll. Paulus und Petrus. Die Fenster sind 1871 stark restauriert und teilweise ergänzt worden (3. Fenster im N, auf der Epistelseite). Alle Figuren stehen unter Baldachinen, die noch keine perspektivischen Elemente aufweisen.

Die engmaschig gefüllten 10 Fenster des *Langhauses* umspannen ein reichhaltiges Programm, z. T. in großangelegten Szenen, die horizontal über die ganze Fensterbreite gehen und nicht mehr die parataktische Gliederung in 3 vertikale Bahnen respektieren; für die Vorbereitung dieses Gestaltungsprinzips vgl. die Fenster in Königsfelden in der Schweiz und im Elsaß Rosenweiler. Die Niederhaslacher Fenster werden einer Straßburger Werkstatt zugeschrieben, die zwischen 1360 und 1370 arbeitete. Sie wurden 1887 z. T. stark restauriert. Zu lesen sind sie von unten nach oben und von links nach rechts.

Südl. Seitenschiff von O nach W. 1. Fenster mit Szenen aus dem Leben Johannes' d. T.: Der Engel verkündet Elisabeth die bevorstehende

Niederhaslach
Ehem. Stiftskirche
Hauptportal

Geburt; Zacharias schreibt bei der Geburt den Namen Johannes; Taufe Christi; Johannes-Predigt im großen Medaillon; Gastmahl des Herodes, dabei Salome mit dem Haupte des Täufers, vor ihr ein Fiedler; die Enthauptung Johannes'; darüber Ornamentfenster, Engel und Vögel. – 2. Fenster mit Szenen aus der Florentius-Legende: Florentius rodet den Wald, die wilden Tiere verschonen sein Feld; Jäger des Königs Dagobert berauben den Heiligen, weil sie einen Zauberer in ihm vermuten; sie bringen die geraubten Geräte reumütig zurück; Florentius reitet auf dem Esel nach Kirchheim, der Königsfamilie entgegen; Prinzessin Rathildis wird von ihrem Leiden geheilt; der König wirft sich dankbar zu Florentius' Füßen; Florentius reicht Dagobert nach dem Bade die Handschuhe; Dagobert schenkt dem Einsiedler Kirche und Abtei; Florentius stellt die Kirche unter den Schutz Marias; Florentius als Bischof; Florentius auf dem Totenbett; Bischof Rachio übergibt den Mönchen von Haslach die Gebeine ihres Stifters; Florentius wird in den Himmel emporgetragen. – 3. Marien-Fenster: Engel verkünden Joachim und Anna die Geburt Marias; Begegnung an der Goldenen Pforte; Mariengeburt; Tempelgang; Joseph wird dank der blühenden Rute als Bräutigam der Jungfrau erkannt; Moses, Elias, David und Amos; Engel mit Krone der zukünftigen Himmelskönigin (eine Anspielung auf die Marienkrönung, vgl. das W-Portal). – 4. Christus-Fenster: Verkündigung an Maria; Heimsuchung; Anbetung der Könige; Darbringung im Tempel; Flucht nach Ägypten; Christus unter den Schriftgelehrten; Auferweckung des Lazarus; Einzug Christi in Jerusalem; Abendmahl; Fußwaschung; Isaias, David, Moses; Verklärung Christi. – 5. Passions-Fenster: Jesus in Gethsemane; Verrat durch Judas; Kreuzigung; Dornenkrönung; Christus begegnet seiner Mutter; Gregor d. Gr. und Augustin; Grablegung und Auferstehung; Hieronymus und Ambrosius; die Propheten Isaias und Ezechiel. – Fenster 6 und 7 (das erste auf der N-Seite) enthalten keine Darstellungen.

Nördl. Seitenschiff. 8. Kompositfenster mit Teilen aus verschiedenen Programmen, u. a.: Parabel vom Verlorenen Sohn, Szenen aus dem Jüngsten Gericht; Christus als Wanderer (»Do ich fremd was beherbergt hant mich«); Kreuzigung Christi; Christus als Bettler (»Do ich nakent was ir cleitent mich nit«); diese beiden Christus-Darstellungen aus einem Barmherzigkeitszyklus datieren aus der Zeit um 1360; Fragmente mit Erscheinungen Christi, u. a. vor Thomas. Oben Abrahams Schoß, seitlich Posaunen blasende Engel. – 9. Meßopfer und die Werke der Barmherzigkeit. – 10. Szenen aus dem Leben Johannes' Ev.: Hochzeit zu Kana; Kaiser Domitian, Johannes trinkt aus dem vergifteten Kelch; Johannes auf Patmos; Johannes im Bischofsornat vor seinem Sarkophag; in der Spitze Christus und Engel; in der linken Lanzette 7 kleine Türmchen als Anspielung auf die 7 Sendschreiben Johannes' an die kleinasiatischen Städte. – 11. Martyrium der 12 Apostel: Petrus kopfüber am Kreuz; Enthauptung des Paulus; Kreuzigung des Andreas; Jacobus minor wird von der Tempelzinne gestürzt und mit der Keule erschlagen; Johannes wird in siedendem Öl gemartert; Thomas wird mit Schwert und Lanze getötet; der Galgen für Jacobus maior; Kreuzigung

Niederhaslach. Ehem. Stiftskirche. Inneres. Südseite

Niederhaslach. Ehem. Stiftskirche
Glasmalerei im Langhaus: Salome mit dem Johannes-Haupt

des Philippus; Schindung des Bartholomäus; Matthäus wird am Altar erstochen; Simon und Judas werden vor einem Götzenbild erdolcht; Matthias wird mit einer Keule erschlagen. In jeder Lanzette wird stellvertretend eine Seele in den Himmel getragen; Halbfigur Christi und Evangelistensymbole. – 12. Kampf der Tugenden mit den Lastern (Psychomachie, wobei die gekrönte Figur jeweils die Tugend personifiziert): Glaube–Unglaube; Hoffnung–Verzweiflung; Geduld–Ungeduld; Zurechtweisung–Verleumdung; Gerechtigkeit–Ungerechtigkeit; Weisheit–Torheit; Einfalt–Betrug; Demut–Hoffart; Verschwiegenheit–Schwatzhaftigkeit; Keuschheit–Unkeuschheit; Liebe Gottes – Liebe zur Welt; Freigiebigkeit–Geiz.

Das äußerst ambitiöse ikonographische Programm der Verglasung läßt sich im Elsaß nur mit Straßburg vergleichen, wo im Münster eine Reihe ähnlicher Themen angeschlagen werden. Die Qualität in Niederhaslach ist unterschiedlich: an der Spitze steht zweifellos das Johannes-Fenster mit dem großen Predigtmedaillon, das einen Höhepunkt in der elsässischen Glasmalerei darstellt.

Von den Seitenkapellen ist v. a. die frühere Kreuzkapelle (jetzt Marienkapelle) zu erwähnen, 1344. Es handelt sich um einen feingliedrigen, eingewölbten Bau mit Schlußsteinen: über dem Altar eine Maria, im 2. Schlußstein ein Priester oder betender Stifter. Unter dem Gewölbe links vom Altar die *Grabplatte des GERLACVS*, des 1329 verstorbenen Sohnes von Erwin von Steinbach. Der Tote wird als »magister operis huius ecclesiae« bezeichnet. Als Attribute trägt er Winkelmaß und Zirkel. – Daneben ein *Heiliggrab*, nach 1350. An der Tumbafront 4 schlafende Wächter, darauf der tote Christus zwischen 2 stehenden Engeln. Die 3 Marien auf Konsolen und unter (gestutzten?) Baldachinen an der Rückwand. Seitlich davor auf Podesten barocke Engelchen, das linke mit Hammer und den 3 Kreuznägeln. Die heutige Aufstellung ist sicherlich nicht die ursprüngliche, und angesichts der hervorragenden Erhaltung der 3 Marien kommt man auf den ketzerischen Verdacht, daß es sich um Werke des 19. Jh. handeln könnte.

Von der übrigen Ausstattung sind zu nennen: Links im Chor der vergoldete Kupferschrein des hl. Florentius, 1716. Darunter das Grab des Bischofs Rachio, 14. Jh. Rechts im Chor barockes Steinkruzifix, dat. 1740, zwischen den beiden Johannes; die Seitenfiguren aus einem anderen Zusammenhang. – Das *Chorgestühl* mit Porträtmedaillons stammt von Meister Dominik Stoll aus Rosheim, 1691 (1871 ergänzt und verlängert). – Beim Eingang 8eckiger Taufstein mit Maßwerkdekoration, wohl noch 13. Jh.

NIEDERMORSCHWIHR / NIEDERMORSCHWEIER
(Haut-Rhin C9)

Das Dorf gehörte einst zur Herrschaft Hohlandsberg.

In der **Kirche**, deren Langhaus von 1805/06 stammt, eine Silbermann-*Orgel* aus d. J. 1726.

Häuser. Neben der Kirche ein got. Giebelhaus mit Erker, 1548; im Ort ein Renaissance-Erkerhaus, am Eingang 1619 dat.

NIEDERNAI / NIEDEREHNHEIM (Bas-Rhin E6)

Alter Besitz der Klöster Moyenmoutier, Hohenburg und Truttenhausen. Die Ochsenstein und Landsberg erwarben im 13. Jh. die Rechte über das Dorf und überließen die Einkünfte dem Bischof von Straßburg. Trotz der – zweifellos im 14. Jh. errichteten – Wehrmauern zerstörten die Armagnaken den Ort i. J. 1444. Die Befestigungen wurden 1636 unter General Horn niedergelegt.

Neugot. **Kirche** 1893, darin eine geschnitzte Marienstatue, um 1500. – **Kapelle**, über dem Portal dat. 1573.

NIFFER (Haut-Rhin E12)

Schleusenanlage

Die Schleusenanlage bei der Einmündung des Rhein-Rhône-Kanals in den Rheinkanal zwischen Niffer und Kembs wurde z. T. von Le Corbusier entworfen. Aus seinem Büro stammen die Entwürfe für den Turm des Schleusenwärters mit der Maschinerie sowie das dahinter liegende Verwaltungsgebäude mit Zoll- und Schiffskontrolle, wo sich im Untergeschoß die Diensträume, die Garage und die Heizung befinden. Ausführung: 1959–62.

Der **Kontrollturm** besteht aus 4 Teilen: quadratischer Sockel, von dem 2 Wände in die Höhe gezogen werden (2×Sockelhöhe); in der unteren Hälfte schwalbennestartig angeklebter Würfel. Die L-förmige Stütze trägt, um 45° zum Sockel gedreht, die nach oben auf 3 Seiten leicht auskragende Kabine. Die verschiedenen Kuben sind durch eine rückwärtige Außentreppe verbunden, die sich um eine kielförmig hochkant gestellte Betonplatte windet. Es handelt sich um eine kleine Gelegenheitsarbeit des Schweizer Architekten dem für die Schleusenanlagen verantwortlichen Ingenieur zuliebe (»Je l'ai fait pour faire plaisir à ce brave type«).

OBERLARG (Haut-Rhin D14)

Burg Morimont (Mörsberg)

Herren v. Mörsberg werden 1243 zum ersten Mal erwähnt. Aus dem Habsburger Urbar geht hervor, daß das Schloß im 14. Jh. unter die verschiedenen Familienmitglieder aufgeteilt worden ist, woraus sich der Bau einer neuen Burg neben der alten erklärt. 1445 zerstörten die Schweizer die Anlage, die anschließend von den Mörsberg völlig neu errichtet wurde. Bei der Gelegenheit machten sie das alte Schloß dem Erdboden gleich, damit es dem neuen nicht gefährlich werden konnte. Das Datum 1515 auf dem NO-Turm scheint den Abschluß der Arbeiten zu markieren.

Die Burg bildet eine trapezförmige Anlage mit Graben und 7 runden oder halbrunden Türmen. In der Mitte ein Hof, der von Bauten an der Mauer umgeben ist. Auf einer Geländeerhöhung liegen die Kapelle sowie Reste eines Turmes, der als Bergfried diente und die Eingangsanlage verteidigte. Die Mauerdicke bis zu 4 m darf nicht über die geringe Widerstandskraft des Gürtels gegen Artilleriebeschuß hinwegtäuschen: Die Mauer ist zu hoch und nicht gefugt. Vom verteidigungstechnischen Standpunkt aus stellt Morimont eine Übergangslösung zwischen Mittelalter und Neuzeit dar. Die Entscheidung, in die Höhe zu bauen, ist damals schon ein Anachronismus: zur gleichen Zeit entstand unweit die Burg Landskron (→ Leymen).

OBERNAI / OBEREHNHEIM (Bas-Rhin D6)

Die Ursprünge von O. scheinen mit dem Kloster Odilienberg verknüpft zu sein. Der Ort gehörte seit dem Frühmittelalter den Etichonen, und Eticho, Vater der hl. Odilia, soll hier residiert haben. Nach den Wirren des frühen 12. Jh., die einen Niedergang des Klosters bewirkten, bemächtigten sich die Hohenstaufen der Abtei, unter denen sie zu neuer Blüte gelangte. Zu jener Zeit muß auch die Burg von O. errichtet worden sein, entweder als Neubau oder unter Berücksichtigung und Einbeziehung einer möglichen etichonischen Vorgängeranlage. Jedenfalls residierten die Kaiser seit Friedrich Barbarossa vielfach hier. Die erste Erwähnung einer Stadt fällt ins Jahr 1240; dieser Aufstieg ist demnach Bestandteil der Stadtpolitik unter Friedrich II. Der Bischof von Straßburg bemächtigte sich der Stadt 1246; die Burg wurde zerstört. Die Straßburger eroberten O. im Kampf gegen den Bischof i. J. 1262.

Juristisch gehörte die Stadt aber zum Odilienberg, dem sich mittlerweile auch Niedermünster angeschlossen hatte. Die beiden Abteien besaßen die Gerichtsbarkeit und den Gerichtssitz, den Selhof, der im Friedhof liegt und 1258 erwähnt wird. Erst 1330 vermerkt eine Urkunde Ludwigs d. Bayern einen anderen Gerichtssitz »in der Laube«, welcher der bürgerliche war. Das Adelsgericht blieb weiterhin im Selhof. 1354 gehörte O. zur Dekapolis. Dank ihrer guten Befestigungen hielt die Stadt 1444 den Armagnaken und 1476 den Burgundern stand. Hingegen erlitt sie große Schäden im 30jährigen Krieg. Der Wiederaufbau fand unter den Franzosen statt, die Befestigungen wurden jedoch auf Befehl von Louvois zerstört.

O. ist der Geburtsort des Franziskanerpredigers Thomas Murner (1469–1537), der sich erst gegen die reformatorischen Bewegungen innerhalb der kath. Kirche und dann vehement gegen die Reformation wandte, die hier nie Fuß zu fassen vermochte. Im gleichen Geist wurde auch der Bauernaufstand von 1525 von O. bekämpft, und der klerikale Geist machte sich nochmals in der Französischen Revolution bemerkbar, eine Haltung, die O. 3 Hinrichtungen durch die Guillotine eintrug.

Kirche St-Pierre-et-St-Paul

Die Kirche am N-Rand der Stadt entstand 1447 zum ersten Mal. Der Grundstein für den Chor wurde 1465 gelegt, lt. Inschrift in der Friedhofsmauer. 1616–18 durch Christoph Wamser umgestaltet, wurde die alte Kirche 1863–70 durch einen neugot. Bau ersetzt.

Von der alten Ausstattung sind zu nennen: *Heiliggrab* im linken Querschiff, 1504. – *Sitzende Maria*, um 1500; Fassung modern, was dem besonders schönen Faltenwurf keinen Abbruch tut. (Das kostbare Werk wurde im Sommer 1975 entwendet.) – Im Chor *Fenster* von Peter Hemmel von Andlau für Augustin Glanner, mit Bildnis und Wappen des Stifters, 1474 oder 1485. – Die alt- und neutestamentlichen Wandbilder darunter von M. Feuerstein. – Neugot. Schnitzaltar. – Im rechten Querhaus Wandmalerei von René Kuder, 1956: die hl. Odilia als Patronin des Elsaß. Daneben über dem Altar 3teiliges Bild vom gleichen Maler, »Christus inter virgines«. – Glasmalereien von Merzweiler, Freiburg i. Br., 1898, und den Gebrüdern Ott aus Straßburg, 1911.

Neben der Kirche, stadtwärts, **Befestigungsturm** auf hufeisenförmigem Grundriß, um 1500, heute alleinstehend, urspr. im Stadtmauerverband.

Friedhof. In die **Friedhofsmauer** eingelassen ist ein *Kreuzweg* aus dem 17. Jh., sign. L. H. Bemerkenswert der tote Christus am Fuß des Kreuzes, gehalten von Maria und dem trauernden Johannes. Dazugehörig ein Feld mit der hl. Helena und dem von ihr aufgefundenen wahren Kreuz. – An der links weiterführenden Friedhofsmauer überraschende Sammlung alter *Grabsteine*, 18. – frühes 19. Jh. – Anschließend die **Friedhofskapelle** von 1696 mit angebautem *Ölberg* von 1517. Davor 2 Grabplatten: rechts der Verstorbene en transi auf geflochtener Matte liegend. Die rückseitigen Malereien der Ölbergszene stark restauriert. – Die Kapelle liegt mit dem Chor unter dem Ölberg. Sie ist reich an Votiv-Bildchen des 19. und 20. Jh. An der linken Wand im Schrein die auf wunderbare Weise gerettete Hand eines Marienbildes, das am 29. November 1793 mit anderem Kirchenrat verbrannt wurde. Über Eingangsbogen zum tiefer liegenden Chor: Schweißtuch der Veronika mit glasiertem Christus-Kopf. Fresken von Robert Gall, 1937, einem Schüler von Maurice Denis.

● **Rathaus** (Place du Marché). Der Bau wurde 1462 an der Stelle des bürgerlichen Gerichtes errichtet und 1523 von Hans Jüngling völlig umgebaut. Der Schmuck stammt namentlich von den Modernisierungen von 1606 – Georg Widemann baute den Erker und den Balkon – und von 1610: Holzverkleidung und Wandmalereien im Gerichtszimmer von Zebedäus Miller und Hans Bartensklager. Erweiterung 1848 und schwerfällige Restaurierung.

● Der **Turm** der **Kapellkirche Unserer lieben Frau** (Beffroi) von 1474 liegt hinter dem Rathaus am Marktplatz. Das zugehörige

Schiff wurde 1873 abgetragen. Die Turmbekrönung Georg Widemanns zeigt als Abschluß eine Balustrade und Ecktürmchen sowie einen 8seitigen Helm.

Kornhaus. Die Halle aux Blés wurde 1554 auf der östl. Marktplatzseite erbaut, mit platzseitigem Giebel. Das Erdgeschoß war urspr. offen und diente als Fleischerei, auf welche die skulptierten Ochsen der Fassade hinweisen. Der Umbau in ein Restaurant Mitte der 1970er Jahre hat leider das Museum auslogiert; die Sammlung wurde magaziniert.

Altes Schloß (Rempart Monseigneur-Caspar), angeblich das Geburtshaus der hl. Odilia, heute Schule; wenige alte Reste.

Sechseimerbrunnen (Rue du Chanoine-Gyss), dat. 1579. Den Aufbau bildet ein Baldachin mit Rippen eines Sterngewölbes auf 3 korinthischen Säulen. Die Architravstücke tragen deutsche Bibelworte, die auf die Symbolik des Wassers Bezug nehmen. Ein Putto trägt das Habsburger Wappen. Überbau aus Metall mit feinen Wasserspeiern. Das ikonographische Programm enthält u. a. eine Szene mit Christus und der Samariterin am Brunnen.

In der Stadt befinden sich zahlreiche bemerkenswerte **Häuser**. – Am Eingang zur Rue de la Paille rechteckiger Erker auf Stützen mit Fußgängerdurchgang, dat. 1575. – Vom Markt aus gelangt man in die Rue du Général-Gouraud. **Nr. 70:** Steinhaus von 1418, durch Restaurierung verunstaltet. **Nr. 68:** Haus mit teilweise geschnitztem Fachwerk und aus der Fassade heraustretenden Fensterrahmen; auf Durchfahrtsbalken dat. 1700. **Nr. 41:** Haus Fastinger mit Renaissance-Hof und Holzbalustraden. – Am Ende der Ruelle du Pape Eingangstor mit Zinnen, 1571, daneben Haus mit flachem Erker, 1602 dat. am Portal. – Ruelle du Loup. Am Ende Eingangsportal, 1575, mit Wappen. Daneben Haus mit dem Datum 1693 über einem Rundbogenportal. – Rue de Sélestat. An der Stadtmauer die **Synagoge** in roman. Formen von 1876. Daneben **Befestigungsturm** auf hufeisenförmigem Grundriß, urspr. stadtwärts geöffnet, jetzt zugemauert. **Nr. 8** ist über dem Portal 1783 datiert (mit Wappen). Linker Hand jeweils Ausblicke auf die **Stadtmauer** (innerer Ring). **Nr. 33:** Über dem Einfahrtsportal 1605 dat., schönes Fachwerkhaus, die oberen Geschosse leicht vorkragend auf Maskenkonsolen. – Nach rechts in die Rue Général-Bægert. Am Eingang zur Rue Dietrich links Eckhaus, auf Erkerkonsole dat. 1608. **Nr. 34:** Hufeisenförmiger, zur Straße geöffneter Fachwerkbau, links dat. 1608. **Nr. 28:** Haus mit Durchfahrt, auf Konsole links dat. 1562. Bei **Nr. 26** malerische Sackgasse; der rechts hochgelegte Eingang von 1732. **Nr. 22:** Fachwerkhaus, an der Tür 1589 dat., mit Balkon im 1. und Laube im 2. Stock; schlecht restauriert. – Rue de la Chapelle. Neben **Nr. 22** Reste eines turmartigen **Ritterhauses** mit Eingang im 1. Stock. Durch die Rue Ste-Odile hinauf zur Rue des Pèlerins. **Nr. 8:** das sog. **»Roman. Haus«**, ein ehem. Adelshaus aus dem frühen 13. Jh.; in den Fassaden stark verändert, im unteren Stockwerk einfache rundbogige Doppelfenster, im 2., 3. und Giebelgeschoß Fenster des 16.–17. Jh. (anläßlich einer Restaurierung aus 2 Teilen zusammengesetzt?). Links anschließend Reste eines möglicherweise noch älteren Hauses. Der ganze Komplex einer der wenigen Reste ziviler Architektur mit fortifikatorischen Aufgaben, wie sie vielfach bestand, um vor dem Mauerbau die Städte zu verteidigen (→ Rosheim).

Es fällt schwer, die **Stadtmauer** genau zu datieren. Der innere Mauerring, zu dem der Turm (vielleicht 14. Jh.?) neben der Synagoge gehört, wurde im 16. Jh. durch eine 2. Mauer (Zwingermauer) verdoppelt, die für Artilleriebestückung eingerichtet war. Die Befestigungen sind namentlich auf der O-Seite vergleichsweise gut erhalten.

OBERSTEINBACH (Bas-Rhin E1)

Burg Wasigenstein

Spätestens seit 1272 und bis zur 2. Hälfte des 14. Jh. im Besitz der Familie v. Wasigenstein. Ein Burgfrieden überliefert, daß 1299 eine neue Burg gegenüber einer älteren Anlage erbaut worden ist. Grund für die Erweiterung war eine Erbteilung: Ein Graben trennt die beiden Anlagen auf der gemeinsam als Sockel verwendeten Felsplatte. – Nach dem »Waltharilied« soll sich hier das gigantische Duell zwischen Walther und Gunther in Gegenwart der Brunhilde abgespielt haben.

Die **ältere Anlage** scheint aus dem frühen 13. Jh. zu stammen. Ein 5eckiger Donjon steht an der äußersten Stelle des Felsens gegenüber dem in den Felsen gehauenen Graben, wo sich eine Tränke und ein Brunnen befinden. In der Verlängerung des Bergfrieds besetzen Wohn- und Nebenbauten die Plattform. Die Keller sind in den Fels eingelassen und durch Mauerschlitze erhellt. Eine Treppe mit Zugang, teils unter überhängenden Felsen, führt zu dieser Plattform. – Zum im ausgehenden 13. Jh. hochgeführten **neuen Schloß** gehört ein polygonaler Turm mit Wendeltreppe. Der Wohnbau schließt an diesen Turm an und öffnet sich auf der Eingangsseite in einem eleganten got. Fenster. Eine sehr steile, in den Felsen gehauene Treppe bildet den Zugang.

ORSCHWILLER / ORSCHWEILER (Bas-Rhin D8)

● **Haut-Kœnigsbourg (Hohkönigsburg)**

Der Chronist Odo v. Deuil berichtet, daß 1147 ein Turm des Schlosses dem Kaiser Konrad III. gehörte, der andere dem Herzog von Schwaben, Friedrich d. Einäugigen. Die Burg hieß damals Estufin. Dies ist die erste Erwähnung der Anlage, die im 13. Jh. in den Besitz des Herzogs von Lothringen überging, der hier zahlreiche Vasallen ansiedelte, die sich offenbar nicht immer gut vertragen haben, denn man mußte am anderen Ende der Anhöhe ein 2., kleineres Schloß, die Oedenburg, bauen. Die Hohkönigsburg fiel im 15. Jh. in den Besitz von Briganten, was 1462 zu ihrer Zerstörung durch die Städte führte. 1479 beauftragte Kaiser Fried-

rich III. den Schweizer Hauptmann Oswald v. Thierstein mit der Restaurierung. Die Städte schienen damit einverstanden gewesen zu sein, da so die Ordnung im Lande gewährleistet wurde. Straßburg und Solothurn taten sich zusammen, um die gewaltigen Modernisierungsarbeiten in die Wege zu leiten. Nach 1533, als die Burg in den Besitz der Erben des Franz v. Sickingen überging, erweiterten diese die Anlage mit neuen Bastionen. Von ihrer Zerstörung 1633 durch die Schweden blieb sie Ruine bis 1899, als die Stadt Schlettstadt sie Kaiser Wilhelm II. zum Geschenk machte. Auf seine Veranlassung kam es 1901–07 unter Bodo Ebhardt zum Wiederaufbau als kaiserliche Residenz in mittelalterl. Geschmack. Die Burg diente 1939 als Schutzraum für Kunstgüter und wurde 1944 von den Amerikanern besetzt. Zum Museum umgestaltet, ist sie heute das meistdiskutierte und meistbesuchte Denkmal des Elsaß.

Die durch ihre Größe überwältigend wirkende Burg erhielt im wesentlichen das Aussehen des 16. Jh. zurück; viele Einzelheiten sind freilich romantische Phantasie und militärgeschichtliche Abstrusität. Der Besucher wird heute nacheinander durch den Festsaal, die Kapelle, den Waffensaal und den Jagdsaal geführt. Im W trennt ein Hof diesen ersten Trakt von einem massiven Verteidigungswerk, das aus 2 Rundtürmen besteht und von Oswald v. Thierstein im ausgehenden 15. Jh. für Artilleriebestückung angelegt wurde. Am anderen Ende der Anlage liegen Bastionen des 16. Jh. sowie eine rekonstruierte Windmühle aus Holz. Das komplizierte Eingangs- und Durchgangssystem zeigt Spuren verschiedener Bauzeiten. Durch das Löwentor tritt man in ein kafkaesk verwirrendes Labyrinth.

Am anderen Ende der Anhöhe die **Oedenburg**, eine hübsche got. Anlage, vielleicht aus dem späten 13. Jh. Die Burg wurde schon am Ende des Mittelalters als öd, d. h. verlassen, bezeichnet.

OSTHOUSE / OSTHAUSEN (Bas-Rhin E6)

Besitz der Zorn v. Bulach seit 1349.

Die **Kirche** ist 1769 errichtet, unter Einbeziehung des W-Turmes (13.–15. Jh.) der Vorgängerin. Eine Bauinschrift über der Tür nennt d. J. 1452.

Um 1440 wurde das **Schloß** vom Kaiser 2 Gliedern des Hauses Zorn als Lehen übergeben. 1558 erbaute Georg Zorn v. Bulach das heutige Renaissance-Schlößchen. Das Hauptgebäude besteht aus einem großen Block unter Treppengiebeln. Hof mit Graben und Rundtürmen. Beim Eingang mehrere *Grabsteine*, darunter derjenige des Stiftspropstes Hugo Zorn aus St-Pierre-le-Jeune in Straßburg, 1321. – In der **Kapelle** eine um 1500 geschnitzte *Marienfigur*.

OTTMARSHEIM (Haut-Rhin E11)

Alte Zollstätte. Um 1045 gründete hier der Habsburger Rudolf v. Altenburg ein Benediktinerinnenkloster, das bald in ein adeliges Damenstift umgewandelt wurde. Es bestand bis zur Revolution.

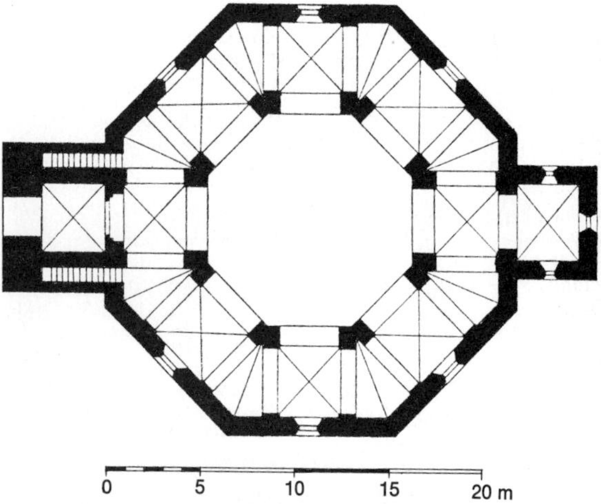

Ottmarsheim. Ehem. Stiftskirche
Grundriß des Erdgeschosses (nach Kautzsch)

● Ehem. Stiftskirche

Als Rest der Abtei steht noch die Kirche. Obgleich auch 1020 als Jahr des Baubeginns vorgeschlagen wird, ist er eher gegen 1040 anzusetzen, womit die überlieferte Weihe von 1049 durch Papst Leo IX. – die freilich nachträglich vollzogen sein könnte – und die Nachricht übereinstimmen würden, daß der Habsburger Rudolf v. Altenburg († 1059) die Cella Othmarsheim gebaut habe. Die Kirche gehört zu den Nachfolgebauten der Aachener Pfalzkapelle (um 790–800), steht also in einer Tradition mit den Anlagen in Germigny-des-Prés (806 geweiht), Compiègne (um 870–877), Lüttich, Muizen und Mettlach (um 990), Nimwegen (um 1030), Groningen und Wimpfen (um 1040–50). Turmobergeschoß und Anbauten stammen aus dem 15. Jh. Der Schachbrettfries am Tambour ist eine Ergänzung des 19. Jh.

Die Kirche ist ein 8eckiger Kuppelbau mit 2geschossigen

Umgängen. Ottmarsheim hat als einziger überlieferter Zentralbau der Aachen-Nachfolge auch den vollständigen Innenaufriß des Oktogons mit dem doppelgeschossigen Säulengitter in den Emporenöffnungen übernommen. So genau die Wiederholung zunächst erscheint, die leichten Abänderungen sind entscheidend und lassen ein neues Raumgefühl erkennen. Die Maße sind nur etwas geringer als in Aachen. Die Weite des inneren Oktogons beträgt rd. 11 m (Aachen: 14,4 m, dagegen nur 6,25 m in Nimwegen). So ist die Vereinfachung des Grundrisses mit 8seitiger Umfassung an Stelle der doppelten Seitenzahl in Aachen sichtlich nicht bloß Schrumpfung, »sondern sie bewirkt eine kubische Klärung des wandhaft geschlossenen Baukörpers« (Albert Verbeek). In betonter Straffung ist alles Antikische und gesucht Reiche des karoling. Vorbildes abgestreift, was sich v. a. in den Gesimsprofilen und den Würfelkapitellen – statt des traditionellen korinthischen Blattschmuckes – zeigt. Die antikisierenden Pilaster des äußeren Oktogonaufsatzes sind durch flachen Bogenfries ersetzt. – Von einer vermuteten Pfalz der habsburgischen Landgrafen ist nichts bekannt, mit einer Pfalzkapelle somit nicht zu rechnen, sondern von vornherein mit einer Nonnenkirche, für die zwar eine Empore üblich war, ein Zentralbau aber durchaus ungebräuchlich. – Die Ausstattung ist unbedeutend.

OTTROTT (Bas-Rhin D6)

Im Ort selbst bestehen noch Reste eines **Bergfrieds**, der im 19. Jh. verändert wurde und in den man Baufragmente fremder Herkunft, v. a. von Girbaden, einsetzte.

Eine schöne *Sitzmadonna* der Zeit um 1320 birgt die **Nikolauskapelle** in **Nieder-Ottrott**.

Rathsamhausen und Lützelburg, die beiden sog. **Ottrotter Schlösser**, erreicht man über eine Waldstraße vom Dorfausgang Klingenthal in Richtung Ste-Odile. Sie liegen im Abstand von 100 m auf dem Berg.

Rathsamhausen. Die heute mit diesem Namen bezeichnete Burg hieß urspr. nach den Besitzern Lützelburg und später Vorder-Lützelburg. Sie scheint im 12. Jh. mit einer großen Ummauerung angelegt worden zu sein, doch entfernte man gegen das Jahrhundertende die Mauer wieder und errichtete einen großen **Bergfried** als Wohnturm mit Eingang im 1. Stock. Um 1220 fügte man einen Rundturm hinzu, und der rechteckige Bergfried diente nur noch Wohnzwecken mit einem Eingang zu ebener Erde. Trotz einigen späteren Veränderungen ist dieser Bergfried einer der schönsten roman. Bauten des Elsaß. Die Fenster sind merkwürdigerweise mit einem Sturz versehen, über dem sich der von einem rechteckigen Pfosten abgestützte Rundbogen erhebt. Im Inneren 2 schöne Kamine und eine Tür mit Eselsrücken. Der gewölbte Keller rührt von einer späteren Veränderung her. Das Mauerwerk enthält Blöcke mit einfachen Verzierungen, die von älteren Bauten stammen müssen. – Im 14. Jh. wurde die heute noch zu sehende Mauer hochgezogen; im Verband steht ein flankierender, abgerundeter Turm. Die anschließenden Bauten wurden in der Renaissance hinzugefügt. Um 1400 muß das Vorwerk entstanden sein.

Lützelburg. Eine Erbteilung nötigte zweifellos zum Bau dieses 2. Schlosses. Man sieht davon noch die Grundmauerreste eines runden Bergfrieds, dessen Blöcke wohl für den Bau des heute noch aufrecht stehenden verwendet wurden. Als Baudatum des ersteren kommen die Jahre um 1220 in Frage. Sein Erscheinen hat vermutlich den Bau des Rundturmes im anderen Schloß provoziert. Sein Wiederaufbau nebenan erlaubte, ihn in einen mächtigen Mauerring zu stellen, der eine Schutzwehr zum alten Schloß hin bildet. Nach einer Zerstörung gegen das Ende des 14. Jh. wurde die Anlage von den Rathsamhausen v. Ehnweyer wieder aufgebaut, mit einem schönen Wohntrakt und Zinnen über einem Blendarkadenfries. Die Mauer ist im N durch einen halbrunden Turm geschützt, der gegen das Innere offen war. Er verteidigte v. a. den Eingang, der über eine Brücke zu erreichen ist und dessen Zugang landeinwärts ebenfalls befestigt wurde (Zwingermauern). Schließlich erbaute man noch den tiefer liegenden Hof. – Die Anlage wurde im 30jährigen Krieg zerstört.

Zum Gemeindebereich von Ottrott gehören auch Burg Birkenfels, Kloster Odilienberg und Burg Dreistein:

Burg Birkenfels. Zugang von der Straße D 426 her in 5 Minuten zu Fuß.

Kurz vor 1289 baute sich ein Ministeriale des Bischofs von Straßburg, Burkhart Beger, die kleine Burg, die in diesem Jahr durch eine Urkunde bestätigt wurde. Die ungünstige Lage erlaubte zwar keine wirksame Verteidigung der Burg, doch dank der Abgelegenheit des Ortes konnte die unbedeutende Soldatenfamilie hier in aller Ruhe in einen höheren Stand aufrücken.

Die Anlage besteht aus 3 Teilen: Wohngebäude, Bergfried und Hof. Zur Verteidigung des Wohngebäudes sind im Erdgeschoß Schießscharten angebracht; weite Fensteröffnungen erhellen seit dem ausgehenden Mittelalter den 1. Stock. Der 5eckige Bergfried, an das Wohngebäude angelehnt, bewacht das Burgtor; von gleicher Höhe wie die Ringmauer, hat er mehr symbolische als praktische Bedeutung. Der Hof ist wahrscheinlich gegen das Ende des Mittelalters entstanden.

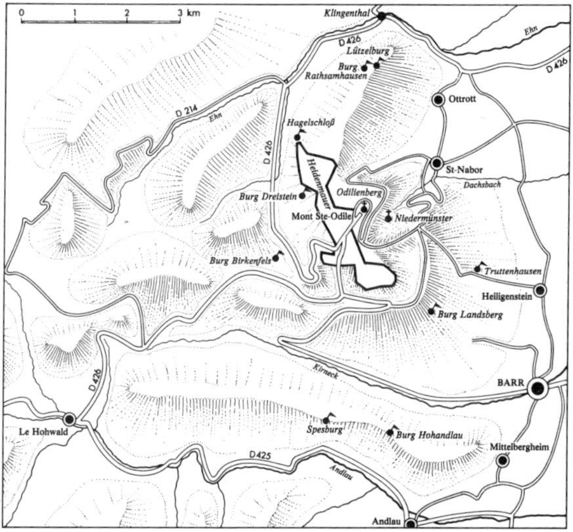

Odilienberg und Umgebung. Lageskizze

Mont Sainte-Odile / Odilienberg (D6)

Der Berg wird von einer urgeschichtlichen Steinmauer von 10 km Länge umlaufen, die man nach den Ergebnissen neuerer Grabungen in die Mitte des 1. Jahrtausends v. Chr. anzusetzen geneigt ist. Das Gebiet wurde auch von den Römern als natürliche Festung unter dem Namen Altitona benützt. Im Mittelalter gehörte es den elsässischen Grafen Hohenburg.

Die **Heidenmauer**, deren Anlage ohne Zweifel in die erste Eisenzeit zurückreicht, umschließt ein Gebiet, das v. a. zur Zeit der Urnenfelderkultur (1200–750 v. Chr.) von seßhaften Bauern besiedelt war. Der unregelmäßige Mauerzug von durchschnittlich 1,80 m Dicke nimmt auf das Gelände wenig Rücksicht. Die Steinblöcke von unterschiedlicher Größe wurden durch hölzerne Schwalbenschwänze zusammengehalten und verstärkt. Die Felsköpfe, die an der Mauer liegen – Menelstein, Wachtstein – dienten als Wachtposten. Die Eingänge sind so angelegt, daß eine primitive Flankendeckung möglich war. In römischer Zeit wurde die Festung übernommen und verbessert; neue Zufahrtsstraßen führten zu neuen Durchgängen. Es gibt im Elsaß noch andere Beispiele für diesen Typ von Refugium, z. B. die Frankenburg, doch ist der Odilienberg bei weitem die wichtigste Anlage.

Kloster

Die Klostergründung ist in der Vita der hl. Odilia überliefert (10. Jh.); die Geschichte ist leider mit gängigen Klischees gespickt: Im ausgehenden 7. Jh. hat der Herzog Eticho nur eine Tochter, blind dazu, doch keinen männlichen Erben, wie er sich wünschte. Das Mädchen wird von einer Amme in ein Kloster geführt, wo es, getauft, sein Augenlicht wiedergewinnt. Die Zwistigkeiten zwischen Vater und Tochter, die um keinen Preis heiraten will, sind von solch überzeugenden Wundern begleitet, daß der alte Heide sich bekehren läßt und seinem Kind die Hohenburg zur Gründung eines Frauenklosters schenkt. Angeblich soll Odilia auch noch das in der Nähe gelegene Kloster Niedermünster gegründet haben.

Jedenfalls bestätigte 837 Ludwig d. Fromme die Privilegien des Klosters. Die folgenden Geschicke der Abtei lassen sich nur verstehen, wenn man sich die politische Bedeutung des Ortes vor Augen führt. Im frühen 12. Jh. verwüstet, wurde er von den Hohenstaufen wiederaufgebaut; er gedieh nicht nur zu einem Stützpunkt ihrer Politik, sondern auch, unter kaiserlicher Protektion, zu einem geistigen Zentrum. 1155 übernahm die Äbtissin Relindis, eine Verwandte Barbarossas, die Leitung und 1167–95 Herrad (von Landsberg?), die hier ihren »Hortus Deliciarum« verfaßt. Diese Handschrift, eine Kompilation aus Bibelstellen, den Kirchenvätern, karoling. Autoren und den Schriften des Honorius Augustodunensis, wurde zu einer wahren Enzyklopädie mittelalterl. Wissens und stellt eine ikonographische Quelle ersten Ranges dar. Das hervorragend illustrierte Manuskript verbrannte 1870 in Straßburg und ist nur in Kopien teilweise überliefert.

Als Zufluchtsort der Frauen aus der kaiserlichen Familie – Konstanze und ihre Tochter, die Friedrich II. lieber hier in der Abgeschiedenheit als inmitten der Staatsgeschäfte wußte, lebten auf dem Odilienberg – entwikkelte sich das Kloster auch langsam zu einem durch Burgen gesicherten Platz: die Burg von Oberehnheim, Lützelburg über Ottrott, seit 1200 auch Landsberg sicherten die Zugänge. Die Abtei überlebte die Krisen des Mittelalters mit dem Preis zahlreicher Brände. Die Feuersbrunst von 1546 hatte den Wegzug der Nonnen zur Folge. Die Prämonstratenser von Étival versuchten im 17. Jh., den Odilienberg neu zu beleben, doch

Ottrott. Ehem. Kloster Ste-Odile. Kreuzgang. Stifterinnenrelief

wurde die Abtei in der Revolution zum Staatseigentum erklärt. 1853 kaufte der Bischof von Straßburg den Ort zurück und setzte Mönche ein. – Der Tourismus des 20. Jh. macht aus dem Odilienberg eine etwas lärmige, doch höchst lukrative Attraktion.

Die **Klosterkirche**, eine 3schiffige gewölbte Säulenhalle mit Turm an der O-Seite, wurde 1684–92 auf älteren Fundamenten erbaut. Ausstattung weitgehend 18. Jh.

Der »O d i l i e n h o f« von 1853 befindet sich an der Stelle des urspr. Kreuzganges. Im O-Flügel liegt die **Kreuzkapelle**, die aus der Zeit der Äbtissin Relindis stammen könnte, um 1160–70. – Nördl. angrenzend die **Odilienkapelle** mit dem Grab der Heiligen. Der heutige Bau, obgleich schon für das 8. Jh. bezeugt, dürfte aus dem 11. Jh. stammen. Ein *Bildpfeiler* mit 3 Reliefs aus dem späten 12. Jh. zeigt Herzog Eticho, der Odilia die Hohenburg schenkt, Bischof Leodegar, ferner die Äbtissinnen Herrad und Relindis.

In dem merowingischen **Friedhof** – mit in den Fels gehauenen Gräbern – die **Tränenkapelle** und die **Engelskapelle**, beide turmähnliche Bauten des 19. Jh.

Burg Dreistein. Zugang auf 2 Wegen vom Mont Ste-Odile her in etwa 20 Minuten. In einem Talgrund bekrönen die Ruinen der prachtvoll gelegenen, im 30jährigen Krieg zerstörten Anlage eine Felsgruppe. Obwohl das Baudatum unbekannt ist, kann aus Struktur und Verzierungen geschlossen werden, daß sie in ihrem Hauptbestand aus dem späten 13. und frühen 14. Jh. stammt. Der Felsblock ist durch einen Graben 2geteilt. Auf dem westl. Teil sind 2 Burgen nur durch einen Treppenturm und eine Schildmauer getrennt. Am Fuße eines zerstörten runden Turmes befindet sich das dem unregelmäßigen Gelände angepaßte Wohngebäude mit Zwillingsfenstern. Im N ist die Mauer mit einer Reihe von Kragsteinen, die urspr. schwere Galerien stützten, versehen.

LA PETITE-PIERRE / LÜTZELSTEIN (Bas-Rhin C2)

Die erste Erwähnung der Grafen v. Lützelstein geht auf d. J. 1215 zurück; die Familie starb 1460 aus. Sie schenkte die Burg 1223 Heinrich v. Veringen, Bischof von Straßburg. Die Anlage selbst wurde 1452 zerstört. Ein Schloß trat an seine Stelle. Die Befestigung des Ortes im 17. Jh. machte aus der am Fuß des Schlosses entstandenen Siedlung eine Bergfeste.

Schloß. Auf den Ruinen der Burg, wovon nur noch die Reste eines 5eckigen Turmes zu sehen sind, entstand 1566 unter dem Pfalzgrafen Georg Johann ein neues Schloß. Von ihm zeugen die noch vorhandenen Fragmente. Der heutige Aspekt der Anlage wird durch Umbauten des

Pfaffenheim. St-Martin. Choransicht (zu S. 150)

17.–19. Jh. geprägt: reizvoll in der Gesamterscheinung, doch in den Einzelheiten wenig ergiebig.

Die **Kirche** wurde 1855 gebaut unter Verwendung älterer Teile. Im Chor *Wandmalereien* um 1420: Stammbaum Christi, Himmelfahrt, Pfingsten, hl. Michael, Adam und Eva, Jüngstes Gericht; in den Gewölbekappen die Evangelisten und die Marienkrönung. Am Mittelfenster Bauinschrift des Grafen Burkhard, 1417. – Renaissance-Grabmäler, z. T. verstümmelt.

Im Ort einige historische **Häuser**, meist aus dem 18. Jh. – Sog. **»Heidenhaus«**, dat. 153. (?).

PFAFFENHEIM (Haut-Rhin D10)

Der Ort gehörte zum bischöflichen Mundat.

● Die **Kirche St-Martin** (Abb. S. 149) wurde 1893 in neugot. Formen erbaut unter Wahrung alter Teile der Zeit um 1200: ⅝-*Chor*, quadratisches Vorchorjoch, 2jochige Sakristei. Die reiche bauplastische Zier des Chorаußenbaues, der an Gebweiler und das Baseler Münster erinnert, macht ihn zu einem »Hauptwerk oberelsässischer Dekorationskunst« (Georg Dehio). Von hoher Qualität und vorzüglichem Steinschnitt sind auch die Proportionen und die Baudetails des Innenraumes. Dieser alte Bauteil ist der einzige Beleg eines – in den Einzelformen – noch roman. polygonalen Chores im Elsaß und das »schönste Beispiel einer Gotik, zu der die elsässische Baukunst innerhalb der Grenzen ihrer eigenen Überlieferung gelangen konnte« (Rudolf Kautzsch).

Im Chor spätgot. *Sakramentshaus* in Form eines 2seitigen Erkers auf einer Maßwerkkonsole und mit z. T. à jour gearbeiteter, krabbenbesetzter Bogenbekrönung. An den Seiten Maria und Engel einer Verkündigungsdarstellung. Des reichen Faltenwurfes der Figuren wegen wohl um 1510 anzusetzen.

RÉGUISHEIM / REGISHEIM (Haut-Rhin D10)

Kirche von 1888 an älterem, wohl um eine Etage gestutzten *Turm*. Das frühroman. Bauwerk zeigt einen einfachen Sockel, 2 Blendarkadengeschosse und darüberliegende Fensterzone. Er wurde später nach W verstärkt und verändert. Auf nördl. Gesims stark verwitterte Marienfigur zwischen 2 knienden Stiftern, um 1600 (?). – Im Inneren Renaissance-*Kanzel* ohne Schalldeckel. In den Korbnischen die Evangelisten, darunter die Symbole (Matthäus-Figur entwendet), wohl frühes 17. Jh. – Im Chor guter *Kruzifixus*, um 1700. – Glasfenster von F. Haas, 1956. – Linker Seitenaltar mit Altarblatt von C. Georg Kaiser,

1894, die Rosenkranzmadonna darstellend; auf dem rechten Seitenaltar hl. Joseph mit Christusknaben, 1891: 2 gute Beispiele für die spätnazarenische religiöse Malerei.

REICHSHOFFEN / REICHSHOFEN (Bas-Rhin E2)

Kirche mit got. Turm und Schiff von 1772. Am Hochaltar von 1779–82 Kreuzabnahme von Joseph Melling, 1790.

Das **Schloß** wurde 1771 von Joseph Massol für Jean de Dietrich erbaut.

REININGUE / REININGEN (Haut-Rhin C12)

In der nach dem 1. Weltkrieg neuerbauten **Kirche** wird der *Silberschrein des hl. Romanus* (Abb. S. 152) aufbewahrt. Das teilweise vergoldete Reliquiar, um 1200 entstanden und mit Restaurierungen von 1510 (renovatum anno 1510), zeigt auf der Hauptseite den thronenden Christus mit je 3 Aposteln links und rechts; auf der Rückseite die thronende Maria mit je 3 hll. Gestalten, u. a. Laurentius (dieser 16. Jh.). Auf den Schmalseiten, unter Giebeln mit Engelsbüsten, die Enthauptung des hl. Romanus und die Bekehrung eines Heiden durch ihn. Auf den beiden Dachschrägen das Lamm Gottes, 2 Engel und die Symbole von Johannes und Lukas (Hauptseite) sowie Christus, 2 Engel und die Symbole von Markus und Matthäus (Rückseite). Der Schrein stammt aus dem Kloster Oelenberg. – Kleinerer Schrein mit Christus unter den Klugen und den Törichten Jungfrauen, um 1200.

Kloster Oelenberg, ehem. Priorat St-Augustin
Das Kloster, kurz nach 1000 von Heilwig v. Egisheim, der Mutter des Papstes Leo IX., gestiftet und von ihrem Sohn geweiht, wurde mehrfach zerstört, v. a. in den beiden Weltkriegen. Seit 1825 Besitz des Trappistenordens.

Die heutige **Kirche** wurde 1918 erbaut als Emporenbasilika unter Tonnengewölbe. Von kunstgeschichtlichem Interesse ist lediglich eine *Madonna*, um 1500, im Chorscheitel, eine Holzplastik von überdurchschnittlicher Qualität.

REUTENBOURG / REUTENBURG (Bas-Rhin D4)

Wallfahrtskapelle Reinacker

Weihe einer Kapelle 1407; die Wallfahrt geht aber möglicherweise schon ins 9. Jh. zurück. Die heutige, lt. Inschrift 1410 erbaute Anlage war 1492 noch nicht vollendet. Vierungsturm 1693. Turm an der W-Seite 15. Jh.

Reinacker ist eine 3schiffige gewölbte kleine Hallenkirche mit erhöhtem Chorhaus und ⁵⁄₈-Schluß. Am 2teiligen W-Portal die lateinische und deutsche Inschrift »anno dni MCCCCX edifica-

Reiningue / Reiningen. Kirche. Romanus-Schrein (zu S. 151)

tum est hoc opus – dis werg het ludemann gemachet«. In der Mitte ein interessanter Stein mit der Inschrift »diser stein ist also lang als got was«. Der Chor ist außen 1423 und 1435 datiert mit Inschriften. – Gegenüber dem anspruchslosen Äußeren erweist sich das I n n e r e als eine aufwendige Architektur – mit kuriosen Schmuckdetails – auf kleinem Raum.

Am Gesims Tierfiguren und Masken. Die Kapitelle tragen Maskenschmuck, Blumen und Weintrauben. Im Chor eine *Doppelsitznische* in der Wand, mit u. a. dem »Modell« eines Rosenfensters. Auf den Seitenaltären ein Vesperbild, um 1430, und eine Maria, um 1480, mit moderner Fassung. Eine Madonnenstatue vom früheren Hochaltar ist 1752 datiert.

RIBEAUVILLÉ / RAPPOLTSWEILER
(Haut-Rhin D8)

R. war der Sitz einer der ältesten und einflußreichsten Adelsfamilien des Elsaß, der Rappoltstein. Die Oberhoheit über diese Herrschaft wurde 1084 vom Kaiser dem Bischof von Basel anvertraut, ebenso das Burgrecht, das sich zweifellos auf die heutige Ulrichsburg über dem Ort bezog. 1114 nahm der Kaiser dieses Recht wieder zurück, da er die Burg zum Kampf gegen die mächtig gewordenen Grafen v. Egisheim benötigte. Barbarossa gab sie schließlich 1162 an den Bischof von Basel zurück. Diese kriegsgeschichtlichen Ereignisse wie auch die strategisch bedeutende Lage scheinen dem Aufkommen der Herren v. Rappoltstein (Ribeaupierre) höchst dienlich gewesen zu sein, die bei der Zerstückelung des Egisheimer Besitzes, seit 1225, ihren Teil einstrichen. Ebenso gelangten Burg Hohnack und die Rechte über das Tal von Orbey in den Besitz der (1673 ausgestorbenen) Familie.
Eine Siedlung entstand am Fuß der Burg; Einzelheiten sind kaum bekannt. Sie war 1284–87 mit Mauern umgeben worden und ist seit 1290 als Stadt genannt. Sie erstreckt sich in O-W-Richtung auf dem linken Ufer des Strengbaches. Die Straße nach Ste-Marie-aux-Mines (Markirch) diente als Hauptachse. Die Unterteilung in Ober- und Unterstadt ist nicht nur topographisch, sondern auch daran leicht zu erkennen, daß die beiden Viertel 2 verschiedenen Familien gehörten und jedes für sich befestigt wurde. Erst 1341 entstand eine gemeinsame Ringmauer, die sich um die ganze Stadt zog. 1445 war R. stark genug, um den Einwohnern von Bergheim zu Hilfe zu eilen und die Armagnaken zurückzuschlagen. Im Bauernkrieg 1525 plünderten die Bürger Kirchen und kirchlichen Besitz, was ihnen eine harte Strafe eintrug.
Die Stadt wurde 1563 protestantisch, freilich nicht mit allen Einwohnern. 1648 und in den folgenden Jahren kam sie unter französischen Schutz. Mit Zustimmung von Ludwig XIV. gelangte das Erbe der Rappoltstein an die Herzöge von Birkenfeld und Zweibrücken. Nach 1871 gelangten die bedeutenden Familienarchive sowie alle Kunstwerke in den Besitz der Wittelsbacher nach München. (Maximilian I., seit 1806 König, und seine Nachkommen auf dem bayerischen Thron entstammten der Zweibrücker Linie.)
Nennenswerte volkstümliche Traditionen und Bräuche haben sich in R. erhalten oder sind von hier ausgegangen. Seit dem Mittelalter genoß die Zunft der Pfeifer im ganzen Elsaß den Schutz der Rappoltstein. Der »Pfeiferkönig« machte alljährlich seine Reverenz am 8. September; damit verbunden war eine Wallfahrt zur Kapelle Unserer Lieben Frau in Dusenbach. Das Ereignis lebt als Volksfest weiter. – Eine Legende berichtet in euphemistischer Form von den Rivalitäten, die zwischen den Rappoltstein bestanden: 2 sehr miteinander verbundene Brüder bewohnten die Ulrichsburg und den Girsberg. Einer der beiden ehelichte die Tochter des Pfeiferkönigs und vergaß im Trubel der Hochzeitsnacht die alte Gewohnheit, seinen Bruder mit einem Pfeilschuß an den Fensterladen zu wecken. Als dieser den Laden öffnete, wurde der verspätete Pfeil

gerade abgeschossen . . . Ein Herr von Rappoltstein, vielleicht der gleiche, soll in den benachbarten Wäldern die wilde Jagd anführen.

Die **Pfarrkirche Notre-Dame** ist eine 3schiffige, gewölbte Basilika, 1282 begonnen und 1473 im W vollendet (Tympanon um 1400). 1876 wurde sie nach O verlängert, wobei man den alten Chor wiederaufgebaut hat. Im Inneren eine qualitätvolle *Mondsichelmadonna*, um 1470. – Neben der Kirche ein *Ölberg*, um 1700.

Ehem. Augustinerkirche mit 2geteiltem Portal, um 1360. Der **Konventbau** wurde 1297 gestiftet; die heutige Anlage stammt von 1776–79. – Deckengemälde 1777.

Ehem. Katharinenkapelle des Spitals, 15. Jh. (jetzt **Städt. Museum**). – **Spitalgebäude** mit Inschriften von 1542 und 1739.

Das **Rathaus** ist ein barocker Bau von 1773 mit weitem Treppenhaus. – Hier wird u. a. eine kleine Sammlung von Goldschmiedearbeiten gezeigt; Silbergeschirr der 1. Hälfte des 17. Jh.; Becher, welche die Rappoltstein dem Stadtrat schenkten.

Häuser. Grand'Rue. **Nr. 7: Gasthof zur Stadt Nancy**, Portal 1694. **Nr. 14: Haus des Ave Maria** (oft als **Pfeiferhaus** bezeichnet), mit Erker auf trapezförmigem Grundriß in Fachwerkbauweise mit 2 Figuren: Maria und Verkündigungsengel, Ende 17. Jh. **Nr. 99: Gasthof zur Sonne** (mit Treppentürmchen im Hof), Ende 16. Jh. – Place de la 1re Armée. **Ehem. Kornhaus**, 1431–37; Portal von 1559. – Rue des Pucelles. **Herrenhaus** von 1546. – Rue du Couvent. **Nr. 4: Pilgerhaus** (»Maison du pèlerin«), 1517; der muschelförmige Schmuck hat, als Pilgermuschel, d. h. Attribut des hl. Jakobus, gedeutet, zu der Bezeichnung geführt. **Gasthof zu den drei Königen**, 1540, mit Balustrade. – Rue des Juifs. **Rathsamhauser Hof**, 1571, sowie weitere **Renaissance-Häuser** wie auch in der Rue Salzmann und Rue Klobb.

Brunnen. Beim Metzgerturm zwischen Ober- und Unterstadt steht ein 8eckiger Brunnen mit Renaissance-Schmuck, 1536. Zuoberst hält ein Bär das Wappen der Rappoltstein. – In der Grand'Rue ein rechteckiger Brunnen mit Wappenschild auf einem Kapitell, 1582. – Place de la Sinn: Brunnen mit allegorischer Figur von dem aus Ribeauvillé gebürtigen A. Friedrich, 1862.

Der **Stadtpark** wurde 1617 von Eberhard v. Rappoltstein angelegt; Statuen aus dem 18. Jh.

Befestigungen. Der **Metzgerturm** an der Scheide zwischen Ober- und Unterstadt ist ein Teil der ersten Befestigungsanlage. Sein bossierter Sockel gehört zweifellos ins späte 13. Jh. Aufgrund des 2. Bogens über dem stadtseitigen Toreingang darf man vermuten, daß der Turm urspr. hier offen war. Der obere Teil sowie dieser 2. Bogen gehören der Renaissance an, 1536. Das Dach ist nicht mehr vorhanden. – Von der **Ringmauer** ist an der nordwestl. Seite ein gut erhaltenes Stück bewahrt, sichtbar beim Aufstieg zu den Burgen. – 2 **Rundtürme** an den Straßen nach Bergheim und Hunawihr.

Rappoltsweiler Burgen. Die Burgen Hohrappoltstein, Ulrichsburg und Girsberg oberhalb der Stadt erreicht man zu Fuß in etwa 30 Minuten. Der Weg geht durch Weinberge und bietet einen guten Überblick über die Stadt.

Die Dreizahl der Schlösser erklärt sich aus verschiedenen Erbteilungen. Die am höchsten gelegene Anlage, das auch (in einem Text d. J. 1254) Altenkastel genannte Hohrappoltstein, befindet sich an der Stelle vorgeschichtlicher Befestigungen und römischer Münzfunde. Die erste mittelalterl. Bebauung ist die heutige Ulrichsburg, die erst Rappoltstein, dann Groß-Rappoltstein genannt und seit 1084 erwähnt wird. 1288 zerstörte ein Blitz die Dächer des »Stein« (Klein-Rappoltstein), 300 m von der Ulrichsburg entfernt; die kleine Burg wird 1316 durch Girsberg ersetzt.

Die **Ulrichsburg**, so genannt nach der dortigen Kapelle St. Ulrich, war noch im 17. Jh. bewohnt. Jede Generation hat der Anlage etwas hinzugefügt, so daß der heutige Bestand komplex und verwirrend wirkt. Der quadratische **Bergfried**, im N auf einen Felsen gestellt, diagonal gegen die Angriffsseite ausgerichtet, stammt zweifellos aus der 1. Hälfte des 12. Jh. Er wird durch eine polygonal gelegte Mauer verlängert, an der die Wohnungen lagen; Reste eines roman. Kamins mit Palmettendekor sowie ein Fenster aus der gleichen Zeit mit geometrischem Dekor auf dem Tympanon sind zu erkennen. Im S erhebt sich ein 2. Fels, auf dem gegen 1200 ein großer **Wohnturm** erbaut wurde, vermutlich infolge einer Erbteilung. Später entstanden die Nebengebäude zwischen diesen beiden Bergfrieden. Um 1230 entstand der herrliche **»Rittersaal«**, ausgezeichnet durch eine Reihe von roman. Fenstern mit Sitzbänken in den Nischen. Das Maßwerk zeigt hier eine sich nie wiederholende Fülle von Formen. Urspr. lag über diesem Meisterwerk der ausgehenden Romanik ein got. Stockwerk mit Drillingsfenstern. In der **Kapelle** befindet sich noch der alte Altar sowie ein tribünenartiges Obergeschoß. Die südl. Mauer mit schönen got. Fenstern endet in einem Giebel. Vor dem großen Saal liegt ein Hof mit Brunnen und Eingangsanlage aus dem späten Mittelalter. Die restliche Fläche der Plattform ist überbaut mit meist aus der Renaissance stammenden **Nebengebäuden**. – Am Fuß der Burg ein Gebäude in zerfallenem Zustand, vielleicht ein Gehöft.

Hohrappoltstein (Ribeaupierre) beherrscht die konzentrischen frühgeschichtlichen Gräben. Der **Rundturm** aus dem 13. Jh. wurde schwerfällig restauriert und mit einer Backsteinzinne versehen. Die betonierte Plattform erreicht man über eine

Außentreppe bis zum urspr. Eingang und von hier über eine Innentreppe. Im W große Schutzmauer mit Zinnen. Nächst dem doppelpförtigen Eingang aus der Renaissance unterirdische, gut erhaltene **Zisterne** mit Kuppelgewölbe, deren Kreuzrippen im Zenit ein Quadrat aussparen, durch welches man die Eimer in die Tiefe senkte.

Girsberg besetzt einen steilen und höchst malerischen Felsen, dessen vergleichsweise geringe Ausmaße die Größe der Anlage bestimmen. Der 5eckige **Bergfried** liegt auf der höchsten Erhebung im N und dominiert mit einer Ecke die Eingangsanlage an der Gegenseite. In der Verlängerung des Bergfrieds folgen die **Wohnbauten** in einem durch die Felsformation vorgegebenen Rhythmus und enden in einem auf kreisförmiger Basis errichteten **Turm**, der seinerseits mit seinen Fundamenten in den unteren Hof am Fuß des Felsens reicht. Beim Bergfried kleiner Treppenturm.

Man beachte die Verwendung des schönen rötlichen Sandsteins in der Ulrichsburg und im Bergfried von Hohrappoltstein und die weniger feinen Baumaterialien im Girsberg und den übrigen Teilen von Hohrappoltstein.

RIQUEWIHR / REICHENWEIER (Haut-Rhin D8)

Nach den Annalen von Colmar wurde R. 1291 befestigt. Die Stadt gehörte den Herren v. Horburg, die wohl für die Anlage verantwortlich sind. Es handelt sich in der Tat um einen höchst regelmäßigen Stadtplan nach dem Schema der Neustädte im Elsaß und der Schweiz. Keine der Kirchen scheint aber aus dem 13. Jh. zu stammen: Die Pfarrkirche des Ortes war vermutlich in Hunaweier, das ebenfalls den Herren v. Horburg gehörte. 1324 gelangte die ganze Herrschaft durch Verkauf an die Herzöge von Württemberg, in deren Händen sie sich bis zur Revolution befand. 1525 stellte sich R. auf die Seite der revoltierenden Bauern, und 1534–59 nahm es an der Reformation teil.

● Stadtbild. Als friedliche Weinbauernstadt hat Reichenweier bis heute sein im 17. Jh. geprägtes Gesicht bewahrt. Der 2. Weltkrieg hat hier keine Spuren hinterlassen. Die wenigen Neubauten außerhalb der Stadtmauern stören kaum. Der Ort liegt fern der großen Verkehrsachsen am Eingang zu einem straßenlosen Tälchen, in dem sich lediglich die Ruine der kleinen Burg Reichenstein aus der Mitte des 13. Jh. befindet. – Die Stadt bildet ein Rechteck, das im N an einen Bachlauf angrenzt. (Die ehem. Gräben dienen heute als Parkplätze für

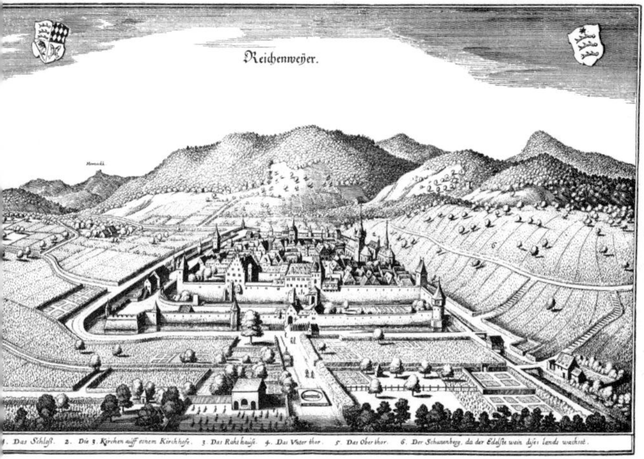

Riquewihr / Reichenweier. Nach Merians »Topographia Alsatiae«, 1663

die zahlreichen Besucher.) Im O, S und W wurde die Mauer von 1291 um 1500 durch einen 2. niedrigeren Gürtel verdoppelt. Die vergleichsweise breite Hauptstraße bildet die O-W-Achse. Eine Nebenstraße kreuzt sie in der Stadtmitte und führt zu einer kurzen Seitenstraße, an deren nördl. Ende die **ehem. Kirche Notre-Dame** (Liebfrauen) von 1337 und die ebenfalls profanierte **Spitalkirche St. Erhard** von 1441 liegen, beide am Wall; nahebei die **prot. Kirche** als Umbau (1845–52) einer Margaretenkirche von 1437. Die übrigen Durchgänge sind fast alles Sackgassen, die in kleinen, z. T. höchst malerischen Höfen enden. Das Schloß wurde in der südöstl. Ecke erbaut.

Die **Befestigungen** sind im N und W besonders gut erhalten; seit dem 14. Jh. wurden Häuser an und auf die Mauern gebaut. – Die nordwestl. Ecke wird vom **Diebsturm** (Tour des Voleurs) beherrscht, der zur Mauer von 1291 gehört. Der Turm mit seinem 5eckigen Grundriß ist typisch für das ausgehende 13. Jh.: Die Spitze richtet sich gegen den Angreifer. Sein Name bringt in Erinnerung, daß hier Folterungen und Hinrichtungen stattfanden; das dazu verwendete und erhaltene Arsenal an Utensilien kann besichtigt werden. – Der **Dolder** war das Haupttor im W. Sein unterer Teil mit Bossenquadern

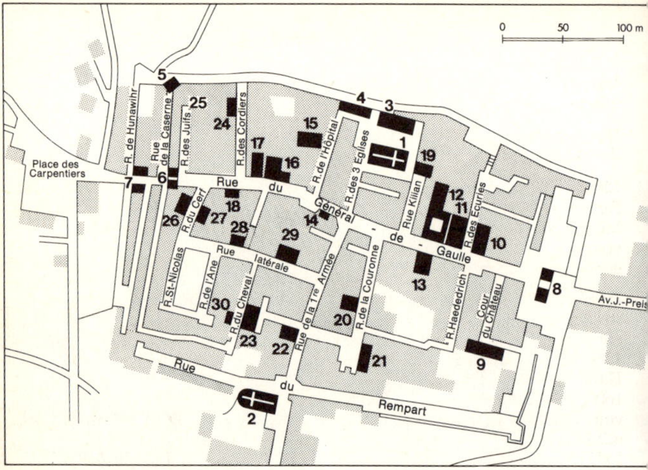

1 Prot. Kirche; benachbart: Lapidarium
2 Kath. Kirche
3 Ehem. Kirche Notre-Dame
4 Ehem. Kirche St. Erhard
5 Diebsturm, Tour des Voleurs
6 Dolder
7 Obertor
8 Rathaus
9 Ehem. Schloß
10 Haus Irion
11 Haus Jung-Selig
12 Haus Liebrich
13 Haus Behrel
14 Haus »Zum schwarzen Bären«, »de L'Ours-Noir«
15 Haus Sigrist
16 Haus Preiss-Zimmer, ehem. Gasthaus »Zum Stern«, »de l'Étoile«
17 Haus Zimmer
18 Zehnthof
19 Haus Brauer
20 Haus Dissler
21 Haus Jung; davor: »Kühler Brunnen«
22 Haus Wœlflin, »Zum goldenen Knopf«, »Bouton d'Or«
23 Cour de Strasbourg
24 Haus Schærlinger
25 Cour des Juifs
26 Haus Kiener
27 Haus Dopf, ehem. Gasthaus »Zum Hirschen«, »du Cerf«
28 Haus Abry
29 Haus D. Irion
30 Haus Würtz

Riquewihr / Reichenweier. Lageplan

stammt noch aus dem 13. Jh. Der 1. Stock liegt auf der Höhe des Wehrganges; das 2. und 3. Geschoß dienten dem Wächter als Wohnung. Die Stockwerke springen stufenartig nach oben gegen die Stadtseite vor. Kleines Lokalmuseum: Waffen, Koffern, Rebbauinstrumente. – Das **Obertor** vor dem Dolder, 1500 erbaut aus Bossenquadern, zeichnet sich durch eine Pechnase und Schießscharten für Artilleriebestückung aus. Das Fallgitter ist noch vorhanden. Die beiden langen Schlitze dienten der Bedienung der Zugbrücke. Der Turm gehört zum Verteidigungssystem der 2. Mauer.

Das Untertor mußte 1809 dem **Hôtel de Ville** weichen, unter dem noch die Durchfahrt liegt.

Ehem. Schloß, jetzt Schule. Der heutige Bau in etwas schmächtigen Renaissance-Formen datiert von 1540. Wappenschild Württemberg-Mömpelgard (Montbéliard) am Treppenturm. Medaillon mit Bildnis von Marie Karoline Flachsland, der Gattin Herders, die 1750 hier geboren wurde.

Häuser. Rue du Général-de-Gaulle (die Hauptstraße). **Nr.9: Haus Irion**, 1606; Tür mit Giebel, Eck-Erker. Gegenüber ein Renaissance-**Brunnen**. – **Nr. 12–14: Haus Jung-Selig**, 1561. Der 1. Stock mit geschnitztem Fachwerk wird von Säulen getragen. – **Nr. 15: Haus Liebrich**, 1535. Hof mit skulptierter Holzgalerie. Brunnen von 1603, Weinpresse von 1817. – **Nr. 17: Haus Behrel** mit Erker. Inschrift von 1709. Im 1. Stock got. Tür von 1426. – **Nr. 25: Haus »Zum Mönch«**, mit Fachwerk, 1522. – **Nr. 31:** Haus Berschy **»Zum schwarzen Bären«**, 1545. Am Hofende **Haus Sigrist** von 1573. – **Nr. 40: Altes Gasthaus »Zum Stern«,** 1686. Fenster mit Mittelstütze und holzgeschnitzten Rahmen. Ein gewölbter Durchgang führt zur **Cour des vignerons**, zum Hof der Weinbauern, wo sich die Zunft versammelte. – **Nr. 46: Haus Zimmer.** Im Hof Treppentürmchen und Portal 1613. – **Nr. 52:** Hof des **Zehnthauses**, das den Rappoltstein (Ribeaupierre) gehörte; Portal von 1561. – Vor dem Dolder ein **Brunnen** von 1560 mit den Wappen von Reichenweier und Horburg, von einem Leoparden gehalten.

Rue Kilian. **Haus Brauer** mit Portal von 1618. – Rue de la Couronne. **Nr. 6: Haus Dissler**, 1610, mit geschmücktem Giebel; 2stöckiger Erker mit Maskendekoration. – **Haus Jung**, 1683, mit geschnitztem Fachwerkerker. Vor dem Haus der sog. **»Kühle Brunnen«**. – Rue des Trois Eglises. Neben der prot. Kirche kleines **Lapidarium**: Sarkophage, got. Plastikfragmente, Freiheitsaltar von 1790. – Die **ehem. Kirchen Notre-Dame** (1337) und **St. Erhard** (1441), in Häuser umgebaut, beschließen die zu einem kleinen Platz ausgeweitete Straße.

Rue de la 1re Armée. **Haus »Zum Hecht«** von 1471. Ehem. städtisches Bad. – **Nr. 15: Haus »Zum goldenen Knopf«**, aus Stein gebaut 1560. – Am Ende einer kleinen Sackgasse der **ehem. Sitz der Bischöfe** von Straßburg, der 1460 genannt wird. Der heutige Bau stammt aus dem 16. Jh. mit Portalen, Erker und Wendeltreppe. – **Nr. 11: Haus Hugel** mit 2stöckigem Erker und Wendeltreppe von 1597. – Rue des Cordiers. **Nr. 7:** Haus von 1672 mit geschnitzten Fenstereinfassungen. – Rue des Juifs. **Judenhof** von 1509 mit Bauten von 1560 und 1630. – Rue du Cerf. **Nr. 21: Haus Kiener** von 1574. Eine Inschrift wird von einer makabren Szene begleitet: der Tod faßt einen Bürger am Hals. Im Hof Brunnen von 1596. – **Nr. 3:**

Haus Dopf, ehem. Gasthaus »Zum Hirschen«, 1566. Das Wirtshausschild mit lebensgroßem Hirsch ist eine Kopie des Originals, das sich heute im Unterlinden-Museum von Colmar befindet. – R u e l a t é r a l e. **Nr. 13: Haus Abry** mit doppelter, geschnitzter Holzgalerie aus dem 17. Jh. – **Nr. 6: Haus D. Irion** von 1551 mit Renaissance-Portal im Hof. – R u e d u C h e v a l. **Nr. 4: Haus Würtz** von 1579–81. Fassade mit Erker; Wendeltreppe und Brunnen im Hof.

RORSCHWIHR / ROHRSCHWEIER (Haut-Rhin D8)

Kirche. Frontturm mit Eingang. Die Halle ist noch gotisch, der Oberbau 19. Jh.

ROSENWILLER / ROSENWEILER (Bas-Rhin D5)

Der Ort wurde im 30jährigen Krieg stark in Mitleidenschaft gezogen.

Die **Kirche Notre-Dame** von 1860, in neugot. Formen, bewahrt Chor und Vorchorjoch der Vorgängeranlage aus dem frühen 15. Jh. und bemerkenswerte Stücke der A u s s t a t t u n g.

In den Seitenschiffen je 3 Stuckengel mit den Leidenswerkzeugen Christi, ausgehendes 18. Jh., und ein überraschend qualitätvoller, in Gips gegossener *Kreuzweg* von Arthur Pieron, Nancy, wohl frühes 19. Jh. In der linken Seitenkapelle ein in Details hervorragender *Schnitzaltar* mit hl. Katharina aus dunkelbraunem Holz mit teilweiser Vergoldung, 2. Hälfte 17. Jh. (Seitenfiguren möglicherweise später). Rechter Seitenaltar aus der gleichen Zeit mit hl. Sebastian und sog. *Johannesschüssel* mit dem Haupt des Täufers. – An der rechten Vorchorjochwand kleines *Heiliggrab* des 14. Jh in einer Nische; im Giebel der auferstehende Christus, um 1340. – An den beiden Vorchorjochwänden *Fresken*, verantwortungslos restauriert und stilistisch weitgehend in Frage gestellt. Rechts Anbetung der Könige und Flucht nach Ägypten: wie Einsatzstücke eines großen Mantels, der oben von 5 Engeln gehalten wird; darüber hl. Michael als Seelenwäger, bezogen auf das an der gegenüberliegenden Wand dargestellte Jüngste Gericht; darunter Marientod und Pfingsten (?): die urspr. Marienfigur zum Christus »umrestauriert« (?).

Im Chor Reste alter *Glasmalereien* in 2lanzettigen Fenstern mit z. T. modernen Medaillons. Links: Verkündigung und Geburt (Ergänzungen); darüber Anbetung der Könige, Darstellung im Tempel und Taufe Christi, um 1360. Das rechte Fenster stark erneuert: Auferstehung Christi, Christus als Gärtner, Ungläubiger Thomas, Himmelfahrt und Pfingstwunder; z. T. unter Wiederverwendung anderer alter Fragmente, was hier die Restaurierung wesentlich über die Banalität der Ergänzungen im linken Fenster emporhebt. Man beachte den Engelskopf der Szene mit den Marien am Grabe; mit seinem »jüdischen« Profil und der seltsamen Armstellung war der Engel urspr. wohl

Rosenwiller / Rosenweiler. Notre-Dame
Glasmalerei im Chor: Darstellung im Tempel. Anbetung der Könige

Rosheim. St-Pierre-et-St-Paul. Westteil

Scherge in einer Gefangennahme Christi. Die zurückgestellte, höchst provokante Hand stammt ebenfalls aus einer anderen Szene. – Die historisierenden Fenster in den Seitenschiffen sind 1944/45 von den Gebrüdern Ott in Straßburg eingesetzt worden.

ROSHEIM (Bas-Rhin D5)

R. war im Besitz mehrerer Abteien und Klöster. 778 gelangten Güter R.s an Fulda, im 9. Jh. an Luxeuil und 959 an Lure. Religiöse Gemeinschaften aus Straßburg bewohnten den Ort bis ins 19. Jh. Der Ort wurde nach einer Eroberung i. J. 1114 durch Friedrich von Schwaben mit dem nahe gelegenen Kloster Odilienberg zu einem der Hauptstützpunkte der Hohenstaufen im Elsaß. 1212 kam ein Teil der Stadt an Lothringen, fiel aber trotz der Streitigkeiten in den darauffolgenden Jahren wieder an das Reich zurück. Die Stadt scheint von Friedrich II. Freiheiten erlangt zu haben. Die Befestigungen datieren aus dem 13. Jh. Nachdem R. dem Bündnissystem beigetreten war, das die Bildung der Dekapolis vorbereitete (vgl. Colmar), zählte die Stadt 1354 zu deren Gründungsmitgliedern. Eine bedeutende Unterstadt bildete sich außerhalb der Stadtmauer; auch sie wurde in der Folge von einem Festungsgürtel umgeben.

Kirche St-Pierre-et-St-Paul (Schlüssel in der gegenüberliegenden Pâtisserie Rohmer). Bedeutende roman. Kirche aus d. J. 1170–90, deren S-Seite die eigentliche Schauseite ist. Für den Bau werden 3 Etappen angenommen: 1. Chorquadrat und Apsis, 2. Schiffs-N-Seite mit Planwechsel für die Wölbung (hier sind noch Basen in den Pfeilerecken, die in der 3. Etappe – S-Wand, Hochschiffwände und Einwölbung – fehlen).
Die kreuzförmige gewölbte Basilika mit Stützenwechsel trägt über der Vierung einen 8eckigen, 1454 erhöhten Turm, der 1385 begonnen wurde. Hauptchor und nördl. Querhausflügel haben halbrunde Apsiden. Als Rest eines später angefügten und nicht vollendeten Chorturmes, jetzt Sakristei, könnte der Anbau an der SO-Ecke gedeutet werden. Man beachte die Baufugen, v. a. im Sockel; nach anderer Erklärung handelt es sich um den Rest einer Vorgängerkirche. Der runde Treppenturm ist über dem Eingang 1712 datiert.
Wölbungstechnik, Steinbearbeitung und dekorative Plastik sind von höchster Qualität, auch wenn nicht übersehen werden darf, daß die Einheit des Zusammenspiels das Ergebnis einer perfekten Generalreinigung und -renovierung von 1859 zu verdanken ist, die radikal alle späteren Zutaten beseitigte und auch entsprechend ergänzen mußte. – Die feingegliederte Außenschale der Kirche steht im Gegensatz zu den schweren

Rosheim. St-Pierre-et-St-Paul. Südwestzwickel des Vierungsturmes

und wortkargen Lösungen des Innenraumes mit seinen großen Wandflächen. V. a. fallen die Unterschiede in der nördl. und südl. Sockelzone auf, welche die Wandgliederung auf verschiedene Weise vorbereiten und zu 2 Bauphasen gehören. Auch ist sofort ersichtlich, daß die Gewölbe nicht mit den Aufrissen der Langhauswände in Einklang kommen.

Inneres und Äußeres der Kirche sind mit reicher dekorativer Skulptur versehen, die nicht systematisch auftritt, sondern, v. a. in der Innendekoration, gesucht werden will. Hervorzuheben sind außen namentlich das Fenster der Hauptapside mit den Evangelistensymbolen, der W-Giebel mit den reich gekehlten Blendarkaden und das Gewände des südl. Seitenportals. Für die dekorative Bauplastik, die in Murbach weiterwirkt, können nicht nur elsässische, sondern auch lombardische Anregungen mitgespielt haben, wobei man sich vor Augen halten muß, daß gerade während des 3. Viertels des 12. Jh. sich in der Plastik ein »internationaler Stil« durchsetzt und eine große geographische Beweglichkeit der einzelnen Ateliers in Rechnung zu stellen ist. Der ikonographische Sinn bleibt in den meisten Fällen unklar; v. a. sind für die Männchen am Vierungsturm, die auch in Gebweiler auftreten, keine überzeugenden Erklärungen vorgetragen worden.

Kirche St-Etienne. Der durch Größe und Breite überraschende Saalbau aus dem Ende des 18. Jh. ist von Nicolas-Alexandre Salins erbaut worden. Sein roman. Turmunterbau mit reicher Profilierung und Spitzbogenarkaden entstand wohl gegen 1200.

Ein riesiges Deckengemälde mit der Himmelfahrt Marias ist 1976/77 leider einer puristischen Renovation zum Opfer gefallen wie auch weitere, z. T. bedeutende Ausstattungsstücke des 19. Jh. Hinter dem Hochaltar großes Ölbild mit der Steinigung des Kirchenpatrons Stephanus, oben links die Erscheinung Christi, Ende 18. Jh. Über der Sakristeitür die Schlüsselübergabe an Petrus, um 1800 (»tableau donné par l'Empereur«).

Romanisches Haus, ein wegen seines hohen Alters früher »Haus der Heiden« genanntes Steinhaus mit starken Mauern und Eckquadern, wohl um 1200. Der Bau liegt in bezug auf das heutige Straßenniveau leicht erhöht. Das alte Eingangstor befindet sich auf der Höhe des 1. Obergeschosses, das von einem 2teiligen roman., mit groben Masken verzierten Fenster erhellt wird. Die Tür des Erdgeschosses sowie die O- und N-Seite des Gebäudes sind stark restauriert (Abb. S. 166). – Es handelt sich um einen urspr. befestigten Adelssitz, der vermutlich einem Ritter vom Odilienberg gehörte. Befestigte Häuser dieser Art verteidigten häufig kleine und mittelgroße Siedlungen vor dem Mauerbau um die Stadt.

Rosheim. Romanisches Haus (zu S. 165)

Der alte Turm des **Rathauses** ist von einem 1775 erbauten Gebäude flankiert. – Den **Marktbrunnen** von 1605 (1761 restauriert) auf der Place de la République ziert ein auf 3 Säulen ruhender Baldachin. – Gute **Fachwerkbauten** des 16.–17. Jh.

Die noch vorhandenen Überreste der **Befestigungen** zeigen Ausbesserungen aus dem 15.–17. Jh. Im N **Lewertor** mit kleinem Dreieckerker und Pechnase im leicht vorkragenden Dachgeschoß; vermutlich 14. Jh. (umgebaut um 1600). 2 weitere **Tore** werden von der Hauptstraße unterfahren und erlauben, den Mauerverlauf zwischen Oberstadt und Vorstadt zu rekonstruieren.

ROUFFACH / RUFACH (Haut-Rhin D10)

Die Anfänge der Stadt liegen im dunkeln und sind außerdem durch Legenden und historische Fälschungen verunklärt. Auf dem Isenberg soll schon in frühester Zeit eine Burg gestanden haben, deren Ursprung von den Gelehrten der Renaissance auf Isis zurückgeführt wurde. Die authentischen Texte erwähnen aber nur ein Bauerndorf R. am Ufer des Ohmbaches, das der Frankenkönig Dagobert II. St. Arbogast schenkte, nachdem ihm der Heilige einen Sohn wieder zum Leben erweckt hatte. Eine gefälschte Schenkungsurkunde gibt hierfür das Datum 662; sicher ist jedoch, daß der Straßburger Bischof 762 Güter in R. der Abtei Effenheim und um 780 der Abtei Eschau vermachte; er besaß demnach eine Villa in R.

Die Konflikte des 12. Jh. machten aus dem Ort eine bischöfliche Hochburg. 1105 äscherte Kaiser Heinrich V. das Dorf ein, ein Ereignis, das in der Legende der »Weiber von Rufach« weiterlebt dank der Überlieferung in Sebastian Münsters »Cosmographia« (Mitte 16. Jh.): Nachdem der Schloßherr sich eines jungen Mädchens bemächtigt hatte, sollen die Frauen die Isenburg im Sturm genommen und durch diese Tat gleichzeitig die Überlegenheit über die Männer in Stadtverwaltung und Kirche gewonnen haben. 1199 wurde R. nochmals von Philipp von Schwaben in der Fehde mit dem Bischof gebrandschatzt. In dieser Zeit organisierte sich die bischöfliche Herrschaft: R. wurde Hauptort des Mundats, das später auch Sulz und Egisheim umfaßte; kirchlich hing es jedoch vom Bischof in Basel ab.

Zwischen 1183 und 1244 wurde R. eine Stadt mit Siegel und Schultheiß; später erhielt es einen Rat. Die Befestigungen, in dieser Zeit entstanden, hat man 1278 auf Geheiß Bischof Conrads restauriert und im 14. Jh. neu gebaut. 1308 und 1338 fanden heftige Judenverfolgungen statt. 1444 von den Armagnaken geplündert, umkämpft im 30jährigen Krieg zwischen Franzosen, Kaiserlichen und Schweden (1633–35), wurde R. 1663 mit dem Mundat französisch. Turenne ließ nach 1675 die Befestigung schleifen.

Kirche St-Arbogast, ehem. Notre-Dame ●
Die Liebfrauenkirche (mit jüngerem Patronat: St. Arbogast) ist sowohl architekturgeschichtlich als auch ihres Skulpturenschmuckes wegen von höchstem Interesse.
Die älteste Partie stammt aus dem 11. Jh.: das *Querschiff* mit Rundbogenfenstern und 2 halbrunden, fast bis zum Dach

aufsteigenden Apsiden, deren Blendarkaden und Lisenen an das Chorrund von Eschau erinnern. Die ungewöhnlichen Ausmaße dieses roman. Bauteiles lassen den Schluß zu, daß der Bau des 11. Jh. ebenso groß wie die got. Kirche war, zumal auch das Mauerwerk der Langhaus-Außenwände noch dieser ältesten Periode angehört. – Gegen 1200 wurde das Querhaus eingewölbt, doch besteht von diesen Kreuzrippengewölben nur noch das im N-Querhaus; im S-Querhaus wurde es gegen 1500 durch ein Netzgewölbe ersetzt. Die von halbrunden Hauptdiensten und ¾runden Nebendiensten umstellten Vierungspfeiler tragen eine 8eckige *Rippenkuppel*, die durch 4 Okuli über den Trompen erhellt wurde; über der Kuppel erhebt sich der *Vierungsturm*, dessen Datierung für den oberen Teil ungewiß ist: 1. Hälfte des 13. Jh., um 1300 oder 19. Jh., aus dem jedenfalls der Helm stammt.

Gegen 1200 begann auch, von O nach W fortschreitend, die Erneuerung des *Langhauses*, wobei die älteren Außenmauern wiederverwendet wurden. Dem aus 3 Jochen bestehenden Mittelschiff entsprechen je 6 Seitenschiffjoche. Die Mittelschiffjoche bilden jedes für sich stark akzentuierte Einheiten, was durch den Stützenwechsel einerseits, andererseits durch die tief heruntergezogenen Kreuzrippengewölbe bewirkt wird. Ein oberhalb der Kapitelle über die Gewölbeansätze hinweglaufendes Gesims belebt die glatte Hochschiffwand, aus der in jedem Joch eine Dreiergruppe von spitzbogigen Fenstern herausgeschnitten ist. Die Scheidbogen der Arkaden sind profiliert. Die Kirche hat – wie St. Martin in Colmar und das Freiburger Münster – kein Triforium. – Einzelformen im 3. Joch gegen W deuten darauf hin, daß es später als die beiden ersten Joche anzusetzen ist: ins letzte Drittel des 13. Jh., nach dem 1240 begonnenen Langhaus des Straßburger Münsters. Über den in ihrem Ansatz gleichen Rippen zeigen diese jetzt Birnstabprofile; das mittlere der ab hier spitzer zulaufenden Hochschiff-Fenster ist mit Maßwerk angereichert. Auch die Kapitelle verändern sich: während sie am Vierungspfeiler noch ein streng geometrisches und flaches Profil aufweisen, weichen sie jetzt niedrigen Knollenkapitellen. – Noch aus der Zeit der ersten got. Bauetappe (1200–20) stammen die beiden *Seitenschiffportale* von provinzieller Erscheinung.

Über dem rundbogigen S-Portal sind ältere Dekorationselemente in die Mauer eingelassen. In den Tabernakeln des offenen Strebewerkes befinden sich roman. Figuren: 2 stehende Männer unter je einem

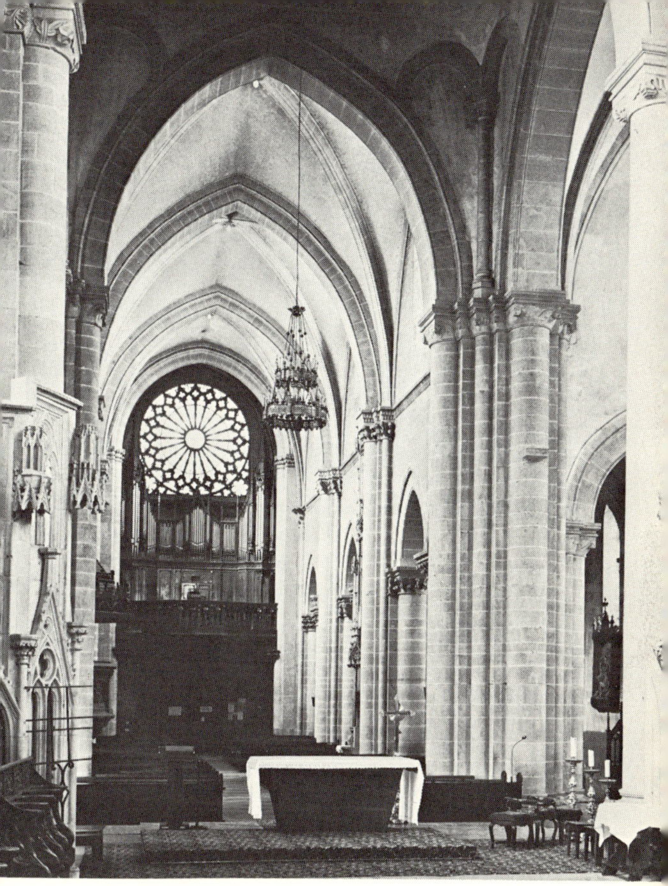

Rouffach / Rufach. Ehem. Liebfrauenkirche. Inneres nach Westen

Baldachin am N-Querhaus; einer bläst das Horn. Weitere, z. T. verstümmelte Skulpturen sind an den Strebepfeilern des Langhauses zu finden.

Der langgezogene, gegen Ende des 13. Jh. begonnene *Chor* mit 3 querrechteckigen Jochen und ⅝-Schluß zeigt innen über

Rouffach / Rufach. Ehem. Liebfrauenkirche. Figurenkonsole im Chor (Nordseite)

einem hohen ungegliederten Sockel an den Langwänden 3teilige Lanzettfenster mit je 3 Vierpässen. Die Birnstabrippen und Gurtbogen werden von Diensten aufgefangen, die auf Figurenkonsolen von vorzüglicher Qualität enden.

Links ein Mann im Baum zwischen Evangelistensymbolen, rechts eine von Paradiesflüssen flankierte Figur, Werke eines wohl von Straßburg gekommenen oder am Straßburger Münster geschulten Ateliers. – Am Eingang des Chores und links Reste eines abgebrochenen Lettners (Ende 13. Jh.). – Durch ein spitzbogiges Portal ist der Chor mit der Sakristei verbunden (Köpfe um 1300).

Zu Beginn des 14. Jh. begann man den *W-Bau*, in dessen Fassade der Straßburger Riß A nachwirkt. Der mittlere der 3 Fassadenteile, das 1. Geschoß beider Türme sowie das 2. Geschoß des S-Turmes sind hier die ältesten Abschnitte. Das 2. und 3. Geschoß des N-Turmes wurden erst 1866–78 in rotem Sandstein errichtet – wie man sieht, bevorzugte das Mittelalter den gelben Sandstein. – Die 3teilige Fassade besteht in der Mitte aus dem – in der Revolution seines Figurenschmuckes beraubten – Portal, das die ganze Breite bis zu den anschließenden Strebepfeilern einnimmt, dem Rosen- und dem Giebelgeschoß.

Rouffach / Rufach. Kornhaus; links das Alte Rathaus

In den 3 Öffnungen des Giebels standen urspr. Adam und Eva sowie eine weitere Figur, die bei jedem Glockenschlag die Zunge herausstreckte (heute im Rathaus). – In die Zeit dieser letzten Bauetappe (1. Hälfte des 14. Jh.) fällt der bedeutende *Figurenschmuck des Außenbaues*: die 2 Engel im Winkel zwischen Giebelwand und Strebepfeiler, die Wasserspeier, die Drolerien am Giebel, ein Skelett sowie eine phallische Figur an der S-Seite des südl. Turmes. Zeitgenössisch sind auch die musizierenden Engel an den Strebepfeilern des Chores. – Einige Architekten- und Bildhauernamen sind überliefert, u. a. der des Wölflin von Rufach, der 1341 nach Straßburg ging; er ist wahrscheinlich für diese Skulpturen verantwortlich.

Von Wölflin stammt auch der *Grabstein* des Ritters Werner v. Falk d. Ä. († 1330) im nördl. Seitenschiff, das hervorragende Beispiel einer Ritterrüstung und -bewaffnung der Zeit. – *Marienleuchte*, um 1500; die Maria aus der gleichen Zeit. – *Taufstein* im südl. Querhaus, Ende 15. Jh., auf kompliziertem Fuß. – Im Chor geschmückte *Sakramentsnische* mit urspr. Gitter.

Ehem. Franziskanerkirche. Die Niederlassung der Barfüßer wurde 1250 gegründet. Der heutige (profanierte) Bau, eine flachgedeckte Basilika, entstand Ende des 13. Jh. und 1490–1505 (Restaurierungen im 18. Jh.).

Um die Kirche Notre-Dame öffnet sich die weite Place de la République mit dem **Alten Rathaus**, 2 parallelen Gebäuden, 1581 von Friedrich Bauer und 1617 von Johann Beisatz teils an die Stadtmauer, teils an den Hexenturm gebaut. Die Giebel wurden im 17. Jh. neu hergerichtet (ein alter ist mauerseits erhalten). – Dahinter der **Hexenturm** über kreisrundem Grundriß, mit leicht vorkragendem, quadratischem Oberbau und Zinnen. Ein got. Fenster läßt an eine Bauzeit im 14. Jh. denken. – Neben dem Alten Rathaus das **Kornhaus** mit platzseitigem treppenartigem Giebel, 1569 erbaut von Simon Hägli und Glade Badt. – Das heutige **Rathaus**, 19. Jh., liegt der W-Fassade der Kirche gegenüber.

Häuser. Rue du Marché. **Nr. 2** mit schönem Renaissance-Portal, 1616. – In der Rue des Bouchers eine Reihe malerischer Bauten, meist ohne Hausnummern und durchlaufend bis zur Place de la République. – Rue de la Poterne. **Nr. 2: ehem. Haus der Metzgerzunft**, 16. Jh., mit eingesetzter Inschrift von 1412; Fenster mit geschnitzten Holzrahmen. – Rue du Maréchal-Lefèbvre, am östl. Ende der Altstadt: **Poststation** mit Lauben aus dem frühen 19. Jh. – Rue Rettig. **Nr. 8:** Renaissance-Haus, 1573 dat., mit Zinnenportal, Treppenturm im Hof, Kreuzstockfenster und Volutengiebel. **Nr. 14:** Haus mit gekuppelten Spitzbogenfenstern, 13. oder 14. Jh. Am Ende der Straße sorgfältig gemauertes **Steinhaus,** vielleicht ehem. Adelsturm, der hier auch zur Stadtbefestigung diente. – Rue des Ecoles. Haus aus dem 17. Jh. mit Giebelfenstern. – Impasse des Orfèvres. **Nr. 14:** Haus, dat. 1600, und eine schöne Gruppe anderer alter Häuser.

Rue Poincaré (in nördl. Richtung). **Nr. 52:** Renaissance-Haus mit Zinnengiebel, dat. am Portal 1566. **Nr. 23: Haus »Zum halben Mond«**; Eck-Erker dat. 1620, mit Halbmond als Dekoration. **Nr. 30:** Renaissance-Haus, dat. an einer zugemauerten Tür 1582. **Nr. 17:** Haus mit Fassadenerker, 1584; die Wappen sind weggemeißelt. **Nr. 11: Ehem. Deutschordenskomturei**; Haus mit Eckerker und Volutengiebel, 1718. – Rue du 4ᵉ Spahis-Marocains (in südl. Richtung). **Nr. 1:** Renaissance-Portal mit ionischen Pilastern; Eck-Erker dat. 1671.

Rue Ris. **Nr. 3:** An der Ecke des Hauses Steinmadonna, 13. Jh. – Rue de la Gendarmerie. **Nr. 2:** Got. Haus; Fassadenerker mit Wappen, dat. 1603; Tür von 1533.

Die Rue Ris führt zum **ehem. Schloß Isenburg**, das erst seit dem 12. Jh. genannt wird. Restauriert 1278, 1781 durch Blitzschlag beschädigt, im 19. Jh. auf unbedeutende Art wieder neu gebaut.

SAINTE-CROIX-en-Plaine / HEILIGKREUZ
(Haut-Rhin D10)

Kirche. Vom got. Bau sind noch der Chor, die linke Seitenkapelle, der Turmsockel und der Sakristei-Anbau mit Fachwerkgiebel erhalten. Das 3schiffige Langhaus wurde in klassizist. Formen 1829–30 aufgeführt. In der linken Seitenkapelle vermittelt das Bartholomäus-Bild (um 1680) einen Eindruck der alten Kirche. – In der nördl. Seitenkapelle bewegter

Barockaltar, 1696 von Josef Rothbletz. Im Mittelschrein Pietà, von links nach rechts: Joseph von Arimathia, Johannes, Maria Magdalena und Nikodemus, darüber trauernde Engel und Gottvater.

An der Place de la République steht das um 1750 erbaute **Rathaus**. Seine 8achsige Fassade besitzt 2 rundbogige, volutenbekrönte Eingänge im leicht hervorgehobenen Mittelrisalit, dem eine Treppe vorgelagert ist. Seitlich eingebaute Ziehbrunnen. – Auf dem Platz freistehend auf beiden Seiten je ein **Brunnen**, 18. Jh.

Im Dorf einige malerische **Häusergruppen**, z. T. mit Treppentürmen und in Fachwerkbauweise.

SAINT-HIPPOLYTE / SANKT PILT (Haut-Rhin D8)

Eine »villa« (Bauernhof) ist seit dem 8. Jh. erwähnt. Fulrad, im 8. Jh. elsässischer Abt von St-Denis bei Paris, gründete hier ein Kloster und beschenkte es mit Reliquien des hl. Hippolytus, was zur Namensgebung der Stadt um 780 führte. In der Folge von der Hohkönigsburg abhängig, dann unter Kontrolle des Herzogs von Lothringen; 1359–74 im Besitz der Bischöfe von Straßburg, die sie später als Lehen besitzen. Die Stadt wurde 1444 von den Armagnaken heimgesucht und erlitt schwere Schäden im 30jährigen Krieg.

Kirche
Der heutige Bau datiert aus dem 14.–15. Jh., eine nördl. angebaute Kapelle und die Sakristei von 1599; Turm 1822. Wie von außen zu sehen, wurde der Chor (seit 1947) nach Zerstörungen wiederaufgebaut; die Fenster sind dementsprechend stark restauriert.

An den Hochschiffwänden *Wandbilder* von Franz Schilling aus Freiburg i. Br., 1911: Anbetung der Könige und Abendmahl zwischen Heiligendarstellungen, alles in »altdeutschem« Stil. Rechte Chorwand: Papst Stephan übergibt Abt Fulrad die Reliquien des hl. Hippolytus. Die flache Holzdecke enthält das Christus-Medaillon zwischen Evangelistensymbolen und Kirchenvätern. – Barockes Chorgestühl mit Louis-XVI-Mustern. – In der Hippolytus-Kapelle links *Rokoko-Schrein* des Heiligen auf Tragbahre; auf dem Deckel plastische Darstellung seines Martyriums. Die Gebeine sind in Dixhuitième-Pailletten eingewickelt. – Gehäuse der Silbermann-*Orgel* aus Kloster Marbach, 1738/39.

Häuser. Gegenüber der Kirche anspruchsloses Haus mit Erker, dat. 1688, und Balkon, darunter Kellereingang. Im Ort mehrere Häuser aus dem 16. und 17. Jh. – Von der Stadtbefestigung ist ein **Rundturm** übriggeblieben; die Tore wurden 1863 abgebrochen.

St-Jean-Saverne / St. Johann. Ehem. Abteikirche. Türbeschlag

SAINT-JEAN-SAVERNE / SANKT JOHANN bei Zabern
(Bas-Rhin D3)

Ehem. Abtei

Peter v. Lützelburg gründete 1126 ein Benediktinerinnenkloster, dem er das Dorf übergab. Es unterstand der Abtei St. Georgen im Schwarzwald. Große Zerstörungen 1439 durch die Armagnaken, 1525 durch die Bauern sowie im 30jährigen Krieg 1622. Das Kloster wurde in der Revolution aufgehoben, anschließend z. T. abgebrochen. Der Rest brannte 1867 bis auf Pfarrhaus und Kirche ab.

● Die **Kirche** ist um 1145–50 erbaut worden (ein Weihedatum 1127 bezieht sich kaum auf den heutigen Bau) als 3schiffige Pfeilerbasilika mit 5 Doppeljochen, aber – ein altertümlicher Zug – ohne Querhaus. Das Hochschiff dürfte erst um 1170 eingewölbt worden sein; urspr. war wohl ein offener Dachstuhl geplant. Einen quadratischen W-Turm mit geschweifter Haube und Laterne stellte Michael Mengs 1773 vor die urspr. schlichte, im Typus wohl Rosheim ähnliche Querschnittfassade.

Die Bauplastik ist außen und innen reich vertreten. Besonders aufmerksam ist die Hauptapsis ausgestattet mit den z. T. figürlichen Konsolen der Blendbogen und den Bestien im Mittelfenster. Im Inneren beachte man die Gurtkonsolen im südl. Nebenchor und die Kämpfer im

Chor. – Die *Haupttür* besitzt noch die originalen Beschläge des 12. Jh., ein einzigartiges Dokument von goldschmiedehafter Feinheit.
Die *Wirkteppiche* der Ausstattung, einst Dorsalien und Paramente, schildern eine Jagd (Ende 15. Jh.), die Klage des Greises, der an den Spielen der Jugend nicht mehr teilnehmen kann (Anf. 16. Jh.), Gnadenstuhl (1510), Verkündigung, Kreuzigung, Maria mit Heiligen im Garten (alle um 1530), Grablegung (1540), Salomons Urteil (1545) und eine von Engeln getragene Monstranz (1550). – *Hauptaltar* von 1763. – Großes *Holzkruzifix*, 1765.

SAINTE-MARIE-aux-Mines / MARKIRCH
(Haut-Rhin C8)

Den Aufstieg des Ortes sicherten die seit dem 16. Jh. genutzten Silberminen. Sie wurden im 17. Jh. aufgegeben; an ihre Stelle trat im 19. Jh. die Textilindustrie.

Die **Kirche Ste-Madeleine**, ein Saalbau von 1757, besitzt eine klassizist. Ausstattung. – **Ref. Kirche** von 1634 und **Luth. Kirche** 1844–46.

Das **Rathaus** mit 5 offenen Bogen im Erdgeschoß wurde 1833 an Stelle des lothringischen Schlosses erbaut (die Herzöge von Lothringen besaßen bis zur Revolution einen Teil der Rechte über die Stadt).

Häuser. Die **Pharmacie Hartmann** ist ein Haus aus dem 16. Jh. mit Treppenturm. – An einem Haus ein ehem. Kirchenportal von Christoph Wamser, 1616, das aus Obernai hierher versetzt wurde und mit seinem reichen got. Birnstab-Dekor besticht. – Mehrere Häuser aus dem 16. und 17. Jh.

Die **Minen** sind öffentlich zugänglich; kleines **Museum**.

Échery / Eckerich (C8)

Über dem Dorf liegt in einem kleinen Weiler (**Zillhart**) die Friedhofskirche **St-Pierre-sur-l'Hâte**, die seit dem 10. Jh. erwähnt wird. Der heutige Bau datiert aus dem 12. Jh.; die Gewölbe wurden im 15. Jh. eingezogen. Die Holzempore in dem flach gedeckten Saal ist 1604 datiert. Der unter höherem First als das Schiff liegende spätgot. Chor (von 1531?, mögliches Datum auf der Holztür an der N-Seite) wurde 1834 restauriert. Links Sakramentsnische mit z. T. à jour gearbeiteter Astdekoration. Rechts im Chor kleine volkstümliche Pietà, 17. Jh. oder später.

Friedhofsportal mit Daten 1551, 1737.

Auf dem Weg zur Kirche u. a. der »**Uhrturm**« mit unregelmäßiger Fensterdisposition, 18. Jh.

SAINT-NABOR (Bas-Rhin D6)

Ehem. Abtei Niedermunster (Niedermünster). Am O-Hang des Mont Ste-Odile gelegen (von Ste-Odile auf einem Fußweg Richtung St-Nabor zu erreichen).

Die Abtei Niedermünster wurde 707 von der hl. Odilia gestiftet zusammen mit einem dem hl. Martin geweihten Hospital, von dem nichts mehr erhalten ist. Die Kirche muß um 1180 entstanden sein; 1542 ist sie niedergebrannt.

Von der **Abteikirche**, die z. T. aus Material der »Heidenmauer« (→ Ottrott, Mont Ste-Odile) errichtet worden war, sind noch Reste der W-Fassade mit gestufter Lisenengliederung zu sehen. Die Ruinen lassen den Schluß zu, daß es sich urspr. um eine 3schiffige kreuzförmige Basilika mit von Treppentürmchen flankiertem W-Bau handelte. Unter dem flachen Chor befindet sich eine weitläufige Krypta.

Nördl. der Kirchenruinen liegt am Dachsbach die 1schiffige, mit Chorturm ausgestattete **Nikolauskapelle**, 1847–50 von E. Boeswillwald restauriert. Das Schiff weist ein spitzbogiges Tonnengewölbe auf, 2. Hälfte des 12. Jh.

SARRE-UNION / SAARUNION (Bas-Rhin B2)

Der Stadtname erklärt sich aus der 1794 eingegangenen Verbindung Bockenheims mit dem überwiegend protestantischen Neu-Saarwerden, einer nassauischen Gründung von 1707. Bockenheim, das seit 1328 das Stadtrecht hatte, stellt den ältesten Kern der Agglomeration dar. Es war lange Zeit lothringisch und somit 1766 an Frankreich gefallen.

Altstadt (Bockenheim)

Die spätgot., 1578 erneuerte **Kirche** ist eine 3schiffige Basilika; ihr flach gewölbtes Mittelschiff stammt aus dem 18. Jh. – Am rechten Chorpfeiler Relief mit 4 Maßwerkfenstern, Kreuz und Kelch (für ähnliche »Modelle« imaginärer Architektur- und Fensterformen vgl. Domfessel und Reinacker). – Steinkanzel mit durchbrochenem Geländer; der Sockel läßt eine Entstehungszeit im 17. Jh. vermuten. Kreuzigungsgruppe über der Kanzel, um 1580–90. Auf dem nördl. Seitenaltar eine Marienfigur vom Anfang des 17. Jh. Pietà, um 1620. Schöner Orgelprospekt auf einer von 2 Säulen getragenen Empore, 18. Jh. Am Haupteingang im Tympanon hl. Georg zu Pferd. Fenster von Paul Bony, 1972.

Die **Kapelle** des **ehem. Jesuitenkollegiums** ist ein 1757 errichteter Saalbau mit bescheidener Ausstattung aus der Erbauungszeit.

Rathaus von 1684 (Datum auf der Fassade). – Im Ort **Häuser** aus dem 16.–18. Jh., u. a. an der Grand'Rue, der Rue du Couvent und an der Rue des Tonneliers.

Neustadt (Neu-Saarwerden)

Die Stadtanlage von großer Regelmäßigkeit wurde 1707 in Angriff genommen und stellt das charakteristische Beispiel einer Hugenottenstadt dar. Nach der Aufhebung des Edikts von Nantes 1685 und der gewaltsamen Wiederherstellung der Glaubenseinheit kam es selbst zu Stadtneugründungen.

Die **ev. Kirche** (Rue de l'Eglise) wurde 1712 geweiht. Barockportal mit gesprengtem Volutengiebel und Engelsköpfchen.

SARREWERDEN / SAARWERDEN (Bas-Rhin B2)

Residenz der Grafen v. Saarwerden als Lehen der Bischöfe von Metz, dann Besitz der Nassau-Saarbrücken, die 1707, nach dem Verlust des Ortes, links der Saar Neu-Saarwerden (→ Sarre-Union) gründeten.

Die **ehem. Stiftskirche St. Blasius**, 1481 gegr., enthält noch die ehem. Herrschaftsloge und eine Steinkanzel von 1556.

Im Ort **Häuser** des 16.–18. Jh. – Turmreste eines 1670 geschleiften **Schlosses.**

SAVERNE / ZABERN (Bas-Rhin D3)

Tres Tabernae war eine römische Relaisstation an der Straße von Straßburg nach Saarburg und Metz. Sie liegt auf einer strategisch wichtigen Anhöhe, die dem Ort eine bewegte Geschichte eintrug. Die römische Anlage umfaßte 3 Schwerpunkte: die Relaisstation auf dem höchsten Punkt des Höhenzuges sowie eine Ober- und eine Unterstadt, die vermutlich aus dem 2. Jh. stammen. Eine erste Stadtmauer entstand im 3. Jh., eine zweite mit Türmen wohl zu Beginn des 4. Jh. Die Stadt litt trotzdem unter den Invasionen der Völkerwanderungszeit. 357 wurden die Befestigungen unter Kaiser Julian restauriert, und den Römern gelang es, die Alemannen bei Hausbergen zu schlagen.
Vielleicht schon in merowingischer Zeit erwarb die Abtei Maursmünster Güter in Z.; sicher ist, daß sich im 10. Jh. der Bischof von Straßburg hier festsetzte. Trotz der Konkurrenz der Herzöge von Schwaben, die seit 925 auch Herzöge des Elsaß waren, baute die bischöfliche Gewalt ihre Einrichtungen im 12. und 13. Jh. aus und beherrschte seit 1170 die Umgebung dank der benachbarten Burg Hohbarr. Dem Bischof gelang es zudem, die Geroldseck 1193 zu bewegen, ihm die Stadtrechte abzutreten, und 1236 riß er endlich auch die kaiserlichen Vollmachten an sich. Die Besitzergreifung war vollständig, als 1316 die Greifenstein entmachtet wurden. Die Erwerbung von Z. und den umliegenden Gütern war in der Folgezeit für die Bischöfe, denen seit dem 13. Jh. die Straßburger Bürgerschaft das Leben schwermachte, von lebenswichtiger Bedeutung: 1414 wurde der Bistumssitz nach Z. verlegt; hier residierten sie bis zur Revolution.

Wegen seiner strategisch bedeutsamen Lage hatte die Stadt einige Gefahren zu überstehen: 1365 und 1375 plünderten englische Truppen, die im Randgeschehen des 100jährigen Krieges die Lande durchzogen, die Stadt. 1444 und 1445 meldeten sich die Armagnaken, die es jedoch abzuweisen gelang. 1525 hatte die kirchliche Gewalt es mit den internen Revolten zu tun: Die Bauern griffen unter der Leitung von Erasmus Gerber aus Molsheim zu den Waffen und bemächtigten sich der Stadt. Als Gegenoffensive belagerte der Herzog von Lothringen Z.; er versprach den Aufständischen freien Abzug im Falle einer Kapitulation – und massakrierte dann die waffenlos die Stadt verlassenden Bauern. Während des 30jährigen Krieges wechselte die Stadt mehrmals den Herrn. 1621–22 wurde sie von Mansfeld belagert; 1634 setzten sich die Franzosen in ihren Mauern fest; 1635 erneut belagert durch Bernhard v. Weimar und von diesem 1636 besetzt, wurde sie 1638 von den Franzosen abermals unter Beschuß genommen und schwur ihnen 1640 Treue. 1648 gelangte Z. wieder an den Bischof von Straßburg. Die Verteidigungsanlagen wurden zerstört, 1674 jedoch von Turenne wiederaufgebaut, so daß die Stadt 1675–76 den Kaiserlichen die Stirn bieten konnte. Von 1680 an, nach Anerkennung der französischen Oberhoheit durch den Bischof, entwickelte sich in der Stadt eine prunkvolle bischöfliche Hofhaltung; nur die Plünderung durch die Panduren, 1744, brachte vor der Revolution nochmals Unruhe in die Gegend. – Die Modernisierung der Stadt im 19. Jh. sicherte das wirtschaftliche Überleben: Zwischen 1828 und 1853 entstand der Rhein-Marne-Kanal; die Eisenbahn wurde 1842–51 gebaut.

Pfarrkirche. Von der roman. Anlage, ehem. dem hl. Paulus, seit 1485 Maria geweiht, steht noch der schöne quadratische, 5geschossige *W-Turm* aus der Mitte des 12. Jh.; die beiden obersten Stockwerke dürften des Dekorationswechsels wegen jünger sein (14. Jh., unter Verwendung roman. Bauteile). Die 2schiffige Kirche mit Netzgewölbe aus dem späten 15. Jh. fügt sich an einen spätgot. 5/8-Chor, der 1418–39 erbaut wurde. Der südl. Strebepfeiler ist 1501 datiert. An das nördl. Seitenschiff schließt die an einem Strebepfeiler außen 1493 datierte, aber 1496 geweihte Kapelle des Bischofs Albrecht an.

● Die Kirche besitzt eine bemerkenswerte Ausstattung. Die *Kanzel* mit Korb von Hans Hammer, dem Straßburger Münsterbaumeister, ist 1495 hh bezeichnet (an der Balustrade eine kleine betende Frauengestalt). – Auf den Stufen zum Chor ein *Taufstein* mit Evangelisten und der Taufe Christi, 1615, von Hans Faber. Über dem Taufstein an Wand auferstehender Christus in der Strahlenglorie, um 1550. – In einer Wandnische die Figur des *hl. Vitus* im Topf, um 1500, das liebenswürdige kleine Werk eines begabten Schnitzers. – An der linken Wand *Heiliggrab*, 14. Jh.; in der Christus-Figur eine Vertiefung zur Aufnahme der Hostie; der rahmende Bau ist modern. – Qualitätvoller *Schmerzensmann*, Hans Daucher aus Augsburg zugeschrieben,

Saverne / Zabern. Pfarrkirche. Glasmalerei im nördlichen Nebenchor: Christus vor Pilatus

1500–10. Die Gruppe ist insofern bemerkenswert, als der Leichnam sich nach der Schmerzensmann-Formel aus dem Grab aufzurichten scheint und seitlich von Maria und Johannes gestützt wird. – An der südl. Chorwand *Grabmal* des Bischofs *Wilhelm v. Honstein*, dat. 1541, ein gutes Werk von Dionys Roritzer; der Verstorbene kniet vor einer Kreuzigungsdarstellung in italianisierendem architektonischen Doppelrahmen, Maria und Johannes zu seiten, dahinter eine in malerischem Relief gestaltete Landschaft. – Gegenüber Grabstein des Bischofs Rupertus († 1478). – In der nördl. Chorkapelle 4 Passionstafeln (Ölberg, Gefangennahme, Verspottung, Kreuzigung), die wahrscheinlich Reste eines Altaraufsatzes darstellen, Ende 15. Jh. – Dazwischen auf Konsole kleine Pietà, um 1470–80. – 2 Fragmente von um 1486 entstandenen Altaraufsätzen für Hochaltar und Marienkapelle der Kirche; ein zu dieser Gruppe gehörendes Relief in Berlin ist mit NIKLAVS HAGENOVE(R) signiert. – 4 Bischofsbüsten und eine Maria mit Kind, 1510–20. – Im nördl. Choreingang 2 Kruzifixe, um 1500 und 1756. – *Glasmalereien* aus dem 15. Jh.: Einzelfiguren von Heiligen, Wappen sowie Geburtsgeschichte und Passion Christi. Der Passionszyklus von einem Schüler des Peter Hemmel von Andlau mit üppiger Verwendung von Silbergelb und in engster Anlehnung an des Meisters Formenrepertoire. – Vor der Kapelle schönes Louis-XVI-Gitter von Pertois, 1778. – Links der Kapelle an der Seitenschiffwand Bilder des 19. Jh., u. a. ein kleiner 3flügliger Vitus-Altar. – Nazarenisch beeinflußte Taufe Christi. – An der rechten Schiffwand alte Kopie nach Rogier van der Weydens Kreuzabnahme im Prado. – Orgelempore 1717 unter Wiederverwendung des Lettners aus dem späten 15. Jh.; Orgelprospekt von 1784. – In der Vorhalle überlebensgroßer Christus, 1756.

In dem kleinen **Garten** neben der Kirche Baufragmente und frühmittelalterl. monolithe *Sarkophage*. – Vor der Kirche **Säulenbrunnen** mit Becken, 1824.

Die 2geschossige **Michaelskapelle** am Alten Schloß wurde im frühen 14. Jh. von Bischof Wilhelm erbaut. Das Obergeschoß verdankt sein Aussehen dem Straßburger Hans Hammer, 1504.

Ehem. Franziskanerkloster

Das Kloster wurde 1303 von den Steigerherren (Augustiner-Chorherren aus Obersteigen bei Wangenburg) gegründet. Von 1486 bis zur Revolution gehörte die Anlage den Franziskanern.

Die **Kirche** ist ein 1schiffiger, flachgedeckter Saal mit polygonalem Chor, 14. Jh. – Von der Ausstattung sind zu nennen: Monumentaler *Kruzifixus* aus dem 16. Jh. an der rechten Schiffswand (angeblich Kopie von 1885). 2 *Grabplatten* der Edlen v. Lützelburg, 16. und 17. Jh. Weitere Lützelburger Grabsteine unter der Empore: Ehepaar Friedrich und Sophie v. Lützelburg, 1553, und Grabstein in reichem Barockrahmen mit Schmerzensmaria (die 7 Schwerter in der Brust) von 1617.

Der Durchgang zum **Kreuzgang** ist 1303 datiert. An der kirchseitigen Kreuzgangwand *Malereien* von Vincent de Hoeffen (?), 1618. Von O nach W: Jüngstes Gericht; Allegorie der Wahl zwischen dem Guten und Bösen; Allegorie des Gerechten Kampfes; Franziskus-Szenen (z. T. um 1820); Verkündigung; Anbetung der Hirten; Anbetung der Könige; Himmelfahrt Marias. In den Medaillons sind Franziskaner-Heilige dargestellt: Johann von Capistrano (1386–1456), Bernhard von Siena (1380–1444), Antonius von Padua (um 1195–1231), Ludwig von Toulouse (1274–1297), Klara (1194–1253), Franz von Assisi (1182–1226). – Der Kreuzgang, ein für den Typus einer ausgemalten Anlage bemerkenswertes, wenn auch qualitativ nicht sehr bedeutendes Beispiel, wurde 1966–69 einer Restaurierung unterzogen.

Altes Schloß

Ein erstes bischöfliches Schloß wurde 1417 unter Wilhelm v. Diest an der O-Seite der Kirche errichtet. Es erlebte einen Wiederaufbau 1539 und Veränderungen 1618.

Der heutige Bau schließt die → **Michaelskapelle** (in seinem N-Teil), die heutige Sakristei und einen gewölbten Renaissance-Saal darüber ein. – 1680 stellte Bischof Franz Egon v. Fürstenberg einen Teil der Anlage wieder her: den **Oberhof**, auch »Petit Château« genannt, heute Sous-Préfecture. Einige Renaissance-Elemente blieben erhalten, so ein vermauerter Stein mit den Initialen HH (Hans Hammer) und dem Datum 1495. Renaissance-Portal aus der Mitte des 16. Jh., von Säulchen flankiert; Treppenturm im Inneren. Der Bau war urspr. die bischöfliche Kanzlei.

Neues Schloß

Das Neue Schloß geht auf einen verschwundenen Bau zurück, der unter Bischof Erasmus v. Limburg 1569 wiederverwendet und unter Franz Egon v. Fürstenberg neu gebaut worden ist. Ein Brand von 1709 erlaubte Armand Gaston de Rohan, einen zerstörten Flügel nach Plänen von Robert de Cotte wiederaufzuführen. Nach einem weiteren Brand 1779 beauftragte der Kardinal de Rohan den 1753 in Versailles geborenen Architekten Nicolas-Alexandre Salins de Montfort, mit einem völligen Neubau. Die Arbeiten wurden durch die Revolution unterbrochen; die Etappen der Fortsetzung und Vollendung sind nur in Umrissen bekannt. Die Stadt erwarb den Bauplatz und übergab ihn unter dem Empire der Administration der Ehrenlegion. 1852 verfügte Napoleon III. die Fortsetzung der Bauarbeiten, die namentlich die Seitenflügel betrafen. Das Schloß wurde zu einem Asyl für Witwen verdienter Würdenträger. Unter den Franzosen diente das Schloß später als Kaserne. Es wurde 1952 ein weiteres Mal von der Stadt erworben und enthält heute verschiedene Verwaltungsstellen sowie ein kleines Museum (s. u.).

Trotz der vielen Planänderungen wurde die klassische, von Salins geplante Ordnung berücksichtigt. So ungünstig sich auch die topographische Lage unterhalb des Stadthügels für die Hofseite auswirkt – majestätisch, ja großartig entfaltet sich

Saverne / Zabern. Neues Schloß

die korinthische Säulenfront an der Parkseite. Die Mitte wird durch einen kaum vorspringenden Risalit betont, der die Firsthöhe der Seitentrakte einhält. Über eine Monumentaltreppe gelangt man in das Innere.

Der **Park** wurde durch die Anlage des Rhein-Marne-Kanals in Mitleidenschaft gezogen.

Das **Museum** enthält Säle mit kirchlicher Plastik lokalen Ursprungs seit dem 15. Jh. Hervorzuheben ist eine *Geburt Christi*, Fragment einer Wandgruppe (Altar?) aus der Michaelskapelle; vermutlich straßburgisch, um 1480. Das Motiv, daß Engel den Mantel Mariens hochhalten, begegnet in der Spätgotik öfters; der Sinn ist hier wegen des fragmentarischen Zustandes der Gruppe nicht recht deutlich. – Ferner Möbel und Erinnerungsstücke aus der Geschichte des Schlosses, volkstümliche Keramik und eine Abteilung mit vorgeschichtlichen und römerzeitlichen Funden.

● Unter den zahlreichen **Häusern** des 16. und 17. Jh. zeichnen sich folgende Bauten besonders aus: Grand'Rue. **Nr. 80** (Syndicat d'Initiative): **Haus Katz**, erbaut vom bischöflichen Obereinnehmer i. J. 1605, mit Giebel zur Straße und 2stöckigem Erker; der Fachwerkbau ist namentlich in den Fenstereinrahmungen reich beschnitzt mit Hermen, Karyatiden und Masken. Daneben das **Hôtel de Ville** in Neurenaissance-Formen. **Nr. 76:** Haus mit polygonalem Erker, dat. 1575. – Rue des Eglises. **Nr. 6:** Fachwerkhaus von 1564 mit hochgelegtem Portal und 1läufiger Treppe; Fachwerk in den oberen Geschossen in komplizierter Balkenführung; Eck-Erker ohne Stütze. – Rue des Frères. **Nr. 13:** am straßenseitigen Erker Louis-XVI-Motive, 18. Jh. **Nr. 2:** Haus von 1789. – Rue des Pères. **Nr. 8:** Haus mit

Giebel, dat. 1562; Erker, 17. Jh., mit schlichter Dekoration; die Jahreszahl im Giebel schwer zu deuten. – Rue des Murs. **Nr. 24: Kath. Pfarrhaus**, ehem. adeliges Stadthaus, im frühen 17. Jh. von Christoph v. Wangen erbaut.

Burg Haut-Barr (**Hohbarr**; Abb. S. 184) ●

Seit 1123 erwähnt, gehörte die Burg – Oculus Alsatiae, d. i. Auge des Elsaß genannt – seit 1168 den Bischöfen von Straßburg, die hier eine sturmsichere Festung errichteten. Die Burg wurde nach und nach vergrößert, 1360 durch den Bischof Hans v. Lichtenberg und 1583 durch Bischof Johannes v. Manderscheid. Eine Inschrift über der Tür bestätigt, der Erweiterungsbau diene nur zum Schutze und stelle keine Unfreundlichkeit gegenüber irgend jemandem dar. In der Tat ging es Johannes v. Manderscheid v. a. darum, für die von ihm gestiftete »Hornbruderschaft«, eine Vereinigung fröhlicher Trinker, eine Unterkunft zu schaffen. Wer hier verkehren wollte, mußte als Probe ein Horn mit 11 Litern leeren. Schloß und Bruderschaft gingen im 30jährigen Krieg unter. 1880 wurde die Kapelle von Winkler restauriert, dem man auch die abscheuliche Wiederherstellung des Schlosses von Egisheim »verdankt«.

Auf der mittleren Plattform des 3geteilten Felsens, der stark abfällt, wurde in gutem Bossenquaderwerk ein polygonales Wohngebäude errichtet mit Rechteckfenstern und Okuli, die ein Entstehungsdatum gegen das mittlere 12. Jh. nahelegen. Die freistehende roman. Kapelle (restauriert) aus der 2. Jahrhunderthälfte trägt Blendarkaturen und Lisenen. Die Renaissance-Teile des Hofes und die reizvoll dekorierten Wohnflügel entstanden Ende des 16. Jh. (Johannes v. Manderscheid), ebenso die ohne wirklich defensive Absichten gebauten Bastionen. Die Anlage bietet noch schöne Überreste, trotz der charakterlosen neugot. Herberge in ihrer Mitte.

Château du Griffon (Burg Greifenstein). Über eine Waldstraße von Saverne aus zu erreichen.

Die Anlage in beherrschender und somit strategisch wichtiger Lage über Saverne umfaßt 2 Burgen, von denen Groß-Greifenstein seit 1157 erwähnt, die andere, weiter südöstl. gelegen, 1351 zum ersten Mal genannt wird. Beide Burgen verdanken ihren Ursprung den Herren v. Ochsenstein und waren im 14. Jh. als Lehen der Bischöfe von Straßburg im Besitz der Herren v. Greifenstein bis 1450. Verfall der Anlagen im 17. Jh. Steine vom Bergfried wurden 1670 für den Schloßbau in Saverne benützt.

Zu sehen sind noch Reste des quadratischen, aus mächtigen Buckelquadern gefügten Bergfrieds, der Unterkunftsräume und Abschnitte der Wehrmauer. Der **Bergfried** mit 13 m Seitenlänge ist vergleichsweise groß (Hoh-Egisheim z. B. hat 8 m). Er gehört zu einer für das 12. Jh. charakteristischen Donjongruppe (Groß-Geroldseck, Hoh-Egisheim, Hohkönigsburg, Lützelburg, Rappoltstein und Ringelstein).

Saverne / Zabern. Burg Hohbarr (zu S. 183)

SCHARRACHBERGHEIM-IRMSTETT (Bas-Rhin D5)

Scharrachbergheim

Besitz der Geroldseck, dann der Ochsenstein, später der Rappoltstein.

Kirche aus dem 12. Jh. mit 1733 barockisiertem Langhaus und 1895 verändertem Chor, der in der Substanz auf das 15. Jh. zurückgeht. – Steinkanzel von 1672; Holzaltar von 1708.

Schlößchen. Ehem. Residenz der v. Dettlingen, Lehensleute der Rappoltstein. Das Hauptgebäude mit Ecktürmchen. Der heutige Bau weitgehend 16. Jh. – Von der **Burg** auf dem Scharrachberg sind nur geringe Reste vorhanden.

SCHERWILLER / SCHERWEILER (Bas-Rhin D7)

Das Dorf in strategisch einst wichtiger Lage am Eingang zum Val-de-Villé war vielleicht der Sitz der Herrschaft von Ortenburg, vor dem Bau einer Burg gleichen Namens durch Rudolf v. Habsburg über dem Dorf i. J. 1262. Heftige Kämpfe fanden 1293 statt, als der Schutzherr des Elsaß das Schloß den Nassau abrang. Die Herrschaft gehörte später den Müllenheim. 1525 trat bei Sch. der Herzog von Lothringen den schlecht organisierten Bauern entgegen und richtete ein vernichtendes Blutbad an.

Kath. Kirche, 1898–99, ein Saalbau mit eingezogenem Chor. Neugot. Schnitzaltäre und Chorgestühl sowie Kanzel. Einheitliche Ausstattung, die von den liturgischen Änderungen des 2. Vatikanischen Konzils (Hauptaltar näher zum Langhaus hin orientiert u. a.) nicht betroffen worden ist. Glasfenster von C. H. Burckhardt. – Am unteren Aubach beim Stadtausgang **Odilienkapelle**, 1726.

Das **Rathaus** ist ein Fachwerkbau mit reizvollem Erker, dat. 1670. Daneben **Wachtlokal**, 17. Jh. – Rue de la Mairie. **Nr. 2:** breitgelegter Fachwerkbau mit Hofportal, dat. 1739; malerischer Hof mit Galerien.

Ortenbourg (Burg Ortenberg). Zugang über befahrbaren Weg von der Straße Scherwiller–Châtenois aus, dann steiler Fußweg. ●

Eine gefälschte Urkunde nennt einen Grafen v. Ortenberg, der um d. J. 1000 gelebt haben soll. Vielleicht bestand eine Burg dieses Namens in der Nähe oder in Scherweiler. Die schöne, heute noch zu sehende Festung entstand aber erst, wohl in rascher Bauzeit von wenigen Monaten, 1262 unter Rudolf v. Habsburg. Der zukünftige Kaiser führte damals einen erbitterten Krieg gegen den Bischof von Straßburg, Walter v. Geroldseck. Mit der Burg wollte er seine Besitzungen im Weilertal (Val-de-Villé) schützen. Ein glanzvoller Sieg bei Hausbergen löste das Problem, die Burg wurde aber trotzdem fertiggebaut. 1293 gelangte sie in die Hände

Scherwiller / Scherweiler. Burg Ortenberg

der Nassau, der Gegner von Habsburg. Die Belagerung fand unter großem Kostenaufwand statt und schloß den Bau einer Konkurrenzanlage ein, der 300 m entfernten Festung Ramstein. Unter Karl d. Kühnen von Burgund, der sie ausbessern ließ, war die Burg Bestandteil seiner Befestigungslinie. Im 16. Jh. kauften die Fugger Ortenberg und verbesserten die Anlage. Später wurde sie verlassen und zerfiel.

Ortenberg ist zusammen mit der ein Jahr zuvor vom Bischof im Münstertal erbauten Schwarzenburg die erste elsässische Festung, welche die neuen, in Frankreich seit Philippe-Auguste nachzuweisenden Fortifikationsmethoden berücksichtigt. V. a. ist hier auf das Auftreten der Schießscharte zu verweisen, die in Ortenberg in gleichmäßiger Reihung in mehreren Stockwerken auftritt. Der 5eckige **Bergfried** von 32 m Höhe steht mit einer Spitze zum Berg. Der kristallinisch scharf geschnittene, höchst eindrucksvolle Turm wird von einem polygonalen Mauerring mit doppeltem Wehrgang umfangen und durch einen tiefen Graben zusätzlich geschützt. Der **Wohntrakt** zeigt eine Fensterreihe talseits mit je 2 Lanzetten unter Spitzbogen und Okulus. Der Wohnflügel besaß ein V-förmiges Dach, um das Regenwasser einzufangen. Eine Zugangsrampe, von einem Graben unterbrochen – hier muß man sich eine bewegliche Brücke vorstellen – verteidigte den Haupteingang. Ein erster Hof mit einer Reihe von Schießscharten scheint zur urspr. Anlage zu gehören. Der 2. Hof mit kreuzförmigen Schießscharten datiert vielleicht aus dem folgenden Jahrhundert. Auf den Schwellen bemerkt man Wagenspuren, die hier angesichts der steilen Zufahrtswege überraschen.

Burg Ramstein, 1293 beg., 1633 von den Schweden zerstört, ist eine wesentlich bescheidenere Anlage. Sie bietet einen schönen Blick auf Ortenberg.

SÉLESTAT / SCHLETTSTADT (Bas-Rhin D7)

Der Ort war schon von den Römern besiedelt. Im 8. Jh. fränkischer Hof, in dem Karl d. Gr. 775 Weihnachten verbrachte. Die Gründung einer Kapelle, die 1094 zum Priorat St. Fides (Ste-Foy) und mit Mönchen der berühmten südwestfranzösischen Cluniazenserabtei Conques besetzt wurde, ließ S. in die Politik der Hohenstaufen aufrücken, die vom Straßburger Bischof Otto v. Hohenstaufen und dessen Mutter Hildegard, Witwe Friedrichs v. Büren, gelenkt wurde. 1153 nahm Friedrich Barbarossa das Priorat unter seinen Schutz, und 1217 ließ Friedrich II. durch seinen Vogt Wölflin die Siedlung ummauern. Ein Stadtrat ist 1258 genannt. 1292 gewährte Adolf v. Nassau S. das Stadtrecht. 1354 Beitritt zur Dekapolis.

Die Entwicklung der städtischen Verwaltung folgte derjenigen anderer oberrheinischer Städte: Ein Rat der 24, anfänglich aus Rittern rekrutiert, glitt langsam in die Hände der Bürger und wurde seit 1352 erweitert durch Vertreter der Zünfte. Ein Bürgerrat von 100 Köpfen versammelte sich zu außergewöhnlichen Beratungen oder Beschlüssen. Der Schultheiß wurde nicht gewählt, da er bis 1447 ein Lehensmann des Reiches war.

Im 15. Jh. erlangte S. dank seiner 1441 reorganisierten Lateinschule hohe Bedeutung; sie wurde zu einem wichtigen Mittelpunkt des deutschen Frühhumanismus. Aus ihr gingen Jacob Wimpfeling (1450–1528), Beatus Rhenanus (1485–1547) und der Reformator Martin Butzer (1491–1551) hervor. Wimpfeling, in S. geboren und lange in Heidelberg lebend, machte Straßburg zu einem vorreformatorischen Zentrum. Beatus Rhenanus, ebenfalls aus S., war mit Erasmus von Rotterdam befreundet. Berühmtheit erlangte v. a. seine Bibliothek, vielleicht die bedeutendste Privatbücherei der Zeit; seine 1200 Bände, Manuskripte und Druckwerke gelangten in die 1452 gegründete Städt. Bibliothek (s. u.).

In S. wurde die Reformation nach dem Bauernkrieg unterdrückt. 1632 zogen die Schweden nach einer Belagerung ein, 1634 folgte eine französische Garnison. Die Stadt wurde später, unter Jacques Tarade, nach Plänen Vaubans befestigt (1691 vollendet). Belagerungen durch die Bayern 1814 und 1815. 1870 von den Preußen besetzt; 4 Jahre später wurden die Festungswerke geschleift.

● Ehem. Benediktiner-Propsteikirche Ste-Foy

Hildegard v. Büren ließ an der Stelle der heutigen St.-Fides-Kirche um 1087 eine Kapelle erbauen, bei der formal die Grabeskirche in Jerusalem Pate stand und von der bei Grabungen Reste der Krypta zum Vorschein kamen. 1094 gelangte die Stiftung durch die Söhne der Hildegard als Geschenk an die Abtei Ste-Foy in Conques, die hier in der Folge ein Priorat einrichtete, das bis 1498 bestand und wohl die einzige französisch sprechende Gemeinde in einem deutschsprachigen Gebiet bis zum Ende des Mittelalters darstellte. Eine Fensterstiftung Barbarossas ist für 1162 überliefert – wohl noch für die Hildegard-Kapelle, denn die heutige Kirche kann kaum damals schon im Bau, geschweige abgeschlossen gewesen sein. Somit ist es fraglich, ob man St. Fides als »staufisch« bezeichnen kann. Soweit dies noch festzustellen ist – auch wegen einer möglichen Abhängigkeit von lothringischen Bau- und Schmuckformen – muß der heutige Bau kurz vor oder um 1180, wenn nicht überhaupt erst gegen 1200 vollendet gewesen sein. – 1614 übernahmen die Jesuiten das verlassene Priorat und richteten hier ein Collegium ein. Die Kirche muß in schlechtem, ja ruinösem Zustand gewesen sein, denn es fiel damals leicht, die 3 Schiffe unter einem gemeinsamen Dach zusammenzufassen. – Die barocken Veränderungen und Zutaten wurden im ausgehenden 19. Jh. unter der Leitung des Architekten Winkler rückgängig gemacht, was nochmals einen gewaltigen Substanzverlust an Material aus dem 12. Jh. bedeutete. Das Innere wurde auf seine vermutete urspr. Gestalt gebracht,

Sélestat / Schlettstadt. Ste-Foy von Nordwesten

die Fronttürme wurden neu gebaut und 1893 mit rhomboiden Helmen eingedeckt, die sonst nicht im Elsaß nachzuweisen, vielmehr von kölnischen Beispielen angeregt sind. Beim Vierungsturm ist zumindest das Pyramidendach neu errichtet worden; alte Ansichten zeigen andere Silhouetten. Als nächst verwandte Bauten werden allgemein die Kirchen in

St-Dié, v. a. Notre-Dame, zitiert: das lothringische Element wäre also tonangebend – auch für den plastischen Schmuck, wobei man diese westliche Präsenz auch durchaus dahin interpretieren kann, daß erst im ausgehenden 19. Jh. die Vorlagen von St-Dié zu Rate gezogen worden sind, um die Ruine von Ste-Foy wieder optisch befriedigend zu verpacken.

Die glatte Fläche der doppeltürmigen *W-Fassade* wird nur durch das vorhallenähnliche Portal belebt (für ähnliche »elsässische« Lösungen vgl. Marmoutier oder Lautenbach); seitlich sitzen unter spitzbogigen Blendarkaden Doppelfenster. Die vorgeblendeten Säulen bis zum Absatz unter dem Mittelfenster sind mittelalterlich, alle darüber liegenden Bauteile Ende 19. Jh. – Das I n n e r e zeigt Stützenwechsel. Hier treten erstmals spitzbogige Arkaden zwischen den Schiffen auf. Von schweren Gurten unterteilt, ist der durch die barocken Einwirkungen und Winkler sichtlich geschädigte und drückend wirkende Raum nach dem gebundenen System rippengewölbt, und zwar 4teilig, obwohl die Wände für 6teilige Gewölbe angelegt sind.

Vielfältige, einfallsreiche *Kapitellplastik*, wobei schwer auszumachen ist, was 12. und was 19. Jh. ist. Im Fußboden am W-Ende des Schiffes eingelegtes *Mosaiklabyrinth* mit den 4 Paradiesesströmen. Die *Kanzel* von 1733 ist das einzige in der Kirche belassene Ausstattungsstück aus der Barockzeit.

● **Kirche St-Georges**

Grabungen unter dem heutigen Chor haben eine große karoling. Rotunde von 22 m Durchmesser nachweisen können: wahrscheinlich handelt es sich um die Kapelle, in der Karl d. Gr. 775 Weihnachten feierte. In einer Urkunde Ludwigs d. Frommen aus d. J. 836 wird der Bischof von Chur als Besitzer dieser Kirche genannt. – Für den heutigen – mehrfach, v. a. 1847–65 restaurierten – Bau gibt es hingegen keine urkundlichen Nachrichten. Der Chor in seiner urspr. Gestalt, das Querhaus in seinen unteren Teilen und das Schiff gehen wohl in das 2. Viertel des 13. Jh. zurück. Der W-Bau wurde erst gegen 1315 in Angriff genommen und während des ganzen 14. Jh. hochgeführt. 1414 ersetzte der heutige Chor den alten polygonalen.

Der mächtige W-Bau, mit Glockenturm, springt seitlich querschiffartig aus. Der heutige, leicht erhöhte Rechteckchor besteht aus 3 Jochen (Pseudokrypta erst 19. Jh.); seitlich schließen sich die beiden Nebenapsiden aus dem 13. Jh. an. Der Chorneubau ist, wie die Fensterformen zeigen, nicht aus einem Guß; am entwickeltsten das Kopffenster mit integrierter Rose. Das Schiff zeigt von O nach W 2 6teilige Gewölbejoche, anschließend 2 4teilige von unterschiedlicher Länge. Auch der

Sélestat / Schlettstadt. St-Georges. Turm von Süden

Sélestat / Schlettstadt. St-Georges. Kanzel

Stützenwechsel wird nach W aufgegeben, was eine andere W-Turmlösung vermuten läßt, die dann zugunsten des heutigen W-Baues aus dem 14. Jh. aufgegeben worden ist. – Vierungsturm, polygonal über Dachansatz, unter moderner geschweifter Haube.

Die eigentliche Schauseite bildet die der Stadt zugewendete *S-Seite* mit Portal unter Steingitter, Maßwerkfenster mit Rose, 2., tieferliegender Balustrade und Giebel. Diese reich gegliederte Wand setzt sich optisch in dem schönen *Turm* fort, der sich aus 2 schlanken Geschossen mit Maßwerkfenstern zusammensetzt und von einem diademartigen Oktogon abgeschlossen wird. Die Fassade ist eine Reduktion von Straßburger Anregungen (vgl. für einen parallelen Vorgang die W-Fassade von Niederhaslach), im Gegensatz zu den vollentwickelten »harmonischen« Fassadentypen von St-Martin in Colmar und Notre-Dame in Rufach. Hier in Schlettstadt fällt die perfekte Einfügung der Rose in das Maßwerkfenster der S-Seite auf, was besonders deutlich wird, wenn man sich an das Fassadenfenster von St-Martin in Colmar erinnert. An der S-Seite ist außerdem der Giebel mit dem aufgelegten Maßwerk zu erwähnen (im Gegensatz zu *vor*gestellten Maßwerknetzen wie in

Sélestat / Schlettstadt. St-Georges
Glasmalerei im Chor: Kaiserin Faustina und General Porphyrius besuchen die hl. Katharina im Gefängnis

Köln – das als Quellgebiet für diesen Typus anzusehen ist –, in Schwäbisch Gmünd und Colmar).

Die gesamte Portalplastik ist modern. – Ausstattung. Von Samson getragene *Steinkanzel*, bez. 1619 H R. – Epitaph für Jacob Wimpfeling. – *Freskenreste* befinden sich an den O-Wänden der Querhäuser in Rundnischen: rechts Kreuzigung Christi, Maria und Johannes, Peter und Paul, darunter verblaßte, unleserliche Szene. Links: Kreuzigung zwischen Johannes und Maria (mit dem Schwert in der Brust) und Heiligen. Für beide Fragmente kommt als zeitlicher Ansatz die Mitte des 14. Jh. in Frage. – Die *Glasfenster* im Chor, stark restauriert, gehen in ihren originalen Teilen in die Zeit 1430–60 zurück und setzen ein Programm von Hans v. Westhus, Geistlicher an St. Georg, ins Bild um. Von besonderem Interesse ist die Katharinen-Legende; um 1430 entstanden, ist sie möglicherweise das Werk des Baslers Hans Tieffenthal, der auch in Burgund gearbeitet hatte und hier westliches Stilgut im Elsaß einführte und umsetzte. Besonders die Köpfe, individuell charakterisiert, erinnern an burgundische Vorlagen, wie man sie namentlich in der Buchmalerei nachweisen kann. Die umfangreichen modernen Ergänzungen in allen Fenstern stammen von Max Ingrand. Fragmente aus verlorenen Fenstern sind links und rechts vom W-Eingang eingesetzt worden. N-Seite: Darbringung im Tempel, südl.: Verkündigung an Maria, beide Stücke um 1270–80. – Bei den *Skulpturen* ist auf einige Werke hinzuweisen, die v. a. im Chor in vergitterten Nischen stehen. Das qualitätvollste Stück in einer Nische rechts ist eine barocke *Madonna* von Ignace Saint-Lo, 1726.

Ehem. Franziskanerkirche, jetzt ev. Kirche (Marché-aux-Pots). Baubeginn wohl mit Gründung des Konvents (1280). Schiff 1881 abgebrochen. Der auf Konsolen gewölbte Chor mit ⅝-Schluß hat mit erstmals 4 Jochen eine bis dahin bei den Franziskanerbauten unbekannte Länge, wohl in Angleichung an die Berner Dominikanerkirche von 1269. Aufbau des Treppenturmes aus dem späten 14. Jh. Die nördl. angefügte Marienkapelle mit Dachreiter und durchbrochenem Steinhelm von 1420.

Ehem. Dominikanerinnenkloster (Rue Turenne), seit 1245, mit 1286 vollendeter **Kirche** und späterem **Kreuzgang**. (Das **ehem. Dominikanerkloster**, 1258 gegr. [Chor der Kirche von 1282, Langhaus von 1316], ist zerstört.)

Bei St. Georg die **ehem. Metzig** (Anciennes Boucheries), vollständig umgebaut, heute städtisches Verwaltungsgebäude. In der jetzt hochgesetzten Tür außen rechts das Datum 1478.

Place St-Georges. Links der Kirche schönes Dixhuitième-Haus mit abgeschrägten Quaderecken (**Pfarrhaus**); im Garten Baufragmente, vor dem Eingang ein mittelalterl. Steinsarkophag mit schildartigem Deckel.

Stadtresidenz der Abtei Ebersmünster (8, Rue de l'Eglise), 1541 beg. Aufwendiges Portal; die abgemeißelten Medaillons trugen antike und mittelalterl. Herrscherbildnisse, die dank der Inschriften noch identifiziert werden können: Hildericus, Theodoricus, Lotharius, Eticho und Gemahlin Bertsuindis, Adelric, Sigismund, Otto d. Gr., Caesar Maximilianus, Fabius Maximus, Scipio Africanus und Carolus Quintus Caesar. Schönes humanistisches Programm mit lokalgeschichtlichen und universalhistorischen Bezügen aus der Erbauungszeit.

Am Boulevard du Maréchal-Foch ein zwischen modernen Bauten verstecktes **mittelalterl. Haus** mit Treppenturm und Erker über tiefergelegtem Kellereingang, Anf. 17. Jh.

Zeughaus (Arsenal Ste-Barbe; Place de la Victoire), urspr. Kaufhaus. Spätgot. Bau mit Treppengiebeln, Schmalseite mit doppelläufiger Treppe, Eingangspodest unter Vordach. Hohes 3stöckiges Gaupendach. Alles stark restauriert.

Sélestat / Schlettstadt. Bibliothèque humaniste
Christus-Kopf aus St-Georges
(zu S. 197)

Rue Ste-Barbe. **Nr. 10:** schönes Spätrenaissance-Portal mit schräg nach außen gestellten Sockeln und geknicktem Gebälk; Doppelwappen zwischen Löwen. – Rue des Chevaliers. **Nr. 39:** spätgot. Steinhaus. **Nr. 46:** Haus mit Erker und Balkon. (Gegenüber an der Rue du Sel die Hofseite des Ebersmünsterer Hofes.) – An der Rue des Chevaliers noch weitere sehenswerte Häuser, desgleichen an der Rue du Marché-aux-Choux und dem Fossé des Tanneurs.

Sélestat / Schlettstadt. Bibliothèque humaniste
Büstenabguß einer unbekannten Toten aus Ste-Foy

Maison Ziegler (18, Rue de Verdun), 1538 von dem Stadtarchitekten Stephan Ziegler als Privathaus erbaut. Der *Erker* ist der originellste Teil des stark restaurierten Gebäudes. Er geht über 2 Etagen; Pilaster mit Medaillons und Balustrade als Abschluß. Die italianisierende Allüre wird durch die Wasserspeier gedämpft, die lokalen Gewohnheiten Rechnung tragen. Die Medaillons zeigen Bildnisse der großen Baumeister der Antike, u. a. Archimedes und Vitruv. Die begleitende Inschrift »architectis veteris dicatum« belegt Zieglers Vertrauen in die eigene Kunst.

Bibliothèque humaniste (Rue de la Bibliothèque), die berühmte Schlettstädter Humanistenbibliothek mit z. T. einzigartigen Beständen (für den historischen Hintergrund s. o., Ortsgeschichte). Die eigentlichen Bibliotheksbestände umfassen u. a. merowingische und karolingische Handschriften, antike Autoren (Macrobius, »In somnium Scipionis«, 13. Jh., mit Weltkarte; Boetius, »De consolatione Philosophiae«, mit bedeutender doppelseitiger Zeichnung des Gefangenen und der ihm erscheinenden Philosophie, 12. Jh.). – Schlettstädter und Straßburger Drucke. – Schulheft des Beatus Rhenanus, als er die Humanistenschule in Schlettstadt besuchte, 1498/99: u. a. Texte von Vergil, Ovid und Martial. Kollegheft des Rhenanus, als er an der Sorbonne studierte, 1505, mit Aristoteles-Kommentar. – Adelsbrief für Rhenanus, ausgestellt durch Karl V. am 18. August 1523. – Werke Wimpfelings. – Das Lob von Schlettstadt von Erasmus, 1515. – Im 1. Seitenraum links hinter Gitter die Humanistenbibliothek der Lateinschule, erweitert durch die Bestände aus der Bücherei des Rhenanus (die beiden Bibliotheken wurden 1760 vereinigt). Ein altes Photo zeigt einen Blick auf die Kirche St. Georg mit dem inzwischen abgerissenen Bibliotheksanbau, wo sich die Bücher urspr. befanden. – Glasfensterfragment aus der Georgskirche mit Madonna (Mittelmedaillon erneuert), um 1500. – Fragmente aus Altären. Am Eingang Christus-Kopf, Holz, Fragment eines Triumphkreuzes von hervorragender Qualität, 1464, aus St-Georges (Abb. S. 195). – Im Lesesaal römische Keramik und elsässische Plastik des 15.–16. Jh. In einer Vitrine der Abguß einer unbekannten Toten, die man in einem zugemauerten Grab in St. Fides fand.

Von den Resten der **Befestigung** sind zu nennen: **Tour neuve** oder **Tour de l'Horloge** mit Dach von 1614. Malerei von A. Graff, 1945, die eine Kreuzigung wohl älteren Datums wiederholt. Außen vorgesetztes Fallgitter (Laufrinnen vor Freskowand sichtbar); weiteres Fallgitter im Tordurchgang. – **Tour des Sorcières**, beim Straßburger Tor, 15. Jh. – **Porte de Strasbourg**, nach Plänen von Vauban, 1691 vollendet. Durchgang jetzt zugemauert. Darüber, vor Trophäen, Büste, 1920. Die Annexbauten um 1700.

Sigolsheim St-Pierre

SELTZ / SELZ (Bas-Rhin H2)

Das römische Lager Saletio ist unter Kaiser Claudius (10 v. Chr. – 54 n. Chr.) angelegt worden; es ist – im Gegensatz zu den anderen römischen Lagern im Elsaß – als einziges genau lokalisiert. – 987 gründete

Kaiserin Adelheid, Witwe Ottos I., eine Benediktinerabtei, die 995 in ihrer und Ottos III. Gegenwart eingeweiht wurde. Adelheid ist hier später beigesetzt worden. Das ottonische Kloster lag zwischen den Dörfern Beinheim und S. nahe der damaligen Mündung der Moder in den Rhein. Es wurde 1307 das Opfer einer Hochwasserkatastrophe und mußte näher bei S. 1308 neu aufgebaut werden. Auch an dieser Stelle von den Wassern des Rheines bedroht, wurde die Anlage 1481 aufgehoben, und das neue Kollegiatstift erhielt die Pfarrkirche von S. als Stiftskirche.

Die **Kirche St-Etienne** wurde im 2. Weltkrieg zerstört. Der Neubau von 1954–58 konnte aber den spätgot. Chor miteinbeziehen. Bei den Wiederherstellungsarbeiten fand man die Grundmauern einer kleinen roman. Vorgängerkirche. Hochaltar von 1720.

Adelheid-Denkmal von August Revé, 1901.

SIGOLSHEIM (Haut-Rhin D8/9)

Kirche St-Pierre
Die Kirche in dem schon 759 erwähnten Weinbauerndorf datiert aus dem ausgehenden 12. Jh. Sie ist das einzige Denkmal vergangener Zeiten in dem 1944 fast vollständig zerstörten Ort. Querhaus und Chor wurden schon im 19. Jh. ergänzt und sind inzwischen entfernt worden.
Got. Vierungsturm. Die Fassade wurde bei einer Verlängerung der Kirche 1837 abgebrochen und soweit möglich mit dem alten Material wieder aufgebaut. An den Gewänden des *W-Portales* gute und reiche roman. Skulpturen. Türsturz mit Evangelistenmedaillons und Agnus Dei; darüber Christus zwischen Petrus und Paulus. 2 Männer (einer ist als ULRICVS bezeichnet) knien beiderseits der Apostel und bringen einen Beutel und ein Faß dar.

SOULTZ-Haut-Rhin / SULZ (Haut-Rhin C11)

Römische »villa«, im Mittelalter Hauptort des bischöflichen Mundats. Urspr. geschützt von mehreren Burgen wie u. a. Gebweiler. Seit der Mitte des 13. Jh. erscheint S. als »oppidum« mit Mauergürtel, der durch den Bischof von Straßburg angelegt worden war.

Die **Kirche St-Maurice**, an einer W-Strebe 1489 dat., eine 3schiffige kreuzförmige Basilika mit geradem Chorschluß, stammt insgesamt aus dem 13.–15. Jh. Ihr Turm wurde 1611 vollendet. Das W-Portal liegt unter gewölbter Vorhalle.
Im Tympanon des S-Portals noch alt die Darstellungen des hl. Mauritius zu Pferd und der Anbetung der Könige, um 1320. Die Marienkrönung im N-Portal ist modern. – Bemerkenswert die *Renaissance-Kanzel* auf einer Säule, die in bewegtem Spiel von Voluten umstellt ist. Ihr polygonaler Korb ist architektonisch kräftig artikuliert und mit Nischenfiguren der Evangelisten geschmückt. – In der Taufkapelle ein nazarenisches

Bild, die Hl. Familie, von J. F. Froissel. – Im südl. Querhaus ausgemalte Nische mit Gabelkruzifix und Sterbeszene; die Seele wird von Heiligen in Empfang genommen; nach 1300. – In nördl. Nische Stifterfamilie im Gebet vor dem Kruzifix. Über Wolken erscheinen als Halbfiguren Maria und Johannes, um 1290. – In der südl. Seitenkapelle *Maria mit Kind*, Holz, eine etwas grobschlächtige, doch qualitätvolle Arbeit um 1510. Gegenüber *Georgsrelief*, Holz, gute Arbeit mit z. T. alter Fassung (von einem Altar?), um 1480–90. – *Grabsteine* des 17. und 18. Jh., z. T. aus der Johanniterkomturei, 1890 hierher versetzt.

Friedhofskapelle von 1854.

Place de la République. **Rathaus**, ehem. Kornhalle; Doppeltreppe mit überdachtem Podest, 17. Jh. **Mauritius-Brunnen.** – Rue Jean-Jaurès. **Nr. 59:** Haus mit Erker und Volutengiebel, Hof mit Galerien und Treppenturm, 1575.

Von den **Befestigungen** haben sich Reste an der N-Seite der Stadt erhalten, u. a. ein Rundturm für Feuerwaffenverteidigung.

SOULTZ-sous-Forêts / SULZ unterm Wald (Bas-Rhin F2)

Seit 1346 Stadt.

Ev. Kirche. Beim Neubau (nach Brand 1715) wurde von der spätgot. Vorgängerkirche der Chor übernommen; über dem Seiteneingang das Datum 1730. Auf dem Altar Rahmenreste eines spätgot. Schnitzaltars, darin Kruzifix, um 1520. In der Chorrückwand sind Grabsteine von einigen zwischen 1526 und 1563 gestorbenen Mitgliedern der Familie v. Fleckenstein eingelassen; die Figuren sind abgemeißelt. Ein Grabstein von 1302 oder 1352 ist nicht identifiziert. Linkes Chorfenster mit wappentragendem Engel, 1543; rechtes Fenster 1720, links Fleckenstein-, rechts Hanau-Lichtenberg-Wappen. Das Netzgewölbe im Chor datiert 1696. – Das Schiff aus dem 18. Jh. besitzt seine originale Ausstattung: schöne, einfach verglaste Fenster; auf der flachen Decke 4 große Evangelistenmedaillons mit interessanten Rückgriffen auf Modelle der Dürer-Zeit. – Der Eingangsportikus wurde 1912 im Stil der Kirche angefügt.

Kath. Kirche mit Frontturm in neubarocken Formen von 1908–09. Gute, einheitliche Ausstattung.

Das **Schloß** von 1790 ist heute kath. Pfarrhaus. – **Rathaus** aus dem 18. Jh.

SOULTZBACH-les-Bains / SULZBACH (Haut-Rhin C9)

Kirche St-Jean. Die erhöht gelegene Johannes-Kirche stammt in ihrer heutigen Form von einem 1514 vorgenommenen Umbau (Chor) und einem Wiederaufbau im 19. Jh. (Schiff und Turm). – Im Chor befindet sich ein beachtenswertes *Sakramentshaus*, darunter ein Christophorus

Soultzbach-les-Bains / Sulzbach. St-Jean
Christophorus-Gruppe unter dem Sakramentshaus

mit Christuskind. Die Wappen deuten auf eine Stiftung der Familie Hattstatt-Schauenburg hin. Das 2seitig vorspringende Tabernakel zieren die Evangelistensymbole; seitlich 2 Engel. Im Fialentürmchen der auferstandene Christus, Maria, darüber Gottvater. Das Ganze ein wichtiges Steinhauerwerk um 1500 aus der Werkstatt des Conrad Seyfer. – Der Hochaltar wurde 1760 privilegiert, ist jedoch älter und wohl gleichzeitig mit den 1722 datierten Seitenaltären von Vater F. A. und Sohn H. A. Werle. – An der N-Wand beim Marienaltar schönes *Doppelgrabmal* des Jacob v. Hattstatt († 1518) und seiner Gattin Maria v. Rathsamhausen († 1514). Unter der Empore figürlicher Grabstein mit Relief einer Edeldame († 1531).

Die got. **Katharinenkapelle** in der Grand'Rue wurde im 17. Jh. umgebaut und 1962 restauriert. Über dem Altar Kreuzigungsgruppe aus der Werle-Werkstatt, 18. Jh.; links an der Chorwand Madonna, 17. Jh. – Neben der Kapelle ein **Ziehbrunnen**, 1779; gegenüber der Kapelle der **Dorfbrunnen** mit Löwen, 1601.

Im Dorf mehrere malerische **Fachwerkhäuser**.

SOULTZMATT / SULZMATT (Haut-Rhin C10)

Gehörte zum bischöflichen Mundat. Der Ort wurde durch mehrere Burgen verteidigt, u. a. die Wagenburg und das Schloß, das die Lobgassen seit 1367 als Lehen der Rappoltstein innehatten.

Die **Kirche** ist ein spätgot. Bau (auf einem Schlußstein im südl. Seitenschiff steht das Datum 1496), der Teile einer roman. Anlage wiederverwendete. Bei Grabungen sind Reste (u. a. eine Apsis) einer Vorgängerkirche zum Vorschein gekommen, die der merowingischen Steinsärge wegen wohl aus dem 7./8. Jh. stammen muß. Von der 3schiffigen Basilika aus der Zeit um 1070–80 stehen noch die nördl. Seitenschiffwand mit 6 Arkaden auf Würfelkapitellen sowie der Turm. Der barocke Chor geht auf eine Umgestaltung durch Gabriel Ignaz Ritter zurück.
Am nördl. Seitenaltar eine *Marienstatue* aus Holz mit neuer Fassung, um 1440. – Von den *Grabsteinen* verdient der des *Wilhelm Capler* und seiner Gemahlin besondere Beachtung. Die Inschrift gibt das Datum: »Anno domini 1495 hat junkher Wilhelm Capler dis begrebnus losn machen.« Darunter die bewegte Verkündigung an Maria, eine gute Arbeit mit etwas »dümmlichen« Gesichtern, die für die Stilstufe charakteristisch sind.

Wagenburg. Bau aus der Spätgotik und Renaissance mit Portal und Rundturm für Artilleriebestückung. Die Burg war Sitz der Ritter v. Landenberg.

Im Ort mehrere Renaissance-**Häuser**, die z. T. eine beachtliche Stilverspätung aufweisen.

STRASBOURG / STRASSBURG (Bas-Rhin EF4/5)

Geschichte. – Münster, S. 211. – Weitere Kirchen, S. 235. – Kommunalbauten, S. 244. – Profanarchitektur. I: Münsterviertel, S. 251. – II: Südwestliche Altstadt, S. 255. – III: Bereich südlich der Ill, Petite-France, Finkwiller, Krutenau, S. 257. – IV: Westliche und nördliche Altstadt, S. 259. – V: Die Neustadt, S. 260. – VI: Bauten des 20. Jh., S. 262. – Museen, S. 264.

Die Geschichte der Siedlung läßt sich bis in vorgeschichtliche Zeit zurückverfolgen. Frühe menschliche Spuren fanden sich in Königshofen und in Schiltigheim, Orten, die heute zur Bannmeile der Stadt gehören. Seit dem Neolithikum ist die Insel der Ill im Winkel des damals vielverzweigten Rheinlaufes bewohnt. Ein gallisches Heiligtum befand sich seit dem 4. Jh. an der Stelle des heutigen Münsters.

Kurz vor unserer Zeitrechnung errichteten die Römer – hier ansässig von 12 v. Chr. bis 406 n. Chr. – ein Castrum. Mit Köln, Bonn und Mainz gehörte es zu jenen Anlagen an der Imperiumsgrenze, die später zu bedeutenden Städten werden sollten. Straßen und Wasserwege schlossen die Siedlung an ein umfangreiches und strategisch bedeutungsvolles Verkehrs- und Kommunikationsnetz an. Die rheinische Militärstraße von Basel nach Lauterburg (Teil der Achse Italien–Niederlande) kreuzte hier die Transversale, die über Zabern (Tres Tabernae) und Saarburg Gallien mit Germanien verband. Die südwärts führende Straße ging über Offenburg, wo ein Meilenstein gefunden wurde, der die älteste Erwähnung Straßburgs trägt: Argentorate. Das keltische Wort, von den Römern übernommen, bedeutet: Festung auf dem Fluß Argens, der heutigen Ill, die stromabwärts von Straßburg in den Rhein mündet. Um 20 n. Chr. sowie zwischen 70 und 74 errichteten die Kaiser Tiberius und Flavius neue Befestigungen mit Palisaden auf einem Basaltsockel; das Baumaterial wurde auf dem Rhein vom Kaiserstuhl hergeschafft.

Um 166 setzten die Germaneneinfälle ein; 175 fand die Verwüstung der Anlage durch die Markomannen statt. Als Folge mußten 202 das Praetorium und ein Teil des Militärlagers neu gebaut werden. 235 fiel Argentorate einer weiteren Invasion und einer dadurch ausgelösten Feuersbrunst zum Opfer; ein letztes Mal wurde die antike Stadt wiedererrichtet. Als 260 der Limes aufgegeben wurde, erlangte Argentorate erneut hohe strategische Bedeutung. Im frühen 4. Jh. erneuerte Konstantin den Platz, in dem sich 352 die Alemannen einnisteten, die 357 aber von Julian Apostata bei Hausbergen vernichtend geschlagen wurden. Unter Julian sowie um 370 unter Valentinian entstand eine neue Ummauerung mit halbrunden Türmen. 406/407 zogen die Römer ab und gaben die Rhein-Linie auf.

Um 410 wurde in Straßburg ein Grafensitz eingerichtet in der Hoffnung, neuen Einfällen aus dem Osten so einen wirksamen Riegel vorzuschieben. Doch bereits 451 brandschatzten die Hunnen unter Attila die Stadt, als sie verheerend in Gallien einfielen. Erst nach der Schlacht von Tolbiac, 496, wurden die Franken Herren des Elsaß.

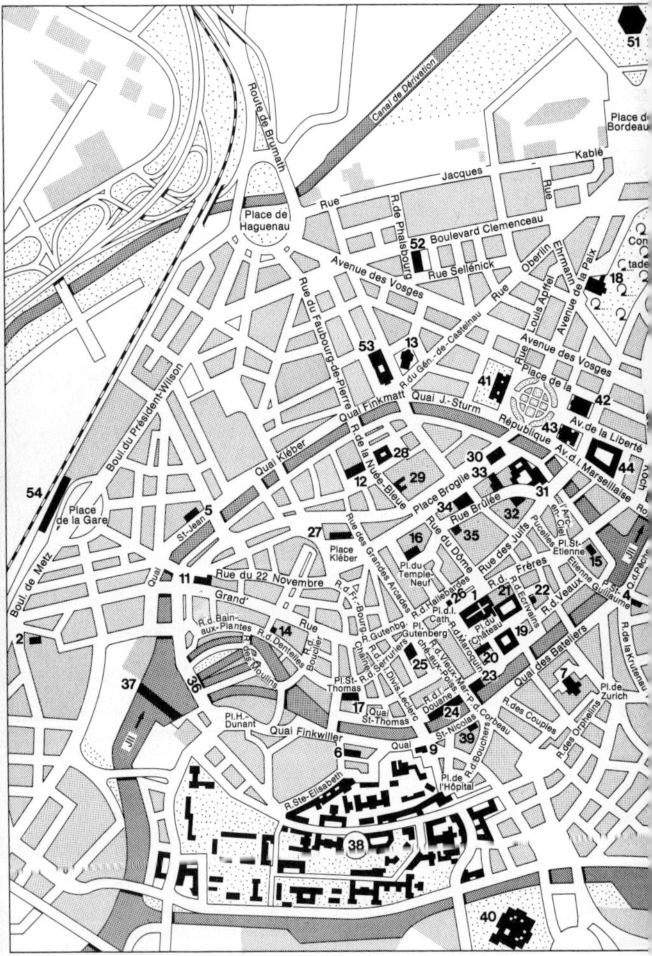

Strasbourg / Straßburg

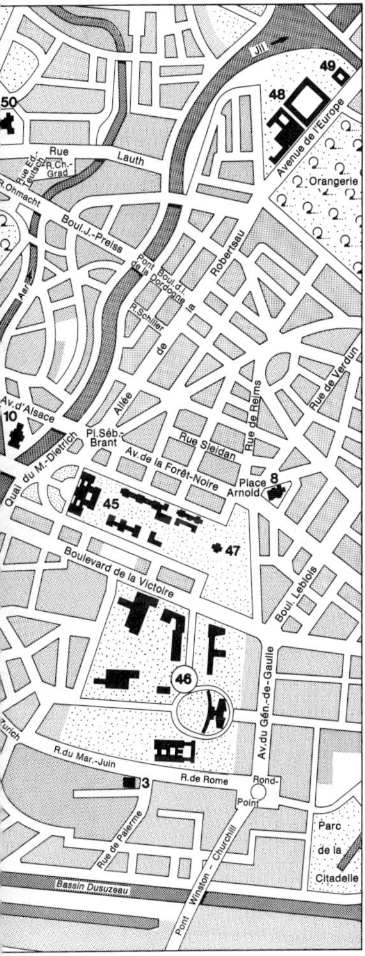

Innenstadt-Lageplan

Kirchen:

1 Cathédrale Notre-Dame, Münster
2 Ste-Aurélie
3 Christ Ressuscité
4 St-Guillaume, Wilhelmerkirche
5 St-Jean, St.-Johannes-Kirche
6 St-Louis, St.-Ludwigs-Kirche
7 Ste-Madeleine, St.-Magdalenen-Kirche
8 St-Maurice, St.-Moritz-Kirche
9 St-Nicolas
10 St-Paul
11 St-Pierre-le-Vieux, Alt St. Peter
12 St-Pierre-le-Jeune, Jung St. Peter (prot.)
13 Eglise neuve de St-Pierre-le-Jeune, Neue Jung-St.-Peter-Kirche (kath.)
14 Eglise prot. de Sion
15 St-Etienne, St. Stephan
16 Temple-Neuf (prot.), ehem. Dominikanerkirche
17 St-Thomas (prot.)
18 Neue Synagoge

Kommunale und private Bauten:

19 Rohan-Schloß; Musée des Beaux-Arts, Musée archéologique, Musée des Arts décoratifs
20 Œuvre Notre-Dame, Frauenhaus; Museum
21 Lycée Fustel de Coulanges, ehem. Jesuitenkolleg
22 Ehem. Andlauer Hof
23 Grande Boucherie, ehem. Metzig; Musée historique
24 Ancienne Douane, Kaufhüs; Musée d'Art moderne
25 Chambre de Commerce, »Neuer Bau«
26 Haus Kammerzell
27 Aubette, ehem. Hauptwache
28 Polizeidirektion
29 Ehem. Hôtel d'Andlau, Hafenbehörden
30 Stadttheater
31 Präfektur, ehem. Hôtel de Klinglin
32 Palais Episcopal

Zum Plan S. 204/205:

33 Hôtel du Gouverneur militaire, ehem. Zweibrücker Hof
34 Rathaus, ehem. Palais Hanau-Lichtenberg
35 Ehem. Maursmünsterer Hof
36 Ponts couverts, »Gedeckte Brücken«
37 Grande Écluse, Vauban-Schleuse, Panorama-Terrasse
38 Hôpital Civil
39 Musée alsacien
40 Centre administratif Ville-Communauté
41 Palais du Rhin, »Kaiserpalast«
42 Universitätsbibliothek
43 Konservatorium und Theater
44 Hôtel des Postes, Zentralpostamt
45 Universität: Kollegiengebäude, Institute
46 Neues Universitätsviertel
47 Observatorium
48 Palais du Conseil de l'Europe
49 Palais des Droits de l'Homme
50 Rundfunkgebäude
51 Palais de la Musique et des Congrès
52 Palais des Fêtes
53 Palais de Justice
54 Hauptbahnhof

Noch heute läßt sich die römische Anlage im Stadtplan erkennen mit Cardo und Decumanus. Das vom Castrum gebildete Rechteck – 530×370 m – stützt sich einerseits auf 2 Arme der Ill, vom Pont du Corbeau über den Pont St-Guillaume zum Pont du Théâtre führend; andererseits auf eine Linie in Höhe der Plätze Broglie und Kléber. Die Rue du Dôme und die Rue des Hallebardes markieren die beiden Achsen. An der Stelle des heutigen Münsters befanden sich einst Forum und Tempel. Im Inneren des antiken Rechtecks folgen die modernen Straßenzüge weitgehend dem römischen Netz.

Neben dem Castrum entwickelte sich auf der restlichen Ill-Insel eine zivile Agglomeration. Längs des Flusses entstanden Hafenanlagen. Thermen befanden sich in der Nähe der heutigen Thomaskirche. Die damals praktizierten Kulte erhellen die Doppelfunktion der Stadt: Mithras, Athis und Kybele waren Soldatengötter, Merkur und Epona standen den Handelsleuten bei. – Für das Christentum scheint hier lange kein Platz gewesen zu sein. Der erste namentlich bekannte Bischof war der hl. Amandus, von dessen Anwesenheit auf Kirchenkonzilen 343 und 346 die Rede ist. Die Barbareneinfälle haben die systematische Evangelisierung der oberrheinischen Tiefebene jedenfalls verzögert. 415 erscheint eine Kirche an der Stelle der heutigen Stephanskirche (St-Etienne). Sie nutzte eine bestehende römische Basilika, die 1956 wieder ans Tageslicht kam.

In merowingischer Zeit behielt Argentorate seine wichtige Stellung. Nach dem Sieg Chlodwigs über die Alemannen 496 wurde das Elsaß ein beliebter Aufenthalt der Könige. Der Name des Straßburger Vorortes Königshofen erinnert an ein fränkisches Hoflager. Auch die nahen Dörfer Marlenheim und Kirchheim gehen auf königliche Höfe zurück.

Um 580 nennt Gregor von Tours die Stadt Strateburgum (auch Strateburg und verwandte Formen), die Burg an der oder den Straßen. Zur selben Zeit bemühte sich der hl. Arbogast, der erste fränkische Bischof, um die Missionierung des Landes, das 610 in der Chronik Fredegars zum ersten

Mal Elsaß als Kollektivbezeichnung von Nordgau und Sundgau genannt wird. Die um 640 erfolgte Niederlassung des Herzogs von Elsaß in Str. verlieh der Stadt das Gewicht einer regionalen Hauptstadt. Vorstädte entwickelten sich westwärts; eine Münze wurde eingerichtet.

Münzprägungen fanden in Str. auch unter den Karolingern statt. Das Münzrecht gelangte im ausgehenden 10. Jh., als die lateinische Stadtbezeichnung Argentina auftauchte, in die Hand des Bischofs, dann – seit der Mitte des 13. Jh. – nach und nach pfandweise in städtischen Besitz. 1394 wurden die ersten groben Silbermünzen geprägt. Das Goldguldenprivileg Kaiser Maximilians I. von 1508 festigte die städtische Münzhoheit. 1681 schloß sich Str. dem französischen Münzsystem an.

Der Bischof war schon im Frühmittelalter der wichtigste Grundbesitzer in der Stadt. Außerdem kontrollierte er den Handel, der sich bis zu den Alpen und nach England auszudehnen begann. Kirchenpolitisch ist zu erwähnen, daß der gallische Landgraben zwischen Schlettstadt und Colmar, quer durch die elsässische Ebene, zur Grenze zwischen den Diözesen Straßburg und Basel, später zur Grenze zwischen den Départements Haut-Rhin und Bas-Rhin wurde. Im Norden schloß die Diözese Speyer an.

Bei der Teilung des karoling. Erbes gelangte das Elsaß zu Lotharingien, dem Mittelreich, das bald zwischen Ost- und Westreich aufgeteilt werden sollte. Dabei spielte Str. eine wichtige Rolle: Im Beisein ihrer Heerscharen legten 842 Ludwig d. Deutsche und Karl d. Kahle die berühmten Straßburger Eide ab, deren erhaltene Texte die ältesten Literaturdenkmäler sowohl der deutschen als auch der französischen Sprache sind. 870 fiel das Elsaß mit Str. an das Ostreich, das »Heilige Römische Reich Deutscher Nation«.

Als im 10. Jh. Otto d. Gr. das Münzrecht dem Bischof übergab, wurde dieser, indem er sich auch die gräflichen Rechte sicherte, der einflußreichste politische Herrscher am Oberrhein. Das Schicksal der Stadt ist somit aufs engste mit der bischöflichen Politik und Gewalt verknüpft. Neben dem Münster, schon 728 als Marienkirche erwähnt, entstand als Zeichen seiner Macht das großangelegte Schloß, das seit 1015 unter Bischof Werinher – einem Habsburger – aufwendig neu erbaut und erweitert wurde. Um 1100 fand eine Stadterweiterung statt.

Die fortlaufende Emanzipation Str.s wurde 1201 durch die Rechte und Freiheiten einer Reichsstadt gekrönt, die ihr König Philipp von Schwaben verlieh. Der Hintergedanke war dabei, die bischöfliche Stellung unter Kontrolle zu bringen und einzudämmen. Die Stadt erfuhr 1200–02 eine weitere Vergrößerung; die Insel wurde 1220 befestigt. Eine Vorstadt bildete sich fast gleichzeitig im SO.

Die frühmittelalterl. Stadtentwicklung ist nach neuesten Grabungen gekennzeichnet durch die Beibehaltung des römischen Castrums, auch wenn es Außenquartiere entlang der heutigen Grand' Rue gab. Flußaufwärts und außerhalb der Mauern entstand ein Wik, d. h. eine Kaufmannssiedlung mit eigenem Markt (Martinsplatz, heute Place Gutenberg). Die Stadterweiterung von 1200–02 umschloß diese inzwischen nach N erweiterte Siedlung (Barfüßerplatz, jetzt Place Kléber) mit dem

Thomasstift und einer Pfalz. Im einzelnen ist die Geschichte dieser Erweiterung jedoch nicht geklärt. Man vermutet, daß St. Thomas an jener Stelle steht, wo an der Ill frühchristliche Taufen stattgefunden hatten, ja, daß sich der Bischofssitz zunächst überhaupt hier befand. Der im N um das Stift Jung St. Peter 1035 entstandene und der im S jenseits der Ill um St. Nikolaus 1182 angelegte Stadtteil wurden dann im frühen 13. Jh. ebenfalls von der fast kreisförmigen Stadtmauer mit der eigentlichen Stadt vereinigt.
Unter den Hohenstaufen Friedrich Barbarossa und Friedrich II. kannte Str. eine große kulturelle Blüte. Es sei lediglich an Gottfried von Straßburg erinnert, der hier seine deutsche Fassung von »Tristan und Isolde« nach französischen Vorbildern herausbrachte – Vorbildern, die er während seines Pariser Jugendaufenthaltes kennengelernt hatte.
Am Ende der Regierungszeit Friedrichs II. entstandene Wirren versuchte der Straßburger Bischof zu nutzen, um seine Hegemonie im Elsaß wiederherzustellen. Doch fand er in der Person Rudolfs v. Habsburg einen Gegner, der die stadtfreundliche Politik Friedrichs wieder aufnahm und weiterführte. Die Bürgerschaft besiegte an seiner Seite 1262 bei Hausbergen den ambitiösen Bischof Walter v. Geroldseck. Seit dieser entscheidenden Niederlage residierte der Bischof vornehmlich in Zabern. Bischof Heinrich erkannte 1263 die Stadtregierung an, und Rudolf bestätigte 1275 alle früheren Privilegien. Die neue politische Situation führte u. a. zur Übernahme des Münsterbaues durch die Bürgerschaft. Zu diesem Zweck wurde das »Werk unserer lieben Frau« (L'Œuvre Notre-Dame) gegründet, die weltliche Bauhütte der Hauptkirche.
Die weitere Stadtgeschichte kennzeichnen die sozialen Spannungen innerhalb der Bevölkerung. Die bürgerlichen Patrizierfamilien verdrängten Schritt für Schritt den Stadtadel. Die Zünfte und Korporationen erhoben sich seit 1308. 1332 übernahmen die Handwerker die Führung des Stadtrates. Ein neues Rathaus (Pfalz) entstand 1321 (alte Ansicht der zerstörten Anlage im Musée historique). 1348 begann die Pest zu wüten: man machte die Juden für das Unheil verantwortlich, Beschuldigungen, die in den rheinischen Städten zu Massakern führten, so in Str. 1349. Der Dachsteiner Krieg vertrieb 1419–22 den Adel endgültig aus der Stadt. Seit 1482 bestimmte die bürgerliche Stadtverwaltung für lange Zeit das politische Profil Str.s. Für den Aufbau der Räte, die Beteiligung und Rolle der 20 Zünfte verweisen wir auf die trefflichen graphischen Darstellungen, die im Musée historique die Stadtgeschichte nachzeichnen.
Das kulturelle Leben im 15. Jh., in Humanismus und Reformation gipfelnd, führte wichtige geistesgeschichtliche Strömungen fort, die ihre Wurzeln im 14. Jh. haben, v. a. in der Mystik, die Meister Eckehart predigte und für die er viele Anhänger (Johannes Tauler) fand. Seine pantheistischen Ansichten stießen auf einen solchen Widerhall, daß die Stadt zu einer Hochburg der Häresie wurde – eine Erscheinung, die sich bis ins 16. Jh. gehalten hat. Schon 1370 traten Nonnen aus Orden aus. – 1440 richtete Gutenberg in Str. die erste Druckerpresse ein, womit die bahnbrechende Wende im Buchgewerbe stattfand und der Stadt in einer neuen Domäne während Jahrzehnten europaweiten Ruf verschaffte. Die

Möglichkeit, in kurzer Zeit und mit vergleichweise geringem Aufwand politische und religiöse Pamphlete herzustellen und unter die Leute zu bringen, hat zweifellos sowohl Humanismus wie Reformation begünstigt. Schon das ausgehende 15. Jh. kannte eine erste Generation von Gebildeten, die sich den sich ankündigenden religiösen Reformen anschlossen. An ihrer Spitze stand der seit 1478 amtierende Münsterprediger Geiler v. Kaysersberg, der die Sodalitas litteraria gründete. Neben ihm sind zu nennen Jacob Wimpfeling und Sebastian Brant, der Autor des »Narrenschiffes«. Um 1520 übernahm eine neue, erregtere und noch erregbarere Generation die Führung. Drucker wie Wolfgang Koepfel und Johann Schott blieben in ihren Erzeugnissen keiner neuen Idee verschlossen. Sie druckten die Texte von Hutten und gaben die Schriften Luthers heraus, dann auch die Bücher der revolutionären Agitatoren und sog. »Epikureer« wie Brunfels, der sich auch als Botaniker einen Namen machte. Matthäus Zell verkündete 1520 die Reformen Luthers, gefolgt von Butzer, Hedio und Capito, bekämpft von Murner (vgl. Obernai). 1524 kam Karlstadt, von Brunfels ermutigt, nach Felix Argentina, um der Revolution das Wort zu reden, dann Ziegler.

Die Reformation faßte schnell Fuß. Der Aufstand von 1525, im Elsaß knapp niedergeschlagen, nötigte die Bürgerschaft zu einem starken Regiment. Die Lutheraner bemächtigten sich wichtiger Positionen im Stadtrat. 1529 verboten sie die Meßfeier und räumten bis 1533 alle potentiellen Widersacher aus dem Feld. Straßburg wurde zu einem Refugium für Protestanten; 1538 weilte Calvin in seinen Mauern – im gleichen Jahr übrigens, da der Stadtmeister Jakob Sturm v. Sturmeck ein Gymnasium gründete, das später zur Akademie (1566) und zur Universität (1621) werden sollte.

Im Spätmittelalter zeichnete sich Str. auf künstlerischem Gebiet v. a. in der Goldschmiedekunst und der Wirkerei (»Heidnischwerk«) aus. Die großen Zentren der Goldschmiedekunst waren damals Konstanz, Basel, Str. und Speyer. In Str. gab es zwischen 1450 und 1530 an die 90 Goldschmiedemeister. Sie waren in der »Zunft zur Steltz« zusammengeschlossen, der auch die Maler, Bildhauer und Glaser angehörten. Seit 1363 liegen genaue Vorschriften über die Stempelung mit Beschau- und Meistermarke vor. – In der Malerei beherrschte im frühen 16. Jh. Hans Baldung Grien (1484/85–1545) das Feld. Seine bisweilen diabolischen und auch anstößigen Bilderfindungen überlebten die gleichzeitigen politischen Neuordnungen: Durch Heirat sicherte er sich einen festen Platz im Straßburger Großbürgertum.

Im Laufe des 17. Jh. sank das geistige Niveau auf durchschnittliche Mittelmäßigkeit im Vergleich zu andern geistigen Zentren der Zeit. Auch die Gründung der Universität durch Ferdinand II. 1621 vermochte die intellektuelle Stellung der Stadt nicht wesentlich anzuheben, zumal auch Str. in die Wirren des 30jährigen Krieges verwickelt wurde. Der Westfälische Friede von 1648 bestätigte die Stadtrechte, und die Einwohner konnten vorderhand der Reformation die Treue halten.

1681 gelangte die Stadt an Frankreich, nachdem sie vor General Louvois kapituliert hatte. Der Vertrag von Rijswijk 1697 bestätigte die Angliederung.

Die im späten 16. Jh. von Stadtbaumeister Daniel Specklin errichteten Befestigungswerke erwiesen sich unter den neuen Herren als ungenügend. Sébastien Le Prestre, Seigneur de Vauban (1633–1707), legte auf dem Papier den Plan einer Zitadelle an, die Tarade 1681–87 in die Tat umsetzte (vgl. S. 263). Das Stadtrelief aus dem 18. Jh. im Musée historique gibt eine glänzende Vorstellung von der Anlage. Für Vauban war Str. Bestandteil eines umfassenden Befestigungsgürtels an der Ostgrenze Frankreichs, zu dem auch Longwy, Sarrelouis, Phalsbourg, Neuf-Brisach, Belfort und Besançon gehörten.

Die französische Verwaltung gewährte der Stadt zivile und militärische Gewalt, behielt sich aber den Hauptrat (Conseil Souverain) vor, einen juristischen Organismus, der zuerst in Ensisheim und später in Colmar seinen Sitz hatte. Der Katholizismus und somit auch der Bischof und die Jesuiten kamen wieder zu ihrem Recht. 4 Kardinäle aus der Familie Rohan folgten einander von 1704 bis 1803 – mit einer Unterbrechung während der Revolution – auf dem Bischofssitz. Armand-Gaston de Rohan-Soubise ließ sich nach Plänen des Pariser Hofarchitekten Robert de Cotte das Schloß erbauen, womit Str. schlagartig den Anschluß an die bedeutende Tradition französischer Architektur fand, die in der Stadt im Laufe des 18. Jh. vielfältige und höchst bemerkenswerte Spuren hinterlassen hat. Ferner entwickelte Blondel, auf Bitte Choiseuls, des Außenministers unter Ludwig XIV., einen neuen Bebauungsplan für Str., den der König 1768 genehmigte. Der Sturz Choiseuls verhinderte, zum Glück, die Ausführung, der wichtige mittelalterl. Quartiere zum Opfer gefallen wären. Blondel versprach dem Reisenden, der von Frankreich nach Deutschland unterwegs war, »d'aspects intéressants« sowie »une certaine quantité de bâtiments d'importance«.

Die Französische Revolution fand in Str. offene Ohren und Arme. 1789 gingen die Archive der Kanzlei durch Autodafé auf dem Gutenbergplatz in Flammen auf. Beim Bürgermeister der Stadt sang Rouget de Lisle zum ersten Mal die Marseillaise. Seit 1793 bedrohten die Auswüchse der Jakobiner auch das Münster, das – außer an der W-Fassade – glimpflich davonkam und in einen Tempel der Vernunft umgewandelt wurde. Der Turm entging dank einer monumentalen Bekrönung in Form einer phrygischen Mütze knapp dem Abbruch. Die Stadt wurde Sitz der Präfektur des neuen Départements Bas-Rhin.

Im Deutsch-Französischen Krieg wurde Str. 1870 belagert und beschossen. Das im Jahre VII der Revolution gegründete Museum für Malerei und Plastik sowie die bedeutende Stadtbibliothek in der Dominikanerkirche gingen in Flammen auf, mit ihnen u. a. der berühmte »Hortus Deliciarum« der Äbtissin Herrad (→ Ottrott, Mont Ste-Odile). Von 1871 bis 1918 stand Str. unter deutscher Verwaltung und war Hauptstadt des Reichslandes Elsaß-Lothringen. Eine bereits 1840 geplante Stadterweiterung, eine eigentliche Neustadt mit Parkanlagen, wurde nach 1877 in Angriff genommen. Die Universität, 1872 neu gegründet, erhielt 1890–98 ein neues Gebäude.

1918 gelangte Str. wieder an Frankreich. 1944 erlitt es nochmals schwere Schäden durch eine amerikanische Bombardierung.

Die ökonomische Entwicklung der Stadt nach dem 2. Weltkrieg sicherten v. a. der Ausbau der Rheinhäfen und die Wahl Str.s zum Sitz des Europarates und Europaparlamentes (seit 1949). So wie die deutsche Verwaltungszeit architektonisch und städtebaulich ihre Spuren hinterlassen hatte, beginnen heute die Bauten der internationalen Organisationen die Stadtperipherie zu bestimmen.
Als touristische Etappe spielt Str. sowohl von Deutschland als auch von Frankreich her eine bedeutende Rolle. In Str. war es, wo schon dem jungen Goethe zum ersten Mal ein »titanischer« Begriff des Mittelalters aufgegangen war.

Cathédrale Notre-Dame / Münster Unserer Lieben Frau ●
(Place de la Cathédrale)

An der Grenzlinie zweier Welten gelegen, gehört die Hauptkirche der Stadt, aus französischen und deutschen Traditionen erwachsen, zu den bedeutendsten Sakralbauten des Mittelalters. Sie hat v. a. in der deutschen Kunstanschauung seit Goethe (»Von deutscher Baukunst«, 1772) ihren festen Platz. Durch des Dichters neu gewonnenes Verständnis für die got. Baukunst wurden die Kathedrale und ihr angeblicher Baumeister Erwin von Steinbach Gegenstand leidenschaftlicher Bewunderung.
Der heutige Bau erhebt sich an der Stelle eines keltischen Heiligtums und einer großen Vorgängeranlage, die ihrerseits eine Kirche des 8. Jh. ersetzte. Von der karoling. Kathedrale kennt man nur eine dichterische Beschreibung des Mönches Ermold von 826. Sie wurde 1002 von den Truppen Hermanns, Herzog von Elsaß-Schwaben, in einem Streit mit Bischof Werinher (1001–28), Freund und Ratgeber Kaiser Heinrichs II., zerstört.
Seit 1015 entstand das Werinher-Münster in der Tradition der großen Bischofs- und Klosterkirchen, namentlich Fulda und Mainz, und wurde zum eigentlichen Schöpfungsbau für die oberrheinische Architektur, der bis in die Romanik nachwirkte. 1050 war es noch nicht vollendet. Es läßt sich eine Doppelturmfassade rekonstruieren, die im got. Münster als Schema beibehalten blieb. Offenbar von Straßburg aus wurde dieser Typus eine elsässisch-oberrheinische Eigenart (vgl. Kloster Limburg a. d. Hardt, Maursmünster, St. Fides / Ste-Foy in Schlettstadt, St. Leodegar / St-Léger in Gebweiler, das Basler Münster). Erst in der 2. Hälfte des 13. Jh. übernahm die – rechts des Rheines ebenfalls seit der Zeit um 1000 nachweisbare – Einturmfassade in der Formulierung der Freiburger Münsterbaumeister die Führung; dieser Fassadentyp wurde dann v. a. für die großen Pfarrkirchenbauten der Spätgotik in Deutschland vorbildlich. Vom Werinher-Münster ist die O-Krypta erhalten, die um 1080 um 4 Joche nach W erweitert wurde. – Den ottonischen Bau suchten mehrere Brände in d. J. 1130, 1140, 1142, 1150 und 1176 heim.
Die Katastrophe von 1176 führte zu einer Neuplanung. Über den alten Fundamenten entstand vorest ein neuer Chor im Stil der staufischen Hochromanik. Durch Ummantelung der vorhandenen Mauern wurde er innen polygonal gebrochen. Die anschließenden Umbauten des Querhauses fallen wohl in die Zeit zwischen 1220 und 1230. Ungefähr gleichzeitig

Strasbourg / Straßburg. Münster. Westfront des Werinher-Baues (Rekonstruktion, nach Kautzsch)

mit Chor und Vierung wurde die Andreaskapelle gebaut, ein kryptenähnlicher Raum von 3×3 Jochen mit 4 Freisäulen. – Nach Vollendung des anschließend hochgeführten Schiffes, 1275, und der Abtragung der alten roman. Fassade begann man mit den Fundamenten der neuen Fassade ab 1276. Die Vorarbeiten waren im folgenden Jahr so weit fortgeschritten, daß Bischof Konrad v. Lichtenberg am 25. Mai 1277 den Grundstein legen konnte. 1284 erschien Meister Erwin auf der Baustelle, deren Führung ihm bis zu seinem Tode 1318 anvertraut blieb; sein Epitaph befindet sich im »Leichhöfel« des Münsters.

Über den geschichtlichen Erwin von Steinbach (diese Herkunftsbezeich-

nung ist apokryph und ein aus der humanistischen Tradition entstandener Zusatz) weiß man 1. aus 2 Urkunden von 1284 und 1293, 2. aus der schon im späteren 18. Jh. nicht mehr vorhandenen Inschrift am Mittelportal des Münsters: »Anno Domini 1277 in die beati Urbani hoc gloriosum opus inchoavit magister Ervinus de Steinbach« (»Im Jahre des Herrn 1277, am Tage des sel. Urban, begann Meister Erwin von Steinbach dieses glorreiche Werk«), 3. aus einer in Bruchstücken erhaltenen Inschrift an der Brüstung der im Langhaus erbauten, aber nicht erhaltenen Marienkapelle: »1316 aedificavit hoc opus magister Erwin« (»1316 erbaute Meister Erwin diesen Bau«) und 4. endlich aus der Grabinschrift von 1318, in der er als »gubernator fabrice ecclesiae argentinensis« (»Leiter der Straßburger Münsterbauhütte«) bezeichnet wird.

Erwin gilt der heutigen Forschung – wenn auch nicht unbestritten – als Hauptmeister des Fassadenunterbaues. 1291 wurden auf der Höhe des 2. Stockwerkes die Reiterstatuen Chlodwigs, Dagoberts und Rudolfs v. Habsburg angebracht. Dieses Datum läßt zumindest vermuten, daß das Untergeschoß relativ schnell hochgeführt worden ist. Der für 1298 überlieferte Brand zerstörte namentlich die hochgelegenen Teile der Kirche; eine Unterbrechung in den Arbeiten zugunsten notwendiger Konsolidierung und Restaurierung muß angenommen werden. – Der weitere Verlauf der Fassadenkonstruktion kann durch Vergleiche mit Werken an den Münstern von Basel und Freiburg i. Br. sowie von Mainz, die sich ihrerseits auf Straßburg als Anregung stützen, rekonstruiert werden.

Die im 13. Jh. fest etablierte Bauhütte hatte im 14. Jh. ihren gesicherten Platz unter den städtischen korporativ organisierten Zünften. Sie verfügte über weitreichende Verbindungen. Als oberste Bauhütte Deutschlands genoß Straßburg noch im 15. Jh. hohen Ruf. Die wichtigsten Architekten sind nach 1383 die beiden deutschen Baumeister Michael Parler von Freiburg und Klaus von Lore, die mit dem Glockenhaus die beiden Turmstümpfe verbanden, nach 1390 der Ulmer Baumeister Ulrich von Ensingen und Johannes Hültz aus Köln, die das Oktogon und den darüberliegenden Turmhelm hochführten, und im 15. Jh. die Baumeister Jodok Dotzinger (1452–72), Hans Hammer (1472–94) und Jakob von Landshut (1494–1509).

Das Baubild des 13. Jh. ist durch spätere Einbauten verändert worden. Zu erwähnen sind v. a. die Katharinenkapelle (25), 1331–49, die ehem. Martinskapelle (42), 1515–20, die frühere Laurentiuskapelle (40), 1495–1505 von Jakob von Landshut. Am Außenbau sind zu nennen die Schranken, die sich vom Querhaus zu den Türmen ziehen und an die bis 1772 Kaufbuden angeklebt waren; damals wurden sie durch eine monumentale Anlage für den gleichen Zweck ersetzt, bemerkenswerterweise in got. Formen (vgl. die Restaurierungen des 18. Jh. in mittelalterl. Stilformen u. a. in Andlau, Maursmünster und an Ste-Foy in Schlettstadt). 1525 diente das Münster dem prot. Kult. 1681 fand die Rekatholisierung statt. 1793 hatte die Revolution es zum Tempel der Vernunft erklärt.

Rundgang. Es empfiehlt sich, eine Besichtigung vor der Hauptfassade zu beginnen, die von allen Generatio- ●

Strasbourg / Straßburg. Münster. Westseite
Wimperg des Hauptportals und Rose

nen ihrer Höhe und ihres Reichtums, aber auch ihrer guten Proportionen wegen als Wunder gepriesen worden ist. Das gewaltige Werk ist das Verdienst der Straßburger Bürgerschaft, die 1286 die Münsterbauleitung an sich gezogen und die Finanzierung auf festen Boden gestellt hatte. Während beispielsweise in Köln die Bürgerschaft am Dom als Bischofskirche kein Interesse mehr fand, so daß dort nur der Chor, der Schrein für das Domkapitel, vollendet wurde, entfaltete sich in der Straßburger W-Fassade der bürgerliche Stolz an Macht und Reichtum – im Grunde vergleichbar dem Münster in Freiburg i. Br., dessen Bau schon ein halbes Jahrhundert früher als Pfarrkirche mit dem Anspruch einer Kathedrale von der Bürgerschaft übernommen worden war.
Neben und über den 3 Portalen wächst das Maßwerk in die Höhe, der Mauer aufgelegt oder ihr vorgeblendet wie ein Gitterwerk, schwerelos anmutend, von Etage zu Etage kletternd. Die Fassade entspricht nicht mehr in allen Teilen dem Plan von Magister Erwin. Der im Frauenhaus aufbewahrte, wohl eigenhändige Fassadenriß B zeigt, wie Plan und Ausführung auseinandertreten. Das Portalgeschoß, einschließlich der Reitertabernakel an den Strebepfeilern, scheint von Erwin ausgeführt worden zu sein. Doch gegenüber dem Riß B lassen sich auch hier schon Veränderungen feststellen; im 2. Geschoß wurde der urspr. Plan, der über der Portalzone das freie Aufwachsen der Türme vorsah, vollends verlassen. Durch die gegenüber dem Projekt vergrößerte, die Mitte ganz ausfüllende Rose und durch die Balustrade wurde die Geschoßteilung, wie bis dahin an französischen Fassaden üblich, auch für Straßburg das verbindliche Gestaltungsprinzip. Damit wurde der konsequente Vertikalismus – gemäß Riß B in feinsten Stufen und Rücksprüngen geplant – aufgegeben. Als Meister Erwin 1318 starb, waren von der vorgesehenen Doppelturmfassade die Untergeschosse der beiden Türme, die Portalpartie und die Rose fertiggestellt. – Ein Meister Gerlach baute das 2. Geschoß zu Ende, ein Meister Konrad gab ihm durch Einfügung einer Galerie über der Rose den horizontalen Ausgleich. Die entscheidende Veränderung war jedoch erst der Einbau eines Mittelteiles im 3. Geschoß unter parlerischer Bauführung: 1365 waren die Türme auf die Höhe der 1. Plattform gebracht, seit 1384 entstand das Geschoß zwischen den Türmen nach einem Plan Michael Parlers (die Turmplastik entstand vor 1402).

Ulrich von Ensingen, der Ulmer Münsterbaumeister, 1402–19 in Straßburg, baute ab 1399 einen der einst geplanten 2 Türme auf die veränderte Fassade. Sein Turm kümmert sich nicht um den alten Entwurf. Das weitgehend aufgelöste Oktogon begleiten an den Ecken durchsichtige, schlanke Treppentürmchen. Johannes Hültz aus Köln, der Nachfolger, krönte ihn mit einem originellen, wie in kleinsten Teiltürmchen sich nach oben verjüngenden, zackenhaften Helm; Turmweihe war am 24. Juni 1439. Hültz wird auf seinem Epitaph im Leichhöfel gepriesen als der »Vollbringer des hohen Thurms hier zu Strasburg«.

Die 3 Portale, zu einer gewaltigen Anlage verschmolzen, stellen in einem großen theologischen Programm die Jugend und Passion Christi, das Jüngste Gericht, die christlichen Tugenden und die Propheten des Alten Bundes dar.

Am Gewände des *rechten Portals* (1), um 1275, finden sich links die Törichten Jungfrauen mit dem »Fürsten der Welt« als Verführer, rechts die Klugen Jungfrauen mit Christus als himmlischem Bräutigam (die Figuren sind z. T. Kopien, die Originale stehen im Musée de l'Œuvre de Notre-Dame). Die Sockelreliefs zeigen Monatsdarstellungen mit Tierkreiszeichen. Entsprechend ihrer eschatologischen Bedeutung ist die Parabel dem (heute vollständig erneuerten) Weltgericht im Tympanon zugeordnet. Der Fürst der Welt als Verführer ist ein im Rücken von Schlangen und Kröten zerfressener Kadaver. Die Vision entstammt der höfischen Dichtung, war zuerst wohl bei Konrad von Würzburg († 1287), der sich in Straßburg aufgehalten hatte, zu lesen. – Die Gegenwart des Verführers neben den Törichten Jungfrauen stellt eine Variante zum Gleichnis der Jungfrauen dar. In der Vorhalle des Freiburger Münsters werden diese von Ecclesia und Synagoge angeführt, ebenso in Magdeburg, an der Martinskirche in Braunschweig, der Marienkirche in Osnabrück und am Dom zu Erfurt. Die Gestalt des Verführers erscheint um 1300 wieder am Basler Münster und an St. Sebald in Nürnberg.

Etwa gleichzeitig mit dem Jungfrauenportal schuf ein anderer Meister seit 1275 die Propheten des *Hauptportals* (2). Sind die Jungfrauen schlank mit zierlichen Köpfen und kleinförmigen Gesichtern, elegant in Haltung und Bewegung, Gebärde und Ausdruck, so sind die Propheten wie metallisch geschnitten in reich drapierten Gewändern. Lockiges Haar und Bärte rahmen die Gesichter. Der Körper als Träger der Figur verschwindet vollends in seiner Funktion unter dem Gewand, das tiefe Schüsselfalten, unterhöhlte Stoffbahnen und reich fallende Säume kennzeichnen. Die verkomplizierte Form beherrscht das Bild. Die etwa 2 m hohen Gestalten können nicht schlüssig mit Namen identifiziert werden. Die beiden Gekrönten – David und Salomo – lassen sich als Vorfahren Christi denken. Sie fügen sich vollkommen in das vertikal aufstrebende Stabwerk der Fassade ein. Die stilistische Herkunft des

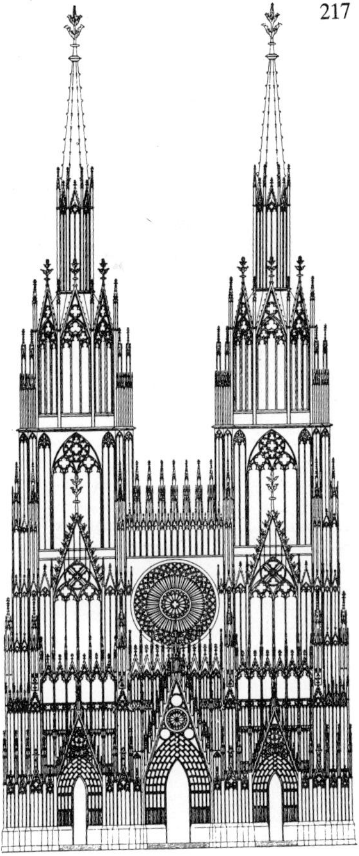

Strasbourg / Straßburg
Münster. Westfassade
Plan nach Riß B

bedeutenden Meisters, kaum aus der älteren französischen Tradition zu verstehen, ist noch ungeklärt.
Im Tympanon werden die Passion vom Einzug in Jerusalem bis zur Kreuzabnahme, ferner Christi Höllenfahrt, die österlichen Geschehnisse, die Erscheinung des Auferstandenen und endlich die Himmelfahrt (19. Jh.) dargestellt. Von den Darstellungen der Schöpfungsge-

Strasbourg / Straßburg. Münster. Nördliches Westportal
Kopf einer Tugend

schichte und Szenen des Neuen Testaments in den Archivolten haben sich einige Fragmente (im Museum) erhalten; in situ Nachschöpfungen des 19. Jh. Die Trumeau-Madonna und die Türen sind ebenfalls Werke des 19. Jh. – Ikonographisch bemerkenswert im Tympanon sind folgende Einzelheiten: die an Giotto gemahnende Rückenfigur des Simon von Kyrene bei der Kreuztragung und die böse Schmiedin der Legende, die, als junge Frau, selbst die Kreuzesnägel gefertigt hat (neben Christus in der Kreuztragung). Ferner die Marien am Grab mit den schlafenden Wächtern: ein besonders aufschlußreiches Werk für die späteren Heiliggrab-Darstellungen am Oberrhein. Unter dem Kreuz stehen Ecclesia und Synagoge.

Das *linke Portal* (3) zeigt im Bogenfeld Szenen aus der Kindheit Christi und im Gewände die Gestalten der Tugenden, die auf besiegten Lastern stehen. Die Figuren wirken in ihrer Ausführung uneinheitlich.

Am Wimperg über dem Mittelportal erkennt man den Thron Salomos, des Vorläufers Christi, als Sitz der Weisheit, mit 12 Löwen (= die 12 Stämme Judas) auf den seitlichen Stufen und den 12 Aposteln auf den Schrägen. Die Reiterbilder von Chlodwig, Dagobert und Rudolf v. Habsburg, 1291 unter den Baldachinen der Strebepfeiler angebracht, wurden in der Revolution zerstört und im 19. Jh. ersetzt, ebenso der im 17. Jh. hinzugekommene Ludwig XIV.; Figuren in der Galerie über der Rose und als Beisitzer des Jüngsten Gerichtes an der Glockenstube sind ebenfalls neueren Datums (1910).

In der Straßburger W-Fassade liegen für die deutsche Plastik seit 1300 sowohl bedeutende ikonographische wie auch künstlerische Anregungen vor, indem dieser neue, verfeinerte, aber auch zur Formelhaftigkeit tendierende Stil der 80er Jahre jenseits des Rheines aufgegriffen und weiterentwickelt worden ist.

Das I n n e r e bietet einen der eindrucksvollsten Räume des 13. Jh. Mit der Einziehung der Gewölbe im Langhaus 1275 war das Münster in seinen wesentlichen Teilen erneuert und vollendet. Über spitzen Erdgeschoßbögen liegt ein von graziösen Arkaden übersponnenes, durchlichtetes Triforium. Reichgeteilte Maßwerkfenster entfalten sich in voller Weite zwischen leichten Mauerpfeilern. Durch den schon vollendeten O-Bau und die beibehaltenen Fundamente des 11. Jh. waren die Raumproportionen vom Grundriß her festgelegt. Die Höhe des Mittelschiffes übersteigt nur wenig die doppelte Breite. Die Dehnung der Seitenschiffe und der Arkaden lockert das Raumgefüge stärker, als dies in der klassischen französischen Kathedrale üblich war. So ergibt sich der Eindruck eines lichten, großzügig zusammenschwingenden Raumbildes, dessen gelagerte Ruhe und einheitliche Weite gerade deutschem Empfinden entgegenkommt. – Aufgegeben ist das gebundene System, beibehalten aus einem älteren Projekt die Höhe der Seitenschiffe, gesteigert die Höhe des Mittelschiffes, doch nur

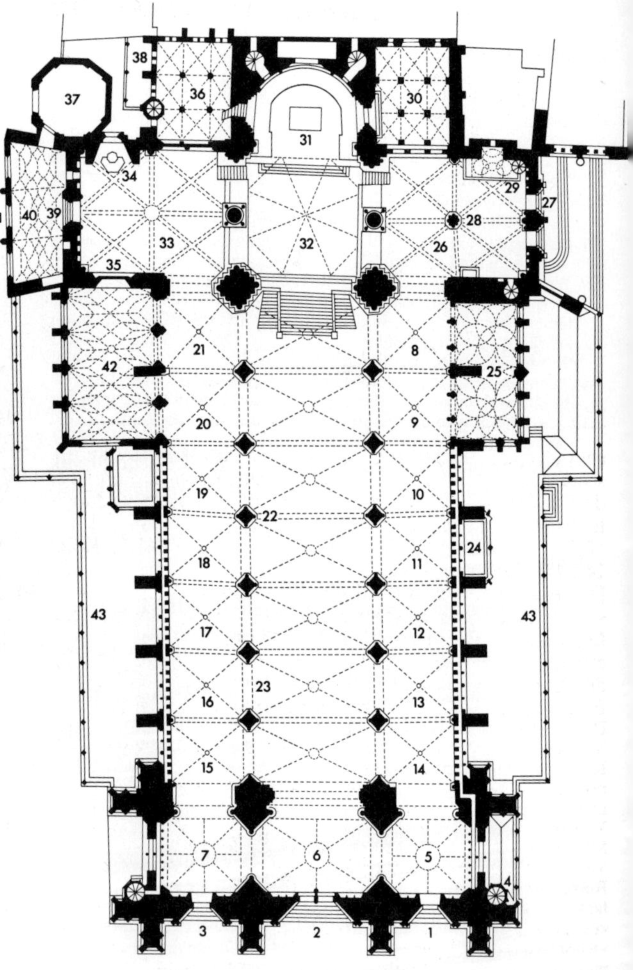

Strasbourg / Straßburg. Münster. Grundriß

Zu nebenstehendem Plan:

1 Rechtes Westportal
2 Hauptportal
3 Linkes Westportal
4 Aufgang zur Turmplattform
5–7 Westbau, über 7: Nordturmoktogon
8–14 Südseitenschiff
15–21 Nordseitenschiff
22 Kanzel
23 Orgel
24 Schatzkammer
25 Katharinenkapelle
26 Südquerhaus
27 Südquerhausportal
28 Engelspfeiler
29 Astronomische Uhr
30 Andreaskapelle (darüber Sängertribüne), mit Zugang zum Kreuzgang (Ausstellung)
31 Chorapsis, darunter Ostkrypta
32 Vierung, darunter Westkrypta, darüber Kuppelturm
33 Nordquerhaus
34 Taufbecken
35 Ölberg-Gruppe
36 Johanneskapelle, darüber Kapitelsaal
37 Kanonikersakristei
38 Leichhöfel
39 Nordquerhausportal
40 Ehem. Laurentiuskapelle, Sakristei
41 Laurentiusportal
42 Ehem. Martinskapelle, Pfarrkapelle St. Laurentius
43 Außenarkaden

---

so, daß das im Elsaß schon längere Zeit beliebte Proportionsschema des gleichseitigen Dreiecks erreicht wurde (vgl. Altdorf, Schlettstadt, Rufach). Die Scheitelhöhe des Mittelschiffes beträgt 31,5 m mit einer lichten Weite von 16 m (vgl. Paris: 12,8 : 32,4; Chartres: 15,3 : 34; Amiens: 13,5 : 41,5; Köln: 14 : 44; Ulm: 14,2 : 41).

Der Raumeindruck wird wesentlich durch die G l a s f e n s t e r mitbestimmt. Mit den Kathedralen in Chartres und León gehört der Innenraum des Münsters zu den wenigen erhaltenen Zeugen, die einen annähernd vollständigen Eindruck vom originalen Licht und damit auch vom urspr. Erscheinungsbild got. Architektur zu geben vermögen. ●

Das Straßburger Atelier war im 13. und frühen 14. Jh. der bedeutendste Vermittler französischer Glasmalereikunst. Im Elsaß und rechts des Rheines war sein Einfluß beherrschend, er wirkte bis nach Mitteldeutschland hinein. – Das Ensemble umfaßt 71 Farbfenster im Langhaus. Weitere alte Scheiben in den Querhausarmen, im Chor und in den Kapellen vervollständigen es; 1956 ist im Chorscheitel ein modernes Marienfenster von Max Ingrand hinzugekommen.

Trotz Ergänzungen, Versetzungen und teilweise rigorosen Eingriffen der Restauratoren des 19. Jh. kann der Bestand als gut erhalten gelten. Auch lassen sich die urspr. Darstellungsprogramme durchaus erkennen, zumindest im Langhaus: Im *N-Seitenschiff*, von W nach O (15–19), die »Kaiserfenster«, eine Bilderfolge von 19 (urspr. 28) karolingischen, ottonischen, salischen und staufischen Herrschern. Darüber, im *Triforium* zu beiden Seiten des Mittelschiffes (15–21, 8–14) Vorfahren Christi

(19. Jh., mit Resten aus der Zeit um 1250). Im *Obergaden der N-Seite* (15–20) folgen einander hll. Päpste, Diakone, Krieger und Straßburger Bischöfe – von O nach W, dem Bauverlauf entsprechend. Ihnen korrespondieren im *Obergaden der S-Wand* (8–14) hll. Frauen und Jungfrauen. Die Scheiben des *S-Seitenschiffes* schildern von O nach W das Marien- und das Christusleben (10–13), zuletzt das Jüngste Gericht (14). – Thematisch anschließend im *W-Bau* (S-Wand; 5) Christus als Weltenrichter mit Heiligen und Aposteln; ferner die Werke der Barmherzigkeit und Auferstandene. In der N-Wand des W-Baues (7) die Erschaffung der Welt.

Roman. Fenster. Die frühesten Scheiben, aus der Zeit kurz vor oder um 1200, befinden sich im 1. (15) und 2. (16) Fenster (von W) des *nördl. Seitenschiffes* als Teil der »Kaiserfenster« und im *nördl. Querhaus* (33), allerdings nicht mehr an den urspr. Stellen. Die Kaiserfiguren, denen einst 10 Propheten und die 12 Apostel in den Fenstern des S-Seitenschiffes gegenüberstanden, stammen aus dem Werinher-Bau; in der 2. Hälfte des 13. Jh. hat man sie hier eingebaut und zur Füllung got. Ornament- und Architekturrahmen um sie herumgelegt. Die beiden Johannes-Figuren (nördl. Querhaus, linkes Fenster der N-Wand) gehörten mit der Maria und Elisabeth einer Heimsuchungsgruppe (heute im Frauenhaus-Museum) höchstwahrscheinlich zur Ausstattung der frühroman. Johanneskapelle vor deren Umbau im 13. Jh. Die Maria orans mit Engel (rechtes Fenster in der N-Wand des N-Querhauses) sowie ein Engel im Apsisfenster der *Krypta* (31) bildeten urspr. wohl einen Teil einer Wurzel-Jesse-Darstellung. Das rechte Fenster enthält außerdem 3 Medaillons aus der Zeit um 1190–1200 (Urteil Salomos). Wahrscheinlich stammen diese hervorragend schönen Medaillons aus einem der beiden seitlichen Chorfenster.

Got. Fenster. Die Rose des *nördl. Querhauses* (33) enthält heute Grisaillen und vegetabile Ornamentstücke aus dem 14. Jh. Gegenüber, in den Rosen des *S-Querhauses* (26), befinden sich Medaillons mit Szenen aus dem Alten Testament (linke Rose) und dem Neuen Testament (rechte Rose). Dieses typologische Programm entstand um 1230–40. – *Nördl. Querhaus* (33): Die beiden Fenster an der O-Wand enthalten einen Christus (oben), einen hl. Laurentius, rechts Maria mit Kind und Johannes d. T. In der Substanz gehen diese Scheiben, wie auch diejenigen der N-Wand (Salomo und Königin von Saba, David und Salomo) in das Jahrzehnt 1230–40 zurück. Ein Vergleich mit den Skulpturen des Ecclesia-Meisters z. B. am S-Querhausportal und dem Engelspfeiler (Faltenwurf!) erweist die stilistische und zeitliche Nähe. – *Südl. Querhaus* (26): O-Wand mit Heiligenfenstern um 1240: Bartholomäus und Matthäus, rechts monumentaler Christophorus. – Stilistisch später anzusetzen, 1250–70, sind die Maßwerkrosen der *Seitenschiffe* mit Szenen aus dem Leben Christi und Marias sowie Engeln, die das Weihrauchfaß schwingen und Kerzen halten. – Die *Hochschiff*-Fenster sind von O nach W chronologisch geordnet (1240–75). Das jeweils 5. Fenster auf der N- und auf der S-Seite sowie das 6. Fenster der S-Seite entstanden um 1330–50, das 7. Fenster der S-Seite (Anbetung der

Strasbourg/Straßburg. Münster
Glasmalerei im nördlichen Seitenschiff (16): Königlicher Prinz

Könige) um 1840. Die *Fassaden*-Rose (6), von Meister Erwin entworfen, ist ornamental gefüllt und wurde 1845 erneuert. – Von den Kaisern im nördl. Seitenschiff sind die ersten 3 Fenster von O (19–17) Werke der 2. Hälfte des 13. und des 14. Jh.

Auch mit unbewaffneten Augen lassen sich besonders gut die Fenster im südl. Seitenschiff (1. Hälfte und Mitte 14. Jh.) lesen; die Lektüre beginnt bei der Katharinenkapelle. 1. Fenster (10): Marienleben (von oben nach unten). 1. Reihe: Der Engel erscheint der hl. Anna. Der Engel erscheint dem hl. Joachim. Anna und Joachim treffen sich an der Goldenen Pforte. Geburt Marias. – 2. Reihe: Opfergang Marias. Erwartung des Stabwunders. Der grünende Stab Josephs. Marias Vermählung. – 3. Reihe: Verkündigung an Maria. Geburt Christi. Ankunft der Hirten. Anbetung der Könige. – 4. Reihe: Darbringung Christi im Tempel. Kindermord. Flucht nach Ägypten. Christus unter den Schriftgelehrten. – Im Sechspaß Christus. – 2. Fenster (11): Leben Christi (von unten nach oben). 1. Reihe: Johannes predigend und Taufe Christi. Die 3 Versuchungen Christi. Hochzeit zu Kana. Bergpredigt. – 2. Reihe: Krankenheilung. Erweckung der Tochter des Jairus. Heilung eines Besessenen. Erweckung des Jünglings von Naim. Speisung der Fünftausend. Heilung des Besessenen von Gadara. – 3. Reihe: Der verdammte Feigenbaum. Christus und die Samariterin. Fußsalbung Christi. Stillung des Sturmes. Verklärung Christi. – 4. Reihe: Christus und die Ehebrecherin. Auferweckung des Lazarus. Kaiphas. Heilung des Blindgeborenen. Einzug Christi in Jericho, Zachäus. – Im Sechspaß Maria mit Kind. – 3. Fenster (12): Passion Christi (von unten nach oben). 1. Reihe: Einzug in Jerusalem. Abendmahl. Fußwaschung. Christus am Ölberg. – 2. Reihe: Gefangennahme Christi und Judaskuß. Christus vor Annas. Petri Verleugnung. Christus vor Kaiphas. Geißelung. – 3. Reihe: Dornenkrönung. Christus vor Pilatus. Kreuztragung. Die 2 Schächer. – 4. Reihe: Kreuzigung des guten Schächers Dimas. Christus am Kreuz. Kreuzigung des bösen Schächers. Grablegung. – Im Sechspaß Marientod. – 4. Fenster (13): Geschehnisse von der Auferstehung bis Pfingsten (von unten nach oben). 1. Reihe: Christi Höllenfahrt, Befreiung von Adam und Eva. Der gekettete Teufel. Auferstehung Christi. Die Frauen am Grabe. – 2. Reihe: Christus erscheint Maria Magdalena. Christus erscheint den 3 Frauen. Christus erscheint Petrus. Gang nach Emmaus. – 3. Reihe: Christus erscheint 10 Jüngern (Judas und Thomas fehlen). Christus erscheint den Jüngern auf einem Berg Galiläas. Christus erscheint am See Tiberias. Christus beim Mahl der Jünger. – 4. Reihe: Himmelfahrt Christi. Ausgießung des Hl. Geistes. Im Sechspaß Marienkrönung. – 5. Fenster (14): Jüngstes Gericht. Im Sechspaß thront Christus als Richter. Auferstehung der Toten. Über den Auserwählten die Apostel. In der 3. Lanzette verschlingt der Teufel die Verdammten.

Für die Fenster in der Katharinenkapelle (25) s. u. – Die Fenster der Vorhalle stammen aus der Mitte des 14. Jh. Im untersten Register des S-Fensters (5; Christus als Weltenrichter) 2 Scheiben aus der ehem. Dominikanerkirche, links mit Stifterpaar und Wappen der Grostein, um

Strasbourg / Straßburg. Münster
Glasmalerei im nördlichen Querhaus: Urteil Salomonis

1345. Auf der N-Seite (7) ist im Zyklus der Schöpfungsgeschichte das Bild Noahs beim Bau der Arche besonders gut erhalten, um 1340–45. – Fensterfragmente aus der Dominikanerkirche befinden sich auch in der Laurentiuskapelle (42), s. u.

Zur alten Ausstattung des Mittelschiffes gehört die *Kanzel* (22), die Hans Hammer 1484–85 für den berühmten Prediger Geiler v. Kaysersberg schuf. Sie wurde 1486 aufgestellt und nach den Revolutionswirren 1800 wieder hier aufgebaut mit leicht zu erkennenden Ergänzungen. Die Christus-Figur stammt aus dem späten 17. Jh. Die zum alten Bestand gehörenden Sandstein-Statuetten, die am Kanzelkorb und am Fuß stehen, sind alle lebhaft bewegt; die Falten ihrer

Strasbourg / Straßburg. Münster. Inneres nach Nordosten

Gewänder sind tief unterschnitten und die Stoffbahnen oft in phantastischen Windungen um Kopf und Körper gelegt. – Über dem 6. Joch des Mittelschiffes ist das Gehäuse der *Münsterorgel* (23) angebracht, das von Friedrich Krebs im ausgehenden 15. Jh. geschaffen und im frühen 18. Jh. von dem Straßburger Orgelbauer Andreas Silbermann, der das

Instrument anfertigte, leicht verändert wurde. Die Tribüne stammt jedoch schon aus d. J. 1385. Auf dem unterhalb der Tribünenbrüstung hängenden Orgelfuß befindet sich eine geschnitzte Figur von Simson mit dem Löwen; seitlich auf Konsolen ein Herold (Stadttrompeter) und der »Rohraffe« mit Narrenmütze. – Die während der Fronleichnamszeit im Mittelschiff aufgehängten *Bildteppiche* (sonst im Kreuzgang-W-Flügel verwahrt), die urspr. der Notre-Dame in Paris gehörten und 1739 vom Straßburger Domkapitel angekauft werden konnten, zeigen Szenen aus dem Marienleben. Sie wurden 1638–57 von Pierre Damour z. T. nach Kartons von Philippe de Champaigne gewirkt.
Schreitet man im südl. Seitenschiff chorwärts, so gelangt man erst zum Eingang der Schatzkammer (24), 1488–89 von Hans Hammer erbaut. Die Türsturzkonsolen sind das Werk eines Steinmetzen aus dem Umkreis von Conrad Seyfer.
Weiter rechts öffnet sich die Katharinenkapelle (25), 1331/1332 begonnen und 1349 geweiht. Das schöne Rosettengewölbe der 2jochigen Kapelle wurde 1542–47 durch Bernhard Nonnenmacher erneuert. – Teile des urspr. *plastischen Schmuckes* sind erhalten, v. a. die auf einem Sockel stehende hl. Katharina, mit ihren Füßen Kaiser Maxentius tretend; rote und blaue Reste der alten Fassung, kurz nach 1332. Zwischen 1332 und 1340 entstanden die hl. Elisabeth, die einem einbeinigen Bettler auf Krücke Brot gibt, Johannes d. T. und der hl. Andreas; Reste alter Fassung. Als Gruppe betrachtet vermitteln die 4 Figuren einen trefflichen Einblick in die Variationstechnik des gleichen Figurentypus. Die Körper lassen sich unter den Gewandmassen erahnen und erkennen. Das vertikale Trägergerüst ist mit viel Phantasie von den schräg und horizontal geführten Falten überspielt. In den beiden Frauengestalten wirken Madonnen-Modelle der Ile-de-France weiter; in den Männerköpfen werden Erinnerungen an die Apostel des Marientodes am S-Portal wach. Außer Johannes, der sein Attribut neben sich hält, was seine Umrißsilhouette wesentlich erweitert, sind die Statuen nicht frei von den Begrenzungen und auferlegten Beschränkungen des Steinblockes: die Attribute sind eng an die Körper gerückt. – An der O-Wand Relief mit Marientod, 1480 von Konrad Bock und seiner Gemahlin Margarete Begerin gestiftet. – In den Fenstern gute *Scheiben* in urspr. Ordnung, riesige Architekturen mit den 12 Aposteln, Maria Magdalena und Martha, um 1340–49, wohl von Johann von Kirchheim, der 1348 als »pictor vitrorum in ecclesia Argentinensi« (Glasmaler an der Straßburger Hauptkirche) erwähnt wird.
Man verläßt nun das Seitenschiff und betritt das aus 4 Jochen gebildete S-Querhaus (26). Die 2achsige Anlage, die durch Einstellung eines Mittelpfeilers in 2 Schiffe nach dem Brand von 1176 entstanden ist, wird verständlich, wenn man zuerst vor das S-Portal tritt. Innen- und Außenbau lassen sich nur als Einheit begreifen. Hier wurden, offenbar bedingt durch die Ankunft eines in Frankreich geschulten Meisters und Ateliers, 2 Teile der Architektur wesentlichen Änderungen unterworfen und zu Trägern eines bedeutenden Figurenprogramms umgestaltet: das Doppelportal und der Querhauspfeiler

(»Engelspfeiler«) im Inneren. Als Bauherr dürfte Bischof Berthold v. Teck (1222–44) in Frage kommen. Am Portal ist nur der untere Teil alt, der Rest von 1874–78.

Dieses *S-Portal* (27) wurde nachträglich mit einem Skulpturenprogramm versehen, das in der Revolution größtenteils zerstört, jedoch in einem Stich von 1617 vollständig überliefert ist. In den Gewänden waren die 12 Apostel dargestellt, im linken Tympanon der Marientod, im Türsturz darunter der Trauerzug. Im rechten Türsturz sieht man die Himmelfahrt Mariens – mit Gürtelspende an den Ungläubigen Thomas – und im Bogenfeld darüber die Marienkrönung. Zwischen den Durchgängen thronte Salomo, als Typus Christi, mit dem Richtschwert; über ihm erschien Christus selbst. An den äußeren Gewänden steht links die Synagoge und rechts die Ecclesia. Die erhaltenen Originale befinden sich heute im Frauenhaus-Museum; die originalen Bogenfelder sind in situ. – Der Platz vor dem Doppelportal diente im Mittelalter als Gerichtsstätte. Das Skulpturenprogramm ist mithin auch auf den Gerichtsgedanken zu beziehen und bereitet vor auf das Jüngste Gericht, das den Besucher im Inneren am Engelspfeiler erwartet.

● Synagoge und Ecclesia, Werke eines bedeutenden Meisters um 1230–35, sind die beiden Bräute Christi, die sich am Ende der Zeiten in gemeinsamer Liebe zu ihrem göttlichen Bräutigam vereinen werden. Es handelt sich also nicht nur um ein Streitgespräch zwischen Altem und Neuem Bund. Die besondere Schönheit der Synagoge ist gleichsam ikonographisches Attribut; ein Vers des Hohen Liedes ist im Mittelalter auf die Vertreterin des Alten Testamentes bezogen worden: »Wie schön bist du, meine Freundin, wie schön! Deine Augen glänzen wie Tauben hinter deinem Schleier hervor.« Die Binde vor den Augen bedeutet, daß sie die Offenbarung Christi noch nicht erkannt hat. Sie ist ohne Mantel und Krone und mit zerbrochenem Stab dargestellt. Die Gesetzestafeln scheinen ihrer Hand zu entgleiten. Sie ist im Begriff, sich zu Salomo-Christus zu wenden, ». . . und es ist dieser Augenblick, den Ecclesia, ganz im Sinne der hochmittelalterlichen Hohelied-Exegese . . . mit gespannter Hoffnung erwartet« (Otto v. Simson). – Dem gleichen Atelier können die Bogenfelder zugeschrieben werden.

Das Thema des Jüngsten Gerichtes, früher nur am Hauptportal einer Kathedrale dargestellt, wird hier im Inneren am tragenden Pfeiler des ● südl. Querschiff-Flügels evoziert. Der *Engelspfeiler* (28) ist »ein in der Gotik Frankreichs unmöglicher Gedanke« (Wilhelm Pinder). Die Figuren sind nachträglich um 1230–35 an dem kantonierten Pfeiler angebracht worden, dessen 8eckiger Kern mit Rundschäften umstellt ist. Diese Stützenform scheint zuvor nur in der Kathedrale von Chartres Anwendung gefunden zu haben. In der untersten Zone erblickt man die 4 Evangelisten. Sie stehen auf Säulen, deren Kapitelle jeweils mit ihren Symbolen geschmückt sind. Darüber 4 posaunenblasende Engel; in der 3. und obersten Zone thront Christus mit erhobener Linker als Weltenrichter, von Engeln mit den Leidenswerkzeugen umgeben. Unter Christus erkennt man 3 kleine Figuren von Auferstehenden. Ikonographisch handelt es sich hier um eine höchst ungewöhnliche Verbildlichung des

Strasbourg / Straßburg. Münster. Engelspfeiler im südlichen Querhaus
Die Evangelisten Markus und Johannes

Gerichtes: Erlöste und Verdammte fehlen, ebenso Maria und Johannes als Fürbitter. Die Auferstehenden wenden sich an Christus selbst, der den Typus des Schmerzensmannes vorwegzunehmen scheint (die Wundmale waren mit roter Farbe auf den Stein gemalt). Das Programm der Gerichtssäule läßt sich im Zusammenhang mit dem der Außenseite des S-Querhauses verstehen. Es entsprach mittelalterl. Brauch, die Gerichtsstätte mit einer Darstellung des Weltgerichtes zu schmücken.

● Weitere Sehenswürdigkeit im S-Querhaus ist die *Astronomische Uhr* (29). Sie wurde 1547 von Bernhard Nonnenmacher (Gehäuse und seitliche Treppe) und Hans Thomas Uhlberger (Bekrönung) geschaffen. Der Mechanismus stammt von Konrad Dasypodius und David Wolkenstein sowie von Isaak und Josias Habrecht. Die Bemalung besorgte der Schaffhauser Tobias Stimmer, 1571–74. Eine umfassende Restaurierung der Mechanik wurde 1838–42 von Jean-Baptiste Schwilgué vorgenommen. – Das Schlagwerk der heutigen Uhr richtet sich nach der mittleren Ortszeit (Mittagsstunde: 12.30 Uhr). Vor dem 18 m hohen Gehäuse steht der Himmelsglobus mit 710 Konstellationen und über 5000 Sternen. Die Mitte des Sockels zeigt den ewigen Kalender: Monate, Sonntage, Heiligenfeste, bewegliche und unbewegliche Feste. Links steht Apoll, mit Pfeil auf den jeweiligen Tag deutend, rechts Diana – die beiden antiken Götter auch als Sinnbilder von Tag und Nacht. Das Zifferblatt gibt den Auf- und Untergang der Sonne an, die wirkliche Sonnenzeit, den täglichen Lauf des Mondes um die Erde, die Mondphasen sowie die Sonnen- und Mondfinsternisse. In den Zwickeln symbolische Darstellungen von Persien, Assyrien, Griechenland und Rom. Links davor sieht man den Kirchenkalender (Comput ecclésiastique), rechts die Sonnen- und Mondgleichungen. Über dem Kalender befinden sich die Sinnbilder der 7 Wochentage (Sonntag: Apoll, Montag: Diana, Dienstag: Mars, Mittwoch: Merkur, Donnerstag: Jupiter, Freitag: Venus, Samstag: Saturn). Die seitlichen Malereien des Sockelabschlusses zeigen die Schöpfung der Welt, die Auferstehung der Toten, die Sünde, die Religion, Christus als Weltenrichter und das Jüngste Gericht. Das Zifferblatt zwischen sitzenden Putten mit Glöcklein und Sanduhr gibt die mittlere Zeit an. – Der zentrale Aufsatz enthält das Planetarium (Tierkreiszeichen, Planeten Merkur, Venus, Mars, Jupiter und Saturn; Erde und Mond). In den Zwickeln die 4 Lebensalter als Sinnbilder der Jahreszeiten von Tobias Stimmer. – In der darüberliegenden Nische erkennt man den Mond; in den Zwickeln links eine gekrönte Engelsgestalt als Ecclesia, rechts der 7köpfige Drache der Apokalypse. In den beiden oberen Geschossen der Tod, vor dem jede Viertelstunde eines der 4 Lebensalter vorüberzieht (Kind, Jüngling, der reife Mann, der Greis mit Krücken). Darüber Christus, an dem die 12 Apostel vorübergehen. In der Bekrönung u. a. Statue des Propheten Jesaias (19. Jh.) umgeben von den 4 Evangelisten. – Das links aufsteigende Gewichtstürmchen mit Malereien, von oben nach unten: Urania, die Muse der Sternkunde, Kopernikus (eines der ältesten erhaltenen Bildnisse des Gelehrten), Bildnis des Erneuerers der Uhrenmechanik, Jean-Baptiste Schwilgué, von Gabriel Guérin, 1843.

Auf der Schmalseite die 3 Parzen: Klotho mit Spinnrocken, Lachesis, die den Lebensfaden spinnt, und Atropos, die ihn entzweischneidet. – Rechts die 1547 erbaute Wendeltreppe, die in das Innere der verschiedenen Gehäuse sowie zu einer Galerie führt, von der aus man zu dem an der Außenseite des Münsters liegenden Zifferblatt gelangt.
An der S-Seite des Chores liegt die kryptaähnliche Andreaskapelle (30), ein gewölbter Raum von 3×3 Jochen mit 4 Freisäulen. Sie datiert aus dem späten 12. Jh., entstand also etwa gleichzeitig mit Vierung und Chor. Über dem Doppelportal eine Wandmalerei, um 1500: Anbetung der Hirten, hl. Andreas, Bischof. Im Inneren Stuckierungen aus dem 18. Jh. und Grabmäler, u. a. das der Brüder v. Barby, um 1521, und das Grabmal des Dekans Franz Adolf Graf v. Rittberg († 1690).
Über der Kapelle liegt die Sängertribüne, deren Gewölbe nach dem Brand von 1759 völlig erneuert werden mußten. Schöne spätgot. Balustrade von 1493 mit – ganz links – dem Bildnis eines Mannes (Nikolaus von Hagenau?). – Über der Andreaskapelle befinden sich Glasfenster, um 1230, jedoch stark durch Restaurierungen in ihrer Wirkung beeinträchtigt.
Die Choranlage hat durch den Verlust des Lettners – er wurde 1683 abgetragen – eine tiefgreifende Veränderung erfahren. Dieser Lettner, Mitte des 13. Jh. unter Reimser Einfluß entstanden, läßt sich dank bildlicher Darstellungen und einiger Fragmente im Museum rekonstruieren. Er öffnete sich gegen das Schiff mit 7 Spitzbogenstellungen, die mit Wimpergen bekrönt waren. In den Giebelfeldern waren die Werke der Barmherzigkeit dargestellt. Zwischen den Wimpergen und an den Schmalseiten erschienen die 12 Apostel, in ihrer Mitte die stehende Maria (heute Metropolitan Museum, New York). Andere Werke dieser Stilstufe, die sich geschichtlich nach Reims – für die Architektur – und nach Paris (Apostel der Ste-Chapelle) – für die Plastik – zurückführen läßt, sind in Straßburg nicht erhalten.
Der erhöhte Chor (31) liegt über der eigentlichen Krypta. Durch Ummantelung der vorhandenen Mauern wurde er innen polygonal gebrochen (nach 1176). Die 3 größeren Seiten sind als Nischen mit portalartiger Gliederung gebildet; die östliche enthielt den Bischofssitz. Über einem Gesims, welches den wuchtigen Unterbau abschließt, entsprechen den 3 Hauptachsen 3 große Fenster im halbrunden oberen Geschoß. Eine mächtige Halbkuppel überwölbt den Chor. Das Apsisfenster – die Öffnung wurde erst im 14. Jh. durchgebrochen – stiftete 1956 der Europarat; es stammt von Max Ingrand. Die Malereien von Steinheil und Steinle, 1878.
Der 8seitige Kuppelturm über der Vierung (32; nur die innere Galerie ist mittelalterlich), 1944 ausgebrannt, stammt von G. Klotz, 1874.
Unter den spätgot. *Schnitzaltären*, die alle fremden Ursprungs sind und hier im 19. Jh. aufgestellt wurden, ist v. a. der rechts unten am Chor, aus Dangolsheim, hervorzuheben (1522).
An der Vierung liegen die Treppen zur Krypta, die zum Werinher-Bau gehört und um 1015 angelegt wurde. Sie ist ein durch Säulen

und Pfeiler in 3 Schiffe gegliederter Hallenbau. Schmale Nischen sind in die Mauern der halbrund endenden Seitenschiffe eingelassen; Bogenabschlüsse mit einfachen Kämpfern. Eine Erweiterung um 4 Joche fand um 1080 statt.

Das N-Querhaus (33), dessen heutige Gestalt ebenfalls der staufischen Umgestaltung zu verdanken ist (nach Brand von 1176), wurde wie das S-Querhaus durch Einstellen eines Pfeilers in 4 Raumkompartimente unterteilt. Die Stirnwand durchbrechen 2 Rosenfenster; darüber befindet sich eine Zwerggalerie. – An der O-Wand Johannes d. T. – *Taufbecken* (34) von Jodokus Dotzinger, 1453. – Plastische *Ölberg-Gruppe* (35), 1498 für den Friedhof von St. Thomas geschaffen und 1667 in das Münster verbracht.

Östl. schließt die Johanneskapelle (36; darüber der Kapitelsaal) an, die dem spätstaufischen Bauabschnitt (um 1225) zuzurechnen ist. Der Raum entspricht der Andreaskapelle und weist 3×3 Joche auf. Kelchknospenkapitelle stützen abgekantete Rippen, die in Schlußsteinen enden. An der O-Wand eine Konsole mit atlantenähnlicher Tragfigur. – Die Kapelle enthält 2 bedeutende *Grabmäler*: dasjenige des Bischofs Konrad v. Lichtenberg († 1299) und das Epitaph des Kanonikus Konrad Busang von 1464. *Konrad v. Lichtenberg* fiel bei der Belagerung von Freiburg i. Br. am 1. August 1299. Da er eines gewaltsamen, nicht voraussehbaren Todes starb, konnte er wahrscheinlich die Bestellung seines Grabes nicht mehr in die Wege leiten. Es muß daher um oder kurz nach 1300 entstanden sein, wofür auch die stilistischen Eigentümlichkeiten sprechen. In der Umgebung Erwins von Steinbach konzipiert, gilt es als eigentlicher Ausgangspunkt für die Straßburger Plastik des 14. Jh. Die Architekturmotive haben ihre nächsten Verwandten an der Fassade, während die Gestalt des Toten durch ihre plastische Kraft wesentlich davon abweicht. Die in rotem Sandstein gehauene Figur ist nicht mit geschlossenen Augen, sondern mit lebensvollem Blick und fülligem Gesicht, das sich leicht dem Betrachter zuwendet, gestaltet. Zweifellos sind porträthafte Züge in Rechnung zu stellen, die zwischen der stilisierten Haartracht und der Regelmäßigkeit der Ornatverzierung entsprechend an Lebendigkeit gewinnen. – Das *Busang-Epitaph* ist auf dem unteren Wandabschnitt signiert und datiert: n(icolaus Gerhaert) v(on) l(eyden). m.cccc.lxiiii (1464). Die Darstellung zeugt als Gedächtnisbild für den Verstorbenen und als »pietatis monumentum« von seiner Frömmigkeit. Der Dahingeschiedene ist durch Alter und Hinfälligkeit gekennzeichnet – in bewußtem Gegensatz zu der göttlichen Gegenwart der Muttergottes mit dem Kind. »Hier glückte es dem einzigen unter den Bildhauern des Nordens, der den großen Quattrocento-Meistern gleichkommt, die Sprache der altniederländischen Malerei fast ohne Verlust in die Skulptur zu übersetzen« (Erwin Panofsky). Dieses einzige heute noch erhaltene und gesicherte Madonnenbild Gerhaerts klingt in der Maria der Hardenrathkapelle (St. Maria im Kapitol zu Köln), den Weißenburger Büsten (im Musée de l'Œuvre Notre-Dame) und den Nördlinger Hochaltarfiguren nach.

Strasbourg / Straßburg. Münster. Laurentiusportal
Die Hll. 3 Könige bei Maria

Zwischen der Johanneskapelle und der Kanonikersakristei (37; 1743 von Joseph Massol erbaut) befindet sich das Leichhöfel (38) als Begräbnisstätte: Grabplatte Meister Erwins († 1318), seiner Gattin Husa und seines Sohnes Johannes († 1339). Hier sind ebenfalls die Münsterbaumeister Johannes Hültz und Jakob von Landshut bestattet.

Dem N-Portal ist wie eine Vorhalle die ehem. Laurentiuskapelle (40; Sakristei) vorgelagert. Der 1stöckige Bau wurde 1495–1505 von Jakob von Landshut erbaut. Die Außenwand ist reich mit bauplastischem Schmuck überzogen und mit einer fialenbekrönten Maßwerkbalustrade abgeschlossen. Über dem *Portal* (41) tritt ein Baldachin weit nach vorn. Über dem Türsturz und unter dem Baldachin stand das Relief mit dem Martyrium des hl. Laurentius, das Conrad Seyfer 1500–01 schuf; es wurde in der Revolution zerstört und im 19. Jh. durch eine freie Nachbildung ersetzt. Die Statuen beiderseits des Portals sind Werke des Hans von Aachen um 1503: Maria mit den 3 Königen und Diener, Laurentius und 4 Heilige. Ein Entwurf zur urspr. Gestaltung befindet sich im Frauenhaus.

Die jetzige Laurentiuskapelle (42; ehem. Martinskapelle), im Winkel zwischen N-Querhaus und N-Seitenschiff, ab 1515 wohl von Hans Hammer und Bernhard Nonnenmacher erbaut, hat 4 Schmaljoche (2 Seitenschiffjochen entsprechend) unter Netzgewölben mit figürlichen Schlußsteinen. 26 *Scheiben* aus der 1870 abgebrochenen Dominikanerkirche sind in ein Pasticcio des 19. Jh. eingefügt. Die alten Stücke datieren von 1254–60 und 1308–45 (Bauetappen der Dominikanerkirche): Szenen aus der Vita Christi, Legende des hl. Bartholomäus, des ersten Patrons der Dominikanerkirche. Aus dem 14. Jh. stammen die Passionsdarstellungen (besonders gut erhalten das Abendmahl), um 1345, Grablegung und Ausgießung des Hl. Geistes. Die Dekoration, um 1730, von Johann Zembofsky aus Danzig.

Besteigung der Plattform. Die Treppe befindet sich an der S-Front des südl. W-Turmes (4). Beim Aufstieg bemerkt man einen Relieffries unter dem Kranzgesims der Galerie mit musizierenden Zentauren, sich raufenden Gestalten, Teufeln usw., um 1300. – Auf der Plattform gelangt man zum Turmoktogon. An 4 Seiten befinden sich unabhängige Treppentürmchen, deren Eingänge (1. Galerie) nach oben, zum Helm, aufblickende *Figuren* flankieren, die alle vor 1419 entstanden sind (die Originale befinden sich im Frauenhaus). NW: 2 Propheten; SW: Katharina (Original) und Barbara; SO: Madonna (Verbleib des Originals unbekannt) und Ulrich von Ensingen; NO: Bär und Stier. Der Stil dieser Gruppe ist in Straßburg nicht beheimatet, wie ein Vergleich mit den unmittelbar vorhergehenden Werken am Münster ergibt. Die Prototypen sind im weiteren Sluter-Umkreis zu suchen. – Ferner bemerkt man am WNW-Pfeiler des Turmoktogons, nur wenige Meter über der Plattform, 2 Steinbildwerke, einen Kaiser und einen Mönch, beide vor 1402.

Die Außenarkaden (43) an den Seitenschiffen, 1772–78 erbaut, folgen gotisch nachempfundenen Entwürfen von Joh. Lor. Goetz.

Weitere Kirchen

St-Thomas / Ev. Thomaskirche (Place St-Thomas) ●

Die Gründung der nach dem Münster größten Kirche der Stadt geht angeblich in die Anfänge der christlichen Gemeinde zurück: sie soll von dem Schotten Florentius, der im ausgehenden 7. Jh. Bischof von Straßburg war, oder aber von Bischof Adeloch (768–823) gegründet worden sein. Ein Neubau mußte nach dem Stadtbrand von 1002 unternommen werden. Die Weihe fand 1031 statt. Nach einem weiteren Brand 1144 errichtete man 1196 eine neue Kirche.

Der älteste vorhandene Bauteil ist die wie ein Westwerk wirkende Fassade mit Mittelturm, um 1200–30 (das 2. Turmgeschoß 1366). Das Langhaus wurde nach 1300 in eine Halle zu 5 Schiffen erweitert (die äußeren Schiffe kamen um 1330 hinzu, gleichzeitig mit der Einwölbung). Es handelt sich somit um die älteste Hallenkirche im süddeutsch-elsässischen Raum. Die Kuppel über der Vierung erhielt 1348 den 8seitigen Turm. Querhaus und Chor stammen indessen aus der Zeit 1270–73. Von späteren Erweiterungen sind zu nennen: die Blasiuskapelle am N-Querarm, 1469; die Andreaskapelle am südl. Querhausflügel, 15. Jh.; die Sakristei (Evangelistenkapelle) im S, 1521 dat. auf einem Schlußstein (auf den Konsolen die Evangelistensymbole). Das Innere bestimmen die 2 Joche, die dem W-Bau entsprechen, sowie die 4 Langhausjoche mit den Seitenschiffen: ein umbautes Volumen von beachtlicher Größe, dessen Äußeres schon von weither auffällt. Das einheitliche Gaupendach ist wie ein riesiges Zelt zwischen die wehrhaft anmutenden Türme eingespannt.

Von der alten Bauplastik findet sich am nördl. Querhaus ein Türsturz eingemauert: Der hl. Blasius gibt einer betenden Frau ihr einziges, von einem Wolf geraubtes Schwein zurück, 12. Jh. – Im Bogenfeld des südl. Querhauses sieht man Christus und den Ungläubigen Thomas zwischen Johannes und Petrus, ein beachtliches Werk um 1235, das der Werkstatt des Ecclesia-Meisters am Münster nahesteht.

Grabmäler. In der Sakristei befindet sich der Sarkophag des *Bischofs Adeloch.* Er ruht auf 4 Löwen. Das um 1130 entstandene Werk ist mit den Arbeiten des Meisters zu vergleichen, der den Kreuzgang in Eschau (Musée de l'Œuvre Notre-Dame) schuf. In den Arkaden Christus, Adeloch, Engel, Fabelwesen und Ornamente. Der Deckel, 830 dat., scheint eine karoling. Arbeit zu sein. – Im nördl. Querhaus u. a. Grabplatte von *Nikolaus Röder v. Diersburg* († 1510); der Tote ist en transi dargestellt. Die Inschrift weist auf Vergänglichkeit und die menschliche Hinfälligkeit hin: »Das ist mir bliben das ich hab geben / Was ich behalten hat mich begeben / O Gott gib uns allen das ewig leben.« Der hier Dargestellte ist der Auftraggeber des Ölberges von

Strasbourg / Straßburg. St-Thomas
Grabmal des Marschalls Moritz von Sachsen

1498, der sich heute im N-Querhaus der Kathedrale befindet. – Grabplatte des *Dekans Johann v. Rinstetten* († 1418). Eingetieftes Relief mit Inschrift in Kapitalbuchstaben, die als Band die Tafel rahmt. – Grabschrift für *Sebastian Brant*, den Autor des »Narrenschiffes« († 1521). – O-Seite des Querhauses: Grab des Pädagogen *Johann Friedrich Oberlin* († 1826; vgl. a. Musée alsacien) von Landolin Ohmacht, 1809/10.

● Das bedeutendste Werk in der Kirche ist fraglos das in die Apsis eingelassene Grabmal des *Marschalls Moritz von Sachsen* (1696–1750), 1756–76 auf Befehl Ludwigs XV. von dem Pariser Bildhauer Jean-Baptiste Pigalle ausgeführt. Moritz von Sachsen, »Maréchal général des Armées et des Camps de Sa Majesté Très Chrétienne«, sollte anfänglich in der königlichen Grabeskirche der Abtei St-Denis bei Paris beigesetzt werden. Auf diesen Plan mußte Ludwig XV. jedoch verzichten, da sein bedeutender Stratege 3 Schönheitsfehler aufwies: er war Protestant,

Ausländer und dazu ein Bastard. Es fand sich dann die Verlegenheitslösung im protestantischen Straßburg. Am Fuß der zentralen Pyramide steht ein Sarkophag, dessen Deckel der Tod öffnet und auf den sich links der trauernde Herkules stützt. Der Marschall steigt über 3 Stufen zu dem Grabe hinab. Zu seiner Rechten liegen besiegt der Löwe Hollands, der Leopard Englands und der Adler Deutschlands. Zu seiner Linken löscht ein Genius die Fackel aus; das personifizierte Frankreich versucht den Tod zurückzustoßen. Zu Anfang unseres Jahrhunderts galt dieses Werk noch als »monströses Beispiel«. 1917 schrieb der Kunsthistoriker A. E. Brinckmann: »Der Krieger Herkules brütet in Trauer, der Tod als umhülltes Skelett mit Stundenglas hält den Sarg auf und zupft das Totenlaken zurecht; der Marschall schreitet dem Sarg entgegen, eine Frau, entblößt wie nach einem Liebeskampf, hält ihn jammernd zurück und wehrt dem Tod, ein Putto mit gesenkter Fackel läuft heulend davon, ein Adler fällt hinten über, wilde Tiere, Löwe und Bär drücken sich winselnd zur Seite.« Heute erkennt man in dem Werk den Höhepunkt der französischen Grabplastik überhaupt, und neuere Analysen haben gerade dieser Schöpfung wegen dem Bildhauer Pigalle eine überragende Stellung in der Plastik des 18. Jh. eingeräumt.

Beachtliche Reste von *Farbfenstern*, gute Beispiele für den Zackenstil, haben sich aus der Zeit um 1275 erhalten. Um 1325 entstanden sind die Reste hoher Figurenfenster mit Ornamenten, Architekturen und einer Kreuzigungsdarstellung in 4 Fenstern des nördl. Seitenschiffes. – *Orgel* von Silbermann, 1740. – Altar von 1744.

St-Etienne / St. Stephan (Place St-Etienne, im Hof des Collège)

Die heutige Chapelle du Collège war die Kirche eines Frauenklosters, das im 8. Jh. von Herzog Adalbert, Bruder der hl. Odilia, gegründet worden sein soll. Ein Neubau fand um 1220 statt, zu dem wohl die erhaltenen O-Teile gehören (Chor, Querhaus und Vierungsturm). In der Revolution wurde die Anlage aufgegeben, veräußert und zweckentfremdet. Die Kirche, mit einem Saal des 19. Jh. als »Langhaus«, war Lager, Synagoge und Theater. 1944 Zerstörung bis auf die alten Reste. Wiederaufbau 1961 unter B. Monnet in modernen Formen. – Im 15. Jh. befand sich im Kloster eine Tapisseriewerkstatt, aus der auch die 2 hier verwahrten Teppiche mit Szenen aus dem Leben der hl. Attala und der hl. Odilia hervorgegangen sein dürften. Sie entstanden z. Z. der Äbtissin Klementine v. Rathsamhausen (1438–60).

Der ältere der beiden Teppiche ist die *Attala-Tapisserie*. 1. Feld (von links nach rechts): Herzog Adalbert gründet die Abtei St. Stephan und übergibt sie seiner Tochter Attala. Ein Knappe schlägt ihr die Hand ab, die sie ihm hinhält (die Hand der Attala wurde 1172 in einem Reliquiar aufgefunden, s. u.). – 2. Feld: Auffindung der hl. Savina, Schwester Attalas. Exhumierung der Körper der Mutter, der 2. Mutter und der beiden Schwestern Attalas. – Hl. Stephan. – *Odilien-Tapisserie*. 1. Feld: Geburt der blinden Odilia. Die Taufe gibt ihr das Augenlicht. Rückkehr nach Schloß Hohenburg und Meuchelmord an Hugo, Bruder der hl. Odilia, durch den Vater Adalric (Eticho). Verzweiflung Adalrics

vor seinem toten Sohn. Odilia von ihrem Vater überrascht, als sie Nahrungsmittel an die Armen verteilt. Adalric gestattet die Gründung des Klosters Hohenburg (= Odilienberg). – 2. Feld: Tod Adalrics. Odilia im Gebet. Odilia pflanzt 3 Linden zu Ehren der Trinität. Johannes d. T. erscheint Odilia und zeigt ihr den Ort, wo zu seinen Ehren ein Kloster errichtet werden soll. Odilia im Gebet in der Johanneskapelle. Odilias Tod. Ihr Leichnam wird in einen Sarg gelegt.
Von der alten A u s s t a t t u n g ist ferner eine *Beweinung Christi* vom ehem. Fronaltar (Hauptaltar) des Münsters zu nennen, ein Werk des Niclas Hagnower, vollendet um 1501. Nach einem Stich von 1617 befand sich auf einem Flügelrelief die Signatur NICLAVS.V.HAGEN. – *Handreliquiar der hl. Attala*, Bergkristall mit vergoldeter Silbermontur, z. T. 12. Jh., im wesentlichen aber Ende 15. Jh.

St-Guillaume / Wilhelmerkirche (Rue St-Guillaume)

1300–07 erbaut. Die Kirche gelangte dank Heinrich v. Müllenheim-Rechberg 1306 schon an die Wilhelmiten, einen vornehmlich in Südwestdeutschland ansässigen, Ende des 12. Jh. gegründeten und nach Wilhelm von Maleval († 1157) benannten Orden. Ein Neubau fand 1485 statt. Seit 1534 protestantisch.

Unter dem Turm von 1667 liegt der got. Eingang von 1488 mit malerischen Konsolen. Das Innere umfaßt ein einfaches Schiff mit Chor und Apside. Der Lettner in Flamboyant-Formen von 1485 wurde 1656 an die heutige Stelle versetzt.

Die A u s s t a t t u n g ist sehenswert. Im Schiff *Glasfenster* von 1465 und aus dem 16. Jh. mit Leben des hl. Wilhelm, Leben der hl. Katharina, Apostel mit Trinität, Marienkrönung und Kreuzigung; kleines Fenster mit Kreuzigung, 16. Jh. Im Chor Fenster u. a. mit Marientod, Pfingsten, Saulus auf seinem Weg nach Damaskus; daneben 4 Szenen aus der Passion Christi (N-Seite). An der S-Seite des Schiffes: Jugend Mariae; Jugend Christi, stark restauriert, teils mit Feldern aus dem 19. Jh. Der Grundstock geht auf Peter Hemmel von Andlau zurück († 1505), zu dessen besten Werken diese Scheiben zählen. Über dem Eingang Fenster mit Geburt und Passion Christi aus der Dominikanerkirche (nach 1307). – Im Chor außerdem eucharistischer Schrank, 15. Jh. – *Grabmäler* des Ulrich v. Werd († 1344), Werk des Wölflin von Rufach (Signatur), und seines Bruders Philipp v. Werd, Kanonikus und elsässischer Landgraf († 1332); die übereinanderliegende Anordnung scheint urspr. nicht vorgesehen gewesen zu sein. Epitaphe aus dem 16. Jh.; schöne Wappengrabsteine des 17.–18. Jh.

St-Pierre-le-Vieux / Alt St. Peter (Place St-Pierre-le-Vieux)

Die Kirche besteht aus 2 Teilen: Die protestantische Gemeinde besitzt das alte Schiff, die katholische den Chor bzw. dessen Nachfolgebau. Die Teilung fand 1683 unter Ludwig XIV. statt.

Das prot. Schiff wurde zwischen 1381 und 1428 erbaut. Turm und Treppentürmchen sind aus dem 15. Jh., während Schiff und Hochgaden aus dem späten 14. Jh. datieren. Das Schiff wurde gegen die Grand'Rue im frühen 15. Jh. erweitert. Schon 1432 errichtete man eine Trennmauer

Strasbourg / Straßburg. St-Guillaume
Glasmalerei im Langhaus: Verlobung der hl. Katharina

zwischen dem roman. Chor und dem Schiff. Ein Neubau des Chores fand 1455 in Flamboyantformen durch Jodokus Dotzinger statt; seit 1498 erhielt er seine Ausstattung: Scheiben von Peter Hemmel, Tapisserien (Verbleib unbekannt) und den Hochaltar von Veit Wagner. – 1866 errichtete man eine neue kath. Kirche im rechten Winkel zum Chor des 15. Jh., den man bei dieser Gelegenheit abtrug. 1914–23 wurde das Schiff anläßlich des Durchbruches der Rue du 22 Novembre um 2 Joche gestutzt.

In der **prot. Kirche** schöner *Lettner*, 15. Jh. Das Anna-selbdritt-Relief, um 1520, deutet auf Hans Weiditz. (Fenster, um 1400, im Frauenhaus.)

In der **kath. Kirche** stammen Portal und Tympanon von A. Klem, 1923. Fenster von G. Schaefer, 1950–58. – Von der alten Ausstattung sind folgende Werke erhalten: 4 *Holztafeln* vom Hochaltar Veit Wagners, 1501. 2 Tafeln zeigen die Befreiung Petri aus dem Gefängnis und des Heiligen Kreuzigung; die beiden anderen illustrieren Szenen aus dem Leben des hl. Maternus, des angeblichen Gründers der Kirche: Er wird von Petrus beauftragt, das Elsaß zu evangelisieren; im Beisein der hll. Eucharius und Valerius stirbt er in Ehl. Seine Begleiter begeben sich nach Rom, von wo sie Petrus ihrerseits zur Missionierung aussendet und sie hierfür mit dem Papststab ausrüstet. Maternus wird von seinen Genossen auferweckt. – Im Chor befinden sich in die Rückwand eingelassen *Passionstafeln*, um 1480, die einst zur Ausstattung der Magdalenenkirche gehörten: Abendmahl, Ölberg, Christus vor dem Hohenpriester, Verspottung Christi, Geißelung, Dornenkrönung, Ecce Homo, Kreuztragung, Kreuzigung und Kreuzabnahme. – Ferner 4 *Bilder* mit Szenen des auferstandenen Christus, um 1500: Zweifel des Thomas, Höllenfahrt Christi, Auferstehung, Noli me tangere. Der anonyme Künstler gehört in die Schongauer-Nachfolge; 3 Tafeln gehen direkt auf Schongauers Dominikaner-Altar zurück (Colmar, Unterlinden-Museum). (Scheiben von Peter Hemmel von Andlau, Ende 15. Jh., im Frauenhaus.)

● **St-Pierre-le-Jeune / Jung St. Peter** (Place St-Pierre-le-Jeune)

Die ehem. Stiftskirche geht vielleicht auf eine irische Niederlassung des 7. Jh. zurück. Merowingisch ist jedenfalls die Gruft unter dem südl. Seitenschiff. Ein Kirchenneubau wurde 1031 unter Bischof Johann v. Dirpheim eingeleitet; Papst Leo IX. weihte auf seiner Elsaßreise 1053 auch diesen um 1070 vollendeten Vorgänger, von dem der Unterbau des W-Turmes stammt. Die heutige Kirche ist um 1220 begonnen und 1320 geweiht worden; ihr Chor war bereits 1290 fertig. 1360 fügte Wilhelm von Marburg die Johanneskapelle als »Neue Sakristei« südl. des Turmes an, 1491–94 Hans Hammer die Trinitätskapelle in der Verlängerung des äußeren S-Seitenschiffes nach O. Der gesamte Bau wurde 1897–1900 von Karl Schäfer restauriert und neugotisch ausgestattet. Wiederherstellung seit 1967.

Die Kirche ist eine Pfeilerbasilika von 4 Schiffen. Die geplante Fünfschiffigkeit (nach dem Vorbild von Alt St. Peter in Rom?)

ist wohl mit Rücksicht auf den Kreuzgang des 11. Jh. nur an der N-Seite nicht völlig verwirklicht worden. Aus dem gleichen Grund mag das Querhaus nach W verlegt worden sein. Der langgestreckte Chor hat 5/10-Schluß. – Den alten Haupteingang zeigt ein 1898 vollständig erneuertes *Portal* an. Es bietet einen aufwendigen Skulpturenzyklus von Ferdinand Riedel nach Motiven der westl. Münsterportale und bildet die Mitte der S-Seite, die als Schauseite am tief gelegenen, vom Barock gestalteten Platz reizvoll belebt wird durch den Kontrast der Bauteile.

Das I n n e r e wird noch völlig vom Eindruck der neugot. Herrichtung beherrscht. Die Glasgemälde und Ausstattungsstücke wie die Leuchter und die Altäre folgen Entwürfen der Zeit um 1900. Schäfer ließ leider auch die ungewöhnlich zahlreichen *Wandmalereien* auf ein vereinheitlichendes Erscheinungsbild ausrichten und ergänzen, so daß heute Altes und Neues schwer zu unterscheiden sind.

An der Turmwand des Mittelschiffes die Darstellung des *Sturmes auf dem See Genezareth*. Dieses höchst bemerkenswerte Bild des frühen 14. Jh. ist wertvoll auch als älteste erhaltene Wiederholung der »Navicella« Giottos am einstigen, für den Neubau der Renaissance abgerissenen Atrium von Alt St. Peter in Rom. Darunter die 8 Seligpreisungen. – Von hohem ikonographischem Interesse ist ferner der *Zug der Nationen zum Kreuz* (W-Wand der S-Seitenschiffe), wohl noch aus dem 13. Jh. – In der Zornkapelle, die das nördl. Seitenschiff verlängert, schöne Konsolen mit Symbolen der Paradiesflüsse und den Evangelisten Johannes und Markus, dazu Grabmäler und Epitaphien, u. a. des Straßburger Humanisten Peter Schott, 15. Jh., an einem Pfeiler das Hochgrab des Ritters Andreas Zorn v. Plobsheim († 1519). – Vom N-Arm des Querhauses Zugang zur 1397 von Nikolaus v. Kageneck gestifteten Nikolauskapelle. – Eine Tür im N-Seitenschiff führt in den **Kreuzgang**, der weitgehend ein Werk des 19. Jh. ist, aber erhebliche Reste aus dem 11. Jh. enthält.

Am *Lettner* aus der 1. Hälfte des 14. Jh. Kapitelle des 13. Jh. vom Münster und eine Maßwerkgalerie des 16. Jh., dazu Malereien (Evangelisten) von Engelhardt, 1620. Der Lettner trägt die 1950–53 renovierte Silbermann-*Orgel* von 1707. – Im Chor ein Triptychon mit 1518 datierter Mitteltafel (*Grablegung Christi*) und Flügeln des 19. Jh. Die Boiserien stammen aus der Mitte des 18. Jh. Im Chorscheitel die neugotisch ausgestattete Engelskapelle mit einem Taufengel von F. Riedel, 1898. – Das südl. Seitenschiff schließt nach O die Trinitätskapelle des Münsterbaumeisters Hans Hammer ab; Bauschmuck aus der Erbauungszeit, Statuen von 1898 (die hll. Petrus, Athanasius, Maternus u. a.) und größtenteils neugot. Taufstein.

Ste-Madeleine / St.-Magdalenen-Kirche (Place Ste-Madeleine). Moderner Bau, der vom Vorgänger des 15. Jh. Chorteile enthält (heute Seitenkapelle). – Fenster Peter Hemmels von Andlau, um 1480.

Beim Chorhaupt Reste der **Stadtmauer** aus dem 14. J. – Das hier zu sehende eingebaute *Renaissance-Portal* von 1576 stammt aus dem Stadthaus der Abtei Rathsamhausen, das sich urspr. in der Rue Brûlée befand.

St-Nicolas / St.-Nikolaus-Kirche, heute prot. Pfarrkirche, am gleichnamigen Quai gelegen. Ein erster Bau von 1182, Neubau nach 1381 und 1387. Der Chor wurde 1454 von Meister Diebold Mosang vergrößert. Der heutige Turm von 1585. Umbauten fanden im 17. Jh. statt. Die Fassade sowie die Sakristei sind das Werk des Architekten E. Salomon, 1905.

Ste-Aurélie / St.-Aurelien-Kirche (Rue Martin-Bucer, südwestl. des Hauptbahnhofes). Wohl sehr alte, seit dem 10. Jh. erwähnte Kirche, von der noch der roman. *Turm* (um 1200) steht; Neubau 1763–65.

St-Jean / St. Johann (Quai St-Jean). Das Mauerwerk der 1944 schwer beschädigten und 1965 wiederaufgebauten Kirche datiert aus der Zeit 1473–77. 1schiffiger Raum mit eingezogenem, polygonalem Chor. – An der N-Seite des Schiffes Reste von *Wandmalereien* mit Stadtlandschaft als Hintergrund. *Taufstein* aus dem 16. Jh. mit Knotenornamenten: wohl eine Stiftung der Schiffer.

St-Louis / St.-Ludwigs-Kirche (Rue St-Louis). Die Kirche wurde 1687 unter Ludwig XIV. erbaut und wiederholt die got. Vorbilder der Stadt. Sie diente 1790 als Tabaklager. 1827 fand eine Totalrestaurierung statt, anschließend Übergabe an die kath. Kirchengemeinde. – Schöne Kanzel, 18. Jh.

Spitalkirche → Hôpital Civil.

Temple-Neuf (prot.), ehem. Dominikanerkirche (Place du Temple-Neuf). Den alten, 1254 gegründeten, zu Beginn des 14. Jh. erweiterten Bau, der 1870 bei der Beschießung der Stadt samt der hier untergebrachten Stadtbibliothek schwer beschädigt und 1873 abgerissen wurde, ersetzte 1885 eine prot. Kirche von E. Salomon in neuroman. Formen.

Eglise neuve de St-Pierre-le-Jeune / Neue Jung-St.-Peter-Kirche (Rue du Général-de-Castelnau). Neuroman. Bau auf kreuzförmigem Grundriß, 1889–93 von August Hartel und Sigurd Neckelmann erbaut. 2 Fassadentürme und dominierende Kuppel. Inneneinrichtung nach Entwurf des Dombaumeisters Schmitz.

St-Maurice / St.-Moritz-Kirche (Place Arnold), 1893–94 von Ludwig Becker, Mainz, als kath. Garnisonkirche in neugot. Stil gebaut.

St-Paul / St.-Pauls-Kirche (Quai Zorn, Quai Mullenheim). Die städtebaulich gut placierte Anlage wurde von Louis Muller als ev. Garnisonkirche im Rahmen der Neustadtplanung entworfen. Als Vorlage für den äußeren Aufriß diente die Elisabethkirche in Marburg. Sein 1889 in einer Konkurrenz preisgekrönter Entwurf wurde erst nach Umarbeitung angenommen und 1892–98 ausgeführt.

Strasbourg / Straßburg. St-Paul

Die **Kirche Christ Ressuscité** (4, Rue de Palerme; Abb. S. 244) ist ein Gemeinschaftswerk von Roger Adrion, Francis Lévy und Norbert Prevôt, 1968–72. Die Glasfenster entwarf Ernest Werlé.

Neue Synagoge (Avenue de la Paix, im Contades-Viertel), 1958 von dem Architektenteam Meyer-Lévy-Berst erbaut.

Strasbourg / Straßburg. Kirche Christ Ressuscité (zu S. 243)

Kommunalbauten

● **Chambre de Commerce** (Handelskammer), sog. **Neuer Bau** (Place Gutenberg)

Als Rathaus 1582–85 vermutlich von dem aus dem Badischen stammenden Hans Schoch erbaut; Schoch ist auch der Architekt des Friedrichsbaues des Heidelberger Schlosses. Die eigentlichen Bauleiter waren 2 Schweizer: Georg Schmidt und Paul Murer; letzterer ist auch der Erbauer der Metzig von 1586. – Der Neue Bau – »neu« im Gegensatz zum alten Rathaus, »Pfalz« (vgl. S. 208) – wurde 1789 von der Bevölkerung gestürmt und 1792 zum Hôtel du Commerce umgestaltet.

Der mächtige Bau, an der S-Seite 1867 noch um 4 Achsen erweitert, zieht sich in 3 Flügeln und 3stöckig um einen Hof. Die Einteilung der Fassade ist einfach, aber wirkungsvoll: im Erdgeschoß gequaderte Bogenarchitektur, auf jedem 2. Pfeiler durch einen energischen toskanischen Pilaster unterbrochen. In den Obergeschossen zwischen ionischen und korinthischen Pilastern 3teilige Fenster.

Die ungewöhnlich kraftvolle Schwellung der toskanischen Pilaster, das kräftige Gebälk und Gesims, sodann aber die Brechung des Schaftes, im unteren Teil durch durchgehende Diamantquadern, am Hals durch Hängeschmuck, findet sich am Ottheinrichsbau in Heidelberg wieder. – Die Fassade gehört zum Besten innerhalb der Profanarchitektur der Zeit. Ausgezeichnetes Portal, von freistehenden Säulen flankiert. Seitlich des Giebels 2 Löwen, als Krönung eine Hermesbüste. Das Dekorationsvokabular findet sich ausnahmslos in den Stichen von Wendel Dietterlin (1550–99), der auch die Fassaden bemalt hatte. Von dieser Dekoration sind keine Reste erhalten.

Ehem. Hôtel de Ville / Rathaus (9, Rue Brûlée) ●

Das ehem. Palais Hanau-Lichtenberg, später Hessen-Darmstadt, wurde 1730–36 vom Grafen Rainer III. v. Hanau-Lichtenberg erbaut. Die Pläne stammen von Joseph Massol, der Gedanken aus älteren Planvorschlägen, u. a. von Robert de Cotte, übernahm. Der Schwiegersohn Rainers III., Landgraf Ludwig VIII. v. Hessen-Darmstadt, erbte 1736 das Hôtel, das 1768 an dessen Sohn, Ludwig IX., Hauptmann des ihm gehörenden und in französischen Diensten stehenden Regiments Hessen-Darmstadt, überging. Es gelangte schließlich durch Napoleon 1806 an die Stadt, die ihre Verwaltung aus dem Rohan-Schloß hierher verlegte. (Mitte der 1970er Jahre wurde das → Centre Administratif Verwaltungssitz.)

Die Anlage stimmt mit zur Bauzeit gültigen Pariser Normen überein – eine charakteristische Dixhuitième-Anlage »entre cour et jardin«. Der Hof geht auf die Rue Brûlée; in den Hof gelangt man von der Straße her durch ein Tor, das seitlich von mit Trophäen geschmückten Pfeilern gerahmt wird. An den *Hofseiten* die 3stöckigen Flügelbauten, die zum Mittelbau, dem Corps de logis, führen. Als Verbindungsglieder dienen beiderseits die Treppenhäuser, von denen das linke Vorrang genießt. Die 7achsige Hoffassade beherrscht der giebeltragende Mittelrisalit. Seitlich des Einganges in das Erdgeschoß eingelassene, peristylartige Fortsetzungen, die in die Treppenhäuser führen. – Die 17achsige *Gartenseite*, von der Place Broglie her sichtbar, zeigt ebenfalls einen Mittelrisalit sowie leicht vorspringende Eckpavillons, das Ganze unter Dach mit gleicher Firsthöhe. Großes »Straßburger«-Dach, das mit Schiefer gedeckt ist.

Ancienne Douane (Rue de la Douane). Das **Kaufhüs** war Mittelpunkt des mittelalterl. Handels. Der heutige Bau ist eine Rekonstruktion der 1944 zerstörten Anlage; einzelne Mauern gehen jedoch noch ins 14. Jh. zurück (1358). – Heute → **Musée d'Art moderne**.

Grande Boucherie (Place de la Grande-Boucherie). Von der **ehem. Metzig** am Pont du Corbeau ist nur der in einfachster Form verwirklichte Originalentwurf noch erhalten. Die Grande Boucherie ist – wie der Neue Bau – ein Werk von Hans Schoch, 1586–88; Bauleiter war, wie dort, P. Murer. – Eine lange Front mit Kreuzstockfenstern und gebrochenen Giebeln beherrscht die Anlage, die sich rechtwinklig um einen zur Ill geöffneten Hof ordnet. An der Straßenseite befand sich urspr. eine doppelläufige Freitreppe. Im Hof Balkon von 1605; Ziehbrunnen mit got. Stock aus dem abgebrochenen Edelschen Hof, um 1480. – Das Gebäude wurde 1859 erstmals als Museum verwendet, seit 1920 beherbergt es das → **Musée historique**.

● **Œuvre Notre-Dame / Frauenhaus** (Place du Château)
Im Mittelalter war die sehr alte Institution damit beauftragt, die Schenkungen und Vergabungen für den Münsterbau zu verwalten. Im heutigen Museum (seit 1931) befanden sich urspr. die entsprechende Verwaltung sowie die Steinmetzateliers.

Die malerische und stimmungsvolle Anlage besteht aus 2 auch optisch gut scheidbaren Teilen: dem got. Haus von 1347 und dem Giebelhaus der Renaissance an der andern Seite des Hofes, untereinander mit einem Flügel rückseits des Hofes verbunden. – Am got. Bau ist ein Renaissance-Treppenhaus angebaut, das wieder durch eine Maßwerkgalerie geschlossen ist. Im *Hof* läuft ringsum eine Galerie auf Konsolen. Maß- und Schnörkelwerk, flacher und lebendiger Schmuck, verschiedenartige Fenstergruppen, Altes und Neues treten hier in reizvollen Widerstreit, wirken aber trotzdem als eine neue Einheit. Der Umbau dieses Hauses, 1578–82 von Thomas Ulberger vorgenommen, ist höchst gelungen. Die inwendig im Hofwinkel nach oben führende *Wendeltreppe* ist eine der prächtigsten, mit hoher Spindel, deren Profil durchlaufende, kraftvolle Renaissance-Säulen stützen. Aus dem gleichen Geist entstand im Inneren u. a. der schöne *Saal im Erdgeschoß*, in der Mitte von einem spätgot. Doppelbogen durchschnitten, den wieder eine prachtvolle Renaissance-Säule mit ionischem, reichgeschmücktem Kapitell trägt. Die Decke des Raumes ist zur Hälfte ein Netzgewölbe von feinster Durchdringung in alter Steinmetztechnik, z. T. eine schön eingeteilte Holzbalkendecke.

Für die Sammlungen des Frauenhaus-Museums → **Musée de l'Œuvre Notre-Dame**.

● **Rohan-Schloß** (Place du Château)
Die erzbischöfliche Residenz wurde nach Plänen des königlichen Architekten Robert de Cotte (1656–1735) von Joseph Massol in d. J. 1731–42 für den Kardinal Gaston-Armand-Maximilien de Rohan-Soubise erbaut, den ersten der 4 Straßburger Erzbischöfe zwischen 1704 und 1789 aus diesem Geschlecht. Standort des Schlosses ist die Stelle des alten Palatium

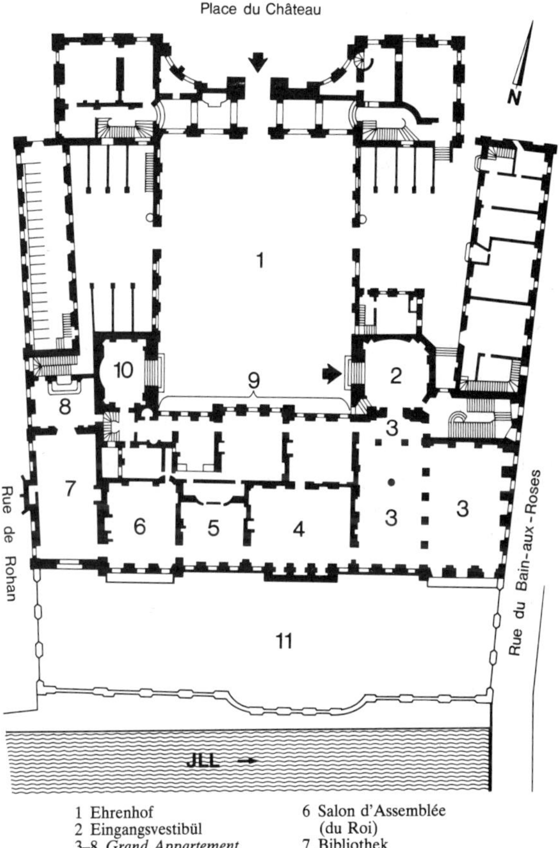

1 Ehrenhof
2 Eingangsvestibül
3–8 *Grand Appartement*
3 Salle du Synode
4 Salon des Evêques
5 Chambre du Roi (du Dais)
6 Salon d'Assemblée (du Roi)
7 Bibliothek
8 Kapelle
9 *Petit Appartement*
10 Ausgangsvestibül
11 Terrasse

Strasbourg / Straßburg. Rohan-Schloß. Grundriß

(Pfalz) der Bischöfe von Straßburg bis 1262, als die Bürgerschaft ans Ruder der Stadtregierung kam.

Bau und Anlage – »entre cour et jardin« – sind von überregionaler Bedeutung und in rein französischen Formen ausgeführt, die stark mit der einheimischen Bauart kontrastieren.

Über der Ill erhebt sich die eigentliche 17achsige, 3stöckige Hauptfassade, die also dem münsterseitigen Ehrenhof abgewendet ist. Die übrige Anlage ist wegen des ansteigenden Terrains 2stöckig. Das 1. Stockwerk mit hohen Fenstertüren ist somit das Hauptgeschoß, wo sich die großen Gesellschaftsräume und -säle für das eigentliche Hofleben der letzten Fürstbischöfe befanden. An den Seitenpavillons unter Mansarddächern, die durch eine Balustrade mit dem Mittelbau verbunden sind, führen die 3 Fenstertüren auf durchgehende, von kräftigen Konsolen gehaltene Balkone. Im leicht vorkragenden Mittelteil, den eine Flachkuppel auf quadratischer Basis deckt, tragen über einer Terrasse 4 angebaute korinthische Säulen einen Giebel, auf den sich der Skulpturenschmuck konzentriert, während über den Fenstern nur kleine Maskenköpfe und Ziermotive erscheinen.

Die *skulptierten Schlußsteine*, die sich nicht nur an der Hauptfassade, sondern auch auf der gegenüberliegenden Seite sowie im Ehrenhof finden, bilden ein bemerkenswertes profanes Programm. An der Hauptfront finden sich z. B. Hinweise auf die Tugenden (Herkules, Minerva, Großzügigkeit, Reichtum), die Elemente, die Jahreszeiten, die Stunden des Tages, die Göttinnen der Zeit. – Der *plastische Schmuck*, von hoher Qualität, stammt von Robert Le Lorrain und 2 seiner Schüler, Johann August Nahl und Paul de Saint-Laurent, die später in Potsdam, Charlottenburg und Kassel bzw. in Schweden Karriere machten.

Geht man vom Ill-Ufer links am Schloß vorbei, gelangt man an dessen Ecke durch das schmiedeiserne Tor von Nicolas Pertois zum niedrigen Bibliotheksbau, den Joseph Massol 1735 anfügte. Über dem Eingang sieht man einen erkerartigen Vorbau – in Straßburger Tradition –, der bis zur Balustrade reicht. Er diente dem Bibliothekar als Studio. – In der Verlängerung Richtung Münster befindet sich die Kapelle.

Der große E h r e n h o f auf der Münsterseite, in den man zwischen 2 Pavillons und durch eine peristylartige Toranlage tritt, überrascht durch seine schönen, urbanen Proportionen. Zu beiden Seiten verdecken Mauern mit Blendarkaden niedrige Nebengebäude und einen Hof, an dem die Stallungen liegen.

Strasbourg / Straßburg. Rohan-Schloß. Petit Appartement
Ofen von François-Paul Acker

Für die Sammlungen → **Musée des Beaux-Arts**, → **Musée archéologique** und → **Musée des Arts décoratifs.**

Die *bischöflichen Gemächer* bestehen namentlich aus folgenden Räumen des Erdgeschosses, die besichtigt werden können:

Grand Appartement. Die *Salle du Synode* ist ein weiter, durch eine Bogenstellung in 2 ungleiche Einheiten unterteilter Raum (nach Kriegszerstörungen [1944] wiederhergestellt). Der größere diente als Speisesaal. Die Dekoration ist von raffinierter Zurückhaltung. Der Stuck stammt von Paul de Saint-Laurent, die Trophäen sind von Johann August Nahl; 2 Stilleben von Jean-Baptiste Oudry, 1742.

Der *Salon des Evêques* diente als Vorzimmer zur Chambre du Roi. Porträts von Bischof Armand-Gaston de Rohan und seinen 7 Vorgängern. Die Deckenkartusche zeigt das Kreuz des Ordre du St-Esprit, dem der Kardinal angehörte.

Die *Chambre du Roi* oder *Chambre du Dais* (Thronsaal) diente als Schlafzimmer gemäß der in Versailles entwickelten und etablierten Hofetikette (1936 restauriert, unter der Bombardierung von 1944 hat sie nur wenig gelitten). Sie enthält Boiserien von Johann August Nahl und eine vergoldete Decke von Paul de Saint-Laurent nach Entwürfen von Robert de Cotte (um 1735/40). Den Alkoven für das Paradebett trennt eine Balustrade vom übrigen Raum. Die Verwendung von Spiegeln in der Wanddekoration, als deren Erfinder Robert de Cotte gilt, vergrößert den Raum wesentlich. Die Dekoration bezieht sich auf den Schlaf; so haben die Amoretten z. B. Libellenflügel als Symbol des Traumes. In den Supraporten Kopien nach Raffael.

Das gleiche Dekorationssystem bestimmt den *Salon d'Assemblée* oder *Salon du Roi*, der ebenfalls als Vorzimmer diente. In den Ecken die 4 Weltteile. Die Ausstattung mit Möbeln und Tapisserien fand unter Napoleon I. statt.

Vom Salon du Roi aus gelangt man in die *Bibliothek*, die in Louis-XV-Formen dekoriert ist. 4 Tapisserien nach Entwürfen von P. P. Rubens, das Leben des Kaisers Konstantin darstellend, sind Werke aus dem Atelier von François de la Planche, um 1650. Im einzelnen stellen sie dar: Heirat Konstantins; Erscheinung des Kreuzeszeichens, das ihm den Sieg über Maxentius verheißt; Helena und das wahre Kreuz Christi, das sie gefunden hat; Taufe Konstantins. – Die Porträts von Ludwig XIV. und XV. sind Kopien nach Rigaud. Die 4 Evangelisten stammen von Pierre Parrocel. Die Bibliotheksmöbel aus Acajou und rotem Marmor, mit vergoldeten Bronzen verziert, sind Werke von Bernhard Kocke aus Paderborn und entstanden zwischen 1738 und 1741.

Die kleine *Kapelle* im Boudoir-Stil enthält Kopien nach Correggio (Geburt Christi, Original in Dresden; Madonna mit hll. Hieronymus und Magdalena sowie Ruhe auf der Flucht, Originale in Parma).

Das Petit Appartement, parallel zum Grand Appartement, öffnet sich hofseitig und zeugt von dem neuen Wohnstil im 18. Jh., der v. a. Beheizbarkeit der Räume forderte. Es folgen einander das kleine *Speisezimmer*, der *Salon du Matin*, das eigentliche *Schlafzimmer* (Kopien nach Poussin, Mola und Annibale Carracci). In der

Garderobe hängen Porträts der 4 Rohan-Bischöfe: Armand-Gaston (1704–49), François-Armand (1749–56), Louis-Constantin (1756–79) und Louis-René-Edouard (1779–1803). In Vitrinen Autographen, Bucheinbände und Waffen.

Ehem. Jesuitenkolleg, Lycée Fustel de Coulanges (Place du Château)

Eine der Folgen der Angliederung Straßburgs an Frankreich 1681 war 1683 die Niederlassung der Jesuiten. Pläne zu einem Neubau für das Kollegium datieren aus d. J. 1736–57. Allem Anschein nach wurde das heutige Gebäude ab 1757 von Joseph Massol ausgeführt. Nach der Jesuitenvertreibung 1762 diente es als Collège Royal.

Der ausschließlich in rotem Sandstein errichtete, massiv wirkende Baukörper wird durch leicht vorspringende Risalite unter runden Giebeln, die ins niedrige Dach einschneiden, gegliedert.

Profanarchitektur

I: Münsterviertel

Dieser 1. Gang durch die Innenstadt vermittelt einen Überblick über die Entwicklung des Straßburger Stadthauses von der Spätgotik bis ins 18. Jh. Es kann dabei nicht übersehen werden, daß die einzelnen Straßenzüge oft mehr ihrer malerischen denn ihrer architektonischen Qualität wegen erwähnenswert sind. Man muß sich auch angesichts restaurierungstechnischer Perfektion vor Augen halten, daß die Innenstadt mehrfach zerstört und wieder neu aufgebaut worden ist. Aufschlußreich für Vergleiche und ergänzende Informationen sind die Ansichten und das Stadtrelief im Musée historique.

Place de la Cathédrale. **Nr. 9** (Ecke Rue Mercière): **»Zum Külen Luft«**, im 18. Jh. umgebautes älteres Haus. – **Nr. 10: Pharmacie du Cerf** (»Hirsch-Apotheke«). Erdgeschoß 15. Jh.; Obergeschosse in Fachwerkbauweise, 1567. – **Nr. 16: Maison Kammerzell** ● (Abb. S. 252). Ein ebenso berühmtes wie überrestauriertes Haus, benannt nach einem Besitzer im 19. Jh. Das Erdgeschoß datiert von 1467. Seit 1571 war der an städtebaulich markanter Stelle errichtete Bau im Besitz des Kaufmannes Martin Braun, der die Stockwerke vorkragen ließ, um Innenraum zu gewinnen. 1879 von der Münsterbauhütte erworben und 1891/92 sowie 1954 restauriert. Im 1. Geschoß die Initialen des Besitzers M. B. mit Datum 1589. Die Bemalung des Erdgeschosses stammt von 1891, die der Obergeschosse stützt sich auf alte Reste: Tierkreis, 5 Sinne, Lebensalter, Musikanten, Karl d. Gr., König Arthur, Gottfried v. Bouillon, Helena, Brigitte, Elisabeth, Hektor von Troja, Alexander d. Gr., Caesar, Lukrezia, Virginia, Jonas, David, Judas Makkabäus, Esther, Judith, Jahel. An der Ecke die Tugenden des Glaubens, der Hoffnung und der barmherzigen Liebe (Caritas). Im Inneren Wandmalereien von Leo Schnug, um 1910. – **Nr. 22, 23** und **24:** schmalbrüstige, doch hohe 5stöckige Fassaden, um 1760–70.

Strasbourg / Straßburg. Haus Kammerzell (Place de la Cathédrale)
(zu S. 251)

Rue Mercière (Krämergasse). **Nr. 2** und **4:** Fachwerkhäuser des 17. Jh. (1616, 1669) in der Nachfolge des Hauses Kammerzell, mit geschnitzten Balken und figürlichen Konsolen. – **Nr. 8:** Obergeschosse von 1765–70 auf älterem Erdgeschoß mit Rundarkaden. – **Nr. 10:** Haus mit Erker. – Hinter bzw. über den Häusern z. T. malerische »Dächerlandschaft«, die vom Münsterturm aus studiert werden kann – **Nr. 36:** Wohnung des Studenten Goethe 1770–71.

Rue du Maroquin (Korduangasse). **Nr. 5**, **27** und **29:** Fachwerkhäuser mit geschnitzten Fensterrahmungen, 16.–17. Jh. – **Nr. 4:** 1936 hierher versetzt aus der Rue d'Or, um 1600. – **Nr. 21** und **23:** Reizvolle Fassaden im Straßburger Stil Louis XV, um 1760–70.

Place de la Grande-Boucherie. **Nr. 3:** Fachwerkhaus, 17. Jh. – **Nr. 7:** Fachwerkhaus, z. T. leider verputzt, 17. Jh.

Place du Marché-aux-Cochons-de-Lait (Ferkelmarkt). **Nr. 1:** Fachwerkhaus mit Außengalerie, 1617, das Erdgeschoß von 1477 und 1602. – An der Ecke Rue du Vieil-Hôpital: Fachwerkhaus, 1565. Die Widderdekoration erinnert an seinen alten Namen **»Zum Widderer«**. – **Nr. 5: Haus »Zu dem von Ortenberg«**, 1800 stark restauriert. – **Nr. 8:** Das Haus ist 1562 und 1602 datiert. Arkadenerdgeschoß mit vorspringenden 3 Fachwerkgeschossen. – **Nr. 10:** Haus im Stil des Straßburger Louis XV, 1760/70.

Place du Marché-aux-Poissons (Fischmarkt). **Nr. 2** und **3:** Neubauten vor 1744 an Stelle mittelalterl. Häuser; Louis-XIV-Motive, Mansarddach. – **Nr. 4:** Haus mit Fassade auf die Ill, 1760/1770.

Rue de la Râpe (Reibeisengasse). **Nr. 10:** Die Anlage geht ins 14. Jh. zurück; später vielfach umgebaut. Aus der Frühzeit der Treppengiebel. – **Nr. 12:** Großes Haus an der Ecke zur Rue des Ecrivains, erbaut 1746, modernisiert 1770–72. Zur Rue de la Râpe reizvolles, doch provinzielles Rokoko-Portal in den charakteristischen Formen des Straßburger Louis-XV-Stiles: Rocaille-Konsolen und -kartusche. Das Haus wurde berühmt durch den Aufenthalt 1780–83 des Abenteurers Joseph Balsamo, des »Grafen Cagliostro«.

Rue des Ecrivains (Schreiberstubgasse). **Nr. 8:** Hôtel des Dames d'Andlau (**Andlauer Hof**; heute **Institut Européen d'Etudes Commerciales Supérieures**). Ein schönes Portal führt in den Hof, um 1750. Die einfache Fassade geht auf die Rue du Chapon. 3stöckige Hoffassade; die Fensterrahmungen sind typisch für den Straßburger Régence-Stil. Der kleine Pavillon rechts enthält das Treppenhaus. Ähnlichkeiten mit dem Rohan-Schloß lassen Joseph Massol als Architekten vermuten.

Quai au Sable. **Nr. 2** und **3:** 2 malerische Fassaden aus der Zeit vor 1750 (Nr. 3 ist 1744 datiert).

Rue des Veaux (Kalbsgasse). **Nr. 3:** heutiger Bau nach 1720; schönes Portal, wohl 1764. – **Nr. 6** und **8:** 2 Dixhuitième-Fassaden, um 1750.

Rue St-Etienne. **Nr. 1:** Anlage um einen Innenhof, in den man durch ein Portal aus dem Jahrzehnt 1740–50 gelangen kann. – An der malerischen Place St-Etienne beachte man zwischen der Rue des Pucelles und der Rue de l'Arc-en-Ciel das konvergierende Zusammenprallen zweier Häuserzeilen. – **Nr. 7:** Haus im Stil des Straßburger Louis XV, um 1760/70. – **Nr. 9:** typisches Fachwerkhaus aus der 2. Hälfte des 17. Jh. – **Nr. 10, 11** und **12:** 3 Fachwerkhäuser aus dem späten 16. Jh. und der 1. Hälfte des 17. Jh. Nr. 10 ist 1598 datiert, mit Erkern; Hofportal und Wendeltreppe von hoher Qualität. – **Nr. 17:** Der 11 Fensterachsen umfassende Bau geht auf d. J. 1598 zurück. Schöne Volutengiebel über den beiden Erkern.

Rue de l'Arc-en-Ciel (Regenbogengasse). **Nr. 2:** Haus von 1730. – **Nr. 4:** Haus aus der Zeit nach 1755. – In der Straßenkrümmung, von der Place St-Etienne aus sichtbar, **Nr. 15: Hôtel de Marabail**, 1745 erbaut vom Stadtbaumeister Jean-Pierre Pflug.

Rue des Pucelles (Jungferngasse). **Nr. 1:** großes Stadthaus, erbaut um 1730, von Anfang an für Mietswohnungen angelegt. – **Nr. 8:** ehem. befestigtes Haus aus dem 14. Jh.; an der Straßenseite Erker mit Datum 1567. Im Hof polygonaler Treppenturm. – **Nr. 10:** Haus aus dem 14. Jh., im 16. Jh. umgebaut; die Kellertür datiert von 1547. Es ist das wohl besterhaltene mittelalterl. Stadthaus mit Zinnengiebeln. Einst war es Teil einer kleinen privaten Stadtfestung des Wilhelm v. Fürstenberg, der bald im Solde des Reiches, bald in Diensten Frankreichs und bisweilen auf eigene Rechnung Krieg führte. Als Fürstenbergs kaiserliche Beziehungen ruchbar wurden, mußten die Bauarbeiten auf Ratsbeschluß hin eingestellt werden; die Anlage 1560 z. T. abgetragen.

Rue des Juifs (Judengasse). **Nr. 5:** mächtiges Gebäude aus der Zeit der Restauration, 1820/30. – **Nr. 11: Haus »Zu dem von Batzendorf«**; Umbau 1731. Ausladendes Portal, darüber Balkon mit gutem schmiedeeisernem Gitter. – **Nr. 27:** Neubau von 1779 für Prinzessin Christine von Sachsen, Äbtissin des Damenstiftes von Remiremont. Die Pläne stammen von dem Pariser François Pinot, der seit 1771 Nachfolger von Joseph Massol in Straßburg war. – **Nr. 28:** Eckhaus von 1725/35 in Louis-XIV-Formen. – **Nr. 36:** Haus des Architekten Joseph Massol, 1750–51.

Rue des Hallebardes (Spießgasse). **Nr. 5:** Trotz Kriegszerstörungen 1944 konnte der polygonale Erker von 1654 gerettet werden. – **Nr. 7:** schönes Haus, um 1760/70. Die 4 skulptierten Köpfe symbolisieren die Jahreszeiten. Links im Erdgeschoß Landsknechtfigur, die älter als die Fassade ist. – **Nr. 8:** Haus von seltener, 5 Stockwerke umfassender Höhe, 1760/70. – **Nr. 12:** Haus mit Mittelbalkon 1760/65. – **Nr. 16:** Fassade von 1770/75; Nische dat. 1785.

Rue des Orfèvres. **Nr. 3:** Fassade nach 1760; 2 Innenhöfe. – **Nr. 6** und **8** sind letzte Beispiele in Straßburg für 2fach vorspringende Fassaden, um 1700. – **Nr. 14:** Portal mit gesprengtem Volutengiebel; Flachrelief mit 2 Störchen, 18. Jh. – **Nr. 26:** Goldschmiedehaus seit dem 15. Jh.

Rue du Sanglier (Ebergasse). Gut erhaltenes Straßenbild. – **Nr. 4** und **6** aus der Zeit um 1750/60.

Place du Temple-Neuf. **Nr. 12:** Neubau von 1772. – **Nr. 13**

und **14** folgen der Biegung der römischen Stadtmauer, auf der sie erbaut sind.
Rue du Dôme (Münstergasse). **Nr. 8:** schönes Stadtpalais »entre cour et jardin«, 1791 vollendet nach Plänen des Pariser Architekten François Pinot. – **Nr. 12:** Fassade um 1760/70. – **Nr. 17** und **18:** Die beiden einander gegenüberliegenden Fassaden sind besonders reiche Belege für das Straßburger Bürgerhaus unter Ludwig XV., um 1770/75. – **Nr. 18** mit schönem Schmiedeeisen, um 1760/75.
Rue Brûlée (Brandgasse). **Nr. 2: Hôtel de Marmoutier,** die Stadtniederlassung der Benediktinerabtei Maursmünster, 1757 erbaut von einem unbekannten Architekten. – **Nr. 6** und **8** sind Neubau von 1772. – **Nr. 9: Palais Hanau-Lichtenberg**, später Hôtel de Ville, s. S. 245. – **Nr. 13:** Hôtel de Deux-Ponts (**Zweibrücker Hof**), jetzt **Hôtel du Gouverneur militaire**. Dieses letzte Stadtpalais des 18. Jh. in Straßburg wurde seit 1754 neu erbaut; 1771 an Maximilian v. Zweibrücken verkauft. Gute und harmonische Fassade an der Place Broglie. Tiefer Ehrenhof. – **Nr. 16: Hôtel du Grand Doyenné** (seit 1855 Bischofssitz). Es ist das erste Straßburger Stadtpalais des 18. Jh., nach Pariser Mode zwischen 1722 und 1728 erbaut von dem Architekten Auguste Malo-Saussard, der Robert de Cotte für die Innenausstattung heranzog. – **Nr. 19: Hôtel de Klinglin** (heute **Präfektur**). Dem Bau von 1730–36 wurde hofseitig 1744–47 ein großes Portal vorgelegt, durch das man die Cour d'honneur erblicken kann. Mittelbalkon von 1870. Das Dach war urspr. um eine Etage höher, was beim Wiederaufbau 1872–77, nach der Beschießung, nicht berücksichtigt wurde. Das Palais kann, wie die meisten Anlagen in der Rue Brûlée, nicht besichtigt werden. – **Nr. 24:** Jugendstilhaus, 1904. (Für weitere Jugendstilbauten s. S. 262.)

II: Südwestliche Altstadt

Rue du Vieux-Marché-aux-Poissons (Alter Fischmarkt), eine sehr alte N-S-Straße, die um 1100 angelegt worden sein dürfte, Sitz der Metzger und Fischer. Sie findet ihre Verlängerung in der Rue des Grandes-Arcades. – **Ancienne Douane**, s. S. 245; für das **Musée d'Art moderne** s. S. 272. – **Grande Boucherie**, s. S. 245; für das **Musée historique** s. S. 271. – **Nr. 1:** Neubau von 1767. – **Nr. 14:** 5stöckiges Steinhaus, um 1760/70. – **Nr. 20** und **22:** Fassaden um 1760/70. – **Nr. 21:** Haus um 1760. – **Nr. 52:** Geburtshaus von Hans Arp (1887–1966).
Rue de la Douane (Kaufhausgasse). **Nr. 1** und **3** bilden ein schönes Haus aus dem 16. Jh.; S-Fassade mit 2 Erkern, 1586. Gutes Portal zur Rue de la Division-Leclerc. – **Nr. 7** von 1811.
Rue des Tonneliers (Küfergasse). **Nr. 9:** Fachwerkhaus von 1579. – **Nr. 11:** Fachwerkhaus von 1664 mit reizvollem Balkenwechsel. – **Nr. 18** mit Fassade auf die Place des Tripiers, charakteristisch für das Jahrzehnt 1740–50. – **Nr. 19:** typisches Kaufmannshaus der Renaissance, 1591. – **Nr. 23** mit Fassade von 1580/85. Geschnitztes Balkenwerk. Aufbau ähnlich wie am Haus Kammerzell, doch weniger aufwendig. Hier befand sich der Versammlungsort der geflüchteten Kalvinisten.

Rue de l'Arbre-Vert. **Nr. 6:** Fassade von 1770.
Rue de l'Epine (Dornengasse). **Nr. 3:** Portal mit Holztür im Ohrmuschelstil, 1664. – **Nr. 4:** Fassade von 1760. – **Nr. 7:** Fassade modernisiert gegen 1730/40. – **Nr. 9:** Kaufmannshaus mit schönem Portal, 1750. – **Nr. 10:** Haus im Stil des Straßburger Louis XV, 1768. – **Nr. 11:** großes Bürgerhaus, 1731 erbaut, das erste Straßburger Beispiel des Hufeisenplanes mit Hof, der zur Straße durch eine Mauer abgegrenzt wird.
Rue des Serruriers (Schlossergasse). **Nr. 17** (Ecke Rue de la Chaîne): großes Stadthaus mit Erker, 16. Jh. – **Nr. 20:** gut proportioniertes Palais von 1748. – **Nr. 29:** 1757 teilweise neu gebaut nach Plänen des Stadtarchitekten François-Pierre Pflug und seines Nachfolgers Samuel Werner. – **Nr. 31:** Hôtel im Stil des Straßburger Louis XV.
Rue de la Chaîne. **Nr. 3:** kleines Stadthaus, erbaut 1765 von Jean-Laurent Gœtz.
Rue Gutenberg. **Nr. 16:** schönes italianisierendes Barockportal, das in Straßburg keine Vergleichsstücke kennt.
Place Gutenberg. **Gutenberg-Denkmal** von David d'Angers, 1840. – **Neuer Bau** (Chambre de Commerce), s. S. 244.
Grand'Rue (Lange Straße). Einer der ältesten Straßenzüge in O-W-Richtung. **Nr. 6:** kleines Handwerkerhaus von 1614 mit geschnitzten Fensterrahmen. – **Nr. 8:** Handwerkerhaus mit Ohrmuschelverzierungen, 1672. – **Nr. 58:** schöne Fassade von 1774. – **Nr. 59:** Haus um 1770/1775. – **Nr. 65:** modernisierte Fassade um 1760/70. – **Nr. 79:** Neubau von 1766; Veränderungen 1790–91. – **Nr. 80:** Neubau von 1762. – **Nr. 98:** Neubau der Fassade 1758 (vgl. das gleichzeitige Haus **Nr. 96**). – **Nr. 103:** Erdgeschoß um 1735/40; Fenstergitter. – **Nr. 110** wurde um 1770 modernisiert. – **Nr. 120** entstand um 1540 (dat. im Treppenhaus). – **Nr. 124:** Fassade von 1755/60. – **Nr. 126:** Neubau von 1768 mit reizvoller Fassade.
Place St-Thomas. **Caisse d'Epargne:** eines der wenigen Beispiele im Weichbild der Stadt für einen Bau aus der Zeit der deutschen Verwaltung. Im Stil der deutschen Neu-Renaissance erbaut von Gustave Klotz, 1902–05.
Am Quai St-Thomas einige gute Architekturgruppen. – **Nr. 1a** und **1b** erbaute 1772 Samuel Werner. – **Nr. 2:** Fassade um 1765. – **Nr. 3** ist ein Neubau von 1737–38. Die 2 Erker, durch Balkon miteinander verbunden, erklären sich im 18. Jh. durch das Vorhandensein einer älteren Disposition und ihre Übernahme.
Rue du Bouclier. **Nr. 1:** schönes Haus mit Innenhof und -garten. Fassade 18. Jh.; Wendeltreppe 16. Jh. – **Nr. 3:** Fassade von 1768 mit starker Stilverspätung.

Durch die Rue des Dentelles gelangt man zur Petite-France (s. u.), einem der malerischsten Viertel der Stadt. Die ganze Gegend ist stark restauriert und bisweilen zu sehr dem Zwang einer Touristenattraktion unterworfen worden. – **Nr. 2:** Im Hof das Datum 1589. – **Nr. 5:** Haus von 1597. – **Nr. 10:** Fachwerkhaus von 1565. – Impasse des Dentelles: **Eckhaus** in Fachwerkbauweise, um 1575.

Die Place Benjamin-Zix wurde 1876–77 angelegt unter Opferung eines der schönsten und berühmtesten Gerberhäuser der Stadt, des Kridehuses. – **Eglise protestante de Sion** (Methodistenkirche) von 1882.
Rue du Bain-aux-Plantes (Pflanzbad). Mehrere Gerberhäuser aus dem 16. und 17. Jh., alle stark restauriert. – **Nr. 27:** Gerberhaus von 1591 mit Erker; Portal von 1663. – **Nr. 42:** Gerberhaus (»Gerwerstub«), eines der schönsten des Viertels, erbaut seit 1572.

III: Bereich südlich der Ill
Petite-France. Finkwiller. Krutenau

Ponts couverts, Terrasses Vauban
Die »Gedeckten Brücken« verbinden die Ill-Insel mit den südwestl. Außenquartieren auf der Höhe der mittelalterl. Befestigung am ehem. Stadtrand. Sie waren bis 1784 mit Dächern versehen (vgl. die Ansichten im Musée historique). Die Brücken über die 4 Arme der Ill wurden 1860–70 in Stein neu erbaut. Die alten Festungstürme gehen z. T. auf die 3. Stadterweiterung zwischen 1228 und 1334 zurück. Dieser Verteidigungsgürtel wurde 1374 und 1468–70 verstärkt. Er blieb bis 1681, d. h. bis zur Errichtung der Vauban-Befestigung, in Gebrauch.
Der nördlichste Turm (Tour du Bourreau, **Henkersturm**) befindet sich am Quai Turckheim, ein quadratischer Bau unter Pyramidendach. Es folgen der **Heinrichsturm**, der **Hans-v.-Altenheim-Turm** und der **Hannemann-Turm**, alle 3 mit Walmdächern, 14. Jh. – Einen guten Überblick über die Anlage und eine treffliche Sicht Richtung Altstadt bietet die Aussichtsterrasse über der

Vauban-Schleuse (Barrage Vauban oder Grande Ecluse). ●
Sie wurde 1686–1700 von Tarade nach Plänen Vaubans erbaut, um das veraltete Verteidigungsdispositiv der Ponts couverts zu sichern. Der langgestreckte Zweckbau wurde 1870 erhöht und 1967 als Aussichtsterrasse zugänglich gemacht.
Das *Panorama* umfaßt (von links – N – nach rechts) den Ausblick auf folgende Bauten: Turm der ehem. Johanniterkomturei (heute Gefängnis), 14.–17. Jh. – Im Vordergrund der »Fossé du Faux-Rempart« (Falschgraben). – Pont de l'Abattoir. – Tour du Bourreau. – Turm der Kirche St-Pierre-le-Vieux. – Darunter, auf vorspringendem Quai, befand sich die Tour aux Chaînes, die 1860 abgebrochen wurde. – Canal de Navigation mit Altem Wasserzoll. – Vorspringende Zunge mit Resten der Stadtbefestigung von Daniel Specklin aus dem 16. Jh. – Dahinter der Heinrichsturm. – Rechts anschließend der Canal du Moulin (»Spitzmühle«), an dem das Viertel der Petite-France liegt. Darüber der Turm des Temple-Neuf, 1876. – Es folgt der rechte Arm des Canal du Moulin (»Duntzmühle«). – Tour d'Altenheim. – 3. Arm des Canal du Moulin (»Zornmühle«), dahinter der Turm von St-Thomas. – Außen rechts der Hannemann-Turm. – Das Panorama wird in der Ferne von Fassade und Turm des Münsters gekrönt.
Im *unteren Durchgang* der Schleuse befinden sich Abgüsse von Straß-

burger Plastiken sowie got. Baufragmente verschiedener Herkunft. Ferner sieht man die z. T. noch erhaltenen Einrichtungen zur Regulierung der Schleusen.

● **Petite-France**

Rue des Moulins. **Nr. 1:** Fassade um 1600 mit reichen Fenstereinfassungen. Über der Tür das Datum 1742, das auf eine Restaurierung hinweist. Der schöne und gut hergerichtete Bau dient heute als Sitz der Goethe-Stiftung. – **Nr. 6** entstand im späten 16. Jh. – **Nr. 13:** einfaches Gerberhaus mit kleiner Rocaille-Nische. – **Nr. 15:** malerisches Gerberhaus in Fachwerkbauweise mit Galerie auf der Ill-Seite, 16.–17. Jh.

Quai des Moulins. **Nr. 1:** einfaches Fachwerkhaus, über der Tür dat. 1761. – **Nr. 2:** Fachwerkbau mit 2 Fassadenvorsprüngen, 17.–18. Jh. Das Haus hieß »Zum Französel« (davon die Bezeichnung des Viertels).

Rue Finkwiller. **Nr. 51:** Haus von 1779.

Quai Finkwiller. **Nr. 12:** Schöner Fachwerkbau mit Giebel auf die Place St-Louis, 17. Jh.

Rue Ste-Elisabeth. **Nr. 1: Hôtel du Haras.** Ehem. Reitschule und Gestüt, für das 1756–60 der große Stall erbaut wurde. Aus der gleichen Zeit stammt das Portal.

Place de l'Hôpital. **Nr. 3:** Palais um 1758. – Das Viertel wird beherrscht vom

Hôpital Civil mit seinen riesigen Dächern. Das Spital befand sich bis 1313 neben dem Münster und wurde dann hierher verlegt. – Vom Platz her bestimmt der Chor der **Kirche St-Erard** (ehem. Karmeliterkirche) das Bild. – Im Hof rechts schönes **Fachwerkhaus** von 1603. – **Scharwachtturm** der Vauban-Befestigung von 1681, 1901 aus der Rue Kirschleger hierher versetzt. – **Apotheke** von 1537, im Winkel dazu die **ehem. Bäckerei** von 1572. – Der **Hauptbau** wurde 1717–25 nach Plänen von François-Rodolphe Mollinger ausgeführt. Verlängerung nach W von 1741 nach Entwurf von Jean-Pierre Pflug. Die Anlage benutzt z. T. die durch die mittelalterl. Stadtbefestigung gegebenen topographischen Eigenheiten. Eindrucksvoll sind die 4stöckigen Dächer mit Lukarnen. Das reich vertretene Schmiedeeisen ist das Werk von Sigismund II. Falckenhauer, um 1720.

Rue St-Nicolas. **Nr. 16:** Haus von 1561. – **Nr. 18:** Fachwerkhaus mit spätgot. Portal, 1593.

Quai St-Nicolas. **Nr. 1** und **3** sind Renaissance-Bauten, beide Erker von 1587. – **Nr. 6:** Das Palais wurde 1686 bei einem Besitzerwechsel modernisiert. – **Nr. 7:** Palais mit Fassade von 1765. – **Nr. 8:** Neubau von 1736; Fassade nach Brand von 1870 schlecht restauriert und aufgestockt. – **Nr. 16:** malerisches Fachwerkhaus von 1575, Portal 1604 erneuert. – **Nr. 19:** Fassade um 1760/70 – **Nr. 23–25:** → **Musée alsacien.** Die beiden typischen Fachwerkhäuser mit Innenhof wurden 1902 zur Einrichtung eines elsässischen Museums angekauft und restauriert.

Krutenau

Quai des Bateliers. **Nr. 1: Hôtel du Corbeau** (»Zum Raben«) mit schönem Hof in Holzkonstruktion. Das Gasthaus bestand seit 1528 und wurde 1854 aufgehoben. Der heutige Bau um 1600. Stilistisch zu vergleichen mit dem Haus des → Musée alsacien. – **Nr. 23–24:** Schöner Fachwerkbau von 1676 (Erdgeschoß vielleicht älter) mit Ohrmuschelornamentik.

Zwischen der Kirche → Ste-Madeleine und der Rue du Fossé-des-Orphelins befinden sich bedeutende Reste der zwischen 1228 und 1334 erbauten mittelalterl. **Stadtmauer**.

Rue des Couples. **Kuppelhof**, Neubau von 1762; hufeisenförmige Anlage mit gut proportionierter hofseitiger Fassade.

IV: Westliche und nördliche Altstadt

Place Kléber

Die Place Kléber ist der mittelalterl. Barfüßerplatz (Franziskaner sind seit 1222 in Straßburg nachweisbar). Die Kirche befand sich in der heutigen Platzmitte. Später hieß der Platz Paradeplatz. Die heutige Gestalt geht auf Pläne Blondels zurück, der die Stadt, nach Einholung einer Bewilligung Ludwigs XV., zu sanieren begann.

Das **Denkmal** des 1753 in Straßburg geborenen Generals **Jean-Baptiste Kléber**, der 1800 ermordet wurde, stammt von Philippe Grass. Die Einweihung fand 1840 statt. Als Besonderheit ist zu bemerken, daß Kléber im Denkmal bestattet ist. – Die **Aubette**, die Hauptwache, entstand 1765–78. Nach den Zerstörungen von 1870 wurde sie schlecht restauriert und ergänzt. 1926–28 wurde das Innere nach den Theorien und Vorstellungen der holländischen Künstlergruppe De Stijl von Theo van Doesburg, Hans Arp und Sophie Taeuber-Arp neu gestaltet. Das einzigartige Dokument zerstörten die Nationalsozialisten als »entartete Kunst«. Modelle und Pläne befinden sich im Musée d'Art moderne. – **Nr. 29:** Bau von 1563 und 1601. – **Nr. 30:** Bürgerhaus nach 1750.

Rue du Vieux-Marché-aux-Grains (Alter Kornmarkt). **Nr. 2:** Haus von 1763. – **Nr. 14:** Fassade mit Balkongitter von 1740/45,vielleicht vom Stadtschmied Sigismund Falckenhauer.

Rue du Coin-Brûlé mit malerischen Häusern. – **Nr. 10** besitzt ein Portal von 1600.

Rue du 22 Novembre. **Nr. 35:** Erker von 1574.

Rue de la Nuée-Bleue. **Nr. 11: Préfecture de Police.** Vom Portal aus sieht man die Reste des Palais, das 1725–31 erbaut wurde; 1870 zerstört und 1870/71 teilweise neu gebaut von Winkler. – **Nr. 25: Hôtel d'Andlau**, heute Sitz der Hafenbehörden. Das Palais wurde 1725 begonnen und 1732 vollendet.

Place Broglie

Der Marktplatz, dessen Anlage möglicherweise in römische Zeit zurückgeht, wurde um 1200 anläßlich der 2. Mauererweiterung in die Stadt eingegliedert. Er diente als »großer Roßmarkt«. Bereits im 14. und

15. Jh. diente er als Turnierplatz. Marschall de Broglie legte ihn 1740 als Promenade an.
Nr. 1: Jugendstilgebäude, 1900, mit Erker in der Straßburger Tradition. – **Nr. 2:** Renaissancebau mit Erker und Wendeltreppe von 1579. – Das **Stadttheater** wurde 1821 vollendet. 1870 bis auf die Außenmauern niedergebrannt, erstand es 1872–75 nach den Originalplänen wieder. Die Rotunde gegen die Ill fügte der Stadtbaumeister Ott 1888 an; sie markiert das Ende aller Pläne, die Altstadt durch Öffnung auf die Place de la République mit der Neustadt organisch zu verbinden (s. u.). Peristylfassade mit ionischer Kolossalordnung. Die 6 Musen stammen von dem Bildhauer Landolin Ohmacht.

V: Die Neustadt

Die Quartiere nördl. und westl. der Altstadt – vom Bahnhof und der Place de Haguenau im W über die Place de la République in der Mitte bis zur Place Arnold und der Orangerie im O – sind im großen und ganzen das Ergebnis einer vom Deutschen Reich seit der Bildung des »Reichslandes Elsaß-Lothringen« (1871) betriebenen Neustadt-Planung, die städtebaulich und politisch bemerkenswerte Aspekte aufweist. Bebauungsentwürfe wurden 1876 bei August Orth, Berlin, und dem Straßburger Stadtbaumeister G. Conrath in Auftrag gegeben. Eine Synthese aus beiden – die Anteile sind nicht exakt auseinanderzuhalten – erhielt 1880 die Genehmigung zur Ausführung (bis 1918, mit Änderungen).
Vorgegeben war eine 1875–79 im W, N und O weit um die Altstadt gezogene, die Wohnfläche verdoppelnde Umwallung. Auch die Standorte des Bahnhofes und der 1872 wiedergegründeten Universität lagen fest. Von der Hochschule und der auf sie hinführenden Straße (Avenue de la Liberté) ausgehend, entwarf Conrath einen Grundriß im regelmäßigen Raster sich kreuzender Straßen. Die Öffnung eines »Kaiserplatzes« (Place de la République) nach S diente der (nie entschieden verwirklichten) Anbindung an die Altstadt; seine Mittelachse, in der Richtung der Avenue de la Paix, ist exakt auf den nördl. W-Turm des Münsters gerichtet – den Mittelpunkt der Stadt weiterhin. Auf Orth geht anscheinend der Versuch zurück, dem bereits als unmodern empfundenen Schachbrettmuster Vielfalt und malerische Wirkungen abzugewinnen, u. a. durch Diagonalen und dadurch, daß er die Straßengeraden nicht endlos fluchten, sondern mittels leichter Achsabweichungen auf Eckhäuser zulaufen ließ, die als Points de vue gestaltet sind. Haussmanns Pariser Stadtplanung unter Napoleon III. war, wie allgemein in Deutschland und Frankreich, das Vorbild; die Kaiser-Wilhelm-Straße vom Kaiserplatz zur Universität sollte so eine Art Wiederholung der Champs Elysées mit der Place de la Concorde werden – was nur insofern überraschend scheint, als die von Berlin gesteuerte Planung auf eine »deutsche«, die Erinnerungen an Frankreich tilgende Neustadt abzielte. Im Reichstag wurde der Stil der Repräsentationsbauten heftig diskutiert; er sollte »deutsch« sein, worunter man weithin immer noch »gotisch« verstand.
Errichtet wurden die meisten Gebäude in Formen des außerdeutschen Barock und der italienischen Renaissance, also in einer historistischen

Strasbourg / Straßburg. Palais de Justice. Treppenhaus
(zu S. 262)

Tradition, die in Straßburg selbst nicht unbekannt gewesen war (vgl. die Polizeidirektion, Rue de la Nuée-Bleue, 1870/71 vom Colmarer Architekten Winkler erbaut). Daß dabei auch die einheimischen Architekten französischer Tradition zum Zuge kamen, zeigen Stilformen von der Epoche Henri IV bis zum Art Nouveau überall in der Neustadt, v. a. an Wohnhäusern.

Den frühen Auftakt zur Stadterweiterung außerhalb des mittelalterl. Stadtkernes hatte die **Orangerie** vom Stadtarchitekten Valentin Boudhors 1804 gebildet. Die Gartenanlagen stammen indessen erst aus d. J. 1837–48.

Im Zuge der Neustadt-Planung entstand dann nach Plänen E. Jacobsthals 1878–84 der **Bahnhof** mit dem Gebäude der **Betriebsdirektion** links, 1882–84, und dem 1893 bezogenen **Verwaltungsbau** rechts, der übereck zum Bahnhofsplatz die Repräsentationswohnung des Präsidenten der Reichsbahn enthielt.

● 1879–84 wurde das **Kollegiengebäude** der **Universität** von Otto Warth im Stil Genueser Stadtpaläste aus hellem Vogesenstein gebaut, mit Innenhof und Galerien. Entwürfe für die anliegenden **Universitätsinstitute**, die urspr. beim Spital, also in Verbindung mit den medizinischen Einrichtungen, stehen sollten, lagen seit 1884 fertig vor. Auf dem Platz vor dem Kollegiengebäude Ernst Waegeners **Goethe-Denkmal** von 1904 (Goethe war 1770–71 als Student in Straßburg); im Park dahinter, zwischen Hermann Eggerts **Institutsbauten für Chemie und Physik**, eine *Goethe-Büste* nach Friedrich Tieck, von Lauchhammer in Berlin 1872 überlebensgroß gegossen. Das **Botanische Institut** und das **Observatorium** am Ende des Universitätsgeländes sind ebenfalls von Eggert. – **»Gallia«** (Quai des Pêcheurs), ein Haus des Studentenwerks, war 1885 als Sitz der Versicherungsgesellschaft Germania eröffnet worden. Die Entwürfe »in norddeutscher Renaissance« lieferten die Berliner Kayser und v. Großheim.

An der Place de la République, dem ehem. Kaiserplatz, entstand 1883–89 das **Palais du Rhin** (»Kaiserpalast«) von Hermann Eggert in der Attitüde der damaligen offiziellen Berliner Architektur. (Der zugehörige **Marstall** nebenan, Rue Louis-Apffel.) 1944 schwer beschädigt, dient es jetzt als Ausstellungsgebäude. – Ihm gegenüber bauten August Hartel und Sigurd Neckelmann – mit dem Straßburger Riegger als Bildhauer – 1888–92 das **Konservatorium** (einst Sitz des Landtages von Elsaß-Lothringen; der Theateranbau datiert von 1957) und 1889–94 die **Universitätsbibliothek**, die 1950 innen völlig umgestaltet worden ist. – Auf dem Platz selbst steht ein **Totendenkmal** von Léon Drivier, 1936.

Den Abschluß der offiziellen Architektur des 19. Jh. bildeten das **Palais de Justice** (Quai Finkmatt), 1895–98 (Abb. S. 261), wieder von Neckelmann, und das vom Reichspostbauamt entworfene – auf Wunsch des Reichspostministers von Stephan neugotische – **Hôtel des Postes** (5, Avenue de la Marseillaise), 1896–99.

VI: Bauten des 20. Jh.

Bereits ins 20. Jh., in d. J. 1900–02, fiel die Bauzeit des **Palais des Fêtes** von Kuder und Joseph Müller an der Ecke der Rue Sellénick und der Rue de Phalsbourg. Das Gebäude diente 1922–75 als Konzertsaal.

Beachtenswerte *Jugendstilbauten* befinden sich an der Avenue des Vosges (**Nr. 46:** 1904, von Franz Lüthke und Heinrich Backes), der Rue du Général-du-Castelnau (**Nr. 22:** 1901–03, ebenfalls von Lüthke und Backes), der Rue Edouard-Teutsch (**Nr. 7:** 1902, von Otto Bach), der Rue Charles-Grad (**Nr. 14:** 1905, von Aloise Walter, mit allegorischem Schmuck), der Rue Sleidan (**Nr. 22: Hôtel Marguerite**, 1904, von Auguste Brion; **Nr. 26:** 1905, ebenfalls von Brion, mit schmiedeei-

Strasbourg / Straßburg. Palais de l'Europe

sernem Jugendstilgitter) und der Rue Schiller (**Nr. 10: Institut du Journalisme**, 1905, von Julius Berninger und Gustav Krafft).

Bedeutende öffentliche Bauten entstanden erst wieder in den *1960er und 70er Jahren.* Zu nennen ist namentlich die 1961 eröffnete **Maison de la Radio et de la Télévision** (Place de Bordeaux) des Architektenteams P. Tournon, A. Devilliers, P. Verdier, mit großem und dekorativem allegorischem *Mosaik* von Jean Lurçat in der Wandelhalle. 1963–65 folgte die **Maison des Droits de l'Homme** (Place Robert-Schuman) von Bertrand Monnet, 1973–75 das **Palais de la Musique et des Congrès** (48, Avenue Schutzenberger) von François Sauer und Paul Ziegler und 1974–76 das **Palais de l'Europe** (Avenue de l'Europe) von Henry Bernard.

Zitadelle und Esplanade

Der **Parc de la Citadelle** wurde 1967 als Promenade und Spielplatz angelegt. Reste der Vauban-Befestigung von 1681; für einen Überblick über die Anlage und die strategische Bedeutung dieses Abschnittes der Stadtbefestigung im 17. Jh. konsultiert man mit Gewinn das Stadtrelief im Musée historique.

Die **Esplanade**, im Grunde identisch mit dem **modernen Universitätsviertel**, ist eigentlich eine Satellitenstadt, angelegt von den Architekten Stoskopf und Hummel und 1960 begonnen mit der **Faculté de Droit**. – An der Avenue du Général-de-Gaulle stehen seit 1965 3 **Skulpturen** von Hans Arp. Am Ende der Avenue rechts eine Skulptur von F. Cacheux, **»Pallas Athene«**, 1969. – **Kirche Christ Ressuscité** s. S. 243.

1973–76 wurde im S der Stadt als neues Rathaus das **Centre Administratif** (Place de l'Etoile) nach Plänen von M. Herrenschmit und M. Hoenner errichtet. Es bietet guten Ausblick auf die Stadt.

Am W-Rand von Straßburg entsteht zwischen Cronenbourg und Kœnigshoffen die Satellitenstadt **Hautepierre** in Flächenkompartimenten von wabenförmigem, 6eckigem Zuschnitt.

Museen

● **Musée de l'Œuvre Notre-Dame / Frauenhaus-Museum** (3, Place du Château)

Das Museum bildet das elsässische Herzstück aller Sammlungen für die Kenntnis der oberrheinischen Kunst im Mittelalter. Es enthält nicht nur bedeutende Fragmente und Originale aus dem gegenüberliegenden Münster, sondern aus dem ganzen umliegenden Gebiet.

Eigentliche Zimelien sind der *Christus-Kopf aus Weißenburg* (Kirche St-Pierre-et-St-Paul), das älteste erhaltene abendländische Glasmalereistück überhaupt, um 1070 entstanden, sowie die *roman. Glasmalereien* aus dem Münster, darunter der sitzende Kaiser »mit Brille« (der Eindruck entsteht fälschlicherweise durch die später eingesetzten Notbleie), um 1190–1200, ferner das über 3 Fensterbahnen reichende *Kreuzigungsfenster aus Mutzig*, um 1310. Als einmalig zu bezeichnen sind ● auch die *Architekturzeichnungen*, »Baurisse«, für das Münster. Die Fassadenrisse A, A′ und B gehören noch dem 13. Jh. an. V. a. der berühmte, wohl von Erwin von Steinbach gezeichnete Riß B belegt, daß bei der Ausführung am Bau sehr verschiedenartige Gestaltungsabsichten einander ablösten: ein seltener Einblick in den schöpferischen Vorgang einer mittelalterl. Bauhütte. Besonders wertvoll, auch für die Geschichte der Handzeichnung, ist der Riß von Michael von Freiburg, um 1380, der über dem Rosengeschoß die »Apostelgalerie« mit Maria in der Mitte und in der Mandorla darüber Christus, also die Himmelfahrt, zeigt, mit musizierenden Engeln auf den Giebelchen. Es handelt sich hier um ein Zeichnungsensemble von großem Reiz und vorzüglicher Qualität, das aufs trefflichste die Integrierung von Skulptur in ein Architekturgerüst vor Augen stellt.

Unter den übrigen Sammlungsbeständen (die z. Z. der Bearbeitung des Führers neu geordnet und aufgestellt wurden) sind die Keramik zu nennen, Öfen, Tapisserien, Werke der Goldschmiedekunst – man beachte den Jagdbecher von Jacob Oberlin (1640 – nach 1705), ein Meisterstück des Colmarer Goldschmiedes aus den Jahren 1675–80 –, Möbel und ein Puppenhaus aus d. J. 1650.

Der S k u l p t u r e n - Besitz des Museums, der einen Überblick von der ottonischen Zeit bis in die Spätgotik bietet, ergänzt sich aufs beste mit den Beständen des ausgehenden Mittelalters im Unterlinden-Museum in Colmar. Auf folgende Stücke als Marksteine der elsässischen Entwicklung sei hingewiesen:

Sarkophag mit Deckel, vor 1015 (Inv. Nr. 360), unter dem Münster gefunden. – Türsturz mit allegorischen Verzierungen vom S-Portal der 1006 erbauten, 1049 geweihten und 1877 zerstörten Kirche in Bergholtz-Zell (Haut-Rhin). – *Kapitelle* und *Bauplastik* vom Kreuzgang des Klosters St. Trophimus und Sophia in *Eschau* bei Straßburg, um 1130–50, Skulpturen von erzählerischer Unmittelbarkeit und sinnfälliger Anschaulichkeit. Auf Kämpfersteinen, die durch Zusammenziehung von 2 Kapitellen über je 2 Säulen entstanden sind, wird die Jugend Christi dargestellt. – Türsturz aus Bischofsheim, um 1150 (Inv. Nr. 374)

Strasbourg / Straßburg. Musée de l'Œuvre Notre-Dame
Christus-Kopf aus Weißenburg. Glasmalerei

mit Tieren und Arkaden. – Thronender Christus von der Apsis der Kirche in Mutzig, um 1140 (Inv. Nr. 366). – Taufbecken aus Zellwiller (Bas-Rhin), 1150–80 (Inv. Nr. 376). – 2 Kapitelle unbekannter Herkunft, dem Meister von Sigolsheim zugeschrieben, 1190–1200 (Inv. Nr. 408, 409).

Fragmente und Originalstücke vom Straßburger Münster:
Atelier des Querhauses, 1220–40: *3 Apostelköpfe*, um 1220. – Konsole mit Atlanten, um 1220. – *Ecclesia und Synagoge*, um 1230. 1793 gerettet, 1907 ins Museum verbracht und an Ort und Stelle durch

Kopien ersetzt. – Sog. *kleine Ecclesia*, wohl die Königin von Saba, um 1230, wahrscheinlich vom Lettner. – *Relief mit der Opferung Isaaks*, um 1240 (Inv. Nr. 15). Etwa 10 Jahre nach den letzten Werken aus dem Atelier des Ecclesiameisters (Engelspfeiler) geschaffen von einem sonst nicht nachweisbaren Meister. Die dramatische Spannung der Szene rückt das Relief bereits in die Nähe des Meisters der Chorfiguren in Naumburg; auch ist der Lettner von Mainz zu vergleichen.

Fragmente vom Lettner (1240–52), der 1682 abgebrochen wurde (für die Rekonstruktion vgl. Stich von Jean-Jacques Arhardt [1613–74]). Teilrekonstruktion im Museum 1938–39. Die Apostelfiguren vertreten den französischen Einfluß, der vom Reimser W-Portal und den Aposteln der Ste-Chapelle in Paris (1244–48) ausgeht. – Fragmente des Bischofsthrones, um 1250; Arbeit des Lettner-Ateliers. – Grundstein der Dominikanerkirche, gelegt am 26. Juni 1254 von Bischof Heinrich v. Stahleck. Inschrift: HENRI(CVS)-EP(IS)C(OPVS) ARG(ENTINENSIS). 1873 gefunden an der 1870 durch Bombardierung zerstörten Kirche.

Fragmente von der W-Fassade des Münsters, 1280–85. Alle 3 Portale sind vertreten, das meiste vom rechten Seitenportal: *4 Kluge und 2 Törichte Jungfrauen* sowie der *Verführer*. Vom linken Portal: *2 Tugenden*, z. T. mit alter, verkrusteter Fassung. Vom Mittelportal u. a. *2 Propheten*, *Petrus*, Fragmente der Bogenläufe (Themen der Schöpfungsgeschichte) und Wimperge.

Aus dem 1. Drittel des 14. Jh. stammen: Madonna aus Isenheim, nach 1298 (Inv. Nr. 273). Heilige oder Kluge Jungfrau, um 1310 (Inv. Nr. 239). – Fragmente aus der Marienkapelle des Münsters von Meister Erwin, 1316; 1682 zerstört. Auf dem größten Fragment und 2 kleineren Stücken liest man die Inschriften: (MCCC.XVI.A) EDIFICAV(IT).H(OC).OP(VS). MAG(ISTE)R.ERWIN (Im Jahre 1316 erbaute Meister Erwin dieses Werk) und EC(CE).ANCILLA.DOMINI FIAT.MIHI. SECVNDVM (VER)BVM/TV(VM.AMEN) (Siehe, ich bin die Magd des Herrn. Mir geschehe nach deinem Wort – Worte Marias zum Engel der Verkündigung). Reste alter Fassung.

Heiliggrab aus Katharinenkapelle des Münsters. Ähnliche Monumente in der Nachfolge des Straßburger Werkes erlauben eine Rekonstruktion des 1340 vollendeten Grabes, das in der Reformation 1525 versetzt, 1793 abgetragen und teilweise zerstört wurde. So blieben nur Christus und 4 Grabwächter erhalten. – Johannes d. T. aus der ehem. Johanniterkomturei in Dorlisheim, wo er 1846 gefunden wurde, um 1340–50 (Inv. Nr. 97). Zu der grobschlächtigen Wiederholung des Johannes aus der Katharinenkapelle des Münsters gehört eine schöne Konsole. – Blattmaskenkonsolen (Inv. Nr. 287, 226) aus der Mitte des 14. Jh.

Aus der 2. Jahrhunderthälfte stammen die Fragmente von der Apostelgalerie (nach 1365), die zur Himmelfahrt Christi an der W-Fassade des Münsters gehörte (vgl. das auf Pergament gemalte Originalprojekt dieses Bauabschnittes von Michael II. Parler von Freiburg, ab 1383). – Darüber das Jüngste Gericht, seit 1384. Die relativ exakte Datierung dieser Stücke erlaubt, eine Reihe weiterer Straßburger und elsässischer Werke zeitlich zu fixieren: Heiliggrab aus der Allerheiligenkirche, um 1380. – Paulus aus Kleinfrankenheim bei Zabern, Straßburg um 1390

(Inv. Nr. 301). – Bischofsbüste von einem Baldachin an der W-Fassade des Münsters, um 1395 (Inv. Nr. 298).
Dem frühen 15. Jh. gehören die Statuetten vom nördl. Turmoktogon der Kathedrale an, den letzten Jahren der Tätigkeit Ulrichs von Ensingen, mit burgundischen Einflüssen. – *Figur des Ulrich von Ensingen* mit Meistermarke auf Balustrade (Inv. Nr. 143). – Figur eines Magistraten, um 1420 (Inv. Nr. 148). – Engel, Herkunft unbekannt, um 1420, mit burgundischem Einschlag (Inv. Nr. 149). – Statuetten von einem Altar aus Niederehnheim, um 1430 (Inv. Nr. 151, 1–13). Eichenholz. Besonders reizvoll die von Engeln zum Himmel getragene Magdalena. – Maria aus Eschau bei Straßburg, um 1430 (Inv. Nr. 150).
Christus und Johannes, um 1440 (Inv. Nr. 153). Alte Fassung und Vergoldung. Eine Zeichnung über rotem Grund auf der linken Seite des Thrones, welche die hl. Katharina darstellt, weist auf den möglichen Herkunftsort, das Dominikanerkloster (Catherinettes) in Colmar. – Palmesel aus Nesselwang (Schwaben), um 1460, unter direktem Einfluß von Hans Multscher.
Maria mit Kind. Halbfigur, vermutlich Fragment einer stehenden Madonna, Oberrhein, Mitte 15. Jh. (Inv. Nr. 529). Das Bildwerk gehört einer sonst am Oberrhein nicht mehr nachweisbaren Stilphase an, die z. B. von Hans Multscher in Ulm und Jakob Kaschauer in Wien vertreten wird.
2 Figurengruppen vom ehem. Hochaltar der Straßburger Kartause (sog. »Molsheimer Reliefs«), Straßburg, um 1450–60 (Inv. Nr. 170, 171). Die Geburt Christi und die Anbetung der Könige sind niederländischen Werken der Zeit nahe verwandt; nur das Ungekünstelte, das Naive der Empfindung legen eine oberrheinische Herkunft nahe.
Büstenpaar, vermutlich Prophet und Sibylle, sog. *Jakob von Lichtenberg* und *Bärbel von Ottenheim*, von Nikolaus Gerhaert, Straßburg, 1463 (Original der Bärbel im Liebieghaus, Frankfurt). Die beiden Büsten stammen von der zerstörten Neuen Kanzlei in Straßburg, deren auffallendster Portalschmuck sie gewesen sein müssen. Schon die Chronisten Specklin (1587) und Wencker (1713) erwähnen sie ausdrücklich als Bildnisse des Stadtvogtes von Straßburg Jakob von Lichtenberg und seiner Geliebten, der schönen Bärbel von Ottenheim (vgl. Bouxwiller). Die einzige Bildquelle für die Komposition des ehem. Kanzleiportals, ein Aquarell von Adam Seupel von 1679, ist nur aus einer Beschreibung bekannt. Da sich am Portal eine Madonna in einem Tabernakel befand, ist hier zunächst an ein mit der christlichen Heilslehre verbundenes Thema, Prophet und Sibylle, zu denken, wozu auch der orientalisierende Turban des Alten passen würde. Freilich schließt dies eine zweite Bedeutungsschicht nicht aus, und man wird an das im 15. Jh. weitverbreitete Thema des »ungleichen Liebespaares« erinnern dürfen, das sich seinerseits auf das stadtbekannte Liebespaar beruft. – Dem Epitaph eines Geistlichen, vielleicht des Kanonikus Busang im Münster (s. d.), ist der *Kopf eines Geistlichen* verwandt, ebenfalls von einem Epitaph herrührend, Werk des Nikolaus Gerhaert, Straßburg, um 1464 (Inv. Nr. 163). – *Männliche Büste*, vermutlich Selbstbildnis des Nikolaus Ger-

Strasbourg / Straßburg. Musée de l'Œuvre Notre-Dame
Nikolaus Gerhaert: Männliche Büste (Selbstbildnis?)

haert, wahrscheinlich 1463 (Inv. Nr. 165). Die Figur war urspr. an einem Blendfenster angebracht, über dessen Sims sie sich hinauslehnte.
Halbfigur eines Engels, Fragment aus einer Geburt Christi (?), vermutlich Elsaß, um 1470–80 (Inv. Nr. 458).
Männliche Büste aus St. Marx, Straßburg, letztes Viertel 15. Jh. (Inv. Nr. 181). Vermutlich die Darstellung eines Propheten: die Kopfbedekkung ist weder Pesthaube noch Narrenkappe. Das Gegenstück dazu Inv. Nr. 180. – *Büste eines Mannes* aus St. Marx von Niclas Hagnower, Straßburg, vermutlich 1501 (Inv. Nr. 444). Die Weiterführung des von Gerhaert am Oberrhein eingeführten Themas der Halbfigur. Das Gegenstück dazu Inv. Nr. 445.
Unter dem Kunstgewerbe verdienen 7 *Silberbecher*, Straßburg, Mitte 15. Jh., besondere Erwähnung. Trinkbecher dieser Art sind von höchster Seltenheit und sonst nur aus zeitgenössischen Inventaren bekannt. Die eingeschlagene Beschaumarke der Zunft zur Steltz sichert die Stücke für Straßburg.
Unter den Bildern, die sich noch im Frauenhaus befinden, sind namentlich folgende Werke hervorzuheben: Straßburger Meister um 1410: *Erziehung Marias* und *Zweifel Josephs*, von einem großen Marienaltar. Die Tafeln stehen in der Nähe des Meisters des Frankfurter Paradiesgärtleins. – Von Konrad Witz stammt das Bild mit den *Hll. Katharina und Magdalena im Kreuzgang* (des Basler Münsters?), von einem um 1440–45 entstandenen Altar, zu welchem auch die Nürnberger Verkündigungstafel und die Begegnung an der Goldenen Pforte im Basler Kunstmuseum zu gehören scheinen. – Straßburger Meister von 1474: Gebet des Reichen und des Armen, verwoben mit dem Gleichnis des reichen Mannes und des armen Lazarus. – Anonymer Meister um 1470: Maria im Gärtlein; die Zuschreibung an Grünewald ist unhaltbar. Ebensowenig kann der Meister des Isenheimer Altars das »Tote Ehepaar« gemalt haben: es handelt sich jedenfalls um die Rückseite der Tafel mit dem Liebespaar eines bereits um 1470 gemalten Bildes, das sich im Museum Cleveland, USA, befindet und einem Ulmer Meister zugeschrieben wird. – Von Hans Baldung Grien stammen das *Bildnis eines Fünfundzwanzigjährigen* (rechts Monogramm HGB, Distichon mit Altersangabe und Datum 1519) und die *Madonna mit Kind und Engeln* (»La Vierge à la treille«), um 1539 entstanden. – Von dem Straßburger Sebastian Stoskopff (1597–1657) sind schließlich 2 Stilleben zu nennen: die Allegorie der Vanitas und des Todes (»La Grande Vanité«) von 1641 mit dem Vierzeiler: »Kunst, Reichthum, Macht und Kühnheit stirbet / Die Welt und all ihr thun verdirbet / Ein ewiges komt nach diesser Zeit / Ihr thoren, flieht die Eitelkeit«; sowie »Ein Körblein voll allerley ausgewaschener Trinkgeschirr« von 1644.

Château des Rohan (2, Place du Château)

Im Rohan-Schloß, dem ehem. Bischöflichen Palais, sind 3 Sammlungen untergebracht: 1. Musée des Beaux-Arts (Gemäldegalerie), 2. Musée des Arts décoratifs (Kunstgewerbemuseum) und 3. Musée archéologique.

● **Musée des Beaux-Arts**

Wichtige Bildersammlung von überregionaler Bedeutung. Die Bestände sind neueren Datums. 1870 wurde das »Musée de Peinture et de Sculpture« in der Aubette völlig vernichtet. Die Neuankäufe waren z. T. möglich dank einer vom Kaiserreich überwiesenen Wiedergutmachungssumme. Das Rohan-Schloß wurde 1898 als Museum umgebaut. Bis 1914 tätigte die Ankäufe der Generaldirektor aller Berliner Museen, Wilhelm v. Bode. Nach 1918 wurden unter Hans Haug wichtige Akzente gesetzt, u. a. seit 1930 die bedeutende Stillebensammlung um das Werk des Straßburger Stillebenmalers Sebastian Stoskopff (1597–1657).

In der Abfolge des Rundganges liegen die Schwerpunkte der Sammlung auf folgenden Gebieten: Altniederländer (u. a. Hans Memling und Lucas van Leyden; Flamen des 17. Jh. um Rubens und van Dyck). – Italienische Schulen des 14.–18. Jh., mit Werken der Giotto-Werkstatt über Filippo Lippi zu Tintoretto, Guardi und Tiepolo. – Spanier: El Greco (Mater Dolorosa, 1594/97), Zurbaran, Murillo und Goya (Bildnis Bernardo Yriarte, 1797). – Franzosen des 17.–18. Jh., u. a. Nicolas de Largillière (»La belle Strasbourgeoise«, 1703; Abb. S. 5). Stilleben des 16.–18. Jh. (Weitere Werke von Stoskopff → Musée de l'Œuvre Notre Dame.)

Musée des Arts décoratifs

● Von besonderem Wert ist hier die Fayencen- und Porzellansammlung, u. a. mit Werken der Straßburger Manufaktur. Sie wurde 1721 gegründet von Karl Franz Hannong und Johann Heinrich Wachenfeld, der bereits 1722 ausschied und die Durlacher Fayencefabrik gründete. Anfangs gab es nur blauen Dekor, in der Art von Rouen, und zunächst (bis etwa 1740) Bandornament, das wohl über Ansbach nach Straßburg gelangt war, dann reiches Behangmuster, das in ein für den Régence-Stil charakteristisches Rankenornament überging. Figürliche Darstellungen sind selten. Zwischen 1740 und 1748 werden dem Zeitgeschmack entsprechend polychrome Dekors ausgeführt. Etwa 1745–48 treten »indianische« und chinesische Blumen- und Figurenmotive auf, gemalt oder plastisch, beides in Anlehnung an die Pâtes tendres der Manufaktur von Chantilly. Paul Hannong gelang es um 1749 mit Hilfe einiger aus Meißen entwichener Künstler und Techniker, zunächst die Technik der Muffelmalerei und dann – als erstem in Frankreich – die des Hartporzellans einzuführen. Aus dieser Zeit kennt man auch plastische Figurengruppen und Tiere, meist von dem Bildhauer J. Wilhelm Lanz modelliert. Eine Fabrikmarke (PH) gab es erst seit etwa 1753, daneben noch bisweilen – wie zuvor – Malersignaturen. Zwischen 1755 und 1760 wurden die Formen im Geschmack des Stils Louis XV weiterentwickelt. Nach Paul Hannongs Tod 1760 waren v. a. Blumen in »peinture fine«, »indianische« Blumendekors (»fleurs des Indes«) geschätzt. Vom ostasiatischen Stil wurde nur noch die schwarze Konturierung beibehalten. Ein weiterer später Dekor ist die »Chinoiserie«, die in Anlehnung an Straßburg bald in den meisten ostfranzösischen Fayencerien hergestellt wurde, ferner, dem Louis-XVI-

Geschmack entsprechend, die Beschränkung auf Weiß und Gold. Dieser letzte Straßburger Stil fand europaweit Nachahmung, von Stockholm bis nach Faenza und Pesaro, von Rouen und La Rochelle bis Holicz in Mähren und Proskau in Schlesien. 1781 mußte der Enkel des Gründers, Joseph Hannong (Signatur IH mit Formnummer seit 1762), die Manufaktur schließen.
Wichtige Gruppen umfassen ferner Niederweiler Fayencen (seit 1754), aus einer von Jean-Louis de Beyerlé eingerichteten Manufaktur, sowie Schweizer Fayencen unter Straßburger und lothringischem Einfluß, 1760–90.

Musée archéologique
Grundstock der Sammlung bilden bedeutende Funde aus dem Elsaß und Straßburg; in der Stadt konnten nach den Zerstörungen von 1944 v. a. Grabungen unter der Place Kléber durchgeführt werden. Vertreten sind alle Epochen; die Römerzeit mit Fresken, Keramik und dem Mithräum aus Koenigshoffen sowie mit Plastik und Waffen. – Merowingische Funde.

Musée historique (Grande Boucherie; Rue du Vieux-Marché-aux-Poissons) ●
In dem 1920 gegründeten Museum verdienen folgende stadtgeschichtliche Abteilungen höchstes Interesse: 1. Straßburg als bischöfliche Stadt vom 7. Jh. bis 1262. 2. Straßburg als Freie Stadt von 1262 bis 1500, mit graphisch eindringlicher Darstellung der Stadtverwaltung. 3. Straßburg als mittelalterl. Handelsumschlagsplatz und Textilzentrum im 14./15. Jh. auf halbem Weg zwischen Lombardei und den Niederlanden. 4. Straßburg als Hochburg der Humanisten, der Reformation und während des 30jährigen Krieges, vom ausgehenden 15. Jh. bis 1681. 5. Straßburg als Ville royale 1681–1789. 6. Revolution; u. a. Erinnerungen an Jean-Baptiste Kléber (1753–1800). 7. Straßburg unter Napoleon. 8. Straßburg zwischen Deutschland und Frankreich 1815–1945. – Wichtige Waffen- und Uniformensammlung. – Herzstück des Museums ist das einzigartige *Stadtmodell* von 1725–27 im Maßstab 1:600.

Musée alsacien (23–25, Quai St-Nicolas) ●
In idealem Rahmen werden hier in vorzüglicher Weise elsässische Volkskunst und Volkskunde dargeboten. Neben den entsprechenden Sammlungsgebieten (Weinbau, Seilerei, Keramik, Kostüme, Stickerei, Spielzeug, Volkskunst) ist eine Kollektion jüdischer Kultgegenstände für die häusliche und öffentliche Andacht erwähnenswert. Ferner eine Bauernstube aus Winzenheim, um 1810, eine Küche, ein Zimmer aus Ammerschweier (1619), eine Apotheke. – Im 3. Geschoß das Vogesenzimmer und Erinnerungen an den aus Straßburg gebürtigen Johann Friedrich Oberlin (1740–1826), Seelsorger, Erzieher und Philanthrop, der, ähnlich wie Pestalozzi, weltweiten Einfluß hatte.

● **Musée d'Art moderne** Ancienne Douane; 1, Rue du Vieux-Marché-aux-Poissons)
Zu nennen sind ein Frühwerk Adolph Menzels, Gemälde von Boudin, Monet, Pissarro, Sisley, Renoir, Signac, Vuillard, Raoul Dufy, Gauguin. Ferner umfaßt die Sammlung Werke von Campendonk, Klee, Braque, Klimt (»Der Kuß«, um 1910), Marquet, Camoin, Pougny, Munch, Ernst, Hartung und Piaubert. – Unter den Skulpturen sind zu nennen das Porträt Gustav Mahlers von Rodin, die »Forêt humaine« von Zadkine (1943), ein Frauentorso von Archipenko (um 1923) sowie Kleinplastik. – Bemerkenswert eine Werkgruppe des Straßburgers Hans Arp (1887–1966), Entwürfe zur Innendekoration der → Aubette, an der Place Kléber, Werke von Sophie Taeuber-Arp (1889–1943). – Sammlung moderner Glasfenster (u. a. von Theo van Doesburg, Sophie Taeuber-Arp, Poliakoff, Piaubert und Bissière).

SURBOURG / SURBURG (Bas-Rhin F2)

Die Benediktinerabtei, auf eine Gründung des hl. Arbogast im 6. Jh. zurückgehend, wurde im 30jährigen Krieg zerstört und um 1700 wieder aufgebaut.

Die stark restaurierte **ehem. Abteikirche St-Arbogast** ist eine 3schiffige kreuzförmige Basilika mit Stützenwechsel und 3 Apsiden. Die ausgeschiedene Vierung wird durch einen Turm betont. 1935 Verlängerung des Schiffes um ein westliches Querhaus. Das Innere wird durch den gestrengen Gleichtakt des Stützenwechsels bestimmt: Säulen mit Würfelkapitellen und Pfeiler mit Kämpferplatten (vgl. Lautenbach). Die got. Teile (u. a. Kreuzgewölbe im Chorjoch, Sakristei) datieren aus dem 15. Jh. – Die Kirche in ihrer urspr. Gestalt gehört zu jener zwischen 1040 und 1100 entstandenen Familie, der u. a. auch Eschau, Altenstadt, Hattstatt, der Dompeter, Feldbach und Hohatzenheim zuzurechnen sind.

THANN (Haut-Rhin C11)

Nach dem Tode des hl. Ubald oder Theobald, Bischof von Gubbio, soll, laut Legende, sein Diener als Reliquie einen Finger des Verstorbenen mitgenommen und an seinem Pilgerstab befestigt haben. Als er in den Wald des heutigen Th. gelangte, sei sein Stock bei 3 Tannen in der Erde haften geblieben, wo er sich zur Ruhe legte. Der Burgherr der Engelsburg bemerkte in dieser Nacht ein Licht, das auf wunderbare Weise über den 3 Tannen leuchtete, und beschloß, an dieser Stelle eine Kirche zu gründen. Alsbald wurde eine Wallfahrtskapelle errichtet, doch als man 1307 daranging, eine Kirche zu bauen, mußte man Reliquien kommen lassen . . .
Die Stadt wurde 1290 gegründet durch die Grafen v. Pfirt, die hier im Thurtal, das durch den eröffneten Gotthardverkehr neue Bedeutung

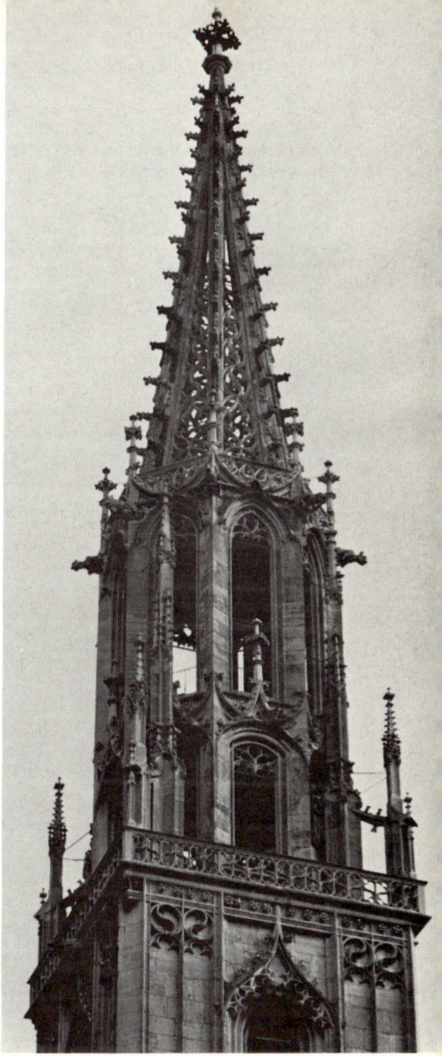

Thann
St-Thiébaut. Turm

gewann, eine Zollstation einrichteten. In der gleichen Absicht gründete der Abt von Murbach – notorischer Widersacher der Grafen v. Pfirt – etwas weiter oben im Tal St. Amarin als seine Zollstation. Th. lag im Schutz der Engelsburg, die erst den Herren v. Egisheim, dann, ab 1144, den Grafen v. Pfirt gehörte. Die ersten Befestigungen von Th. fanden wohl z. Z. der Stadtgründung statt, mußten aber 1364 erneuert werden. Zu jener Zeit begann der Straßenverkehr nachzulassen, doch konnte sich die Stadt dank der Weinberge und des Heiligen, der große Pilgerscharen und somit flüssige Mittel eintrug, halten. Nach dem Tode des letzten Grafen v. Pfirt, 1324, gelangte Th. in habsburgischen Besitz. 1469 wurde es an Karl d. Kühnen von Burgund verpfändet, dessen Vogt, Peter v. Hagenbach, hier ein Schloß erbaute. Die Hinrichtung von 4 Bürgern aus Th. 1472 gab den Anlaß, den im ganzen Elsaß gefürchteten und verhaßten Hagenbach in den Anklagestand zu setzen: 1474 wurde er enthauptet.

Im Vertrag von Münster 1648 kam Th. an Frankreich, das die Stadt aber erst 1654 besetzte. Als französischer strategischer Brückenkopf war Th. ab 1914 heftigen Beschießungen ausgesetzt, die bis 1918 dauerten; 1944–45 kam es wieder zu schweren Kämpfen um die Stadt.

● **St-Thiébaut / Münster St. Theobald**, kath. Pfarrkirche

Seit 1320–32 wurde um eine bestehende Wallfahrtskapelle (heute die Chapelle St-Thiébaut) die Basilika gebaut. Das südl. Seitenschiff entstand 1332–44; die unteren Teile der W-Fassade waren 1342–50 im Bau. Der Chor mit dem Unterbau des NO-Turmes wurde (mit Unterbrechungen) 1351–1422 errichtet, das nördl. Seitenschiff 1430–55. Der Weiterbau des Turmes fällt in d. J. 1455–68. Er wurde 1506–16 von dem Basler Baumeister Remigius Faesch (1491–1521 in Thann) mit dem Oktogon vollendet. Fassadengiebel 1498. Sakristei 1520. 1608–29 folgte endlich die polygonale Marienkapelle in got. Formen. – Restauriert in den 60er Jahren des 19. Jh. (Boeswillwald) und ab 1886 (Winkler).

Der heutige Bau setzt sich aus 3 im einzelnen sehr verschiedenen Teilen zusammen: dem Turm, der 3schiffigen gewölbten Basilika und dem langgestreckten Chor mit 5/8-Schluß. Das Ergebnis der langen Bauvorgänge stellt eine sehr bedeutende architektonische und künstlerische Leistung der Spätgotik dar, reich an Kontrasten und bewußter Prachtentfaltung mit viel Liebe zum Detail. An dem heutigen Eindruck haben die dekorative und die figürliche Skulptur entscheidenden Anteil. Die Krönung bildet der prachtvolle *Turm*, der auf nachfolgende Generationen einen solchen Eindruck machte, daß er – wie dann auch die gesamte Kirche – Erwin von Steinbach zugeschrieben wurde; dank seiner Eleganz ist er sogar in die lokale Spruchweisheit eingegangen: »Le clocher de Strasbourg est le plus haut, celui de Fribourg le plus gros, mais celui de Thann le plus beau« (»dr Schtroßburger isch dr höchscht, dr

Friburger dr dickscht, awer dr Thanner dr fienscht«). Das Maßwerk des Helmabschlusses besteht aus Fischblasen, in die 2 monumentale Steinmetzzeichen einbeschrieben sind; die Grate zieren Krabben. – Die *W-Seite* von kathedralhaftem Zuschnitt und höchster künstlerischer Qualität ist die eigentliche Schauseite (1342–50).

Das *ikonographische Programm* des Portals umfaßt ein Marienleben, das mit vielen Einzelheiten in Szene gesetzt wird. Im äußersten Bogenlauf erkennt man musizierende Engel, im 2. Kirchenväter und alttestamentliche Könige aus dem Stammbaum Marias, ganz rechts die Evangelisten, im 3. Bogenlauf die Geschichte der Schöpfung bis zum Brudermord, im 4. den Tod der Apostel und der ersten Martyrer und im letzten endlich bärtige Propheten des Alten Bundes. – Die eigentliche Portalfüllung besteht aus 3 Tympana (um und nach 1400). Das *große Bogenfeld* schildert in 5 übereinanderliegenden Registern das Marienleben. Die Inszenierung stützt sich dabei weitgehend auf die »Legenda Aurea«, eine 1293 in Italien erschienene Sammlung von Heiligenlegenden, für unsere Kenntnis der Darstellungsinhalte mittelalterl. Kunst die wichtigste schriftliche Quelle. Stilistisch bestehen enge Verbindungen zum etwas älteren SO-Portal des Ulmer Münsters. – Unterstes Register (von links nach rechts): Zurückweisung des Opfers von Joachim; Joachim in der Einsamkeit und Erscheinung des Engels; Joachim und Anna an der Goldenen Pforte; Geburt Marias; Tempelgang Marias (der Tempel ist durch einen hohen Stufenaltar versinnbildlicht); Maria unter den Tempeljungfrauen; Stabwunder; Verlobung mit Joseph; Verkündigung an Maria. – 2. Register: Heimsuchung, mit eindrucksvoller Rükkenfigur; Zweifel Josephs; Beschneidung Christi; Darbringung im Tempel; Bethlehemitischer Kindermord; Flucht nach Ägypten; Räuberszene. – 3. Register: Ruhe auf der Flucht; Götzensturz; Christus unter den Schriftgelehrten; Marientod; Grabtragung. – 4. Register: Grablegung mit Assistenz rechts; Himmelfahrt Marias mit Engeln rechts; beide Felder von Wolkenband (= Himmel) eingerahmt. – 5. Register: Marienkrönung zwischen musizierenden Engeln.

Die beiden *kleinen Bogenfelder* sind um oder kurz nach 1500 eingebaut worden und zeigen im plastischen Schmuck eine entwickeltere Stilstufe als das große Tympanon. Die Gesamtanlage der Szenen – links Kreuzigung Christi, rechts Verkündigung an die Hirten und Anbetung der Könige – erinnert an die zeitgenössischen Schnitzaltäre. Die Golgatha-Szene gehört mit ihrer reichen Assistenz zum Typ des »volkreichen Kalvarienberges«; sie enthält viele, bis ins Groteske gehende Einzelheiten. Im rechten Tympanon ist v. a. auf die kühne, in die Höhe sich entwickelnde Anordnung des Zuges der Könige hinzuweisen, »wo, ohne perspektivische Kniffe und Verkürzungen, das ganze Erlebnis vom wandernden Blicke aufgefädelt« wird (Wilhelm Pinder, 1914).

Die Portalgestaltung von Thann steht, wenn auch in bescheideneren Ausmaßen, in der Tradition der französischen Kathedralfassaden. Zu bemerken ist die narrative Anreicherung innerhalb der Bogenfelder.

Thann. St-Thiébaut. Linkes Portal im westlichen Doppelportal

Das Haupttympanon umfaßt 5 Zonen, eine Disposition, die an die ambitiösen französischen Beispiele heranführt (vgl. das N-Querhaus in Reims, 1225–30, das südl. Querhausportal von Amiens, um 1259–69, für ebenfalls 5 Register), denn die meisten früheren Anlagen zeigen nur bis 4 Zonen (vgl. Bazas [Gironde], Kathedrale St-Sauveur, um 1250, und noch Auxerre, St-Etienne, südl. Querhausportal, 14. Jh.).

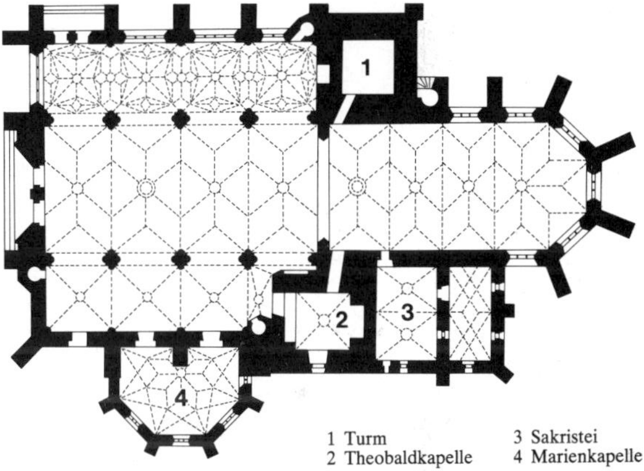

1 Turm
2 Theobaldkapelle
3 Sakristei
4 Marienkapelle

Thann. St-Thiébaut. Grundriß

Am Mittelpfeiler Maria mit Kind. Die Gewändestatuen sowie Georg als Drachentöter links gehören zum alten Figurenbestand der Kirche (1400–30).
Das *N-Portal* scheint kurz nach 1450 entstanden zu sein. Auch hier am Mittelpfeiler eine Madonna mit Kind. Links Johannes d. T. mit dem Datum 1456, rechts der Stadtpatron mit 2 Pilgern.
Am Untergeschoß des Turmes Konsolen, nach 1351, die Apostelfiguren aus dem frühen 20. Jh. tragen. – An den Strebepfeilern des Chores auf Sockelhöhe und auf den unteren Wasserschlägen sitzende Figuren – die beiden seitlich der Mittelachse durch Stehfiguren ersetzt – auf Konsolen.

Das Langhaus zeigt im I n n e r e n 4 profilierte Arkaden. Die steilen Gewölbe gehen absatzlos aus den Diensten hervor. Chor- und Langhausgewölbe haben gleiche Scheitelhöhe (im Außenbau sind die beiden Bauteile durch verschiedene Firsthöhen optisch voneinander abgesetzt).

Die *Schlußsteine* im Mittelschiff zeigen (von W nach O): Veronika mit dem Schweißtuch, Schutzmantelmadonna, hl. Theobald mit 2 Pilgern, Maria mit Kind. Dazwischen die Wappen von Österreich, Sachsen, Schottland, Österreich sowie das Wappen Kaiser Maximilians I. mit Doppeladler und Königskrone, daneben die Jahreszahl 1495. – Auch die Schlußsteine des nördl. Seitenschiffes, die das herrliche Sterngewölbe schmücken, sind heraldisch verziert. Von W nach O folgen einander die Wappen von Thann, Reinach und Bärenfels, dann in einem Dreipaß die Wappen von Alt-Österreich, Neu-Österreich und Tirol, in einem Vierpaß die heraldischen Zeichen Sigismunds von Österreich, Frankreichs, Schottlands, Sachsens, im nächsten Dreipaß Maximilians I., Burgunds und der Bretagne. Weitere Schlußsteine mit Agnus Dei, St. Theobald mit den Pilgern, hl. Katharina, dat. 1492. Auch die Glasgemälde des 15. Jh. enthalten Wappen elsässischer Geschlechter. Im älteren südl. Seitenschiff ruhen die Rippen des Kreuzgewölbes auf z. T. figürlich gestalteten Kapitellen (Sündenfall, Evangelistensymbole, Wappen Österreichs).
Steinkanzel von 1629 mit ausgezeichnetem schmiedeeisernen Gitter und Treppengeländer. Orgeltribüne um 1888. Moderne Orgel mit 52 Registern. – Von Einzelstücken der Ausstattung sind bemerkenswert: Am Pfeiler vor der Marienkapelle die von der Winzerzunft gestiftete sog. *»Winzermadonna«* von 1510. In der Marienkapelle selbst eine Madonna, um 1530. – *Vesperbild* am inneren Pfeiler des Hauptportals, um 1430–40. – Sitzfigur des hl. Theobald mit Stifterpaar, wahrscheinlich Basel, um 1500–10 (Vergoldung neu). – In der Theobaldkapelle eine weitere *Skulptur des sitzenden Heiligen*, eine ausdrucksvolle Gestalt, die hinter ihrem in einen großen S-Schwung gelegten Ornat zu verschwinden scheint. 2 Engel halten über dem Heiligen eine Mitra mit Darstellung der Verkündigung an Maria, 1510–20. – Im nördl. Seitenschiff *kreuztragender Christus*, um 1450. – Am südl. Choreingang Reste einer Wandmalerei: Steinigung Stephans, vor 1578 entstanden, falls die Zuschreibung an den Basler Maler Hans Klauber zutrifft. Rechts Durchgang zur Theobaldkapelle. Im Tympanon der Titelheilige zwischen einem Stifterpaar, um 1300 oder kurz danach; hervorragende vegetabile Kapitelle und Konsolen.
Das Netzgewölbe im Chor ruht auf Wandsäulen, die von den Baldachinen der 12 Apostelstatuen ausgehen. Auf den Schlußsteinen sind die Krönung Marias, St. Theobald, der 2 Pilger krönt, und Christus als Salvator Mundi dargestellt; dazwischen die Wappen von Pfirt, Österreich-Braunschweig und Österreich.
Das *Chorgestühl* stammt aus der Zeit, als sich die Chorherren aus St. Amarin 1442 in Thann niederließen (von Klem 1900–02 restaur. und z. T. ergänzt). Wangen, Lehnen, Miserikordien und Baldachine haben reichen figürlichen Schmuck. – Von der Chor-Ausstattung sind besonders zu nennen die *Apostel*, um 1423, und die 8 *Fenster*, in deren Verglasung sich 3 Ateliers teilten; die Scheiben (1926 restauriert) zeigen folgende Szenen:
1. Fenster (links): Genesis und Geschichte von Adam und Eva (1423). –

2. Fenster: Die 10 Gebote. Volkstümliche Szenen dienen zur Illustration der Texte, die jeweils Christus darüber auf Schriftbändern vorweist. Das Ganze unter perspektivischen Baldachinarchitekturen. In einem Feld erhält Moses die Gesetzestafeln. – 3. Fenster: Das öffentliche Leben Christi (1423). – 4. Fenster: Passion Christi, Tod und Auferstehung, Himmelfahrt und Pfingsten. – 5. Fenster: Marienleben. – 6. Fenster: Wunder des hl. Theobald in 6 die ganze Fensterbreite einnehmenden Rundmedaillons mit figürlichen Rahmen (ausgeführt zwischen 1456 und 1470). – 7. Fenster: Martyrium der hl. Katharina. Dieses Fenster soll 1422 von Katharina v. Burgund, der Gattin des Herzogs Leopold IV., Landgraf des Elsaß, gestiftet worden sein. – 8. Fenster: unten hl. Odilia, oben hl. Theobald.
Im Kirchenschatz *Statuette des hl. Theobald*, Basel (?), frühes 16. Jh., Silber, teilweise vergoldet. Der Heilige in bischöflichem Gewand mit Mitra und Stab.

Das **Rathaus** wurde nach einer Überschwemmung 1778 von Kléber, dem späteren General, als Architekt der Zivilbauten in Belfort erbaut.

Die **Kornhalle** an der Thur, von Remigius Faesch aus Basel im 16. Jh. errichtet, birgt heute ein kleines **Museum** mit Baufragmenten und Skulpturen des Münsters und umliegender Kirchen. Ferner: Uhr mit Krieger und Tod (1530), die einst an der heute zerstörten Porte du Rhin angebracht war. Glas von Wildenstein, 16.–18. Jh. Bilder von Henner, Kammerer und weiteren Malern des 19. Jh. Ein Stockwerk ist dem Stoffdruck gewidmet.

Theobaldbrunnen, 16. Jh., beim N-Portal des Münsters. – Unweit davon (Rue St-Thiébaut) sog. **»Winzerbrunnen«**, 17.–18. Jh.

Mehrere alte **Häuser** blieben an der Hauptstraße und gegenüber der W-Fassade des Münsters erhalten. – Von den Befestigungsanlagen steht noch – unter barockem Dach – der Hexenturm (**Tour des Sorcières**) am Ufer der Thur.

TURCKHEIM / TÜRKHEIM (Haut-Rhin CD9)

Im 14. Jh. hing die kleine Stadt z. T. von der Abtei Münster ab, z. T. stand sie unter habsburgischer Verwaltung. Sie erhielt 1312 vom Kaiser das Marktrecht und konnte sich mit einem Mauergürtel schützen. Karl IV. verlieh ihr außerdem ein Stadtrecht nach dem Modell von Colmar, so daß T. 1354 der Dekapolis beitreten konnte. Zu Füßen von Hohlandsberg gelegen, das die Stadt sicherte, wurde T. ein Opfer des 30jährigen Krieges und am 5. Januar 1675 Schauplatz der berühmten Schlacht zwischen Kaiserlichen und Franzosen. Ein Umgehungsmanöver von Turenne durch die tief verschneiten Berge erlaubte, die Kaiserlichen zu überraschen und sie in die Flucht zu schlagen. Diese Schlacht bestätigte die französische Hegemonie im Elsaß, die 1648 im Westfälischen Friedensvertrag schon kodifiziert worden war.

Die **Kirche** wurde klassizistisch erbaut, nachdem man 1839 die 3schiffige Basilika aus dem späten 12. Jh. abgebrochen hatte. Davon sind nur wenige Reste erhalten, u. a. der *Turm*, dessen oberstes Geschoß mit seinen Maßwerkfenstern aus dem 15. Jh. stammt; er hat einen steilen, in einer 8eckigen Spitze endenden Helm.

● **Rathaus** von 1620 mit geschweiften Giebeln. – Zahlreiche **Fachwerkhäuser** bilden zusammenhängende Straßenbilder, namentlich an der Grand' Rue: **Nr. 45** (1605), **47** (1624), **79** (1578) und **96** (ein Haus mit einer steinernen Anna-selbdritt-Gruppe aus dem frühen 16. Jh.). In der Rue du Conseil das **Haus zu den 2 Schlüsseln** mit Erkertürmchen in der Mitte (1620). Weitere Häuser an der Rue des Vignerons und an der Rue Wickram. – Am Impasse Roesch das **Spital** von 1662.

Der Verlauf der **Befestigungen** ist noch ablesbar: Die Mauern des 14. Jh. bilden den dreieckigen Plan der Stadt; im O zeichnen Häuserreihen die Gürtellinie der Mauer nach. Die 3 Tore sind Bauten aus dem 14. Jh.: quadratische, gedrungene Türme, alle vergleichsweise gut erhalten. Im N das **Brandtor** mit Renaissance-Oberbau; gegen Colmar die **Porte de France**; im SO die **Porte de Munster**, ebenfalls mit Renaissance-Aufbau und skulptierten Fenstern.

UNGERSHEIM (Haut-Rhin D11)

Die **Pfarrkirche** mit ihrem behäbigen Schiff, etwas niedrigerem Chor, freistehendem Turm unter barocker Haube und Sakristeibau bildet eine malerische Gruppe. Der Unterbau des Turmes geht in die Zeit kurz vor oder um 1100 zurück. Langhaus und eingezogener Chor von 1749. – Orgeltribüne auf 4 toskanischen Säulen. Schlichte Kanzel mit Evangelisten und Gutem Hirten an der Rückwand, Mitte 18. Jh. An der S-Wand Holzfiguren von Petrus und Paulus, um 1500. Im Chor barockes Kruzifix, 17. Jh. *Hochaltar* mit von 4 Säulen getragenem Baldachin; Altarbild mit hl. Michael, darüber Himmelfahrt Marias, oben Christus, Taube und Gottvater (Trinität), seitlich jubilierende Engel.

VALFF / WALF (Bas-Rhin E6)

Die **Kirche** aus dem 18. Jh. hat einen Frontturm, dessen Sockelgeschoß mit gewölbter Eingangshalle in die Mitte des 12. Jh. zurückgeht; barokker Turmabschluß. Im anschließenden Saal – mit eingezogenem Chor – eine schlichte Holzkanzel an der S-Wand. Neben banalen Fenstern aus dem 19. Jh. fallen die beiden Glasmalereien von Ch. Champigneulle (Paris) auf, um 1920. – An der SW-Ecke roman. Relief, um 1150.

Hinter dem **Rathaus** (um 1800; 1977/78 restauriert) liegt auf dem ehem. Friedhof die **Margaretenkapelle**, 14. Jh., ein einfacher Saal mit eingezogenem polygonalem Chor. Die Holztribüne ist 1568, der W-Eingang

1566 datiert. – Daneben **Kreuzigungsgruppe**, Ende 17. Jh. – **Marienkapelle**, ehem. Beinhaus, 15. Jh.

Holzbad. Das malerische Gehöft liegt nördl. der Straße D 206 zwischen Valff und Westhouse.
Die 1976/77 restaurierte und z. T. erneuerte **St.-Ulrichs-Kapelle** stammt aus dem 12. Jh.; Chor und Fenster kamen im 18. Jh. hinzu. Im Chor Fragment eines Sandsteinkruzifixus, um 1600, und Exvotos aus Holz: Beine und Arme, die darauf hinweisen, daß es sich hier um einen kleinen Wallfahrtsort handelt. – An den Schiffswänden blieben Reste eines umfangreichen *Wandmalereizyklus* erhalten. Linke Wand: Schöpfungsgeschichte; u. a. die Erschaffung Adams, Gottvater mit Adam und Eva, Sündenfall, Vertreibung aus dem Paradies, darunter Adam und Eva bei der Arbeit, Opfer Kains und Abels, Brudermord, Isaak und Abraham, Noah und die Arche. Rechte Wand (von links nach rechts): der hl. Ulrich, ein königliches Paar krönend, sitzende Maria mit Kind, Szenen der Barmherzigkeit; darüber stark zerstörte Reste einer gemalten Zinnenmauer mit Heiligengestalten, außen rechts eine Schutzmantelmadonna und Michael als Seelenwäger. Auf der W-Wand Reste eines hl. Ritters (Georg?). Alle Teile sind stark verblaßt und durch die Fenster des 18. Jh. beeinträchtigt. Das Fehlen von perspektivischen Elementen in den Architekturdarstellungen legt für die Fresken eine zeitliche Ansetzung in die Zeit um 1310–20 nahe.
Das umliegende **Gehöft** mit prachtvollen Bauten aus dem 18. Jh., teils in Riegelbauweise und mit Mansarden, um 1745–50.

VIEUX-THANN / ALT-THANN (Haut-Rhin C11)

Der Ort, der zur Herrschaft Thann gehörte, wurde mehrfach zerstört: 1365 durch die Engländer, 1444 durch die Armagnaken, 1468 durch die Eidgenossen, 1525 durch die aufständischen Bauern sowie in den beiden Weltkriegen.

Kirche St-Dominique
Von der im 10. Jh. erwähnten Kirche sind keine Reste vorhanden. Sie war bis 1389 Mutterkirche von Thann. Der heutige Saalbau stammt aus der Mitte des 15. Jh. Turmjoch und Sakristeitür sind 1511 datiert.
Bemerkenswert ist lediglich die Ausstattung. Den Schlußstein des Flamboyant-Chores ziert eine Marienkrönung. Das *Heiliggrab* mit einer von Pfeilern getragenen Baldachinarchitektur, um 1480, ist z. T. das Werk von Remigius Faesch. Eine Pietà aus dem späten 14. Jh., eine weitere, auf dem linken Seitenaltar, mit zeitweilig eingekleideter Maria. – Marmorkanzel aus dem 18. Jh. – *Glasmalereien* im Chor und den nördl. Fenstern: Marienleben, Geburt und Passion Christi, einzelne Heilige, Stifter und Wappen; das Marienfenster von 1466. Der Grund der von einer Weinranke durchzogenen Komposition ist mit dünnen Federranken bedeckt; die Gestalten wirken etwas unbeholfen, mit schweren Köpfen, großen Augen, wülstigen Nasen und mit breitgeknautschten Gewändern.

VŒGTLINSHOFEN / VÖGTLINSHOFEN (Haut-Rhin D9)

Ehem. Abtei Marbach

Die Abtei wurde 1090 von Mangold v. Lautenbach oder Ritter Burkhart v. Geberschweier gegründet. Von hier aus fanden Kirchengründungen in Schwarzenthann, Truttenhausen, Ittenweiler und Straßburg (St. Arbogast) statt.

Die **Kirche** wurde 1105–15 erbaut. Das Atrium, in ein Wohnhaus verbaut, dürfte um 1150 entstanden sein. Schiff mit offenem Dachstuhl und Querhaustürmen (vgl. Turm von Gueberschwihr). Die 3 Apsiden wurden später durch den got. Chor ersetzt. Seit 1820 diente die Anlage als Steinbruch. Skulpturenreste an Ort und in mehreren Museen (u. a. Mulhouse).

WALBOURG / WALBURG (Bas-Rhin F2)

Ehem. Benediktinerabtei

Die ehem. Benediktinerabtei geht auf eine Gründung von 1047 zurück und wurde in der Folge v. a. von den Hohenstaufen begünstigt. Das bereits im Bauernkrieg verwüstete Kloster erlitt nochmals 1945 schwere Schäden im Kirchenchor.

● An der **ehem. Abteikirche** stammen die Seitenschiffmauern noch von der roman. Anlage. Die got. Teile datieren aus der Zeit um 1460 (Langhaus). 1465 Weihe von Chor und Hochaltar. – Von der Ausstattung sind *Holzplastiken* aus der Zeit der Chorweihe, das *Sakramentshäuschen* (um 1510, im 19. Jh. neu zusammengestellt) sowie ● die *Glasfenster* (1461?, spätestens um 1480; Abb. S. 284) im Chor zu nennen. Sie zeigen Marienleben, Jugend und Passion Christi, Geschichte Johannes' d. T. und Heilige; manches scheint aus dem Atelier von Peter Hemmel zu stammen (für die stilistische Weiterentwicklung der großen Werkstatt vgl. die 1474 und 1485 datierten Fenster in Oberehnheim und die aus d. J. 1493 stammenden Scheiben in der bischöflichen Kapelle in Zabern). – Die *Wandmalereien* im Chor (Apostel und Kirchenväter) entstanden um 1465. – Die klassizist. *Altäre* stammen aus dem frühen 19. Jh. Auf dem südl. Seitenaltar *Immaculata*, um 1700, von porzellanhafter Zerbrechlichkeit, in reich rauschendem Gewand.

WALDHAMBACH (Bas-Rhin C2)

Kirche. Turm auf quadratischem Sockel, mit 2stöckigem 8eckigem Aufbau, wohl als Wehrturm angelegt (Sehschlitze). Kirchenschiff von 1766 (Datum über Seitentür außen).

Walbourg / Walburg. Ehem. Abteikirche. Romanische Relieffigur

Walbourg / Walburg. Ehem. Abteikirche
Glasmalerei im Chor: Der böse Schächer (zu S. 282)

WANGENBOURG-ENGENTHAL (Bas-Rhin C4)

Engenthal (C4)

Ehem. Kloster Obersteigen
Das Kloster wurde um 1221 an der Paßstraße über die Vogesen nach Lothringen erbaut. Das für den Bau verantwortliche Stift Andlau errichtete hier auch ein Hospital für die Reisenden.

Die **Kapelle** besteht aus einem gewölbten Saal mit eingezogenem polygonalem Chor. Sie wurde spätestens 1225 vollendet. Eine durchgreifende Restaurierung fand 1861–74 statt. Im Inneren erhielten die beiden ersten Joche 1759 eine Holzdecke. Tabernakel aus dem 15. Jh. – Der an sich bedeutungslose Bau mit dem in der gewaltigen W-Wand etwas verloren wirkenden Stufenportal gehört zu einer Gruppe von Bauwerken, die den Übergangsstil zwischen Romanik und Gotik illustrieren. Zur gleichen Generation gehören St-Etienne in Straßburg (O-Teile), Sigolsheim, Kaysersberg und Altdorf. Dieser Stil fand bereits in der Kirche St-Léger in Gebweiler (seit 1182) und in Pfaffenheim (Anf. 13. Jh.) im Elsaß seinen Höhepunkt.

Wangenbourg / Wangenburg (C4)

Burg. 1387 gab die Äbtissin von Andlau ihren Anteil an der Wangenburg als Lehen an Hans v. Wangen. 1393 bestätigte ein Burgfrieden die Teilung der Anlage. Sie setzt sich aus einem polygonalen Mauergürtel und den darin liegenden Wohnbauten zusammen, die in der einen Ecke durch einen Bergfried mit schöner kreuzförmiger Schießscharte geschützt werden. Im Wohntrakt Kamin von 1537 mit den Wappen v. Wangen-Hüffel. Der Großteil der Bauten datiert aus der 1. Hälfte des 14. Jh. und erinnert an die Anlage der Spesburg.

Auf der O-Seite des Dorfes, das ebenfalls der Abtei Andlau gehörte, liegt die 1408 zerstörte **Burg Freudeneck**.

WASSELONNE / WASSELNHEIM (Bas-Rhin D4)

Eine fränkische Siedlung wurde 754 dem Kloster Hornbach geschenkt. Nach langen Besitzstreitigkeiten gelangte die Siedlung an den Bischof von Straßburg, der eine Festung anlegte und eine Verwaltung ansiedelte. Nach der Reformation entstand hier ein wichtiges Bollwerk des neuen Glaubens.

Die **ev. Kirche** an der Place de la Mairie ist ein großer Saalbau mit eingezogenem Chor, 1755–57 erbaut. Barockkanzel. Orgelprospekt aus der Dominikanerkirche von Gebweiler; Silbermann-Orgel von 1745. **Kapuzinerklosterkirche**, 1717. **Kath. Kirche St-Jean-Bosco**, 1938–41.

Schloß. Die Anlage zerstörten 1674 die Truppen des Kurfürsten von Brandenburg. Es bestehen noch ein Kanonenturm und Kasematten.

Die Stadt wurde im 16. Jh. mit einer doppelten Mauer versehen: Boulevards und Reste der **Befestigungswerke** geben noch eine Vorstellung von den Verteidigungsanlagen. Der wichtigste noch stehende Bau ist ein mittelalterl., möglicherweise ins 14. Jh. zurückgehendes **Tor**, das in der Renaissance mit 2 Rundtürmen verstärkt worden ist.

Mehrere alte **Häuser**, darunter eines mit skulptiertem *Relief* von 1762: Nischenmadonna und Relief eines Gerbers über der Tür.

Auf dem Friedhof **prot. Kanzel**, 1673 von Johannes August Gütig – das einzige Beispiel dieser Art im Elsaß.

WATTWILLER / WATTWEILER (Haut-Rhin C11)

Kirche. Der heutige Bau zeigt den Zustand einer Erweiterung aus den 80er Jahren des 15. Jh., wobei eine roman. Pfeilerbasilika einbezogen wurde, an die man einen neuen Chor anfügte. Frontturm. – Im Inneren eine Nische an der S-Wand mit Spuren einer Auferstehung Christi und Stifterfigur, Ende 15. Jh. – Beachtlicher *Hochaltar*, um 1470. Er zeigt bei geschlossenem Zustand links das Abendmahl und rechts als typologische Darstellung aus dem Alten Testament die Mannalese. Bei geöffnetem Zustand sieht man (von links nach rechts) die Enthauptung des Täufers; Johannes d. T., auf Christus weisend; Johannespredigt und Namensgebung. – Rechts vom Choreingang der *Bildnisgrabstein der Anna v. Wattweiler.* Die umlaufende Inschrift gibt den Namen der Verstorbenen und das Datum 1344. In ihrer Behäbigkeit wirkt die Platte trotz volkstümlicher Elemente imposant. – Über dem Chorbogen ein Kruzifix, zu dem links und rechts des Chorbogens auf Konsolen Johannes und Maria gehören, Ende 16. Jh.

WEITERSWILLER / WEITERSWEILER (Bas-Rhin D2)

Alter Ort, der 1316 von den seit 1207 erwähnten Lichtenberg erworben wurde und somit zum Besitz eines der mächtigsten Geschlechter im nördlichen Elsaß gehörte. Im 16. Jh. gelangte W. an die Fleckenstein, 1720 an das Geschlecht Rohan-Soubise.

Die ev. **Kirche** ist ein 1schiffiger Bau mit mächtigem quadratischem Chorturm unter leicht geknicktem Pyramidendach. Im flachgedeckten Schiff auf einer Konsole die Jahreszahl 1525. 4 Fleckenstein-Grabmäler in stark zerstörtem Zustand. Wandmalereien aus dem 15.–16. Jh.

Vom **Schloß** der Herren v. Fleckenstein blieben nur wenige Reste erhalten. – Im Ort **Fachwerkhäuser.**

WESTHOFFEN / WESTHOFEN (Bas-Rhin D4/5)

In der anfangs dörflichen Siedlung hatte die Abtei Weißenburg seit 739 Besitzungen. 1332 wurde der Ort unter den Herren v. Lichtenberg ummauert und zur Stadt erhoben.

Westhoffen / Westhofen. Kirche. Glasmalerei im Chor: Johannes Ev.

Die 1250 gegründete **Kirche** (ev.) wurde im frühen 14. Jh. 3schiffig erneuert und 1869–76 verändert. – In 2 Chorfenstern ausgezeichnete *Glasscheiben*: die hll. Oswald und Nikolaus, Steinigung des hl. Stephanus, der hl. Johannes Ev. mit einem Stifter aus dem Hause Hanau-Lichtenberg, um 1310, von guter Erhaltung. Die Fenster sind insofern bemerkenswert, als sie kurz vor der Einführung perspektivischer Elemente in den Architekturteilen entstanden sind. Stilistisch sind sie von dem Atelier abzuleiten, das nach 1298 im südl. Seitenschiff des Straßburger Münsters die Verglasung in Angriff nahm und dem auch der

Christus-Zyklus in der Dominikanerkirche zu Colmar nahesteht. Von hier aus scheinen Glasmaler nach Konstanz abgewandert zu sein, wo sich der in Westhofen vorliegende Stil im südwestdeutschen Raum weiterentwickelte. – Weihwasserbecken, um 1300.

Im Ort mehrere qualitätvolle **Fachwerkhäuser** aus dem 17. Jh., z. T. dat. (1614 und 1642). – Reste des **Château de Rosenbourg (Rosenburg)**, das im 14. Jh. von den Deutschherren erbaut wurde.

WEYER (Bas-Rhin B2/3)

Ev. Kirche. Kurzer, gedrungener Bau mit Dachreiter über der Eingangsseite, 1769 geweiht.

Die 1846 erbaute **kath. Kirche** integriert einen mittelalterl. Rundturm unter polygonal gebrochenem und leicht geknicktem Dach.

WEYERSHEIM (Bas-Rhin F3)

Die **Kirche** ist ein Neubau aus dem späten 18. Jh. von Nicolas-Alexandre Salins. Holzplastiken aus dem 15. Jh.

WILLGOTTHEIM (Bas-Rhin D4)

Pfarrkirche St-Maurice von 1732 (Weihe). *Chorturm* zwischen Schiff und Sakristei, mit Blendarkaden und Lisenen, doppelten Schallöffnungen und Satteldach; der Turm datiert aus dem 12. Jh. (vgl. die Türme von Küttolsheim, Barr, im Oberelsaß von Meienheim, im Sundgau von Lümschweiler und der Burnkirche bei Illfurth). – Ausstattung aus der Erbauungszeit, darunter aber eine Marienfigur, farbig gefaßt, des 15. Jh.

WINDSTEIN (Bas-Rhin E1)

Burgen. Zugang über die Straße von Windstein her.

Der Bau von Alt-Win(d)stein hat seinen Ursprung im Thronkrieg zwischen Philipp v. Schwaben und Otto v. Braunschweig, datiert somit in den großen Zügen aus dem frühen 13. Jh. Es war später im Besitz der Winstein, der Sickingen und der Schmalenstein (1325). Als Räubernest wurde es gemeinsam vom Bischof von Straßburg und der Stadt Hagenau 1332 zerstört. – Neu-Win(d)stein wurde 1334 von Wilhelm v. Winstein errichtet.

Die Ruinen von **Alt-Windstein** liegen auf 3 zerrissenen Felsen. Da die Treppen nicht restauriert sind, kann man die Plattform nicht besteigen. Auf verschiedenen Höhen erkennt man in den Fels gehauene Kammern; in einer liegt ein tiefer Brunnen.

In 10 Minuten gelangt man nach **Neu-Windstein**, das einen völlig anderen Anblick bietet: Auf einem viel bescheideneren Felsen erhebt sich ein polygonaler Turm, daneben liegt der Palas; beide Bauten befinden sich im gleichen Mauergeviert. Schöne got. Fenster zu 2 Lanzetten und Okuli. Eine Pechnase verteidigt den Eingang, der um 1500 mit einem Kanonenturm verstärkt worden ist.

WINTZENHEIM / WINZENHEIM (Haut-Rhin D9)

Die »Route des châteaux-forts«, die westl. Verbindung von Wintzenheim und Éguisheim, führt in die Nähe der Burgen Pflixburg, Hohlandsberg und Hoh-Egisheim (→ Husseren-les-Châteaux).

Pflixbourg (Pflixburg). 5 Minuten Fußweg von der »Route des châteaux«.

1220 weilte hier ein »procurator Alsatiae«; die Burg muß kurz vorher entstanden sein. Im 14. Jh. Lehen der Herren v. Hattstatt geworden, ist das Schloß 1434 in einer heftigen Fehde mit den Rappoltstein untergegangen.

Der Bau der Burg führte den runden Bergfried im Elsaß ein, eine Bauform, die schon unter dem französischen König Philippe-Auguste verwendet wurde. Der Bau hat nur wenige Fensterschlitze und – im Gegensatz zu den älteren Wehrtürmen – keine Latrinen. Eine große polygonale Mauer, an die sich die Nebengebäude anlehnen, erinnert an die Baugewohnheiten des vorangegangenen Jahrhunderts. Der Eingang lag in einer abgerundeten Mauereinbuchtung. Beim Bergfried Zisterne mit spitzbogigem Gewölbe.

Hohlandsbourg (Burg Hohlandsberg)

Die von dem Colmarer Propst Siegfried v. Gundolsheim 1279 erbaute Feste rissen 2 Jahre später schon die Colmarer an sich. Die Habsburger installierten hier den Sitz über die Herrschaft, die den Namen der Burg trägt. Als Lehen gelangte der Besitz später an die Herren v. Lupfen und dann an Lazarus v. Schwendi, der 1563 Hohlandsberg restaurierte. Die Herrschaft dehnte sich schließlich bis Niedermorschweier und Kienzheim aus. Die Burg wurde 1637 auf Befehl Richelieus zerstört.

Trotz der Lage auf einer – seit vorgeschichtlicher Zeit bewohnten – Höhenkuppe, die sowohl die oberrheinische Tiefebene als auch das Münstertal beherrscht, war die Plattform zu groß, um nach den Regeln der Kunst befestigt zu werden. Obwohl man den Fels in allen Richtungen aushöhlte, um ein natürliches Reduit zu gewinnen, mußte man zusätzlich ein 60×100 m großes, annähernd rechteckiges Mauergeviert errichten, das mit nischenartigen Schießscharten versehen und durch 2 massive Türme im W verstärkt wurde. Die Wohnbauten und Nebengebäude lehnen sich an 2 Seiten gegen diese Mauer; sie entstanden weitgehend im 16. Jh. Im N, wo sich urspr. der Bergfried befand, sieht man innerhalb des Reduits noch einen Eckturm und den Zisternenturm.

Lazarus v. Schwendi erbaute davor ein Vorwerk mit Bastion und doppelter Zugbrücke: eine Spitzfindigkeit von geringem Nutzen, ausgerechnet an der Stelle, wo das Gelände die stärkste Neigung aufweist.

WISSEMBOURG / WEISSENBURG (Bas-Rhin G1)

Die Anfänge der Stadt gehen auf die Gründung einer später sehr bedeutenden Abtei zurück, wohl gegen 660. Wie für alle merowingischen Gründungen ist es auch hier schwierig, die Abfolge der Urkunden und Schenkungen genau zu rekonstruieren. Im 8. Jh. vermachte Pippin d. Kurze der Abtei jedenfalls bedeutende Waldgebiete. Die Immunität erhielt das Kloster unter Otto II. Das Schenkungsbuch von W. ist eines der interessantesten Dokumente zur Wirtschaftsgeschichte im 8.–10. Jh. Die Landbestellung gewährleisteten Bauernhöfe, »villae«, für die ein Bauer, »villicus«, verantwortlich war. Er nahm auch die Grundzinsen ein.

Im Kloster W. war der hl. Pirmin; neben Murbach, das er ebenfalls reorganisierte, wurde diese Abtei eines der bedeutendsten intellektuellen Zentren. W. hatte eine vorzügliche Klosterschule; im 9. Jh. schrieb hier der Mönch Otfried eine Evangelienharmonie, die zu den wichtigsten althochdeutschen Sprachdenkmälern zählt. Die 957 angenommene Reform von Gorze rückte W. in den höchsten Rang der erneuerten Benediktinerabteien. Das Kloster, das die freie Abtwahl besaß, wurde namentlich von den Hohenstaufen gefördert.

Eine dörfliche Infrastruktur entwickelte sich langsam zur eigentlichen, 1178 genannten Siedlung. Sie erstreckte sich vom Kloster aus auf den beiden Ufern der Lauter im O und im S. Ein gleichmäßiger Siedlungsplan ließ sich dabei des Wasserlaufes wegen nicht verwirklichen. Die Erweiterungen nach O, die aus dem 14. Jh. datieren dürften, nehmen jedoch an Regelmäßigkeit zu: Auf beiden Seiten der heutigen Rue Nationale verlaufen die Straßenzüge annähernd parallel.

Die Verteidigung der Abtei und der Siedlung sicherten anfänglich 4 Burgen in 1,5 bis 3 km Entfernung voneinander auf den umliegenden Anhöhen: St. German, St. Peter und Paul, St. Remigius und St. Pantaleon. Eine 1. Stadtmauer wurde im 13. Jh. unter Friedrich II. angelegt. Die noch sichtbaren Mauerreste datieren aus dem 14. Jh.

Stadt und Kloster gingen anschließend an Kurpfalz über, sicherten sich aber stets größere Freiheiten. 1354 Beitritt zur Dekapolis. 1469 Belagerung durch die Kurpfälzer. 1525 erhoben sich die Bürger, wurden aber von der Kurpfalz und dem Erzbischof von Trier wieder unterworfen. 1524 war die Abtei in ein Kollegiatstift umgewandelt worden; es gelangte wenig später an den Bischof von Speyer, in dessen Besitz es bis zur Aufhebung durch die Revolution blieb.

Die strategisch wichtige Lage der Stadt verwickelte sie in den folgenden Jahrhunderten in mehrere Kriege und machte sie zum Schauplatz etlicher Schlachten: 1620 wurde sie von den Kaiserlichen geplündert, 1635 von den Schweden heimgesucht. 1648 gelangte sie mit den anderen Städten

Wissembourg / Weißenburg
Nach Merians »Topographia Alsatiae«, 1663

der Dekapolis an Frankreich. 1705 besiegte unter ihren Mauern Marschall de Villars die Österreicher, 1744 bemächtigten sich die Kaiserlichen ihrer für kurze Zeit. 1746 nochmals befestigt, fiel sie 1793 doch den Österreichern zum Opfer, die kurz darauf von General Hoche geschlagen wurden. Im August 1870 trafen bei W. die französischen und deutschen Truppen aufeinander. Die 1944 von den Alliierten befreite Stadt wurde von den Deutschen nochmals besetzt und daher von den Amerikanern zuletzt noch heftig beschossen.
In den kriegerischen Annalen der Stadt ist schließlich noch ein weniger trauriges Ereignis zu erwähnen: 1720 zog sich der entthronte polnische König Stanislaus Leszczynski nach W. zurück, wo er das Palais des heutigen Ancien Hôpital bewohnte. Hier empfing er 1725 den Boten des französischen Königs Ludwig XV., der um die Hand seiner Tochter nachsuchte.

Ehem. Benediktinerabtei und Klosterkirche St-Pierre-et-St-Paul ●

Ein Neubau wurde 1074 geweiht (Abt Samuel). Die heutige Kirche wurde unter Abt Edelin begonnen. Eine Teilweihe fand 1284 statt (N-Querhaus).

Aus dem 11. Jh. ist der W-Turm erhalten; er ist inschriftlich bezeichnet: SACMUEL ABBAS HANC TURRIM FECIT (Abt Samuel errichtete diesen Turm; Inschrift 1851 erneuert). Der Kirchenbau des 13. Jh. ist eine kreuzförmige Pfeilerbasilika zu 7 Jochen mit Vierungsturm und 2jochigen Querhausflügeln. Der Hauptchor besteht aus einem Vorchorjoch und 5/8-Schluß; die Nebenchöre sind gänzlich verschieden nach Form und Stellung am Querhaus. Auf der S-Seite ein 2. Seitenschiff, von dem 3 Joche abgetrennt sind und eine Vorhalle zum südl. Seitenportal bilden; wohl wegen der Verbindung mit der Stadtmauer liegt der Eingang nicht an der W-Seite. Seinen Abschluß mit durchbrochener Balustrade und Helm erhielt der 8eckige Vierungsturm erst nach einem Brand 1883. – Neben dem roman. Turm ist an der W-Seite v. a. das besonders schöne Mauerwerk zu beachten, die bewußt und künstlerisch eingesetzte Verwendung der Steinfarben Rot und Gelb sowie der Steinmaserung. Das am vorgelegten Türmchen auftretende Treppenmotiv mit roten Quadern wiederholt sich links am Stützpfeiler.

Die Tympana der 3 Portale im S sind zerstört. Am westl. Portal dieser Seite ist noch die in 3 Zonen angeordnete Gründungslegende durch König Dagobert zu entziffern. Im östl. Portal war urspr. die Marienkrönung dargestellt (um 1290). Im Tympanon des N-Portals (Kreuzgang) standen die inschriftlich genannten hll. Sergius, Bacchus, Benedikt, Petrus und Paulus. Am Sakristeiportal die Geburt Christi, um 1300.

Das basilikale Innere überrascht durch die tief herabgezogenen, aber fast völlig verblendeten Obergadenfenster im 2geschossigen Aufriß. Den Rundpfeilern sind 4 Dienste aufgelegt, von denen die schiffseitigen die Gewölbe abfangen, und zwar wesentlich über der Fensterunterkante. Der Kapitelldekor erinnert an die Champagne, das Maßwerk entfernt an Lösungen, die in der Pariser Ste-Chapelle durchprobiert worden sind.

Im südl. Seitenschiff Reste von einem Hl. Grab, um 1490, stark verstümmelt, Christus-Figur neu. – Unter den *Glasfenstern* sind die Chorfenster des 14. Jh. hervorzuheben, z. T. mit Medaillons, die Szenen aus der Heilsgeschichte in typologischer Gegenüberstellung mit Begebenheiten aus dem Alten Testament enthalten, 14. Jh. Im nördl. Querhaus Rundfenster mit thronender Madonna, 2. Hälfte 12. Jh. In der Rose des südl. Querhauses segnender Christus, Verkündigung und der Abt Edelin (1262–93) als Stifter, vor 1293. Über dem östl. Portal Maria mit den hll. Johannes und Christophorus sowie dem Stifter Hans Brun v. Wachenheim, dat. 1487. Darüber Jüngstes Gericht. – *Wandmalereien* aus der Zeit 1300–20, u. a. Apostel, Leben und Passion Christi, Auferstehung, Pfingsten, Jüngstes Gericht. An der O-Wand des südl. Querhauses gigantischer Christophorus. Aus dem 15. Jh. an der südl.

Wissembourg / Weißenburg. Ehem. Abteikirche. Inneres nach Osten

Wissembourg / Weißenburg. Ehem. Abteikirche
Konsolfigur am nordwestlichen Vierungspfeiler

Seitenschiffwand beachtenswerte Maria mit Kind, um 1420; die schönlinigen Konturen des Kleides hat allerdings eine moderne Restaurierung etwas überbetont.

An N-Seite der Kirche Reste des **Kreuzganges** mit qualitätvollen Maßwerkfüllungen. Die 3 fehlenden Seiten bilden heute Bauten des ausgehenden 17. und 18. Jh. (s. u.).

Ev. Pfarrkirche St. Jean. Aus staufischer Zeit datieren die Vierung und der quadratische Turm, der sich als Zeuge einer vergangenen Zeit von dem malerischen und reich verwinkelten spätgot. Baukörper abhebt. Das Schiff liegt unter einem Krüppelwalmdach. Die seit der Reformation prot. Kirche wurde wegen Kriegsschäden 1945 erst 1958 wiedereröffnet.

Im Seitenschiff eine Luther-Büste des Straßburger Bildhauers Landolin Ohmacht, 1817. – Hinter dem letzten Pfeiler des Seitenschiffes chorwärts Reste von Wandmalereien (kniende Stifterin, 15. Jh.). – Kanzel um 1600.

Von den ehem. Klosteranlagen der Stadt sind zu nennen: der **Konvent der Dominikaner**, seit 1288 (Chor mit 3 Jochen und polygonaler Apsis erhalten), das **Kloster der Franziskaner**, seit etwa 1250 (Kirche 1372 geweiht), und das der **Augustiner**, seit 1279. An der Stelle der ehem., 1250 gegründeten **Deutschordenskomturei** (im 17. Jh. durch Brand vernichtet), steht heute das **Lycée classique**, das 1750 als Gerichtshof erbaut wurde.

Stiftskirchenviertel. Hinter St-Pierre-et-St-Paul das **ehem. Dechaneigebäude** von 1784, seit 1825 Sitz der **Sous-Préfecture** des Départements Bas-Rhin. – Als Pendant daneben, an der Rue du Chapitre, das **Kanonikerhaus** vom Ende des 18. Jh., 14achsig und 2stöckig mit doppelstöckigem Mansardendach und hochgelegten Eingängen, die über Doppeltreppen zu erreichen sind. – Südöstl. der Stiftskirche ein hufeisenförmiger Bau, um 1630, mit reichem, gegen die Straße gewendetem Barockgiebel und z. T. aufgemalter Scheinarchitektur.

Das **Salzhaus** an der Salzbrücke, 15./16. Jh., ist stark restauriert. Zur Lauter hin weist es ein imposantes 3stöckiges Dach mit langgezogenen Öffnungen. – Auf der gegenüberliegenden Seite des Baches das von Abt Edelin 1288 erbaute Haus. Der heutige Bau stammt aus dem 17./18. Jh.; er enthält wesentlich ältere, wiederverwendete Baustücke.

Rue Stanislas. **Ehem. Hôtel de Weber**, um 1700, 1720–25 Wohnsitz von Stanislaus Leszczynski, eine überraschend große 3-Flügel-Anlage um einen Hof mit Mauer und Tor gegen die Straße. Die Gartenseite ist vergleichsweise schlicht. – Gegenüber die **ehem. Zehntscheune**, dat. 1584.

Quai Anselmann. Haus des Hauptmanns Sebastian Vogelsberger, der wegen Hochverrats 1548 in Augsburg auf Befehl Karls V. hingerichtet wurde. 7achsig breit gelagertes Gebäude von 1540 mit reichem Portal und geschnitzter Tür, 17. Jh. Krüppelwalmdach mit doppelreihigen Gaupen. – Rechts daneben Fachwerkhaus auf gemauertem Erdgeschoß, 1703, mit reizvollem Innenhof; hier Baustücke von 1714 sowie aus dem 16. und 17. Jh.

Im Faubourg de Bitche, lauteraufwärts, Reste der alten **Befestigung**. – Rechts markant gelegenes malerisches Haus mit schräg über die Hausecke gestelltem Erker; daran Wappen, Medaillonköpfe und auf dem mittleren Fensterpfosten die Jahreszahl 1550. Das Wappen mit Steinmetzzeichen weist es vielleicht als Haus eines Architekten aus. – Gegenüber ein 1758 datiertes Haus unter Krüppelwalm, mit mauerumschlossenem Vorgarten.

Rue du Presbytère und Impasse des Augustins bieten hübsche Häuserzeilen. Rue St-Jean. Kleines Steinhaus mit alten Doppelfenstern, wahrscheinlich 14. Jh. – Rue du Musée. **Nr. 3: Musée Westercamp**. Fachwerkhaus mit Erker über dem Portal. Fenster in Holzrahmen, 1599. Links schräggestelltes Haus, dessen Ecke einen Erker bildet, dat. 1535. Museum mit lokalgeschichtlicher Sammlung.

Place de la République und anschließende Straßen. Das **Rathaus** von J. Massol, 1741–52, nimmt die Stelle eines älteren Baues ein, der 1677 einem Brand zum Opfer fiel. Der mächtige Louis-XV-Block ist leicht aus der Platzachse verschoben; sein Mittelrisalit mit Balkon, Giebel und Turm gibt sich als atrophierter Beffroi. – Am Platz Häuser des 17.–19. Jh. **Nr. 3** mit aufwendiger Fassade, 1837, mit urspr. eingebautem Kaufladen. Gegenüber ein qualitätvoller Bau aus der Mitte des 19. Jh. mit Kaufladen im Erdgeschoß.

Rue de la République. **Nr. 13:** Gerberhaus, ein breitgelagerter Bau mit Traufseite zur Straße, Laubengang und 1488 datiertem Spitzbogenfries. Die Bogenform der Laube legt nahe, den Ausbau ins späte 17. Jh. zu datieren. – **Hôtel de l'Ange** (Ecke zur Rue de l'Ange), 17./18. Jh., mit malerischem Innenhof. Die Anlage diente wohl immer als Gasthaus und Absteige. – In der Rue de la Passerelle höchst malerischer und unverfälschter Blick auf die Stiftskirche von der kleinen Brücke aus.

Rue Nationale. **Nr. 35:** »Holzapfel« oder »Bürgerhof« genanntes 3stöckiges Steinhaus. Über dem Eingang emailliertes Schild, von einem wilden Mann gehalten und 1506 datiert. Der Umgang mit Maßwerkbalustrade auf Höhe des Daches, die Turmansätze an den Ecken sowie die urspr. Fenster im 3. Geschoß lassen eher an eine Bauzeit im 15. Jh. denken. – Rue de l'Etoile. Häuser aus dem 16. und 17. Jh. – Rue du Sel. **Nr. 2: Haus »Zuo dem Falken«**, ein Fachwerkbau von 1535. – Rue Neuve mit zahlreichen alten Häusern. – Sackgasse in der Verlängerung der Rue des Juifs, auf der anderen Seite der Rue Nationale: Fachwerkhäuserzeile mit einzelnen Steinbauten; ganz rechts Haus mit Treppengiebel, 14.–16. Jh.

Altenstadt (G1)

Kirche St-Ulric. Die Kirche, eine flachgedeckte Pfeilerbasilika zu 5 Jochen, wurde um 1060–70 erbaut. Im Typus mit W-Turm, unentwickeltem Querhaus und 3 Apsiden Feldbach vergleichbar. Die O Teile sind unkenntlich geworden, da man sie in got. Zeit erneuert hat. In dem überraschend altertümlich wirkenden Inneren ist die Abfasung der Pfeilerkanten nicht ursprünglich. Sorgfältiges Mauerwerk. Das Gesims über den Arkaden fehlt. In den Hochwänden Mauerwerk aus kleinen Steinen mit starken Mörtelfugen. Die je 3 Lichtgadenfenster sind klein und kräftig ausgeschrägt (die großen Fenster alle neu). Der nördl. Querhausflügel mit Chorapsis 13. Jh., Vierung mit spätgot. Netzgewölbe und südl. Querhausflügel 16. Jh.; Hauptapsis und südl. Nebenapsis sind modern (1878). – Der eindrucksvolle *W-Turm* hat 4 ungleich hohe Geschosse und Schallöffnungen unter leicht ausgreifendem Pyramidendach, um 1100.

In der Vorhalle lautet eine Inschrift auf dem Sturz: »Hoc qui coenobium cupitis transire decorum poscite supremi abbati(s) venia(m) Liuthar(di)« (»Ihr, die ihr dieses schöne Kloster betreten wollt, holt die Erlaubnis des hohen Abtes Liuthard ein«). Der Sturz gehörte also urspr. zu einem andern Portal; in Altenstadt gab es kein Kloster. Ein Abt Liuthard ist in Weißenburg 1002–32 nachzuweisen. – Got. Taufstein. Kanzel vom Ende des 17. Jh.

WOLXHEIM (Bas-Rhin E5)

Altbronn

Von dem bei Wolxheim gelegenen, im 14. Jh. untergegangenen Dorf steht noch die 1397 bezeichnete **Kirche** (Wallfahrtskapelle). Die daneben liegende spätere **Kapelle** birgt *Holzbildwerke* des 14.–15. Jh.

ZELLENBERG (Haut-Rhin D8)

Alter Besitz der Herren v. Horburg, die 1252 hier eine (verschwundene) Burg errichteten auf Kosten ihres Herrn, des Bischofs von Straßburg.

Das Dorf mit mehreren **Häusern** des 16. und 17. Jh. ist namentlich seiner Höhenlage auf einem langgezogenen Rücken wegen besuchenswert. Die got. **Kirche** wurde 1760 barockisiert.

ANHANG

FACHWORT-ERLÄUTERUNGEN

Abfasung. Abschrägung, die abgeschrägte Kante eines Baugliedes.
Acajou. Mahagoniholz.
Ädikula (lat. aedicula = Tempelchen, Häuschen). Rahmender architektonischer Aufbau um Portale, Fenster, plastische Darstellungen, Reliefs oder Gemälde.
Agraffe. Volutenartige Klammer am Scheitel eines Rundbogens.
à jour. Durchbrochen, mit Öffnungen.
Akanthus. Distelähnliche Pflanze. Die Form ihrer gezackten oder gelappten Blätter findet sich zuerst an korinthischen Kapitellen. Seit der Antike vielfach verwendetes und abgewandeltes Ornamentmotiv.
Akroter (griech. = äußerste Spitze). Von der Antike übernommenes Zierglied auf der Spitze oder an den Ecken eines Giebels.
al secco → Fresko.
Ambo. Niedriges, kanzelartiges, um mehrere Stufen erhöhtes Lesepult an oder vor den Chorschranken. Aus dem A. entwickelt sich die Kanzel.
Amorette. Nacktes, geflügeltes Kind mit Pfeil und Bogen, nach dem Bild des Liebesgottes Amor geschaffen.
Antependium (lat. antependere = davorhängen). Bekleidung der Altarvorderseite, aus gesticktem Stoff, als Treibarbeit, auch gemalt, geschnitzt oder als Einlegearbeit.
Apsis (griech. = Bogenrundung). Die das Ende des Chores oder der Seitenschiffe bildende Altarnische über urspr. halbrundem, später auch polygonalem Grundriß.
Aquamanile (lat. aqua = Wasser, manus = Hand). Meist metallenes Gießgefäß, aus dem bei liturgischen Handlungen das Wasser auf die Hände des Priesters gegossen wird.
Arabeske (it. arabesco, rabesco). Ein wohl aus der Kunst des Islams stammendes Ornament aus feingliedrigem Blatt- und Rankenwerk, das den jeweiligen pflanzlichen Vorbildern sehr nahekommt; häufig sind Masken und Putten eingefügt. Das Kennzeichen der A. – im Unterschied zur → Maureske – ist, daß der Stengel der Länge nach durch das Blatt durchwächst und es an der Spitze wieder verläßt.
Architrav. Der waagerechte Steinbalken über Säulen, Pfeilern oder Pilastern in der antiken und der von ihr abhängigen Architektur.
Archivolte. Rahmenleiste an der Stirnseite eines Bogens oder die (meist plastische) Innengliederung einer Bogenlaibung.
Arkade (lat. arcus = Bogen). Bogenstellung, d. h. ein Bogen über Säulen oder Pfeilern. Das Wort A. bezeichnet auch die fortlaufende Reihe solcher Bogenstellungen.
Arkosolgrab, Arkosolie. Durch einen Bogen überwölbtes, in die Wand eingelassenes Grab.
Arma Christi (lat. arma = Waffen). Die Passionswerkzeuge Christi (Kreuz, Geißelsäule, Dornenkrone, Nägel, Essigschwamm etc.),

meist um die Gestalt des Schmerzensmannes angeordnet, beliebte Darstellung im Spätmittelalter.

Atlant. Nach dem Riesen Atlas der griechischen Sage, der das Himmelsgewölbe trägt, menschlich gebildeter, scheinbarer oder wirklicher Träger eines Architekturteiles. Weibliche Entsprechung ist die *Karyatide.*

Atrium. 1. Offener Hauptraum des altrömischen Hauses. – 2. Vorhof einer Basilika mit Säulenhallen an 3 Seiten und einem Brunnen in der Mitte, auch *Paradies* genannt.

Attika. Mehr oder minder reich gegliederte brüstungsartige Aufmauerung über dem Hauptgesims eines Bauwerkes.

Baldachin. Urspr. ein kostbarer Stoff, dann der daraus gefertigte Prunkhimmel über einem Thron oder Bischofsstuhl, auch der Traghimmel bei Prozessionen. In Stein – oder auch Holz – umgesetzt als Auszeichnung über einem Altar (vgl. Ciborium) oder einem Grabmal, in verkleinerter Form als luftiges Gehäuse für Figuren an got. Strebepfeilern (vgl. Tabernakel) oder nur als krönender Überfang einer Einzel- bzw. einer Gewändefigur got. Kirchenportale. Die Bezeichnungen schwanken: z. B. Altartabernakel.

Baluster (it. balaustro). Niedriges profiliertes, oft auch ausgeschwungenes Säulchen oder Vierkantpfosten aus Holz oder Stein als Träger eines Geländers oder Handlaufs und mit diesem zusammen als *Balustrade* bezeichnet. Der deutsche Name für B. lautet *Docke.*

Bandelwerk (Bandlwerk, Bandwerk). Um 1700 aufkommendes Ornament, das aus der Verschlingung von Bändern entsteht und figürliche, Ranken- und Blattmotive aufnehmen kann, wie sie in der älteren Arabeske und Groteske verwendet sind.

Baptisterium. Taufkirche, als Zentralbau stets einer Bischofskirche zugeordnet, aus dem Frühchristentum herkommend.

Basilika (griech. = Königshalle). Die römische B., urspr. Markt- und Gerichtshalle, ist eine flachgedeckte Säulenhalle mit 3 oder mehr Schiffen und einer apsidialen Tribuna meist im O. Längsrichtung und Höhenstufung der Schiffe, wobei das Mittelschiff sein Licht von der über den Seitenschiffdächern aufsteigenden Fensterzone, dem Lichtgaden, empfängt, sind die Wesensmerkmale der B., die in ihren zahlreichen Abwandlungen zum wichtigsten Typ des christlichen Kultbaues wurde.

Basis (griech. = Fuß). Der ausladende, meist profilierte Fuß einer Säule oder eines Pfeilers, der den Druck der Stütze auf eine größere Grundfläche verteilt.

Bastion, Bastei. Vorsprung am Hauptwall eines Festungsbaues zur Aufstellung von Geschützen.

Bauhütte, Hütte. Die mittelalterliche Werkstattgemeinschaft, in der vom Lehrjungen bis zum obersten Bauplaner alle an einem Kirchenbau beschäftigten Maurer, Steinmetzen, Bildhauer, Zimmerleute usw. zusammengefaßt sind.

Beffroi, Beffroy. Der → Bergfried.

Beinhaus, Ossuarium. Kapellenartiger Bau auf dem Friedhof zur Aufnahme der bei Anlage neuer Gräber gefundenen Gebeine. Mitunter doppelgeschossig mit einer Totenkapelle erweitert und *Karner* genannt.

Bogenformen. 1. Rundbogen, 2. Korbbogen, 3. Flach-, Stich- oder Segmentbogen, 4. Spitzbogen, 5. Eselsrücken, 6. Kielbogen, 7. Konsolbogen, Bursa-Bogen, Schulterbogen, 8. u. 9. Hufeisenbogen, 10. Gespitzter islamischer Bogen, Sarazenenbogen.

Bergfried. Der in seiner Herkunft nicht geklärte Begriff bezeichnet den zur letzten Verteidigung bestimmten inneren Hauptturm der mittelalterlichen Burg.

Beschlagwerk. Ein an Metallbeschläge erinnerndes Ornament aus symmetrisch geordneten Bändern, Leisten und geometrischen Flachkörpern, erfunden von dem Niederländer J. Vredeman de Vries. Blütezeit von der Mitte des 16. bis zum Anfang des 17. Jh.

Bifore. 2bogiges Fenster. Entsprechend sind *Mono-* bzw. *Triforen* 1- bzw. 3bogige Fenster usw.

Birnstab. Stabartiges Bauglied der Gotik (Dienst, Gewölberippe) mit birnenförmigem Querschnitt.

Biscuit (frz.), *Biskuit.* Unglasiertes Weichporzellan, gelblich, mit mattrauher Oberfläche.

Blende. Das einem Baukörper vorgelegte, der Dekoration und Gliederung dienende »blinde« architektonische Motiv, das nicht räumlich vorhanden ist, z. B. ein Blendfenster oder eine Blendarkade.

Bogenformen → S. 303.

Boiserie. Holzvertäfelung, auch mit ornamentalen Schnitzereien.

Bosquet (frz.), *Boskett.* »Lustwäldchen«; in der Gartenbaukunst Anpflanzung von Bäumen und Sträuchern in Form eines Buschwaldes.

Bosse. Im Wand- oder Mauergefüge der sichtbare Teil eines Steinquaders, der sich noch in rohem, unbearbeitetem Zustand befindet.

Bossenquader, Buckelquader → Quader.

Bozzetto. Bildhauerentwurf (meist aus Ton).

Bündelpfeiler. In der got. Baukunst ein Kernpfeiler mit ringsherum gruppierten kleinen und großen Dreiviertelsäulen, sog. jungen und alten Diensten. In der Hochgotik wird diese Gruppierung so verdichtet, daß der Kernpfeiler unsichtbar wird.

Campanile. Nicht im Verband mit dem Kirchengebäude stehender Glockenturm, bildet in der italienischen Architektur die Regel.

Charnier. Beinhaus, Karner.

Chor (griech. = Tanz, Tanzplatz). Urspr. Raum für den Chorgesang der Geistlichen; seit dem 15. Jh. übliche Bezeichnung für den Altarraum und seine mit dem Chorgestühl ausgestatteten Annexe.

Chronogramm. Eine Inschrift, bei der die Addition der darin vorkommenden Zahlzeichen das Datum ergibt. Da z. B. im Lateinischen I = 1, V = 5, X = 10, L = 50, C = 100, D = 500 und M = 1000 bedeuten, läßt sich durch Hervorhebung solcher Zahlen-Buchstaben im Inschrifttext auf ein bestimmtes Datum verweisen.

Chronostichon → Chronogramm in Versform.

Ciborium. Der steinerne Altarbaldachin auf Säulen.

Communs. Nebengebäude.

Confessio. Das unter dem Hochaltar einer Kirche angelegte Grab eines Märtyrers, des Kirchengründers oder Titelheiligen. Seit dem 8. Jh. meist von einem halbkreisförmigen Gang umzogen, der eine direkte Verehrung ermöglichte. Die C. ist die Vorform der mittelalterlichen Krypta.

Corps de logis. Hauptteil (Mittelbau) einer Schloß- oder Hôtelanlage, in größeren Dimensionen und oft mit reicherer Fassadenzier als die angrenzenden Trakte, für Wohn- und Repräsentationsräume vorgesehen.

Cour d'honneur. Der von 3 Flügeln eines Schlosses gebildete Ehrenhof.

Custodia → Monstranz.

Dach. Die wichtigsten D.-Formen sind: *Sattel-D.,* bestehend aus 2 schrägen, gegeneinander geneigten und im First zusammenstoßenden D.-Flächen, die an ihren Enden durch Giebel begrenzt werden. Sind bei rechteckigen Gebäuden auch die Giebelseiten mit schrägen D.-Flächen versehen, so ist ein *Walm-D.* gegeben; die D.-Flächen der Schmalseiten anstelle der Giebel heißen Walme, und die Traufkante umzieht das ganze Gebäude. Bei gleicher Ausführung über quadratischem Grundriß treffen alle 4 D.-Flächen in einem Punkt zusammen, und es entsteht das *Zelt-D.* oder *Pyramiden-D.,* das bei steilem Neigungswinkel der D.-Flächen als Turm-D. (Helm) beliebt ist. Wird der Walm bei Dächern über rechteckigem Grundriß nicht bis zur Traufkante herabgeführt, so daß noch ein Giebelrest erhalten bleibt, entsteht das *Krüppelwalm-D.* Beim *Mansard-D.*werden die D.-Flächen gebrochen, um eine günstigere Ausnützung des D.-Raumes für Wohnzwecke zu erreichen. Diese seit dem ausgehenden 17. Jh. bekannte D.-Form leitet ihren Namen von dem französischen Baumeister François Mansart ab, der sie jedoch nicht erfunden hat.

Dachreiter. Dem Dachfirst meist über der Vierung aufsitzendes Türmchen zur Aufnahme einer Uhr oder Glocke. Besonders von den Reformorden des hohen Mittelalters anstelle eines aufwendigen Turmes verwendet.

Deesis. Darstellung des im Jüngsten Gericht thronenden Christus, bei der Maria und Johannes d. T. zu seinen Füßen knien und für die Auferstandenen bitten.

Diakonikon → Pastophorien.

Diamantquader → Quader.

Dienst. Der einer Wand, Pfeilern oder Säulen vorgelegte Rundstab zur Aufnahme der Rippen, Gurte und Schildbögen des in der Gotik üblichen Kreuzrippengewölbes. Die stärkeren D. bezeichnet man als die alten, die dünneren als die jungen.

Directoire-Stil. Französischer Übergangsstil mit klassizist. Merkmalen zwischen Louis-seize- und Empire-Stil, benannt nach der französischen Direktorialregierung 1795–99.

Docke → Baluster.

Dom (lat. domus = Haus). Bischofskirche, auch allgemein für »große Kirche«.

Donjon. Bergfried oder wehrhafter Wohnturm einer Burg.

dorisch → Säulenordnungen.

Dorment, Dormitorium. Schlafraum der Mönche im Kloster.

Dorsale. Rückwand des Chorgestühls, häufig reich gegliedert und geschmückt.

Dreipaß → Paß.

Ebenist. Ebenholzarbeiter, im allgemeineren Sinne Kunsttischler, besonders des 17. und 18. Jh., der Möbel mit Ebenholz-, aber auch mit anderen Einlagen anfertigte.
Eckblatt (-knolle, -sporn). Blattartige Verzierung an den 4 Ecken der Säulenbasis, die den zwischen dieser und der quadratischen Fußplatte (Plinthe) vorhandenen Zwickel ausfüllt. Diese Ecklösung beginnt mit der Wende vom 11. zum 12. Jh.
Eckort. Durch ein Architekturmotiv, z. B. einen Obelisken, hervorgehobene Spitze oder (Turm-)Ecke.
Eierstab. Zierleiste aus abwechselnd eiförmigen und pfeilspitzenartigen Formen, unten stets und häufig auch oben von einer Perlschnur abgeschlossen.
Email. Im Feuer auf einen (Metall-)Träger aufgeschmolzene, durch Metalloxyde gefärbte, meist durchscheinende Glasmasse. Beim *Grubenschmelz* wird die Glasmasse in den vertieften Grund eingesenkt; beim *Zellenschmelz* werden auf die Metallplatte hochkant stehende Stege als Umrißzeichnung aufgelötet. Beim Goldemail ist Gold als Träger und für die Stege verwendet.
Empire-Stil. Klassizist. Stil der französischen Kunst und des Kunstgewerbes während des 1. französischen Kaiserreiches mit griechisch-römischen und ägyptischen Elementen. (Ca. 1800–30.)
Empore. Galerie im Obergeschoß über Seitenschiffen oder Nebenräumen.
Enfilade. Folge von Räumen, deren Eingänge auf einer Achse liegen. Der Durchblick läßt sie wie an einem Faden (»fil«) aufgereiht erscheinen.
en torchis. Mit Stroh- und Lehmgemenge als Mauerfüllung.
en transi. In der Haltung einer erstarrten Leiche.
Entasis. Schwellung des Säulenschaftes.
Epitaph. Gedächtnismal für einen Verstorbenen mit Inschrift an Wand oder Pfeiler.
Eselsrücken → Bogenformen.
Exedra. Im Kirchenbau: Apsis, Kuppelkonche.
Fabrique. Gartengebäude, -staffagearchitektur.
Fächergewölbe → Gewölbe.
Fassung. Die in der Regel auf eine Grundierung aufgetragene Bemalung von Skulpturen aus Holz oder auch Stein, aber auch der Architektur.
Feston. Schon in der Antike verwendete Ornamentgirlande aus Blumen, Laub und Früchten. Später häufig in barocker Stuckdekoration. Auch *Fruchtgehänge* genannt.
Fiale. Schlankes spitzes Türmchen als Zierglied der got. Baukunst.
Fischblase. Fischblasenförmiges Ornament, das im spätgot. Maßwerk häufig vorkommt. Seine asymmetrischen und geschwungenen Formen stehen im Gegensatz zu den strengen geometrischen Motiven des hochgot. Maßwerks. In Frankreich als *Flamboyant* bezeichnet; dort dann auch Stilbegriff für die Spätgotik mit ihrem »züngelnden« Maßwerkornament.

Fresko (it. = frisch). Auf den feuchten Putz (*»al fresco«*) aufgetragenes Gemälde, das durch gleichzeitiges Abbinden und Eintrocknen von Putz und Erdfarben besonders haltbar ist. Gegenteil: *al secco*, die Malerei auf der trockenen Wand. Eine Mischtechnik wird als *Fresco-Secco-Malerei* bezeichnet.

Fronton, Frontispiz. Giebeldreieck als vorspringende Tür- oder Fensterbedachung oder über Mittelrisalit.

Gaube, Gaupe. Kleines, in das Dach eines Baues eingefügtes Fenster mit Walmdach.

Gebundenes System. Die für alle Teile des Grundrisses einer *roman.* 3schiffigen Basilika verbindliche Maßeinheit ist durch das Vierungsquadrat festgelegt, das, nach O wiederholt, das Chorquadrat, nach N und S die Querhausarme ergibt. Den Mittelschiffjochen des Langhauses liegt ebenfalls diese Maßeinheit zugrunde. Die Seitenschiffe haben halbe Breite des Mittelschiffes, so daß jedem quadratischen Gewölbe eines Mittelschiffjoches je 2 kleinere Gewölbequadrate von halber Seitenlänge in beiden Seitenschiffen entsprechen und stark belastete Hauptpfeiler mit schwächeren Zwischenpfeilern wechseln, die nur die Last der Seitenschiffgewölbe aufnehmen.

Gesprenge. Meist hoher Aufbau über spätgot. Altaraufsätzen, aus zierlichen Architekturgliedern wie Tabernakeln, Spitzbogen, Eselsrücken und Fialen errichtet.

Gewände. Die durch schrägen Einschnitt eines Fensters oder Portals in der Mauer entstehenden Schnittflächen, die oft reich aufgegliedert und bei got. Portalen, besonders der französischen Kathedralen, mit Gewändefiguren besetzt wurden. Bei rechtwinkligem Einschnitt ist die Bezeichnung *Laibung* gebräuchlich.

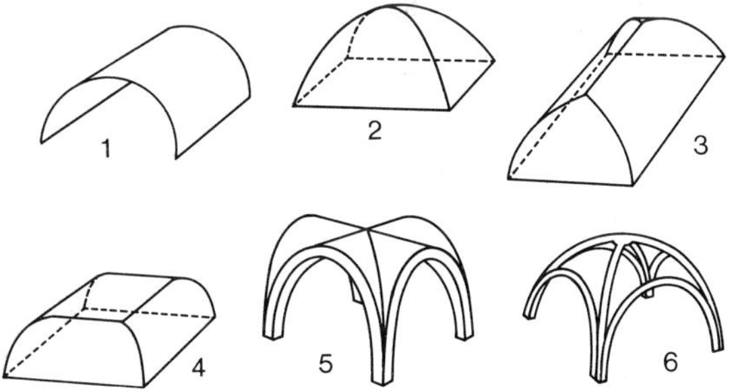

Gewölbe. Die grundlegende Wölbform ist das *Tonnengewölbe* (1). Sein Querschnitt kann einen Halbkreis, einen Segmentbogen, Korb- oder Spitzbogen bilden. Wird ein über quadratischem Grundriß erstelltes Tonnengewölbe mit Halbkreisquerschnitt durch 2 Diagonalschnitte in 4 Teile zerlegt, so entstehen 2 Wangenstücke und 2 Kappenstücke.

Durch Zusammensetzen von 4 Wangenstücken wird das *Klostergewölbe* (2) gebildet, bei dem am Zusammenstoß der Wangen kein Grat, sondern eine zurückspringende Kehllinie vorhanden ist. Werden bei einem Klostergewölbe 2 gegenüberliegende Wangen auseinandergezogen, so daß statt des Firstpunktes eine Firstlinie entsteht, spricht man von einem *Muldengewölbe* (3). Es kann aber auch durch Einfügen einer Wange an beiden Schmalseiten eines Tonnengewölbes auf Rechteckgrundriß gebildet werden. Wird dagegen der Grundriß eines Klostergewölbes nach beiden Seiten verbreitert, so entsteht statt der Firstlinie eine horizontale Fläche, die, Spiegel genannt, der nun entstehenden Wölbform den Namen *Spiegelgewölbe* (4) gibt. Durch Zusammensetzen von 4 Kappenstücken entsteht das *Kreuzgewölbe* (5), das man geometrisch auch aus der rechtwinkligen Durchdringung von 2 Tonnengewölben gleichen Querschnitts ableiten kann. Die Durchdringungslinien heißen Grate; daher ist auch die Bezeichnung *Kreuzgratgewölbe* üblich. Treten an die Stelle der Grate Rippen, so können die Kappen in einem gesonderten Bauvorgang dünnwandiger ausgeführt werden, und es entsteht das *Kreuzrippengewölbe* (6). Der Gewölbeschub wird hier wie beim Kreuzgewölbe auf 4 Stützpunkte abgeleitet.

Gisant. Liegefigur.

Glacis. Als freies Schußfeld angelegte Aufschüttung vor dem äußeren Grabenrand der Festung.

Grisaille. In verschiedenen Abstufungen einer einzigen Farbe (grau in grau) gehaltene Malerei.

Groteske (it. grottesco). Ornament aus dünnem Rankenwerk, in das phantastische Menschen- und Tiergestalten, Blumen und Früchte, Trophäen und Architekturelemente eingefügt sind. Gegen Ende des 15. Jh. in unterirdischen Räumen, sog. Grotten, antiker römischer Gebäude wiederentdeckt und künstlerisch neu belebt.

Grubenschmelz → Email.

Gurt. Kräftiger, rechtwinklig vortretender oder profilierter Bogen zwischen benachbarten Gewölben, der die einzelnen Raumabschnitte, die Joche, voneinander scheidet.

Hallenkirche. Eine mehr-, meist 3schiffige Kirche, deren Gewölbekämpfer in gleicher Höhe liegen. Meist mit einheitlichem Satteldach, bisweilen solches über jedem Schiff. Das Mittelschiff empfängt sein Licht nicht mehr wie bei der Basilika direkt durch einen eigenen Fenstergaden, sondern indirekt von den Fenstern der Seitenschiffe. Liegen die Gewölbescheitel annähernd in einer Ebene, so ist die echte H. gegeben, sind sie im Mittelschiff hinaufgeschoben, ist die Bezeichnung *Staffelkirche* oder *Stufenhalle* üblich. Zuweilen kann die Höhe der Mittelschiffgewölbe gegenüber denjenigen der Seitenschiffe so beträchtlich sein (*Stutzbasilika*), daß eine basilikale Dachbildung erforderlich wird (*Pseudobasilika*).

Halloy. Gedeckte Galerie.

Halsgraben. Breiter Graben zwischen der Burg und ihrem Vorfeld.

Herme. Büste auf 4kantigem, sich nach unten verjüngendem hohem

Sockel, urspr. wohl der Hermes-Darstellung vorbehalten, später auch für die anderer Götter und würdiger Menschen. H.-Säulen oder -Pilaster sind stützende oder auch nur schmückende Architekturglieder.

historisieren. Nachahmen eines historischen Stils.

Hufeisenbogen → Bogenformen.

Ikonostase. Mit Bildern bedeckte Wand, die in orthodoxen Kirchen den Gemeinderaum vom Allerheiligsten abschließt.

Inkarnat. Fleischton; der vom Weiß ins Rot spielende Farbton der menschlichen Haut.

Inkrustation. Einlegearbeiten in Stein, mit denen ein farbiger Schmuck von Flächen erzielt wird.

in situ. Am urspr. Ort, in der vorgefundenen Stellung.

Intarsia. Eingelegte Arbeit zur Verzierung in Holz, Stein, Stuck (*Scagliola*), Elfenbein und anderen Werkstoffen. Höhepunkt dieser Technik im 16. und 17. Jh.

ionisch → Säulenordnungen.

Joch. Die Gewölbeeinheit innerhalb einer Folge derartiger Einheiten sowie der dadurch bestimmte Raumabschnitt. Auch der von Pfeiler zu Pfeiler begrenzte Abschnitt einer Brücke.

Kaffgesims, Kappgesims. Schräges Gesims an got. Kirchen, das unterhalb der Fenster auch über die Strebepfeiler führt.

Kalotte (frz. = Käppchen). Kuppelform, die mittels eines horizontal geführten Schnittes durch eine Kugel oberhalb ihres Großkreises (= Äquator) entsteht. Auch Bezeichnung für eine geviertelte Kugel als Wölbung über einer Apsis auf Halbkreisgrundriß.

Kämpfer. Die oberste Platte eines Pfeilers oder einer Säule, die als Auflager für Bogen oder Gewölbe dient.

Kannelure. Die senkrechte Kehle in Säulenschäften oder Pilastern.

Kanon, klassischer. Die unter Berufung auf den antiken Bautheoretiker Vitruv (1. Jh. v. Chr.) von den Architekten der Renaissance und des Barock festgesetzte »Säulenordnung«; sie teilt die dorische oder toskanische Säule dem Untergeschoß eines Bauwerks, die ionische dem mittleren und die korinthische oder komposite dem Obergeschoß zu. In gleicher Weise unterliegen diesem »Kanon« auch die Pilaster (vgl. a. Säulenordnungen).

Kantonierung. Die Bündelung von 4 Dreiviertelsäulen (Diensten) um einen säulenartigen Kern oder die Besetzung von Pfeiler- und Mauerecken mit Säulen.

Kapitell. Zu den antiken Kapitellformen vgl. Säulenordnungen. Die wichtigsten späteren K. sind: *Würfel-K.*, entstehend aus der Durchdringung von Kugel und Würfel; es vermittelt ideal zwischen der runden Säule und der kubischen Last. Das *Kelch-K.* ist als eine kelchartige Erweiterung der Säule zu begreifen. Beim *Knospen-K.* (auch *Knollen-K.*) ist der K.-Kelch von aufsteigenden, an den Ecken knospend eingerollten Blättern umhüllt.

Kapitelsaal. Raum für die täglichen Zusammenkünfte der Klosterbrüder, in der Regel hallenartig und an der O-Seite des Kreuzganges gelegen. Im K. finden außer Lesungen aus der Schrift oder Ordensregel Beratungen über Arbeiten und Vorgänge im Kloster statt.

Kappe. Das durch Grate oder Rippen ausgesonderte Teilstück eines Gewölbes (vgl. auch Gewölbe).

Karner → Beinhaus.

Karnies. Wellenförmiges Profil von Gesimsen und Konsolen. Die konvexe Form kann sowohl den oberen als auch den unteren Teil der Welle bilden.

Kartusche. Aus dem Wappenfeld entwickelte Flächendekoration der Renaissance und des Barock, bei der die Betonung nicht auf dem inneren Feld, sondern auf dem Rahmen liegt, der meist aus Rollwerk, später auch aus Rocaillen o. ä. gebildet wird. Die Binnenfläche kann leer sein oder z. B. eine Inschrift, ein Wappen, ein Gemälde enthalten.

Karyatide → Atlant.

Kasematte. Schußsicherer Bunker, im Festungswall oder freistehend.

Kassettendecke. Eine flache oder gewölbte Decke mit gleichmäßig oder rhythmisch verteilten, zugleich vertieften Feldern, die quadratisch, rechteckig, polygonal oder rund sein können und Kassetten genannt werden. Sie können bemalt oder mit Reliefs versehen, ihre Wandungen profiliert sein.

Kathedra. Bischofsstuhl.

Kathedrale. Bezeichnung für französische, englische und spanische Bischofskirchen (vom Sitz des Bischofs, der »Kathedra«, abgeleitet).

Kelchkapitell → Kapitell.

Kenotaph (griech. = leeres Grab). Grabdenkmal in Gestalt einer Tumba oder eines Sarkophages.

Kielbogen → Bogenformen.

Klangarkade, Schallarkade. Arkadenförmige Schallöffnung im Glokkengeschoß eines Turmes.

Klausur (lat. claudere = schließen). Der ausschließlich den Klosterinsassen vorbehaltene Bezirk der Klosteranlage.

Klostergewölbe → Gewölbe.

Knollenkapitell → Kapitell.

Knorpelwerk. Ornament des 17. Jh., das aus knorpelartigen, verknoteten Gebilden besteht, die z. B. symmetrisch aus einer Maske entwikkelt sein können.

Knospenkapitell → Kapitell.

Kolonnade. Säulengang mit horizontal abschließendem Gebälk als selbständiges Bauwerk oder im Anschluß an ein Gebäude. Im Barock und Klassizismus als städtebauliches Element sehr beliebt.

Kompositkapitell → Säulenordnungen.

Konche (griech. = Muschel). Die Kuppelschale der Apsis, übertragen die Apsis selbst. »Dreikonchenchöre« entstehen bei einer kreuzförmigen Basilika, deren Querhausarme in ihren Abmessungen dem O-Chor angeglichen sind und auch in Apsiden enden. Im Grundriß ergibt sich die Form eines regelmäßigen Kleeblattes.

Konsole. Ein aus der Mauer hervortretender Tragstein (= *Kragstein*) für Bögen, Gesimse usw.

Kontergarde. Spitz vorspringender, niederer Abschnitt vor dem Hauptwall einer Befestigung.
Korbbogen → Bogenformen.
korinthisch → Säulenordnungen.
Krabbe (Kriechblume). Blattornament der Gotik, das an den Kanten von Turmhelmen, Giebeln, Wimpergen, Fialen angebracht ist.
Kragstein → Konsole.
Kreuzgang. Im Geviert üblicherweise südlich der Klosterkirche angeordnete, meist gewölbte Gänge um den Klosterbinnen(Kreuz)hof, in Bogenstellungen gegen ihn geöffnet.
Kreuz-, Kreuzgrat-, Kreuzrippengewölbe → Gewölbe.
Krüppelwalmdach → Dach.
Krypta. Unterkirche, aus der → Confessio entwickelt.

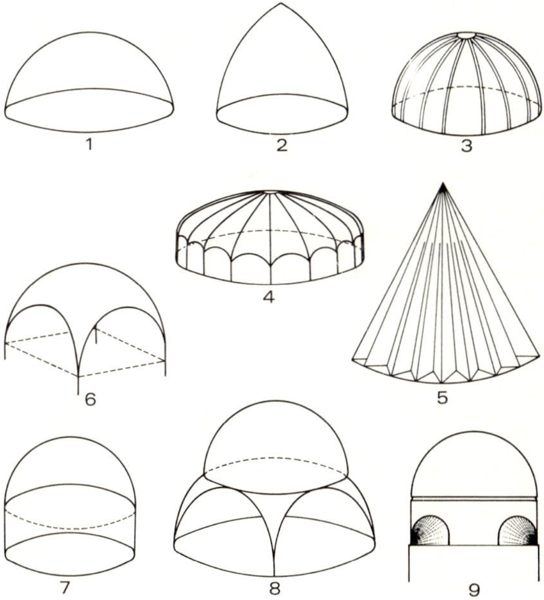

Kuppel. Halbkugelförmiges oder einer Halbkugel angenähertes Gewölbe. Die verschiedenen K.-Benennungen orientieren sich teils an der allgemeinen Form der K. [*Flachkuppel* (1), *Spitzkuppel* (2)], teils an der Ausführung des K.-Gewölbes selbst [*Rippenkuppel* (3), *Schirmkuppel* (4), *Faltkuppel* (5)] oder an den verschieden möglichen Unterbauten bzw. Auflagern [*Hängekuppel* (6), *Tambourkuppel* (7), *Pendentifkuppel* (8), *Trompenkuppel* (9)].

Kurtine. Das laufende Mauerstück einer Befestigung zwischen Türmen und Toren.

Laibung (Leibung) → Gewände.

Lambrequin. Gelappter Behang am oberen Abschluß eines Betthimmels bzw. Fensters oder als seitliche Rahmung eines Baldachins. Die Kunst des Barock übertrug das Motiv – geschnitzt, stuckiert oder sogar in Stein ausgeführt – in die Architektur.

Laterne → Kuppel.

Laubwerk. Blätterförmiger skulpturaler Schmuck von Baugliedern (Gesimse, Kehlen, Kapitelle usw.). Vorkommen seit der Antike; als Begriff besonders auf den Blattschmuck der Gotik angewendet.

Lavabo. Becken für die Handwaschung des Priesters in der Messe.

Lettner (Lectorium). Scheidewand als Chorschranke zwischen Chor und Mittelschiff mit einer Lese- und Sängerbühne.

Lisene. Senkrechter flacher Mauerstreifen ohne Basis und Kapitell.

Loggia. Von Pfeilern und Säulen getragene, gewölbte Bogenhalle oder gewölbter Bogengang (oftmals gleichbedeutend mit »Laube«).

Lukarne. Dachluke oder -fenster.

Lünette. Halbkreisförmig oder von einem Kreissegmentbogen begrenztes Feld über Türen und Fenstern, oft mit Malerei oder Reliefschmuck ausgefüllt.

Mandorla. Heiligenschein in Mandelform, nur bei Christus- und Mariendarstellungen üblich, der – anders als der nur das Haupt umgebende *Nimbus* – die ganze Figur umstrahlt.

Mann (Wilder Mann, Hessischer Mann). Gerüstform im Fachwerk, die aus senkrechten Pfosten, nach unten zur Schwelle führenden Streben und nach oben führenden Streben oder Kopfbändern besteht (wie ein Mann mit gespreizten Beinen, der mit erhobenen Armen eine Last stützt). Als Wilder Mann (Wilde Frau) gelegentlich figürlich ausgearbeitet.

Mansarde. Oberstes Dachgeschoß. (*Mansarddach* → Dach.)

Maschikuli → Pechnase.

Maßwerk. Das geometrisch »gemessene« Bauornament der Gotik, v. a. entwickelt für die Füllung der oberen Bogenzone in den großen, durch Pfosten unterteilten Fensteröffnungen.

Maulscharte. Querrechteckige Schießscharte in mittelalterlichen, v. a. got. Wehrbauten.

Maureske. Aus der islamischen Kunst hervorgegangenes reines Flächenornament mit streng stilisierten Blättern und Blüten. Ein beliebtes Motiv der Renaissance (vgl. dagegen Arabeske).

Mausoleum. Architektonisches Grabmal, so genannt nach jenem, welches sich König Mausolos von Karien 352 v. Chr. in Halikarnass errichten ließ.

Mensa (lat. = Tisch). Platte des Altartisches.

Metope → Triglyphe.
Mezzanin (it. mezzo = halb). Halb- oder niedriges Zwischengeschoß.
Miserikordie (lat. misericordia = Erbarmen). Konsolenförmiger Vorsprung an der Unterseite des aufklappbaren Sitzbrettes im Chorgestühl; dient den Geistlichen während des Stehens als Stütze.
Monstranz (Ostensorium, Custodia). Schaugefäß aus Edelmetall mit Glas oder Kristall, in dem die geweihte Hostie gezeigt wird. – Ostensorien und Custodien können auch Reliquien enthalten.
Muldengewölbe → Gewölbe.
Münster. Der (von lat. monasterium = Kloster abgeleitete) Begriff bezeichnet im strengen Sinne des Wortes eine Klosterkirche. Doch ist die Verwendung nicht eindeutig: auch große Stadtpfarr- und Bischofskirchen werden als M. bezeichnet, besonders im oberrheinischen Gebiet.
Netzgewölbe → Gewölbe.
Niello. Schwarze Zeichnung in Edelmetall. Sie wird eingraviert, die Ritzung mit der N.-Masse (Silber, Kupfer, Blei, Schwefel, Borax) gefüllt und die Metallfläche dann poliert.
Nimbus → Mandorla.
Obelisk. Hoher, rechteckiger, nach oben sich verjüngender Steinpfeiler, der mit pyramidenförmiger Spitze endet. Der im alten Ägypten als Kultsymbol dienende O. war in der Renaissance ein beliebtes Zierglied der Architektur und des Kunsthandwerks.
Obergaden. Lichtgaden (→ Basilika).
Oculus (lat. = Auge). Rundfenster, auch *Ochsenauge* genannt.
Ohrmuschelstil. Ornamentform mit unregelmäßig gewellter, teigiger Oberfläche und ungegenständlichen volutenartigen Motiven, die an die menschliche Ohrmuschel erinnern. Zwischen 1580 und 1680 in den Niederlanden und in Deutschland vornehmlich im Kunsthandwerk und an Epitaphien verbreitet. (S. a. Knorpelwerk.)
opak. Durchscheinend, aber undurchsichtig.
Orgelprospekt. Die architektonisch gegliederte Ansichtsseite des Orgelgehäuses.
Ossuarium → Beinhaus.
Ostensorium → Monstranz.
Palas. Das Wort geht auf (lat.) palatium zurück (s. a. Pfalz). Es bezeichnet den Wohnbau der mittelalterl. Burg, der meist im Obergeschoß einen Saal enthält.
Palmette. Ornamentform, bei der um eine betonte Mittelsenkrechte fächerförmig sich auseinanderlegende Blätter flächig geordnet sind. Am weitesten in der Antike verbreitet.
Panneau. Vertieftes Feld (Füllung) in einer Holzvertäfelung, im weiteren Sinne die gesamte Wandverkleidung mit Holztäfelung oder auch die textile Wandbespannung. (Dem niederländischen *Paneel* entsprechend.)
Paradies → Atrium.
Parament. Bezeichnung für kirchliche Bekleidungsstücke, z. B. für die

des Priesters, des Altars oder der Kanzel. Für die verschiedenen kirchlichen Feiertage ist die Farbe der P. jeweils vorgeschrieben.

Parterre (frz. = Gartenbeet). Regelmäßig angelegter und mit Blumen, Buchsbaum o. ä. bepflanzter, meist ebener Teil eines Gartens im französischen Gartenstil. – *Parterre d'eau*. Beetförmige Kanäle eines Lustgartens.

Parvis. Offene Kirchenvorhalle.

Paß. Gleichbedeutend mit Zirkel. Die aus Dreiviertelkreisen zusammengesetzte Maßwerkfigur wird daher P. genannt. Nach Anzahl der Kreisteile unterscheidet man den *Dreip.*, *Vierp.*, *Fünfp.* usw.

Pasticcio. Schlechte Nachahmung, oft als Klitterung aus Teilen verschiedener Herkunft.

Pastophorien. Die beiderseits der Mittelapsis einer Kirche liegenden Räume *Diakonikon* (südlich, »links«) und *Prothesis*.

Patene. Die liturgische Schüssel für das geweihte Brot, später der Hostienteller.

Pavillon. Im urspr. Sinne des Wortes ein großes Rechteckzelt, dann auf kleine Gartenhäuser über zentralem Grundriß übertragen. Im barokken Profanbau werden auch die in der Fassadenmitte oder an den Ecken hervortretenden und im Dach mehr oder minder stark betonten Teile eines Gebäudes als P. bezeichnet.

Pechnase. Erker oder Vorsprung der Wehrmauer, durch dessen Bodenöffnung heißes Pech auf Angreifer gegossen werden konnte. – *Pechnasenkranz, Maschikuli* (frz. mâchicoulis): In der Form einer vorkragenden Brustwehrmauer zu einer Folge zusammengefaßte Pechnasen.

Pendentif, Pendentifkuppel → Kuppel.

Peristyl. Säulengang, speziell der von Säulengängen umgebene Innenhof des griechischen und römischen Wohnhauses.

Pfalz. Wie Palas von (lat.) palatium abgeleitet, Residenz des Königs oder seines Stellvertreters (des Herzogs oder Bischofs).

Pietà, Vesperbild. Darstellung Mariae mit dem Leichnam Christi auf dem Schoß, seit dem späten 13. Jh. vorkommend, dann besonders im 14. und 15. Jh., aber auch noch in der Barockskulptur häufig.

Pilaster. Flacher Wandpfeiler mit Basis und Kapitell, antiker Abkunft.

Piscina. 1. Taufbecken in einem Baptisterium. – 2. Kleine Nische in der S-Wand des Chores mit einem Ablauf für das Wasser, das der Priester bei der Messe zum Waschen der liturgischen Gefäße und der Hände benützt.

Pleurants. Klagefiguren an Grabmälern.

Point de vue. Blick- und Endpunkt einer Straßen- oder Gartenachse.

Polsterquader → Quader.

Polygon. Vieleck.

Portikus. Der von Säulen oder Pfeilern getragene Vorbau eines Gebäudes an der mit dem Haupteingang versehenen Fassade.

Predella. Fußteil eines got. oder Renaissance-Altarschreines oder -Altarbildes.

Presbyterium. Chorraum, urspr. mit den Sitzen für die Geistlichen und Presbyter.
Prothesis → Pastophorien.
Pseudobasilika → Hallenkirche.
Putto, Putti (it. = Knäblein). Nackte kleine Knaben, meist mit Flügeln. Letztlich auf die antiken Eroten zurückgehend, ist der Putto eine in der italienischen Frührenaissance vorgenommene Umformung got. Engelskinder. Weiteste Verbreitung in der Kunst des Barock.
Pyramidendach → Dach.
Quader. Der in der Ansichtsfläche des Mauerwerks nur mit einem Randschlag versehene Steinblock wird *Bossen-Qu.* (*Buckel-Qu.*) und ein derartiges Mauerwerk *Rustika* genannt. Ähnelt die Ansichtsfläche des Qu. einem ungeschliffenen Diamanten, so spricht man von *Diamant-Qu.*, bei polsterähnlicher Ansichtsfläche von einem *Polster-Qu.*
Querhaus, Querschiff. Rechtwinklig zum Langhaus angelegter Querraum, der das Schiff vom Chor trennt. Meist 1-, in großen Anlagen auch 3schiffig.
Radialkapelle. Chorkapelle, die zusammen mit anderen einen Kapellenkranz um den Chorumgang bildet. In der roman. und got. Architektur Frankreichs überaus häufig, in Deutschland dagegen seltener vorkommend.
Ravelin. Urspr. halbkreisförmiges, der → Kurtine vorgelagertes Außenwerk der Befestigung.
Rayonnant, Style rayonnant. Bezeichnung für die Architektur der französischen Hochgotik im 13. Jh., abgeleitet von den »Strahlen« des radial (Fensterrose) oder achsenbezogen geordneten Maßwerks.
Reduit. Der sicherste Punkt im Kern einer Befestigung, manchmal gleichbedeutend mit → Donjon.
Refektorium. Speisesaal der Mönche, meist an der S-Seite des Kreuzganges gelegen.
Régence-Stil. Stilstufe der französischen Kunst beim Übergang vom Barock zum Rokoko, benannt nach der Regentschaft des Philippe d'Orléans (1715–23).
Reliquiar (lat. relinquere = zurücklassen). Behälter zur Aufbewahrung der sterblichen Überreste (Reliquien) eines Heiligen oder für die seinem Andenken geweihten Gegenstände, um diese den Gläubigen zur Verehrung zu zeigen oder auf dem Altar auszustellen.
Retabel (lat. = Rückwand). Die Bildtafel und seltener auch der Schrein, die hinter oder auf dem Altar aufgestellt sind.
Riese. Pyramidenförmiger, mit → Krabben besetzter und in einer Kreuzblume endender Helm der → Fiale.
Rippe → Gewölbe.
Risalit (it. risalto = Vorsprung). Ein aus der Hauptfluchtlinie eines Baues in dessen ganzer Höhe hervortretender Gebäudeteil, der die Symmetrie des Baues nicht aufheben darf.
Rocaille (frz. = Muschel). Leitform des R.-Ornamentes, das vorwiegend zwischen 1725 und 1770 (Rokoko) verbreitet war.

Rollwerk. Ornament, dessen Verzierungen sich an den Rändern und Enden einrollen und dadurch plastisch wirken; besonders beliebt in Frankreich seit 1530.

Rundbogenfries. Fries aus glatten oder ornamentierten kleinen Halbrundbogen. Der R. begleitet die teilenden oder abschließenden Gesimse roman. Wände.

Rustika → Quader.

Saalkirche. 1schiffige Kirche.

Satteldach → Dach.

Säulenordnungen. Die griechische Baukunst kennt 3 verschiedene Säulen- und Gebälksysteme, die für die rhythmische Gliederung ihrer Tempelbauten maßgebend sind: die dorische, ionische und korinthische Ordnung. Am Anfang steht die *dorische Ordnung*, deren Säule einen kannelierten Schaft ohne Basis und ein wulstförmiges Kapitell mit quadratischer Deckplatte (Abakus) aufweist. Das Gebälk besteht aus glattem Steinbalken (Architrav), darüber der Fries im Wechsel von 3schlitzigen Platten (Triglyphen) mit meist reliefierten Metopen und abschließend das profilierte Kranzgesims mit der Traufleiste. – Bei der *ionischen Ordnung* weist die Säule eine aus mehreren Einzelgliedern zusammengesetzte Basis und am Schaft durch Stege getrennte Kanneluren auf. Das Kapitell hat als Hauptmerkmal 2 ausladende Schnecken (Voluten). Der Architrav ist in 3 horizontale Streifen unterschnitten und darüber ein durchgehender Relieffries angeordnet. – Die *korinthische Ordnung*, weitgehend der ionischen verwandt, zeigt ein Kapitell, das in 2 Reihen mit gegeneinander versetzten und etwas abstehenden Akanthusblättern besetzt ist; hinter ihnen wachsen Voluten- oder Blattstengel auf und tragen die vorschwingenden Ecken der Deckplatte sowie eine Blüte in der Mitte jeder Seite. Diese 3 S. haben in römischer Zeit verschiedene Umbildungen erfahren. – Beim *Kompositkapitell* legt sich die Doppelschnecke des ionischen Kapitells über den doppelten Blattkranz des korinthischen. – Die dorische Säule wurde durch Hinzufügen einer Basis sowie eines Halsringes und Wegfall der Kanneluren am Schaft zur *toskanischen.* – Die S. sind durch ihre wohlabgewogenen und nach strenger Regel festgelegten Maßverhältnisse ausgezeichnet und an keinen bestimmten Stil gebundene Ausdrucksformen, sondern unterscheidende Merkmale aller klassisch direkt oder indirekt beeinflußten Stilperioden (vgl. Kanon, klassischer).

Scagliola → Intarsia.

Schallarkade → Klangarkade.

Scheidbogen. Der ein Joch des Mittelschiffes vom entsprechenden Joch des Seitenschiffes trennende Bogen.

Schildbogen. Bei der Durchdringung eines Gewölbes mit einer Mauer (Schildmauer) entstehender Bogen.

Schlußstein. Stein im Scheitel eines Bogens oder Gewölbes, diese abschließend, häufig ornamental ausgebildet.

Schnecke. 1. In die Fläche gedrückte Spirale, gleichbedeutend mit → Volute. – 2. Treppenturm mit Wendeltreppe (Schneckenstiege).

Schwibbogen. Ein zwei Wände (etwa eines Kirchenschiffes) oder Mauerteile miteinander verbindender freier Bogen.
Segmentbogen → Bogenformen.
Sgraffito. Eine in der oberitalienischen Renaissance entwickelte Putztechnik. Eine dunkelfarbige Putzschicht (meist rötlich, grau oder schwarz) wird mit hellfarbener Tünche überzogen. Diese wird, noch vor ihrem Trocknen, mit geritzten Zeichnungen versehen, durch die der dunkle Grund wieder hervortritt.
Sohlbank. Die waagerechte untere Begrenzung einer Fensteröffnung, die deren Gewände trägt.
Spiegelgewölbe → Gewölbe.
Spolie (lat. spolia = Beute). Werkstück eines Baues (z. B. Säule), das für einen älteren Bau geschaffen wurde.
Staffelkirche → Hallenkirche.
Steinmetzzeichen. Arbeits- und Ehrenzeichen des Steinmetzen, das an den fertigen Werkstücken angebracht wurde, um den Urheber zu kennzeichnen. St. sind seit dem frühen 12. Jh. nachweisbar. Sie waren urspr. vom Steinmetzen nicht individuell und einmalig gewählt, sondern in allen Hütten gleichzeitig benutzte Typen. Mit der Auflösung der letzten Reste mittelalterlicher Bauhüttentradition und des Zunftwesens im 18. Jh. verschwanden sie.
Sterngewölbe → Gewölbe.
Stichbogen → Bogenformen.
Stichkappe. In eine Tonne, seltener in ein anderes Gewölbe einschneidendes sphärisches Dreieck.
Strebewerk. Das System von Strebepfeilern und Strebebögen zur Abstützung von Wänden und Gewölben in der Gotik.
Stuck. Masse aus Gips, Kalk und Sand, die in feuchtem Zustand leicht knetbar ist, aber schnell erhärtet. *St.-Marmor* entsteht nach Beimischen von Pigmentfarben und Leim durch Schleifen und eine abschließende Polierung.
Stufenhalle → Hallenkirche.
Sturz. Der waagerechte Abschluß einer Tür- oder Fensteröffnung.
Stutzbasilika → Hallenkirche.
Stützenwechsel. Der rhythmische Wechsel von Säule und Pfeiler (jambisch) oder von 2 Säulen und Pfeiler (daktylisch) bei den Mittelschiffwänden der roman. Basilika (s. a. Gebundenes System).
Substruktion. Unterbau zum Ausgleich von Terrainunterschieden.
Supraporte, Surporte. Das über einem Türsturz angebrachte Zierstück.
Tabernakel (lat. tabernaculum = Hütte, Zelt). 1. Aufbewahrungsort für Kelch und Hostie. – 2. Ziergehäuse (für Figuren), häufig von Säulen oder Pfeilern getragenes Spitzdach, z. B. an Strebepfeilern got. Kirchenbauten.
Tambour, Tambourkuppel → Kuppel.
Tartsche. Schild- und – rechteckig, mit abgerundeten Ecken – Wappenform.
Tauschierung. Verzierung unedler Metalle (z. B. Bronze) durch Einhämmern oder Einlegen von Gold und Silber.

Terrakotta (it.; frz. *terre cuite*). Gebrannte Tonerde in weißen bis gelben bzw. roten Farbtönen, die unglasiert anstelle von Stuck und als Material für künstlerische Töpferarbeiten (Skulpturen) verwendet wird.

Tondo. Gemälde, Mosaik oder Relief von kreisrunder Form.

Tonnengewölbe → Gewölbe.

toskanisch → Säulenordnungen.

Travée. Französische Bezeichnung für das (meist querrechteckige) Joch.

Trifore. 3bogiges Fenster. – *Triforium* heißt der Laufgang in der Hochschiffwand got. Kirchen.

Triglyphe (griech. = Dreischlitz). Zierstück mit 3 durch Stege voneinander abgesetzten, senkrechten Rinnen; in der griechischen Antike über dem Architrav – urspr. als Schutzplatte vor den Balkenköpfen – im Wechsel mit den *Metopen* (Bildfeldern) verwendet, später ein reines Schmuckwerk.

Triumphbogen. Der Bogen, der den Chor vom Kirchenschiff trennt. Benannt nach der dort urspr. angebrachten Darstellung des über den Tod triumphierenden Erlösers.

Trompe (frz. = Jagdhorn). Bogen mit nischenartiger Wölbung zwischen 2 rechtwinklig zusammenstoßenden Mauern. Die Tr. dient bei Türmen und Kuppeln zur Überleitung des quadratischen Grundrisses ins Oktogon.

»trompe-l'œil«. Die täuschend genaue Darstellung etwas gegenständlich nicht Vorhandenen, z. B. einer Fliege auf einem Bild.

Trumeau. Fensterpfeiler, Türpfosten eines Portals.

Tumba. Die T. besteht aus einem über dem Grab sich erhebenden, rechteckigen und meist steinernen Unterbau, der die Grabplatte trägt. Auf dieser ist eine Inschrift, ein Wappen oder die Gestalt des Verstorbenen aus Stein oder Bronze dargestellt.

Tympanon. Die das Bogenfeld des Portals füllende Steinplatte, häufig mit ornamentalem oder figürlichem Relief geschmückt.

Vedute (it. vedere = sehen). Gemalte oder gezeichnete Wiedergabe einer Stadt oder Landschaft, die den Gegenstand sachlich genau darstellt.

Verkröpfung. Eine V. entsteht, wenn Gebälke oder Gesimse um Mauervorsprünge, Säulen, Pfeiler oder Lisenen herumgeführt werden.

Vesperbild → Pietà.

Vierpaß → Paß.

Vierung. Mittelraum, der bei der Durchdringung von Langhaus und Querhaus entsteht (vgl. a. Gebundenes System).

Volute. Schneckenförmig gewundene Verzierung an Baugliedern und Möbeln. Urspr. Teil des ionischen Kapitells der griechischen Architektur.

Voute. Meist im Viertelkreisbogen verlaufende Ausrundung zwischen Wand und Decke bei Innenräumen.

Walmdach → Dach.

Wandpfeilerkirche. Durch Versetzen der Außenwände bei einer got.

Hallenkirche, seltener bei einer Basilika, in die Flucht der Stirnseiten der Strebepfeiler entstehen innen parallel zu den Seitenschiffen zwischen den Strebepfeilern kapellenartige Nischen. Dieser Raumtyp wird in der Renaissance beibehalten und im Barock im Sinne der Vereinheitlichung des Raumgefüges weiterentwickelt, so daß die Wandpfeiler kulissenartig das 1schiffige Langhaus flankieren.

Wange. Seitenwände an Stühlen und Bänken, oft plastisch reich dekoriert, besonders an Chorgestühlen. Außerdem ist W. die Bezeichnung für die niedrige Seitenwand an den Stufen und am Auslauf der Treppe, auf der die Brüstung oder das Geländer aufgesetzt ist.

Wasserschlag. Pultförmige Schräge an Gesimsen und sonstigen Vorsprüngen zur Ableitung des Regenwassers mit gekehlter Wassernase an der Unterseite, an der das Wasser abtropft, ohne die Mauer zu durchnässen.

Weicher Stil. Stilstufe der Spätgotik zwischen 1390 und 1430, charakterisiert durch die zierlich-holde Empfindsamkeit der »Schönen Madonnen« oder die Frühwerke Fra Angelicos da Fiesole.

Welsche Haube. Als W. H. wird ein glockenförmig geschweiftes Turmdach bezeichnet. Dieses kann jeweils unter Zwischenschaltung einer Laterne mehrfach wiederholt werden, so daß ein hoher Turmhelm mit markanter Umrißlinie entsteht.

Westwerk. Turmartiger, der Basilika des Mittelalters westlich vorgelegter Querbau, der im Untergeschoß eine Vorhalle für die Kirche bildet, im Obergeschoß eine nach innen geöffnete Kapelle oder Empore aufnimmt. Die Bedeutung des W. ist nicht ganz geklärt; seine Verwendung als Kaisersitz, Taufkapelle und Pfarrkirche ist nachgewiesen.

Wilder Mann, Wilde Frau → Mann.

Wimperg. Got. Ziergiebel über Portalen und Fenstern, meist aus Maßwerk zusammengesetzt.

Wirtel. Schaftring an Säulen.

Würfelkapitell → Kapitell.

Zahnschnitt. Gesims, das aus einer Reihe kleiner, in Dreiecksform vorspringender Glieder besteht.

Zellenschmelz → Email.

Zeltdach → Dach.

Zentralbau. Im Gegensatz zum Langbau der Basilika der Bau mit einem oder mehreren um einen Punkt zentrierten Räumen über rundem, ovalem oder polygonalem Grundriß. Nach der Basilika ist der Z. die wichtigste Form des christlichen Kultbaues.

Ziborium → Ciborium.

Zimelie. Wertvolles Kleinod.

Zitadelle. Festung innerhalb einer Stadt oder größeren Befestigung.

Zwerchhaus. Ein quer zum Dachfirst meist in der Flucht der Außenwand hochgeführter Dachausbau. Dieser kann mit einem kleinen Walmdach oder mit einem Giebel abgeschlossen sein. Für den letzteren Fall ist auch die Bezeichnung *Zwerchgiebel* üblich.

QUELLENNACHWEIS DER ABBILDUNGEN

Corpus Vitrearum Medii Aevi Deutschland, Stuttgart: 134, 161, 179, 193, 223, 225, 239, 284, 287

Klaus Fräßle, Kornwestheim: 243, 244, 261, 263

Leif Geiges, Staufen/Brsg.: 21, 22, 27, 39, 44, 46, 51, 54, 72, 88, 95, 100, 110, 116, 125, 147, 149, 152, 184, 186, 196, 283

Michael Jeiter, Aachen: 62, 120, 171, 189, 198

Bildarchiv Foto Marburg, Marburg: 127 unten, 226, 229

Werner Neumeister, München: 65, 77, 80, 89, 126, 236

Heinrich Reclam, Stuttgart: 15, 35, 43, 55, 57, 66, 67, 81, 85, 91, 103, 104, 105, 106, 109, 127 oben, 131, 133, 162, 164, 166, 169, 170, 174, 182, 191, 192, 195, 201, 214, 233, 249, 252, 265, 273, 276, 293, 294

Theodor Schwarz, Urbach: 18 (nach Kautzsch), 34, 145, 158, 204/205, 212 (nach Kautzsch), 220 (nach Plänen der Straßburger Münsterbauhütte), 247, 277; Übersichtspläne auf den Vorsatzseiten

Musée de Strasbourg: 5

Die übrigen Vorlagen stammen aus dem Archiv des Verlages.

KÜNSTLERREGISTER

A	=	Architekt, Baumeister, Ingenieur, Maurer	Gl	=	Glasmaler	Org	=	Orgelbauer
B	=	Bildhauer, Porzellanmodelleur, Schnitzer, Steinmetz	Go	=	Goldschmied	Schr	=	Schreiner
G	=	Gießer	Gr	=	Graphiker	St	=	Stukkateur, Gipser
Ga	=	Gartenarchitekt	Ker	=	Keramiker	T	=	Teppichkünstler
			Ksch	=	Kunstschlosser, Kunstschmied	Ti	=	Kunsttischler, Ebenist
			Kst	=	Kupferstecher	U	=	Kunstuhrenmacher
			M	=	Maler, Zeichner	Z	=	Zimmermann
			Mos	=	Mosaikkünstler			

Seiten, auf denen Künstler mit eigenen Werken genannt sind, wurden in **fetter Schrift** hervorgehoben. Monogrammisten und Meister mit Notnamen stehen am Schluß des Registers.

Monogrammisten

Meister mit Notnamen

ORTSVERZEICHNIS

mit Objektverzeichnissen der Städte Colmar und Strasbourg

Die Namen der Orte mit eigenem, alphabetisch eingeordnetem Ortsartikel sind in **fetter Schrift** gesetzt. In Klammern ist die Département-Zugehörigkeit angegeben sowie das Planquadrat, in dem der Ort auf den Übersichtsplänen dieses Bandes eingetragen ist. Orte in den Planquadraten A1–H7 finden sich auf dem nördlichen Kartenteil (vorn), solche in den Quadraten A8–H14 auf dem südlichen Kartenteil (hinten).

INHALT

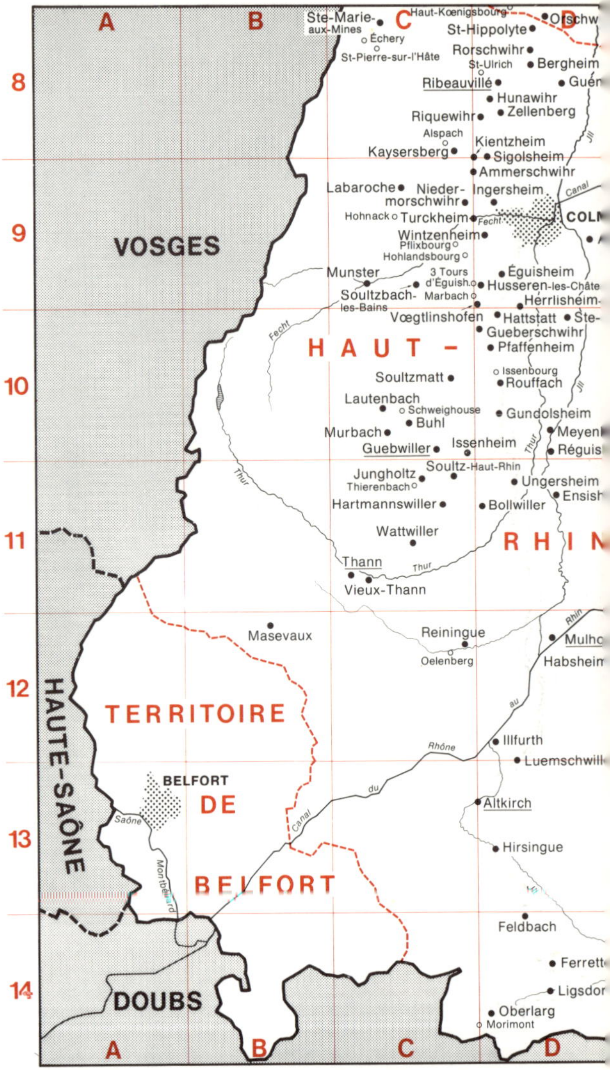
A
B
C
D
8
9
10
11
12
13
14
VOSGES
HAUTE-SAÔNE
DOUBS
TERRITOIRE
DE
BELFORT
BELFORT
HAUT –
R H I
Ste-Marie-aux-Mines
Haut-Koenigsbourg
St-Hippolyte
Échery
St-Pierre-sur-l'Hâte
Rorschwihr
St-Ulrich
Bergheim
Ribeauvillé
Hunawihr
Zellenberg
Riquewihr
Alspach
Kientzheim
Kaysersberg
Sigolsheim
Ammerschwihr
Labaroche
Nieder-morschwihr
Ingersheim
Canal
Hohnack
Turckheim
Fecht
Wintzenheim
Pflixbourg
Hohlandsbourg
Munster
3 Tours d'Éguish.
Éguisheim
Soultzbach-les-Bains
Marbach
Herrlisheim-
Vœgtlinshofen
Hattstatt
Gueberschwihr
Pfaffenheim
Fecht
Issenbourg
Soultzmatt
Rouffach
Jll
Lautenbach
Schweighouse
Buhl
Gundolsheim
Murbach
Guebwiller
Issenheim
Thur
Soultz-Haut-Rhin
Jungholtz
Thierenbach
Ungersheim
Hartmannswiller
Bollwiller
Wattwiller
Thann
Thur
Vieux-Thann
Masevaux
Reiningue
Oelenberg
Rhin
Habsheim
au
Illfurth
Rhône
du
Canal
Altkirch
Saône
Montbéliard
Hirsingue
Feldbach
Oberlarg
Morimont